eb

Heinrich Mann

VERTEIDIGUNG
DER
KULTUR

Antifaschistische Streitschriften
und Essays

Claassen

Diese Ausgabe erfolgt mit Genehmigung des Aufbau-Verlags, Berlin.
Sie darf nicht in der Deutschen Demokratischen Republik verkauft werden.

© Aufbau-Verlag, Berlin
Alle Rechte für die Bundesrepublik beim Claassen Verlag GmbH, Hamburg 1960
Druck: Poeschel & Schulz-Schomburgk, Eschwege
Bindearbeit: Mohndruck, Gütersloh
ISBN 3 546 46314 5

Literatur kann es nur geben, wo der Geist selbst eine Macht ist, anstatt daß er abdankt und sich beugt unter geistwidrige Gewalten.

Heinrich Mann 1933 in dem Aufruf:
»An die deutschen Schriftsteller im Exil«

KNECHTUNG DES GEISTES

AUFGABEN DER EMIGRATION

Der Mörder eines Emigranten steht im Schutz des deutschen Spionagedienstes, und er hat vor der Polizei des andern Landes einen großen Vorsprung. Er kennt die Tat früher. Der Mörder wird kein Held, und er wird unter den besonders schadhaften Wesen ausgewählt sein. Gesunde nationalsozialistische Helden gehn in eigner Person nur vor, wo gar keine Gefahr mehr besteht. Länder mit Guillotine fallen ganz weg. Der vorgestoßene Defekte hat gleichwohl die Hoffnung, so heil, wie es ihm eben möglich ist, über die Grenze zurückzugelangen. Dort winkt ihm eine gute Versorgung, nicht mitgerechnet den Händedruck des Führers. Beides, Versorgung und Händedruck, wird aus den deutschen Berichten fortbleiben.

Die Morde sind seltene Festtage der nationalen Erhebung, soweit sie sich über die Grenzen wagt. Von einem Mord zum nächsten aber reicht der tägliche Betrieb der Spionage, der frechen Beaufsichtigung der Emigration und ihrer erpresserischen Bedrohung.

Eine Emigration, die sich behaupten will, setzt den ungesetzlichen Eindringlingen ihre eigne, durchaus gesetzliche Macht entgegen. Denn schließlich, hier ist sie im Vorrecht, ist amtlich zugelassen, kann offen auftreten und steht, keineswegs »vogelfrei«, unter dem Recht eines Staats, der das Menschenleben noch immer grundsätzlich schützt. Die andern erlauben sich ihre Übergriffe widerrechtlich. Sie sind Eindringlinge mit gefälschten Papieren, falschen Vorwänden für ihr Hiersein, und sie bewegen sich schleichend.

Dort sitzen, zwei Tische entfernt, mehrere der schmutzigen Gesichter, die jeder erkennt. Nur sie selbst halten

sich für unverdächtig, obwohl sie schielen und lange Ohren machen. Was bei den Emigranten gesprochen wird, könnten die Spione in jedem deutschen Lokal genausogut erhorchen; aber dann brächte es ihnen nicht dasselbe Geld ein wie ihre im Ausland angefertigten Denunziationen. Unter dem Tisch versteckt halten sie einen photographischen Apparat, drücken im Dunkeln los, und der »Völkische Beobachter« bringt nachher ein unkenntliches Bild, als Beleg ihrer Tätigkeit.
Im Grunde betrügen sie ihre Auftraggeber um das Geld, aber das schadet nichts, da es überhaupt gestohlenes Geld ist und auch sonst nur gleichwertigen Zwecken dient. Entfernt sich einer der Emigranten, dann folgt ihm ein Auto, das jede andre, nur keine deutsche Nummer trägt. Sie sind doch vermeintlich unerkannt und besorgen ihr Geschäft wie unverdächtige Reisende.
Da sie aber in Wirklichkeit weithin stinken, wäre es leicht, ihnen ihrerseits Aufseher beizugeben und Verfolger auf ihre Spur zu setzen. Sie dürfen sich nicht sicher fühlen, und keiner ihrer Schritte, ob dreist oder dunkel, darf unvermerkt bleiben. Ihr letzter Schritt kann immer ein Mord sein, oder – in Anbetracht ihrer Feigheit – noch eher die Anstiftung zum Mord. Aber alle ihre früheren Schritte sind schon die Vorbereitung des Mords, man täusche sich nicht über die Hauptsache und über das Ende. Die Spione sind die Ausläufer und entferntesten Organe einer Gewalt, deren letztes Opfer die Welt sein soll. Die Emigration wird von dieser Gewalt als ihr verfallen betrachtet, grade weil bald alles andre ihr verfallen sein soll. Die Sicherheit der Emigration hängt davon ab, wie sicher die Welt noch ist.
Die Emigration ist verpflichtet, eine Gegenspionage auszubilden. Einander schützen, dies Gebot geht noch vor dem andern, daß niemand hungern darf.

Wer sich versteckt, ist nicht sicher. Ängstlich den Überfall erwarten in der zweifelhaften Hoffnung, er werde ausbleiben, das ist keine Haltung, mit der man lange Glück haben kann. Grade die Emigranten beobachten heute vielfach die Fehler, die von andern begangen werden. Sie selbst müssen sie vermeiden.
Sie müssen aus einem namenlosen Dasein ein öffentliches machen. Sie müssen beweisen, daß nicht der Zufall sie in ihre heutige Lage versetzt hat. Sie wollen mit dem Deutschland, das ihresgleichen zur Auswanderung zwang, wirklich nichts gemein haben. Viel mehr noch, ihr eignes Dasein bürgt dafür, daß die zeitweiligen Sieger ein falsches Deutschland vortäuschen. Wenn niemand mehr um das wahre wüßte, dann hätten wenigstens die Emigranten es mit sich fortgetragen. Tatsächlich aber lebt das wahre Deutschland in den Herzen aller Unterdrückten des Innern. Dafür bürgen den Emigranten die Briefe, die sie erhalten und die von dem Zurückgebliebenen meistens beschlossen werden mit dem Satz: »Wenn diese Zeilen in falsche Hände kommen, bin ich verloren.«
Das sind Personen in Ämtern und Stellungen, wahrscheinlich tragen sie das Parteiabzeichen, sicher sagen sie täglich hundertmal »Heil Hitler« anstatt »Guten Tag«. Am Abend bei verschloßner Tür sagen sie das Gegenteil von allem, was sie sonst gespielt haben. Es sind Ausbrüche, leidenschaftlich, verzweifelt, gewillt, alles andre lieber hinzunehmen als die jetzt auferlegten Qualen, alles bis zum Chaos und zur Vernichtung. So furchtbar sie den Tag über schon erniedrigt waren vor sich selbst, schon abgedankt hatten und auch innerlich nachgaben – diese Briefe, geschrieben an seltenen Abenden, sind ihre Wiederaufrichtung für lange.
Diese Briefe, sollte er sie auch abfangen, werden aller-

dings nicht vor der Öffentlichkeit verlesen werden von dem gewaltigen Prahlhans, der im Rundfunk behauptet, er und seinesgleichen hätten hinter sich die Nation. Aber sie gelangen auf noch so vorsichtigen Umwegen zur Kenntnis eines Emigranten. Ihnen und allen andern Emigranten vertraut der Schreiber anstatt den armen Bezwungenen im Lande, sosehr er selbst einer ist. Auch der Empfang solcher Bekenntnisse verpflichtet die Emigranten.
Sie erfahren daraus, daß mit ihnen der leidenschaftlich fühlende Teil der Deutschen ist. Der Rest, den die Unterdrücker – außer ihrer bewaffneten Macht – noch für sich haben, der verdient sie wohl. Die Emigration weiß, daß sie dasteht für viele, die nicht zugegen sind. Ihre weitaus größere Zahl ist geheim, hat keine Stimme und mußte sogar die Verstellung erlernen.
Die Emigration steht für Deutschland und für sich selbst, sie enthält menschliche Werte von höherm Lebensrecht als alles, was in dem niedergeworfenen Land sich breitmachen darf. Sie umfaßt Denker und Charaktere. Die andern dort hinten haben Gleichgeschaltete und Schwätzer. Sooft dort Emigration öffentlich auftritt, sollte betont werden ihre Überlegenheit, viel mehr als das ihr angetane Unrecht; zu empfehlen ist Stolz. Er könnte sogar zum gemeinsamen Handeln führen – anstatt daß jeder Abschnitt der Emigration nur an sich selbst denkt, bei seiner Versorgung mit Brot genau wie bei seiner Behauptung nach außen.
Die Propaganda der Emigration richtet sich noch immer fast allein gegen die Judenverfolgungen. Die Juden der deutschen Emigration sind in Paris nur ein Viertel; sie können anderswo nicht viel mehr sein. Ihre Erlebnisse in Deutschland waren furchtbar, haben auch nicht nachgelassen; vor allem geschieht vieles davon auf die eindrucks-

vollste Art, durch Pogrome, Anprangerungen, Vertreibung aus Recht und Besitz, vor den Blicken der ganzen empörten Welt. Die emigrierten Juden haben das volle Recht, dies alles laut zu verkünden und in allen Ländern Verbündete zu suchen, so viele ihnen helfen wollen.

Ein Fehler ist doch vielleicht, daß in den Riesenversammlungen mehrerer Kontinente nur oder hauptsächlich die Klagen der Juden erschallen. Nebenbei wird auch zuweilen den vertriebenen Denkern Sympathie dargebracht. Marxisten gehn bei den großen jüdischen Kundgebungen noch öfter leer aus, obwohl Hitler erklärt hat, er hasse die Juden gar nicht als Juden, nur als Träger des Marxismus. Sie sollten dies nie vergessen, denn es ehrt sie. Der Führer des schlechteren Deutschlands begreift sie ausdrücklich unter das bessere.

Sie sollten sich klar darüber sein, was sie eigentlich noch verlangen können von einem Deutschland, das weder Denker noch Marxisten mehr hat und wo der uneigennützige Kampf um die Wahrheit so wenig erlaubt ist wie der Anspruch der Armen auf Gerechtigkeit. Ihr eignes Recht besteht doch nur innerhalb dieses Kampfs und dieses Anspruchs. Sobald dagegen das Recht des Stärkern gilt, sind sie von selbst schon ausgeschlossen, selbst wenn man es ihnen nicht erst handgreiflich bewiese. Ihre Klagen verhallen, so überfüllt ihre Säle überall sein mögen.

Sie haben sich scheinbar noch nicht deutlich gefragt, ob sie selbst, wenn es möglich wäre, denn zurück möchten in ein Land, das seine nächste Zukunft auf eine Lüge, die Lüge der »Rasse«, gestellt hat. Wo alle echten Werte abgeschafft sind, lebt man nur noch auf Grund eines Betrugs. Sonst wäre überhaupt kein Grund mehr zu leben. Man könnte, auch wenn man es wollte, keine Ausnahme für Juden machen. Der Haß gegen die Juden ist untergeordnet dem viel umfassenderen Haß gegen die menschliche Freiheit. Der Vorteil der Betrüger verlangt, dies nicht der Welt bewußt werden zu lassen. Ihnen kann es nur erwünscht sein, daß die Emigration nach außen rein jüdisch erscheint. Zweifellos tun sie das Ihre, daß es so bleibt.

Eine Menschenart ist zeitweilig hinaufgelangt, die sich nun wohl fühlt in Knechtseligkeit, geistiger Kurzangebundenheit, sozialer Blindheit. Was für ein Grad von Verkommenheit, menschlicher und intellektueller, muß erreicht werden, bis man behauptet, es gäbe keinen Klassenhaß! Bis man arme Kinder in der Schule anhält, schriftlich zu beweisen, es müsse reiche Ausbeuter geben! Der Haß ist durch diese Gattung nur vermehrt worden; aber sie setzt mit Gewalt durch, daß er abgelenkt wird auf die Rasse. Sie selbst haben allerdings die ihre ganz für sich. Was sie so nennen, ist dennoch eine soziale Tatsache, keine natürliche. Sämtliche Minderwertigen haben es gemeinsam geschafft. Die erfolgreiche Minderwertigkeit gibt sich dann für deutsch aus.

Die Selbsterhaltung der Emigration bleibt angewiesen auf diesen Zusammenhang der Dinge. Die Minderwertigen haben gesiegt – eine andre Frage ist, warum grade in Deutschland. Die menschlichen Werte mußten von dort emigrieren. Vorzubereiten ist ihre Rückkehr. Damit sie eines Tags stattfinden kann, sollte vor allem der Zusammenhang der Dinge klargelegt werden überall, wo Emigranten sich mit den Angehörigen einer andern Nation versammeln. Nicht geklagt sollte werden, auch nicht Rache geschworen, das führt zu nichts. Die Aufgabe ist, zu zergliedern, zu warnen, aber auch Vertrauen zu erwerben: das letzte Vertrauen, dessen Deutschland vielleicht noch wert ist, weil es wenigstens seine Emigrierten hat.

Die andern Nationen wissen Ungünstiges über Deutschland genug. Was ihnen fehlt, sind eher die mildernden Umstände, die das deutsche Volk hat, und die Hoffnungen, die es trotz allem zuläßt. Wenn jemals ein Volk, ist dieses verraten anstatt erzogen worden. Die Republik hat versäumt, es zu erziehn, und ihre Feinde haben es verraten; das ist der abgekürzte Tatbestand. Ihn muß die Emigration aufzeigen, wo immer sie sich sehn und vernehmen läßt. Sie spricht aus Erfahrung; sie weiß, daß die ganze deutsche Erhebung künstlich war und immer wieder wertlos bleiben muß für die proletarische Dreiviertelmehrheit. Gegen sie, ausdrücklich gegen die Mehrheit der Nation ist sie veranstaltet worden.

Das ist den Fremden zu sagen, wenn der Erfolg des Rassenschwindels sie zu dem Irrtum verführt, als hätte ganz Deutschland sich mutwillig dem Irrsinn ergeben. Ganz Deutschland macht heute den Eindruck, daß es zurückstrebt in den Urwald, heraus aus einer Zivilisation, die nicht »germanisch« wäre. Die Wahrheit ist natürlich, daß diese Zivilisation gar nicht vollbracht worden wäre ohne den »germanischen« Anteil, sowenig sie da wäre ohne den »gallischen« oder »lateinischen«. Sie ist eine geschlossene Einheit, und keiner ihrer Teilhaber und Nutznießer könnte sie auflösen ohne Selbstvernichtung. Nur die innere Zuchtlosigkeit, die beim heutigen Geschlecht – und nicht nur bei den Deutschen – allerdings auffällt, kann zuzeiten dahin gelangen, daß man die eignen tiefsten Grundlagen bezweifelt.

Aber die gottverlassenen Professoren, die dem Nationalsozialismus eine wissenschaftliche Doktrin beibringen möchten wie ihr gleichfalls mittelmäßiger Vorgänger Fichte, denken kein unvermischtes Deutsch. Ihr Wissen und ihr Unsinn, beides hat Ursprünge, die innerhalb eines undurchdringlichen Ganzen liegen. Denn undurchdringlicher als der Urwald ist die Zivilisation. Nicht einmal was die Deutschen von ihr nahmen und was sie ihr gaben, wäre jetzt noch zu unterscheiden, außer mit gröbster Willkür.

Niemals haben andre als zweitrangige Deutsche die Zivilisation »lateinisch« genannt und gefordert, daß sie erobert werden solle für »germanische« Ureigenschaften. Widervernunft und Gewalt bleiben, auch wenn man sie »das Irrationale« und den »Dynamismus« nennt, allgemein menschliche Verirrungen. Es ist gleichgültig, ob ein unvermischtes Germanentum, das in der Wirklichkeit nirgends mehr vorkommt, derart beschaffen war. Heutige Deutsche machen sich stark, wieder Barbaren zu werden; erstens, weil ein verlorner Krieg sie nicht ruhn läßt, und zweitens, damit aus der Mehrheit dieses Volks auf betrügerischem Weg eine einflußlose Minderheit gemacht wird. Das ist alles.

Daher der ganze Aufwand von Rasse und Erhebung, Diktatur und ständischer Vertretung – je ein Proletarier und ein Kapitalist, nicht wahr? Dies nach dem Muster der im vorigen Krieg bekannten Wurst, die halb Pferd und halb Huhn sein sollte, weil sie hergestellt war aus einem Huhn und einem Pferd. Das deutsche Volk weiß im Grunde auch jetzt, was ihm vorgesetzt wird. Die nationalsozialistischen Versprechungen verschlang es noch durch Überredung; die Erfüllungen frißt es zwangsweise.

Die Emigration allein darf Tatsachen und Zusammenhänge aussprechen. Sie ist die Stimme ihres stumm gewordenen Volks, sie sollte es sein vor aller Welt. Private Flüchtlinge, die nur grade selbst durchkommen möchten, werden auf die Dauer keiner Teilnahme begegnen. Die Emigration wird darauf bestehen, daß mit ihr die größten Deutschen waren und sind, und das heißt zugleich:

das beste Deutschland. Das schlechtere ist grade jetzt obenauf, aber dies wäre ein belangloser Zwischenfall. Leider wird er zu einer Lebensgefahr für die Zivilisation einschließlich Deutschlands, weil in der Welt, wie sie nun dasteht, grade die lümmelhafteste Macht auf den geringsten Widerstand stößt.

Wenn es nur Furcht wäre! Aber es ist auch geheime Hinneigung der Zivilisation in ihrer schwächsten Stunde zum übelsten Naturburschentum; übel erst recht, weil es nicht einmal echt, sondern nur die maskierte Minderwertigkeit ist. Die Emigration ist wahrhaftig vielerfahren. Sie könnte die andern nicht nur über Deutschland unterrichten, sie hätte ihnen einiges zu sagen über die allgemeinen Gebrechen – die im Zusammenhang mit denen Deutschlands stehn. Die Emigration hat dafür bezahlt, daß sie Zusammenhänge begreift anstatt vereinzelter Erscheinungen. Sie soll, von ihrem wahrhaftig kostbaren Platz aus, enthüllen und warnen. Vor allem aber muß sie lernen.

IHR ORDINÄRER ANTISEMITISMUS

Die Deutschen hassen die Juden. Wenigstens glauben sie es ihren Führern, die den Antisemitismus ausschreien wie eine deutsche Errungenschaft. Die Deutschen begehen gegen ihre eigene jüdische Minderheit jetzt sogar Handlungen, mit denen sie sich selbst am meisten schaden. Denn sie verfallen der Verachtung, und das ist schlimmer, als wenn man gehaßt wird.

In Wirklichkeit sind die Deutschen das letzte Volk, das auf den Judenhaß ein Recht hatte. Sie sind den Juden viel zu ähnlich. Auch sie zeichnen sich als einzelne aus in ihren »großen Männern«. Als einzelne übertreffen sie oft den Wert ihrer Nation. »Deutschland ist nichts, jeder Deutsche ist viel«, sagt Goethe, dessen Gedenkjahr grade noch gefeiert werden konnte, bevor in Deutschland die Barbarei ausbrach. Heute würde der größte Deutsche einfach übergangen werden, denn von ihm zu Hitler führt kein Weg.

Man hat schon längst bemerkt: Juden und Deutsche, beide halten sich für das auserwählte Volk. Man sollte aber auch fragen, was das bedeutet und welche Hintergründe eine solche übertriebene Selbstbehauptung hat. Sie ist kein Zeichen einer wirklichen inneren Sicherheit. Wenn jemand von sich zuviel Wesens macht, liegt es in neun von zehn Fällen daran, daß er im Grunde an sich zweifelt – was kein Fehler ist. Der Zweifel kann fruchtbar sein, man sollte ihn nicht unterdrücken. Ihre verhältnismäßig unglückliche Geschichte hat sowohl Deutschen wie Juden allen Grund gegeben zu Vorbehalten hinsichtlich ihrer Art. Daher die jüdische Selbstironie, denn was sonst ist ihr berühmter Witz! Bei den Deutschen wird der »Minderwertigkeitskomplex« auf andere Weise »überkompensiert«, nämlich durch forsches Auftreten.

Wo ist dies Auftreten am forschesten? In den östlichen Teilen des Landes, wo man von Nation, besonders aber von Rasse, am wenigsten reden sollte; denn der ganze Osten, das eigentliche Preußen, wird bewohnt von den Nachkommen slawischer Stämme, und noch vor zwei- bis dreihundert Jahren wurde dort nur wenig deutsch gesprochen. Tatsächlich aber ist hier der Sitz des neuen deutschen Rassen-Nationalismus. Als Germane spielt sich der zuerst auf, der sogar in Urzeiten nie einer gewesen ist.

Auch der Antisemitismus hatte seinen Herd nicht in dem alten Gebiet der deutschen Kultur, von dort ging er wenigstens in neuerer Zeit nicht aus, sondern eher aus den Provinzen, die einst inneres Kolonialland waren. Das hindert nicht, daß ganz Deutschland schließlich angesteckt wurde, genau wie vom kriegerischen Imperialismus, der auch aus Preußen gekommen ist. Wenn ein verfeinerter Mensch zusammenlebt mit einem roheren, wer wird den anderen beeinflussen? Die Antwort steht leider fest, wenigstens für die meisten Fälle.

Man suche nicht weiter, der Antisemitismus verrät einen Fehler im inneren Gleichgewicht einer Nation, genau wie jener unberechtigte gewaltsame Imperialismus, der Deutschland zuletzt in einen so unglücklichen Krieg geführt hat. Denn schon Jahre vor 1914 wurde England von vielen Deutschen gehaßt, genau wie jetzt der Jude, der auch wieder dem Deutschen seinen Platz an der Sonne wegnimmt, wie sie meinen.

Ich habe meine Landsleute immer nur bedauert, wegen ihrer unglücklichen Leidenschaft, andere zu hassen, nur weil sie vermeintlich bevorzugt vom Glück waren. Ich selbst habe als Schriftsteller einige Altersgenossen gehabt, die erfolgreicher waren als ich; gehaßt habe ich sie nie, und wenn es möglich war, habe ich sie bewundert. Ich bin auch aus einer alten Familie des alten Deutschland, und wer Tradition hat, ist sicher vor falschen Gefühlen. Tradition befähigt uns zur Erkenntnis, und sie macht uns geneigt zur Skepsis und zur Milde. Nur Emporkömmlinge führen sich zuzeiten auf wie die Wilden.

Nach dem verlorenen Kriege blieb den Deutschen vorerst keine Aussicht, ihr falsches Selbstgefühl noch einmal an Fremden zu erproben. Sie mußten den Gegenstand ihrer Rache im Innern suchen und fanden die Juden, die angeblich nicht zu ihnen gehörten und auch nicht assimiliert werden konnten. Natürlich ist nicht einzusehen, warum grade die Juden, deren Vorfahren vielfach schon im frühen Mittelalter ins Land kamen, nicht ebensogut Deutsche sein sollten wie jene Slawen, die erst viel später aufgenommen worden sind. Aber vernünftige Einwände helfen nichts, wenn man nun einmal einen Feind braucht.

Fünfundsechzig Millionen gegen fünfhundertsiebzigtausend sogenannte Fremdstämmige, sehr vornehm ist das nicht, und wahres Selbstvertrauen spricht daraus nicht. Sooft dies gesagt wurde, es hat niemals Eindruck gemacht. Die Juden sollen unbedingt eine Gefahr sein, für die deutsche Wirtschaft und besonders für die deutsche Seele. »Das Geld, das ihr zum Juden tragt, ist verloren für die deutsche Wirtschaft«, damit begründen die siegreichen Nationalsozialisten den Boykott der jüdischen Läden. Einen so offenkundigen Unsinn können nicht einmal sie selbst glauben. Aber es handelt sich auch gar nicht um die Wahrheit, sondern um einen Vorwand, die eigenen schlechten Gefühle zu entladen, und außerdem um innere Annexionen, die einzigen, die getätigt werden können.

Denn die halbe Million Israeliten wächst an bis auf fünf Millionen, wenn alle Familien gemischten Blutes mit ein-

gerechnet werden. Kein einziger aus dieser Menschenmasse hat künftig Zutritt zur Verwaltung, zum Anwaltsberuf, zum Handel oder zur Finanz. Nirgends dürfen sie auftreten; das heißt in Wirklichkeit: sie sollen Hungers sterben. Ein ebenso einfaches wie wirksames Verfahren, um einen Bevölkerungsüberschuß loszuwerden! Es schadet nichts, wenn damit ein ganzes Volk vergiftet wird.
Die Nazis würden dies Volk niemals erobert haben, hätten sie sich nicht des Hasses bedient. Der Haß war ihnen nicht nur das Mittel, hochzukommen, er war der einzige Inhalt ihrer Bewegung. Die Republik hassen und sie stürzen, um selbst die ganze Macht zu bekommen, jahrein, jahraus haben sie das dem Volk als national eingeredet, und die Republik nannten sie eine Judenrepublik, einfach, um dem Volk beide zugleich verhaßt zu machen, die Republik und die Juden. Es ist eine Ehre für die Juden, daß ihr Name verbunden ist mit dem Versuch eines menschlichen, freiheitlichen Regimes; denn das war die Republik bei aller ihrer Unzulänglichkeit.
Welche Juden werden von den triumphierenden Nazis am meisten verfolgt? Die geistigen Arbeiter unter ihnen, und auch das wäre eine Ehre, wenn triebgebundene Dummköpfe wie diese Nazis mit ihrem Haß überhaupt jemand ehren könnten. Bestand wirklich, solange eine freie Auslese erlaubt war, die Mehrzahl der Berliner Anwälte aus Juden, dann hat dies sicher Gründe gehabt, die in der Soziologie der größten Stadt lagen und die nicht willkürlich beseitigt werden können. Die Juden waren unentbehrlich, sie wären es auch heute, wenn es noch eine Rechtspflege gäbe.
Man hat der Juden für sehr vieles unbedingt bedurft. Warum hätte der so deutsche Chirurg Sauerbruch sieben jüdische Assistenten gehabt und wollte sie trotz Befehl der nationalen Regierung nicht hergeben? Woher ferner

die bewunderten jüdischen Kapellmeister? Die Musik gilt als deutscheste der Künste, und unter ihren glänzendsten und treuesten Vermittlern sind verhältnismäßig viele Juden. Andererseits ist der erste Bühnengestalter Deutschlands zweifellos Max Reinhardt. Das Theater des letzten Vierteljahrhunderts ist ein wirklicher Ruhm des Landes und seiner Hauptstadt, aber ohne Reinhardt ist seine Geschichte nicht denkbar, vielleicht wäre es gar nicht vorhanden ohne ihn. Ihm ist jetzt verboten worden, Regie zu führen, und den Kapellmeistern, zu dirigieren. Aber, nicht wahr, der sentimentale Schlager »Ich hab mein Herz in Heidelberg verloren« wird auch weiterhin im ganzen Nazireich gedudelt und gepfiffen werden, und der ist von zwei Juden, man weiß es nur nicht. Wenn man die Menschen, die man nach dem Gesetz der Rasse hassen will, wenigstens erkennen würde!

Was die »nationalen Revolutionäre« richtet, ist, daß sie in keinerlei Beziehung stehen zu den inneren Werten Deutschlands. Sie lieben dies Volk nicht, sonst würden sie von seiner Seele nicht nur faseln, sie würden sie achten in denen, die der Seele Laute zu geben versuchten und eine Form. Aber sie achten nichts, was Deutschland Edles und Starkes hervorgebracht hat. Angefangen mit Goethe, ist ihnen alles entgegengesetzt und fremd; und die Bibliotheken, die jetzt nach ihren Begriffen gereinigt werden sollen, dürfen folgerichtig kein einziges der unvergänglichen deutschen Werke enthalten. Der deutsche Typ, der sich nationalsozialistisch nennt, hat keine Religion mehr, und bis zur Humanität ist er noch nicht fortgeschritten. Er ahnt nicht, was die Verse Goethes bedeuten:

Wer Wissenschaft und Kunst besitzt, der hat auch
                                                                Religion.
Wer diese beiden nicht besitzt, der habe Religion.

Aus dieser völligen Beziehungslosigkeit und Leere erklärt

sich sein Judenhaß. Die größten Eroberungen des Geistes werden, Hitler zufolge, nur von reinrassigen Volksgenossen gemacht; und das gibt er von sich vor Ärzten, einer Klasse von Zuhörern, die über den Wert des gemischten Blutes für die Entstehung von Begabungen belehrt sein müßte. Das gibt er von sich, während das Genie schlechthin heute der Welt bekannt ist unter dem Namen Einstein! »Um wieviel kleiner wird ein Volk, wenn es das Genie vertreibt!« ruft ein französischer Gelehrter, weil Einstein künftig keine Berliner Professur mehr haben wird, sondern eine Pariser.

Die deutschen Juden haben viel zu leiden. Wenn das ein Trost sein kann, möchte ich ihnen sagen, daß sie nicht mehr zu erdulden haben als der deutsche Geist und die deutsche Seele selbst, die ihnen immer lieb gewesen sind. Die Juden nahmen geistigen, seelischen Anteil und vermittelten ihn weiter. Sie waren einer der empfänglichsten Teile des Volkes, sie begegneten den geistigen Schöpfern mit wahrer Achtung, sie bemühten sich um sie, sie waren hilfsbereit. Wir haben ihnen zu danken; dies möchte ich ausgesprochen haben heute, da sowohl wir als sie verfolgt werden. Denn nicht nur Einstein, auch Thomas Mann, der kein Jude ist, meidet unfreiwillig das Land, für das er viel getan hat.

Dreizehn Millionen Juden sprechen auf der ganzen Erde einen Dialekt, der dem Deutschen entnommen oder mit dem Deutschen vermischt ist. In manchen Ländern, wo sonst niemand deutsch versteht, erhalten die Juden sich ihre deutsche Bildung und empfinden sie als Auszeichnung. Jedes andere Volk, außer dem deutschen, jeder Staat, außer diesem, würden hieraus den größtmöglichen Nutzen ziehen. Deutschland will nicht. Dieselben Juden, die Deutschland wie ihre zweite Heimat durch die ganze Welt tragen, in Deutschland selbst werden sie für minderen Rechtes erklärt, sie dürfen keine öffentlichen Ämter bekleiden, aber man darf sie ermorden oder zugrunde richten, wenn man nicht grade gut gelaunt ist und sich damit begnügt, sie auf öffentlichem Platz mit ihren Zähnen das Gras ausreißen zu lassen.

Ich weiß nicht, was jedes fühlende Herz mehr empören muß, die Grausamkeiten oder der Hohn, der sie begleitet. Aus Pogromen und Boykott werden Volksbelustigungen gemacht, und das ist auch ihr einziger praktischer Zweck. Der deutschen Wirtschaft ist mit Judenverfolgungen so wenig gedient wie dem deutschen Namen. Aber eine heruntergekommene Menge, der erlaubt wird, mit der Qual von Menschen ihren Spaß zu treiben, vergißt darüber auf einige Zeit, daß sie selbst so elend bleibt wie zuvor und daß die zur Macht gelangten Abenteurer ihr im Grunde nichts, aber auch gar nichts zu bieten haben.

Nachher will niemand es gewesen sein. Die Morde sind jedesmal das Werk von Kommunisten, die sich als Nazis verkleidet haben. Die Juden aber, die man angeblich loswerden möchte, werden verhindert, das Land zu verlassen, und sie müssen in Briefen und Telegrammen das Ausland darüber aufklären, daß von allen ihren Erlebnissen in Wirklichkeit kein einziges stattgefunden hat. Die erzwungenen Lügen werden von der Welt natürlich aufgenommen, wie sie es verdienen; die Verachtung aber, die sie hervorrufen, fällt auf Deutschland.

Das ist unverzeihlich und wird es bleiben. Das Land, für dessen Kultur und Gesittung wir alle gearbeitet haben, das Land, dessen geistiger Besitz auch durch meine ganze Kraft bereichert worden war, es ist von Menschen ohne Wissen und Gewissen erniedrigt, verroht und in einen Zustand versetzt worden, wie keine äußere Niederlage und nicht einmal die Zerstückelung des Staates ihn hervorbringt. Es ist der Verachtung ausgeliefert.

WIE MAN EINEN PROZESS GEWINNT

Im Leipziger Prozeß trat an einer Stelle der Verhandlungen ein Zwischenfall ein; beim ersten Blick fiel er nicht weiter auf. Es handelt sich um einen Zeugen, einen kommunistischen Arbeiter, der seit sieben Monaten in einem Konzentrationslager ist. Dieser wird als Zeuge aufgerufen, der Vorsitzende richtet eine Frage an ihn, aber anstatt zu antworten, fängt der Mann an zu weinen. Er weint laut und bringt kein Wort heraus.

Hier tritt, verkörpert von diesem Unglücklichen, mitten in den feierlichen Saal des höchsten Gerichtshofes das Konzentrationslager. Es scheint fehl am Ort und ist doch nur die hintere Ansicht derselben Sache. Das Gericht liegt nach der würdevollen Front des Regimes hinaus, dort nötigt es sich selbst zu verhältnismäßig anständigem Benehmen und zu den üblichen Formen. Das Konzentrationslager – das sind im selben Haus die Räume, die man nicht zeigt.

Vorn werden Worte gesprochen, denen man einen bestimmten Sinn beilegen möchte, aber sie haben ihn nicht. Man beteuert: »Ich als deutscher Mann«, und es bedeutet leider nicht, daß man ehrlich und gerecht ist. Hinten drückt man sich klar und vorbehaltlos aus. Dort werden Menschen geschlagen, bis ihre Nieren einen Riß haben oder bis sie den Verstand verlieren. Dort besteht eingestandenerweise das Verbrechen darin, daß einer Kommunist oder auch nur Republikaner ist. Auf der Vorderseite geben alle sich unendliche Mühe, zu beweisen, daß Kommunisten ein wirkliches Verbrechen begangen, zum Beispiel den Reichstag angezündet haben. Aufrichtig und ungezwungen jovial ist das Regime nicht auf der gepflegten Hausseite, sondern drüben auf der schmutzigen.

Gleichviel – die beiden Seiten verstehn und ergänzen einander. Ihre Bestimmung ist im Grund die gleiche: dem Regime zu Diensten sein, ihm zu Diensten sein auf unmenschliche, eindrucksvolle Art, die jede Regung von Widerstand unterdrückt bei der unterworfenen Nation oder selbst bei den andern Nationen, soweit es zu machen ist.

Im Konzentrationslager hat man nichts zu verbergen. Man weiß ohnehin, daß fast alle dort begangenen Greuel der Welt bekannt sind und im Lande umhererzählt werden. Darüber regt man sich nicht auf, man macht weiter. Zu vierstündigem, ununterbrochenem Turnen, abwechselnd mit schweren Erdarbeiten, zwingt man alte Intellektuelle. Wer auf die Knie fällt, wird mit Fußtritten wieder hochgestoßen.

Das erfährt die Außenwelt. In Berlin erzählt die entsetzte Bevölkerung flüsternd, was in Oranienburg für Heldentaten geschehn. Das Münchner Volk ist keineswegs im dunkeln über die Vorgänge in Dachau. Geheimnisse gibt es für niemand, schon weil sie SA, die als Folterknechte verwendet werden, nach ihrer Rückkehr damit prahlen. Allerdings treten sie manchmal in den Streik und verweigern die gar zu erniedrigenden Dienste. Solche werden dann ihrerseits eingesperrt und ersetzt durch andre, die mehr Zucht haben.

Im Leipziger Prozeß hat bisher noch niemand gestreikt. Jeder tut seine Pflicht, und die gebietet, daß Unschuldige verurteilt und die wirklichen Täter gedeckt werden sollen. Dort ist zu sehn, wie Männer jeden Schlages sich der Öffentlichkeit vorführen, Richter, Spione, Polizeibeamte, ganz abgesehen von den beliebigen, aus der Menge gegriffenen Zeugen; und alles das lügt, hartnäckig und gewissenhaft, wenn auch nicht immer geschickt. Aber zuviel darf man von ihnen nicht verlangen.

Denn die meisten von ihnen waren bis dahin verhältnismäßig ehrliche Leute gewesen. Sie hatten mehr oder weniger fest geglaubt, die Justiz ihres Landes habe noch immer die Aufgabe, die Wahrheit an den Tag zu bringen. Sie hätten sich gefürchtet, ihr etwas vorzulügen. Jetzt dagegen kennen sie nur die eine Furcht, sie könnten nicht genug lügen. Der Arbeitslose und Spion, der seine armen Kameraden belastet, hat niemals schlecht mit ihnen gestanden und hat keinen Grund, sie in Schwierigkeiten zu bringen – behauptet er. Vielleicht hat er aber doch einen Grund; nämlich den, sich selbst vor dem Totgeprügeltwerden zu retten.

Von Furcht sind sie besessen, wenn auch kein Gewissen sie quält. Ihr Gewissen schläft übrigens nur. Sie denken noch oft daran, daß sie nicht immer Schurken gewesen sind. Und wenn ihrer so viele sich auf ihre ehrbare Vergangenheit berufen, wollen sie sich damit entschuldigen, weil jetzt die harte Notwendigkeit besteht, sie zu opfern. Der Untersuchungsrichter, dem der Verteidiger des Angeklagten van der Lubbe eine unvorsichtige Frage stellt, bekundet die äußerste Entrüstung. Niemals hätte er geglaubt, er werde solche Unterstellungen beantworten müssen, denn er sei ein deutscher Richter, sei Reichsgerichtsrat, und er heiße Vogt!

Es könnte sonderbar anmuten, daß ein richterlicher Beamter unter den Beweisen für sein korrektes Vorgehn grade seinen Familiennamen besonders hervorheben möchte. Ja, der Name ist eben »arisch«. Er heißt nicht Levy, darum allein muß ihm Glauben geschenkt werden. Auch der Spion hatte sich gegen jeden Verdacht damit zu schützen versucht, daß er sagte: »Ich bin ein deutscher Mann.« Nichts zu machen. Wer diesen Ehrentitel trägt, kann lügen.

Derselbe Richter, der also wirklich Vogt heißt, schwört

in einem Atemzug, daß er nie etwas getan habe, das unvereinbar wäre mit der Ehre eines deutschen Richters. Hier muß man achtgeben. Er sagt nicht etwa, er habe niemals derart gehandelt, daß der Angeklagte van der Lubbe der stumpfsinnige verängstete Hampelmann werden konnte, der hier Ekel erregt und den gräßlichsten Verdacht nahelegt. Er erinnert sich auch nicht mehr des Geständnisses des holländischen Maurers, der immer behauptet hat, er habe sein Verbrechen ganz allein begangen. Nein, aber grade diese Vergeßlichkeit und diese geheimnisvollen Machenschaften werden ihm vorgeschrieben von seiner gegenwärtigen Auffassung der deutschen Richterehre.
Dies Regime, das für national gilt, benötigt Brandstifter, die Kommunisten sind, richtige Kommunisten, keine gekauften Lumpen wie van der Lubbe. Da ist es dann ganz belanglos, daß die Unschuld der Torgler und Dimitroff nur so strahlt und daß diese, vor aller Angesicht, die einzigen Männer sind im Gegensatz zu den vielen »deutschen Männern« des Prozesses. Das hindert nicht, daß der Kommunismus auf der Anklagebank sitzt und sitzen bleibt. Die Zeitungen des Regimes stellen es fest, und es ist tatsächlich das einzige unbedingt Gebotene.
Der Kommunismus als Brandstifter hatte den Beherrschern Deutschlands den einzigen Vorwand geliefert, die bürgerlichen Freiheiten abzuschaffen, die Diktatur einzusetzen und mit dem Schrecken zu regieren. Es ist unerläßlich, daß der Prozeß sie stützt und sie rechtfertigt, sonst wären die Diktatoren gemeine Verbrecher, sogar wenn sie den Brand nicht selbst gelegt hätten. Die Ehre eines »deutschen Mannes«, sei er Richter oder Spion, wird bestimmt durch diese Tatsache. Sie finden sich damit ab, wenn sie nicht noch stolz darauf sind.
Der Vorsitzende des Gerichtshofs wird immer reizbarer,

eine je schlimmere Wendung die Verhandlungen für seine hohen Vorgesetzten nehmen. Die Menge hat, als die Angeklagten vorübergeführt wurden, vielsagend geschwiegen. Es ist Zeit, die Lage zu retten. Die stärksten Mittel her! Und schneidig, wie man ist, läßt man ein einziges Mal die volle Wahrheit heraus, aber so, als wäre sie ein Blödsinn, über den man mit Verachtung hinweggehn kann. Was denn! Der Brand soll entstanden sein im Kopf des Ministers Goebbels, und der Minister Göring hätte ihn getätigt? Wollen wir mal lachen über diese deutschfeindlichen Erfindungen! Schande über solche Verleumdungen in ihrer Gehässigkeit und Ohnmacht! Indessen scheint es nicht, daß in der Sitzung gelacht worden ist oder daß sich jemand entrüstet hat. Das Publikum hat weiter schweigend verharrt. In Deutschland wird viel geschwiegen bei diesen Zeiten.
Bleibt noch ein starkes Mittel, und das ist unfehlbar. Man ruft SA zu Hilfe, sie füllen das Gebäude, wo die Handlung sich abrollt. Schon waren die Polizeibeamten mit Karabinern bewaffnet worden. Man führt der Nation und der Welt vor Augen, auf welcher Seite die Macht ist. Auf seiten der Unschuldigen ist sie nicht.
Der Tag der Urteilsverkündung wird auch das höchste Machtaufgebot erblicken. Das ist vorauszusehn und ist auch zu hoffen, denn es wird das ausdrückliche letzte Eingeständnis sein. Neuerbaute Tanks werden rings um den Sitz des Gerichts auffahren. Besser noch: Der Platz davor wird unter Wasser gesetzt werden, und U-Boote werden dort Übungen abhalten. So gewinnt dies Regime seine Schlachten, sollte es auch nicht seine Prozesse gewinnen.

DENKEN NACH VORSCHRIFT

Eine Planwirtschaft gibt es in Deutschland nicht. Vom Vierjahresplan hört man nichts mehr, und ihr Sozialisierungsprogramm hat diese Regierung glatt verleugnet. Trotz allen Versprechen und Vorspiegelungen hat sie für Mittelstand und Bauern nichts getan. Die Gewinner der Staatslotterie, in der Deutschland sein Geschick ausgespielt hat, als es die nationalsozialistische Partei an die Macht ließ, sind erstens diese Partei und dann die Großindustrie Arm in Arm mit den Großgrundbesitzern. Diese paar tausend Individuen sind dabei, sich maßlos zu bereichern an der Aufrüstung, und das arbeitende Volk sieht entmachtet zu. Diese reichen Leute sind auch bei weitem stärker als der Staat, der zu ihren Gunsten zurückgetreten ist von der Sozialgesetzgebung. Die sollte sie grade zügeln und den schlimmsten Ausschreitungen der wirtschaftlichen Übermacht entgegenwirken. In der amerikanischen Demokratie wird die Wirtschaft sicher planvoller gelenkt als in dem deutschen Totalstaat, dessen Wirtschaft in Wirklichkeit ältester Liberalismus ist, mit besondrer Berücksichtigung seiner schlechten Seiten.
Ganz anders, sobald es sich um Dinge des Geistes handelt. Da holt das Regime alles nach; es entschädigt sich für eine wirtschaftliche Untätigkeit durch eine grenzenlose Betätigung auf Kosten der geistigen und sittlichen Kultur. Dies Regime will sie ganz in seine Gewalt bringen. Es duldet von Denkern, Schriftstellern und Künstlern keinen Widerstand und nicht einmal Beiseitestehen. Gedacht werden soll nationalsozialistisch oder gar nicht. So wird denn nationalsozialistisch gedacht, da ja das Denken des Menschen leichter zu lenken ist als sein Interesse. Leute, die von ihren Geistesgaben und Talenten ein be-

scheidenes Leben führen, lassen sich leider meistens zum Gehorsam zwingen – eher als die Geldmächte.
Die Ausnahmen betreffen die Starken und Wertvollen, aber von ihnen so gut wie alles. Unter den ausgewanderten Intellektuellen sind Männer von bewundernswerter geistiger Reinheit, kein äußerer Zwang hat sie vertrieben, nur ihr Gewissen. Da sind anerkannte »Arier«, Frontkämpfer, Konservative – aber die Unterdrückung des freien Gedankens wollen sie nicht hinnehmen. Sie waren zu stolz, die Plätze der Verfolgten zu besetzen, lieber gingen auch sie. Ihr Auszug dauert an. Von Zeit zu Zeit verläßt eine große Berühmtheit die deutschen Universitäten, um draußen Vorlesungen zu halten in einer erst zu erlernenden Sprache. Das ist nicht mißzuverstehn; wer diesem Staat den Rücken wendet, erklärt sich gegen ihn. In so gespannter Lage bedeutet alles, was man heute tut, eine Kundgebung für oder wider. Das Regime schmeichelt sich, es habe auf seiner Seite einen großen Dichter, einen einzigen, dessen mystische Beschwörungen das Dritte Reich zu verkünden schienen. Als es dann aber verwirklicht war, weigerte derselbe Stefan George sich, es anzuerkennen in Tat und Wort. Er verließ das Land, starb draußen und wurde, gemäß seinem Willen, in fremder Erde bestattet.
Zurückweisungen von solcher Wucht wären entmutigend für Menschen, die moralischen Demütigungen zugänglich sind. Sie bleiben ohne Eindruck auf Leute, deren einzige Sorge die Erhaltung ihrer materiellen Herrschaft ist. Man kann sagen, daß noch keine der dagewesenen Menschenarten in diesem Grad überzeugt war von dem alleinigen Wert der materiellen Tatsachen. Eine Nation wird für sie zur Rasse im zoologischen Sinn und läßt sich beliebig abändern durch Sterilisierungen und andre Zwangsmaßnahmen. Ebenso wird unter ihren Händen

das Denken so sehr Stoff, daß nichts übrigbleibt als ein lenkbarer Mechanismus, und über ihn verfügt der Stärkste. Das Denken ist von den Bewaffneten erobert worden, damals, als sie sich der Staatskassen bemächtigten. Zugelassen sind nur noch die Wahrheiten des Regimes und das Schaffen, das den Führern nützt. Alles, was in Künsten und Wissenschaften die nationalsozialistische Lehre überragt oder widerlegt, gilt als nicht vorhanden, einfach weil diese Denker und Künstler das Reichsgebiet verlassen haben. Jede Opposition ist fortgefegt; aber nicht im entferntesten bedauert man den Verlust hervorragender Männer und der sichersten Ruhmestitel, die das Land besaß. Man ist froh, daß man jetzt unter sich geblieben ist mit zahmen, wenn auch nicht immer überzeugten Gemütern und mit den weniger persönlichen Talenten: sie sind leichter zu behandeln. Übrigens werden sie gesiebt; alle Schriftsteller und Künstler müssen zwei wesentliche Fragen schriftlich beantworten: »Sind Sie Arier? Und wollen Sie der nationalen Regierung mit aller Kraft dienen?« Jeder, der seine Unterschrift nicht hergäbe, verlöre sofort seine Kundschaft, denn er würde in Deutschland vor kein Publikum mehr gelassen. Nun handelt es sich ja nicht mehr um die Unbeirrbaren; sie sind ausgeschieden. Zu versichern braucht man sich nur noch der Schwachen und Mittelmäßigen, wozu ferner die geschickten Anpasser kommen. Diese bezogen schon Pensionen, als das freie Denken herrschte. Unter dem Denken nach Vorschrift wollen sie wieder Pensionen beziehn.

Alle Verwendbaren waren in Listen verzeichnet, jetzt war die Hauptsache eine Gesamtorganisation; durch sie hofft man den Mangel an Einzelwerten auszugleichen. Zwar fehlten diese nicht immer. Für den Vorsitz der Reichsmusikkammer fand man sogar Richard Strauß, und auch der frühere literarische Liebling der Republik, Gerhart Hauptmann, gewann es über sich, die Genehmigung des neuen Regimes nachzusuchen. Ich will lieber glauben, daß diese wahrhaft großen Meister keine schwachen Charaktere sind. Sie haben sich schon längst gewöhnt, das nationale Genie, und selbst das internationale, dargestellt zu sehn in ihrer Person. Ihnen scheint es einfach unmöglich, daß sie es nicht mehr verkörpern sollten, unter welchem Regime immer. Abgesehn von diesen Greisen, die zu sehr mit sich selbst beschäftigt sind, um etwas sonst sehr genau zu nehmen, hat die nationalsozialistische Welle nur zweitrangige Personen an die Spitze der intellektuellen Organisationen getragen. Sieben Spezialkammern sind zusammengefaßt in einer Reichskulturkammer, und hier führt den Vorsitz, wie es sich gehört, der Propagandaminister. Die deutsche Kultur ist tatsächlich nur noch ein Propagandainstrument im Dienst der Macht. Sie untersteht restlos einem richtunggebenden Oberhaupt namens Goebbels. Die ganze Welt kennt ihn; aber für sich allein, ohne Partei und Bewegung, hätte er für seine Stücke und Romane keine tausend Interessenten aufgetrieben.

An Überlebenden wie Hauptmann oder Strauß ist die deutsche Kultur dieser Zeiten nicht zu messen, sondern an diesem Goebbels – der zwar sonst nichts gemacht hat, aber sich selbst hat er gemacht, mit groß aufgezogener Propaganda. Er hatte nichts weiter getan, als daß er mit einer Bewegung ging. Der Aufstieg einer Partei war auch der des Propagandachefs der Partei, und als er erst einmal zur Macht gelangt war, brauchte der siegreiche Propagandist sich nur noch zum Herrn zu machen über eine ganze Kultur, zu der er persönlich nichts beigetragen hatte. Allerdings, mit seiner Parteidoktrin verträgt sich auch kaum das individuelle Denken, so wenig wie die allzu glänzenden Ausnahmen des wahren Talents und der hohen Intelligenz. Zuerst muß man denken, wie vorgeschrieben, dann darf man nebenbei vielleicht Begabung verraten. Selbst dies gilt mit Vorbehalt. Wenn Goebbels zu wählen hat zwischen einer ergebenen Mittelmäßigkeit und einem Talent, wäre es auch zu Zugeständnissen bereit, dann traut er eher der Mittelmäßigkeit, obwohl er sich vor der Welt auf das Talent beruft. Sagen wird er, daß »Kunst« von »Können« kommt, daß aber das auf die Spitze getriebene, übermäßig individualisierte Talent einen Abgrund legt zwischen Kunst und Nation. Über diese faule Theorie hat er sich verbreitet bei der Eröffnung seiner »Reichskulturkammer«. Dabei ließ er seine Zwangshörer wissen, daß, bis sein Reich anbrach, das Lesepublikum immer mehr abgenommen habe, die große Masse sei gar nicht in Betracht gekommen. Er vergaß zahlreiche, kurz zurückliegende Beispiele, die das grade Gegenteil beweisen könnten. So waren von dem Buch Remarques »Im Westen nichts Neues« allein auf deutsch eine Million Exemplare verkauft worden. Ebenso hatte der Roman von Thomas Mann »Die Buddenbrooks« die Million mit einer einzigen Volksausgabe erreicht. Da die deutsche Sprache auf der ganzen Erde von weniger als sechzig Millionen Erwachsenen gesprochen wird, sind das wirklich Höchstziffern. Es ist nicht ersichtlich, wie die Literatur einer mittleren Nation sie überschreiten könnte, außer bei Anwendung von Zwang. Niemals vor der Weimarer Republik waren deutsche Bücher so verbreitet gewesen. Demokratie hatte dem Denken gut gedient, sie hatte ihm tiefe Schichten geöffnet, wohin es früher nicht drang.

Im nationalsozialistischen Reich haben die Deutschen sich das Lesen schnell wieder abgewöhnt. Dies Reich läßt ihnen dafür wohl keine Zeit; es hält sie in Atem mit seinen befohlenen Kundgebungen zu Ehren des Regimes, mit militärischen Nachtmärschen und der Arbeitsdienstpflicht, damit ein paar Reiche verdienen. Jeder Deutsche ist in Reih und Glied gesteckt fürs Leben. Da er niemals mehr allein ist – wie soll er nachdenken? Goebbels indessen verlangt von ihm die Beschäftigung mit einer gewissen Literatur, die er als heroische Romantik bezeichnet. Dessenungeachtet bleiben die Werke Goebbels' und die von seinesgleichen dem großen Publikum völlig fremd. Es kommt daher, daß die Nation, an die sie sich wenden, weder romantisch noch heroisch ist. Sie hat eine Menge Lügen schlucken müssen – das macht sie aber nicht romantischer. Gewaltsamkeiten und Geprahle hat sie wie Schnaps einbekommen – Heroismus ist das noch nicht. Dies Regime hat ein paar gewonnene Schlachten zuwenig, außerdem fehlt ihm Opfersinn. Andre opfern, das genügt nicht. Aus diesen Gründen wird der heroisch-romantische Goebbels nicht gelesen, sondern das vom Dritten Reich angewiderte Publikum hält sich nach wie vor an Thomas Mann, dessen neuer Roman gleich in den ersten Wochen dreißigtausend verkaufte Exemplare hatte. Nun steht dies Buch im genauen Gegensatz zur Goebbelschen Richtung. Es ist realistisch und analytisch; es vertieft die hebräischen Mythen und führt sie zurück auf die Ursprünge des menschlichen Denkens.

Danach schiene die Sache schiefzugehen, aber Kraft und Gewalt werden auch mit dem bösesten Willen fertig. Bücher wollt ihr nicht kaufen? Grade werdet ihr sie kaufen, oder ihr werdet abgebaut. Auf diese Weise hat der Verfasser von »Mein Kampf«, der auch der Verleger ist, diese Bibel des Nationalsozialismus zu den höchsten Auflagen hinaufgetrieben: Jedes Amt und jede Schule muß das Buch haben. Dieser Memoirenschreiber namens Hitler hat den Vorzug, daß er gleichzeitig Reichskanzler und Besitzer des Hauptorgans seiner Parteipresse ist. Jede der beiden Stellungen dient ihm zur Stärkung der andern. Man darf überzeugt sein, daß seine Abonnenten ihn nicht im Stich lassen werden. Rundfunkhörer haben erlebt, daß sie zu Gefängnisstrafen verurteilt wurden, weil sie die Reden der nationalsozialistischen Führer nicht mehr verdauen konnten und auszutreten wünschten. Dieses Regime zwingt die Leute, seine Presse zu lesen, denn es duldet keine andre. Es wacht darüber, daß ganz Deutschland seine Reden anhört, während die Welt dort draußen keinen unliebsamen Laut hereinsenden darf. Es übt eine strenge Aufsicht über Literatur, Theater und Kino. In Zukunft werden nur noch Propagandafilme gedreht; für den Export natürlich tarnt man sie. Dem Theater hat das Regime noch nicht alle gebotene Sorgfalt gewidmet. Da seit dem Sturz der Republik die Häuser sich geleert haben, wäre es folgerichtig, wenn die Steuerzahler dienstlich hineingeschickt würden und heroisch-romantische Aufführungen ansehn müßten. Das kommt voraussichtlich noch. Denn Propaganda und Zwang im Verein brauchen vor nichts zurückzuschrecken.

Den geringsten Widerstand bietet die Jugend. Immer bereit zu unüberlegten Begeisterungen und Tatgemeinschaften, bilden die Jungen gradezu die Grundlage der Diktatur, der sie als erste zugejubelt haben. Diese dankt ihnen dafür, sie überbietet womöglich noch den unschätzbaren Wert, der zu gewissen Zeiten dem physischen Jungsein beigelegt wird. Das ist offenbar besonders kostbar in den Augen von Machthabern, die mit dem kritischen Sinn schlecht stehn; denn den haben sie bei der Jugend nicht zu fürchten. Weder der kritische Sinn noch auch nur die gesunde Vernunft haben die akademische Jugend abgehalten, ihre Professoren davonzujagen, wenn sie Juden, Demokraten oder einfach anständige Menschen waren. Sie hat sich auch Rachehandlungen gegen linksgerichtete Kameraden nicht versagt, und manchmal waren es Morde. Die angehenden Diktatoren hatten sich schon bei ihren ersten Versuchen der noch nicht Zwanzigjährigen bedient; von ihnen wimmelten die Straßen bei allen Kundgebungen gegen die Republik oder gegen das freie Denken. Wenn in Deutschland heute nach Vorschrift anstatt frei gedacht wird, verdankt man es vor allem einer Jugend, die mißbraucht und schändlich heruntergewirtschaftet ist. Den Jungen wird eingeredet, sie wären die »Soldaten der Zukunft«, und es versteht sich, daß man mit zwanzig Jahren immer der Soldat irgendeiner Zukunft ist. Nur fragt sich, wie ihre Zukunft noch aussehn soll, da sie so jung schon belastet sind mit Ungerechtigkeiten, verachtenswerten Taten und sogar mit Verbrechen!

Hier erscheint eine der Unzuträglichkeiten des Denkens nach Vorschrift. Es hat ganze Jugend-Jahrgänge geistig verfälscht. Überdies läßt es ihnen keine Zeit zum Lernen. Den nationalsozialistisch gesinnten Studenten werden die Prüfungen erleichtert. Da andrerseits viele besonders wertvolle Gelehrte das Land verlassen haben, wird in einigen Jahren die Welt Kenntnis nehmen müssen von dem geistigen Abstieg einer Nation, die sich auch in angewandter Wissenschaft nur deshalb hatte auszeichnen können, weil seit sehr langer Zeit das Denken bei ihr frei war. Keine chemischen Erfindungen und erst recht keine große Industrie, ohne daß andre – ganze Jahrhunderte hindurch – frei gedacht und geschaffen haben. Dagegen wird die geistige Fruchtbarkeit einer Nation vernichtet durch Lügen und durch Heuchelei. Das gegenwärtige Leben dieser Nation ist ganz und gar aufgebaut auf der Rassenlehre; dann müßte sie wenigstens geglaubt werden. Aber so, wie man sie vorschützt, steht sie nicht in den grundlegenden Büchern des Regimes; der »Arier«

wird dort abgelehnt, und wissenschaftlich bleibt nichts übrig von den offiziellen Zumutungen. Diese werden gleichwohl aufrechterhalten, und das Volk, dem der Klassenkampf wahrhaftig näher läge, muß sich füttern lassen mit heroischen, nordischen und prähistorischen Ungereimtheiten. Infolgedessen wird es in einem künftigen Krieg schlechter kämpfen. »Soldaten der Zukunft« sind erst einmal solche, die bei der Wahrheit bleiben.

Das Regime des Denkens nach Vorschrift hat auch die Unzuträglichkeit, daß Ventile fehlen. Es hat sie alle verstopft. Keine Kritiken, niemals ein Warnung, und nahende Katastrophen werden vorher nicht gemeldet werden. Das sind ja so bekannte Dinge! Alle durch die Abschaffung der Gewissensfreiheit verursachten Drohungen und Verschlechterungen sind so vielmals erprobt und verzeichnet worden! Dennoch bleibt eine große Traurigkeit, wenn man eine Generation von Menschen die moralischen Eroberungen der vorigen Geschlechter aufgeben sieht. Nun denn, während einiger Zeit und in gewissen Ländern wird die Wahrheit etwas Abgekartetes sein zum Gebrauch des Stärksten. Die Wahrheit wird es nicht sein, und diese wird keine uneigennützigen Liebhaber finden. Niemandem wird die unermeßliche Gunst zufallen, denkend vorzudringen zum Unbekannten und seinen Gefahren die Stirn zu bieten. Die wundervollen Qualen des Schaffens scheiden gleichfalls aus; seine Anschauung der Menschheit ist dem Künstler ja vorgeschrieben, und andre als amtlich befohlene Träume dürfen ihm nicht einfallen. Es wird nicht mehr heißen, daß das höchste Glück der Erdenkinder doch die Persönlichkeit ist. Denn die Persönlichkeit dessen, der das sagen konnte, war zu groß, sie hätte sich nicht in Reih und Glied einstellen lassen unter diesem freiheitsfeindlichen Reich kleiner Leute voll Mißgunst und Haß.

Sie haben ihre Stellungen stark befestigt, Unordnung und Unglück können sie noch viel herbeiführen, und dauern werden sie, bis ihre Zeit abläuft und sie verschwinden, und das Denken, das sie dann nicht mehr vorschreiben, wird sie überleben. Daran ist nicht zu zweifeln; sogar in seinen schwersten Stunden leistet ihnen das Denken noch Widerstand. Es ist vorerst nicht das profane Denken, sondern das der christlichen Kirchen, die sich offen aufgelehnt haben gegen das Rassenregime. Die Kirchen kennen keine zoologischen Rassen, sondern einzig die Menschheit, deren Vergeistigung ihre Sache ist. Sie ist ebensosehr die Sache der weltlichen Geistigen, die nur weniger organisiert als die Priester und den Versuchungen der Welt mehr ausgesetzt sind. So erwarten sie noch die Stunde, da ihre Erniedrigung ihnen bewußt wird und sie sich aufraffen. Übrigens aber, die freiwillige oder erzwungene Abdankung einiger tausend, zwischen Grenzpfählen eingeschlossener Intellektueller kommt nicht in Betracht gegen die Ewigkeit des Denkens.

WAS DAHINTERSTECKT

Die Welt hat nur selten erfahren oder zur Kenntnis genommen, daß derselbe Deutsch, der 1934 beim Aufstand der Wiener Arbeiter mitkämpfte, 1919 das österreichische Bundesheer organisiert hatte. Daraus hatte er ein zuverlässiges Werkzeug der Republik gemacht und verwendete es jahrelang einzig und allein zum Schutz der Demokratie. Als später die Spielregeln derselben Demokratie es so mit sich brachten, überließ er seinen Platz einem Reaktionär, der die Armee schleunigst umbildete, entsprechend den Bedürfnissen einer nach Vorrechten gierigen Klasse. Eines Tages mußte es dahin kommen, daß diese die bewaffnete Macht mißbrauchte, um die öffentlichen Freiheiten umzustoßen.

Das ist dann auch geschehn. Deutsch hätte es voraussehn sollen, als er damals die Hand dazu bot, daß die Demokratie alle ihre Verteidigungsmittel fortgab. Es war unsinnig zu glauben, man würde sie ihr jemals zurückgeben. Wenn gewisse Umstände eintreten, dann halten sich nur noch die Demokraten selbst an die Spielregeln. Die andern denken nicht dran; die nennen sich, unter Eid sogar, Demokraten, aber nur solange sie noch nicht die ganze Macht haben. Worte zählen für sie nicht, entscheidend ist die Gewalt. Da sie über die Armee verfügen, wären sie nach ihren Begriffen die Dummen, wenn sie nicht gelegentlich mit Kanonen schössen nach Wiener Arbeiterhäusern.

Das heißt dann gleich: unerhörte Vergewaltigung. Die Welt ist schmerzlich betroffen, oder ihr wird einfach schlecht. Nun ist es ja wahr: die heutigen Regimewechsel zeichnen sich aus durch einen geradezu Übelkeit erregenden Verzicht auf die Hochherzigkeit (ein im Deutschen seit längerer Zeit abgekommenes Wort; bis 1933 sagte man noch »Anständigkeit«). Ohne Treu und Glauben zerquetscht man die Kleinen, Schwachen und kündet es auch noch vorher öffentlich an. Schon waren die Wiener Arbeiter wehrlos gemacht. Jetzt hören sie, daß ihnen der Rest gegeben werden soll, und in ihrer Verzweiflung versuchen sie sich zu verteidigen. Das ist der gefundene Vorwand: sie sind Aufständische, man gibt ihnen den Rest. Es ist grauenhaft, aber nicht weiter neu oder gewalttätiger als üblich. Die Hitlerleute hatten ja auch schon einen Kommunistenaufstand erfunden, damit sie losgehn konnten. Die Kommunistenfurcht, von ihnen selbst absichtsvoll gezüchtet, erlaubte ihnen endlich, ihr Programm einzuweihn, und es kamen Konzentrationslager, Folter, Zwangsselbstmorde und alle Arten Gewalt, die eine Kanonade wohl aufwiegen.

Hitler hat zu den österreichischen Ereignissen eine gelungene Äußerung getan: »Gewalt kann nie etwas Bleibendes erreichen.« Da sieht man wieder, daß ein Genie nicht weiß, was es tut. Augenscheinlich handelt es ohne Überlegung, wobei gewöhnliche Menschen lauter Dummheiten machen würden. Nur dem Genie bekommt es gut.

Der Umsturz der öffentlichen Freiheit ist schon ganz üblich geworden, protestiert wird nur noch schwach und höchstens in Weltgegenden, die ganz weit weg vom Feld der Betätigung liegen: grade darum gesteht diese ihre Ziele immer offener ein. Wozu erst lange lügen. Eine Kanonade ist schon etwas klar zutage Liegendes; man kann es nicht mehr ganz und gar ableugnen wie einen einzelnen Mord. Das nächste Mal, wenn irgendwo zum Zweck des Regimewechsels die Arbeiter umgebracht werden, wird von Aufstand und Kommunistengefahr kaum noch die Rede sein: man wird offen eingestehn, daß es zu viele sozialistische Arbeiter oder auch einfach nur Arbeiter gibt und daß man sie darum abschießt. Das nämlich steckt dahinter, und zwar schon lange. Vor 1914 stellte in Deutschland jemand den Grundsatz auf – ein Heuchler kann das nicht gewesen sein –, daß dies Land zwanzig Millionen Menschen zuviel habe. Reiche oder Arme? Darüber äußerte er sich nicht, aber zur Not ahnt man, was er sich gedacht hat. Seitdem ist das Zahlenverhältnis von arm und reich noch um soviel beunruhigender geworden für die Reichen, es würde sogar tiefgreifende Veränderungen der Wirtschaft bedingen.

Unter der Republik waren gewisse Sozialisierungen auf kurze Frist vorauszusehn, sie begannen schon und wären sozusagen von selbst weitergegangen, mit Zustimmung von neun Zehnteln der Bevölkerung und ohne den mindesten kommunistischen Umsturz. Grade darum wurde die kommunistische Gefahr aus dem Nichts erschaffen und Hitler beauftragt, sie zu bezwingen. Das hat er bekanntlich besorgt, zur vollen Zufriedenheit seiner Auftraggeber.

Regimewechsel finden während dieser Zeiten besonders in Ländern statt, wo die Bevölkerung am meisten leidet unter der falschen Verteilung des Reichtums und wo Wirtschaftsreformen am dringlichsten wären. Nur unter solcher Bedingung sind solche Länder lebensfähig. Deutschland kann seine Bevölkerung durchaus ernähren; allerdings darf dann weder der Boden noch das, was unterhalb liegt, im festen Besitz einiger Familien bleiben. Im alleinigen Interesse dieser Familien ist 1933 das politische Regime geändert worden, anstatt die Wirtschaft zu überholen; und die Demokratie wurde gestürzt, denn die hätte auf die Dauer diese Überholung vorgenommen. Die Redensarten, mit denen man die allzu nackten Tatsachen umgibt, können sie nicht verstecken. Wieviel man auch

Wesens macht von erwachten Nationen und auserwählten Rassen, die Wahrheit ist, daß man Erwählte und Erwachte behandelt wie ein Stückchen Mist und sie heruntergedrückt hat ungefähr bis auf den Stand der antiken Sklaverei. Singt man dagegen das Lob eines gewissen romantischen Heroismus, der die einzig zeitgemäße Lebensauffassung sein soll, dann verleiht alles, was wirklich vorgeht, diesen Albernheiten einen recht grausigen Sinn.

Das Ziel einer Propaganda für Heroismus müßte logischerweise der Krieg sein. Nun ist aber durchaus kein sicherer Verlaß auf eine Nation, deren Unterjochung nur vorläufig gelungen ist: daher werden die Besieger Deutschlands noch längere Zeit darauf verzichten, Krieg anzufangen. Gewiß kostet es sie Selbstüberwindung, denn nach einem Krieg gäbe es gleich zehn Millionen Proletarier weniger, und die Nachkommen des alten ehrbaren »Hüttenbesitzers« wären merklich erleichtert. Sehn wir uns indessen die bisher erlaubten Maßnahmen an! Alle gehn in derselben Richtung: die Bevölkerung soll abnehmen. Das steckt dahinter. Seit dem Regimewechsel können Arbeitslose und alte Leute einfach Hungers sterben. Alle Kommunisten liegen sowieso auf der Straße. Unheilbare Kranke werden grundsätzlich nicht mehr behandelt. Sogar ein Bibelwort ist herangezogen worden: »Wer nicht arbeitet, soll auch nicht essen«, obwohl sonst mit der Bibel heute nicht viel los ist.

Infolgedessen ist seit Hitler die Sterblichkeit in fortwährender Zunahme, sie überschreitet sehr deutlich die Zahl der Geburten, und dabei stellt man sich zu Ehren der Rassenlehre, als wollte man mehr Kinder haben. Aber dann kommen erst noch die Sterilisierungen. Für den Anfang sollen 700 000 Deutsche, Männer und Frauen, unfruchtbar gemacht werden. Das bedeutet, daß in der Volksgemeinschaft, die doch heilig erklärt ist, jeder Hun-

dertste ohne Nachkommen bleibt, was jedenfalls einen schätzenswerten Rückgang der Bevölkerungsziffer verspricht. Fachmänner mögen ruhig versichern, daß es kein sicheres Mittel gibt, um zu unterscheiden, wer einen kranken Nachwuchs haben wird und wer einen gesunden: es wird sterilisiert, und um so weniger Proletarier sind zu ernähren. Einer besondern Berücksichtigung sind die Feinde des Regimes sicher, die da heißen: Marxismus, Pazifismus, Intellektualismus und Judentum.
Auch der Antisemitismus gehört mit in den vorgefaßten Plan zur Erhaltung einer bevorrechteten Klasse. Die Nachkommen aus gemischten Ehen werden auf fünf Millionen veranschlagt. Alle Rechte werden ihnen genommen, und praktisch werden sie gestrichen: so wird man auf einmal fünf Millionen los. Das ist wieder nur das klare Eingeständnis, daß man die offenbaren Fehler des kapitalistischen Systems nicht anerkennen will und es ablehnt, den natürlichen Weg zu gehn. Der wäre natürlich, für ein stark bevölkertes Land und eine proletarische Nation: die Wirtschaft zu ändern. Lieber klammert man sich an jeden Vorwand, jede Ausflucht. Wenn nötig, verteidigen Maschinengewehre eine überlebte Wirtschaft. Man nimmt einen Wechsel im politischen Regime vor und stellt eine Staatslehre auf, die nichts mehr weiß von Menschlichkeit und Mitleid, geschweige von Wahrheit und Gerechtigkeit. Dafür setzt man den »Dynamismus« ein, als beste Ausrede für Ausschweifungen, und man macht viel Geschrei von der angeblichen nationalen Größe: eine einfache Verwechslung mit den Geldinteressen einiger Banditen.
Nun versteht es sich von selbst, daß ein barbarisches Phrasengewäsch, nur bestimmt, Missetaten zu decken, dennoch Einfältige findet, die es ernst nehmen. Das versagt nie. Das Beispiel Deutschlands tut das Seine, und so

gibt es in allen Ländern die Pinsel, die glauben, Größe oder Verkümmerung einer Nation hingen von einem Regimewechsel ab, während in Wirklichkeit die werte Zeitgenossenschaft viel lieber ihre sittlichen Begriffe etwas befestigen sollte.

Bewunderer Hitlers gibt es verstreut in allen bisher noch freien Nationen. Für sie wäre es nur nützlich, wenn sie einmal nachdächten über gewisse Vorkommnisse im Leben der deutschen Nation. Hört man davon erzählen, dann hält man das für Szenen aus dem Mittelalter; indessen sind sie noch ganz frisch. Vor dem Portal der größten Kirche Münchens hatte eine beträchtliche Menschenmenge gewartet auf das Erscheinen des Kardinal-Erzbischofs, der trotz allen Verfolgungen durch die Nazis tapfer gegen sie predigt. Es war ein Wintertag, aber alle knieten hin in Schnee und Schmutz. Flehend erhoben sie die Hände, und Stimmen, die aus dem Innersten kamen, riefen den Priester der Heilslehre an gegen das Rassenunheil. Fast gleichzeitig aber hatte eine gleiche Menschenmenge sich vor dem Berliner Dom angesammelt, und wie auf Verabredung beteten diese Protestanten laut das Vaterunser. »Erlöse uns von dem Übel!« Welches Übel, das durften sie nicht sagen, aber alles deutete darauf hin, daß das Übel nicht weit von dort wohnte, die Straße heißt Wilhelmstraße.

Öffentliche Gebete in tiefer Demut, wie zur Beschwörung von Pest, Hungersnot, Verfolgungen und allen Gottesgeißeln: das ist in manchen Stunden die einzige Zuflucht der erwachten, heroischen Nationen, die, um nur ja auf der Höhe zu sein, die Demokratie hatten abwürgen lassen.

BETRUG AN DER JUGEND

Was beim ersten Blick auffällt: die jungen Geschlechter im Dienst der Diktaturen sind eine recht seltsame Mischung aus Empörergeist und Drang nach Unterordnung. Unehrerbietig bis zum äußersten gegen alles, was nicht zu ihnen gehört; aber das gleichen sie reichlich dadurch aus, daß sie unter ihren eigens gewählten Herren auf jede Selbstbestimmung verzichten. Wahrscheinlich finden sie das besonders ehrenvoll, von wegen des Führerprinzips. Dafür nützen ihre Führer sie gründlich aus. Den Führern ist es gelungen, beträchtlich vielen Jungen den Glauben beizubringen, daß nichts so sehr herunterbringt und zersetzt wie selbständiges Denken – womit den Jungen zugleich verboten ist, über ihre eigene Zukunft ernstlich nachzudenken. In hoher Achtung steht dagegen bei ihnen das Gemeinschaftsdenken, obwohl der Gedanke, der in Menschenmassen aufgelöst wird, keiner mehr ist. Nichts bleibt zurück außer Schlagworten und unerlebtem Gerede. Das Denken einer verantwortungslos und in Unterwerfung erhaltenen Masse kommt darauf hinaus, was der Führer denkt, und der denkt vielleicht nichts. Die Prüfung ist verboten.

Diese Art Jugend ist demnach empörerisch mit der Neigung, sich sogleich wieder unterzuordnen; ist geistfeindlich, aber eingestellt auf unüberlegte Begeisterungen und truppweises Auftreten. Zu riesigen Verbänden zusammengeschlossen, hat sie den Diktaturen geholfen, Fuß zu fassen und hat sie von vornherein bejubelt – dies allerdings nur erst in Ländern, die sich kaum jemals frei regieren konnten und keine staatsbürgerliche Erziehung gekannt haben. Da ist es nicht weiter erstaunlich, daß solche Jungmannschaften hereinfallen konnten auf jedes

marktschreierische Geschwätz über Verderbtheit und Schwäche der Demokratien. Erstens hatten sie keine Ahnung. Außerdem hätten sie nur mit ernsthafter Arbeit aus den Demokratien etwas Besseres machen können. Natürlich war es leichter, in Massenaufzügen mitzulaufen, besonders für die Jungen unter zwanzig Jahren, wie in Deutschland.
Übrigens kann es nicht anders sein, als daß die Jungen desselben Zeitalters einander überall mehr oder weniger ähnlich sehn. Gesinnungen, wie gewisse Sprößlinge der alten Demokratien sie bekennen, sind manchmal ganz die gleichen, die ihre Altersgenossen in den Diktaturländern schon verwirklicht finden. Auch in den alten Demokratien fühlt eine Minderheit der Jungen einen unüberlegten Haß auf alles, was vor ihnen da war, und um jeden Preis möchten sie revolutionär sein. Gerade so war den jungen Deutschen zumut, bis ihr Jammer einige von ihnen darüber belehrte, daß sie für die genau entgegengesetzten Zwecke mißbraucht worden waren: zur Verlängerung überlebter Vorrechte und Interessen. Reich gegen arm – ist die nackte Tatsache. Aber betrogene arme Jungen geben sich her für Diktaturen, deren geschminkte Gewalt nichts ist als eine faule Ausrede, um alt und erbärmlich zu sein.
An die jungen Deutschen gab kürzlich einer ihrer Führer den Befehl aus, mit den Kämpfen der Generationen habe es gefälligst aufzuhören, genau wie mit den Klassenkämpfen. Das hieß, daß diesen Revolutionären jetzt, da sie ihre Schuldigkeit getan hatten, jeder Empörergeist verboten wurde. Sollen sie in Reih und Glied bleiben und kuschen. Die Jugend, heißt es ausdrücklich, ist nur ein »Stand«, eine »Korporation« wie die andern, die jede ihren unverrückbaren Platz angewiesen bekommen in diesem Staat und seiner wiedererrichteten mittelalter-

lichen Ständeordnung. Das ist herausgekommen bei den Bemühungen einer Jugend, die vor noch gar nicht langer Zeit sich selbst für revolutionär hielt.
Man unterscheidet nicht mehr, ist es Verzweiflung, Stumpfheit, Schwäche, weshalb diese Jungen alle die Lügen ihrer Führer noch weiter hinnehmen und mitmachen. Da sind die Rüstungen und daneben das unverschämte Windmachen, um nur ja unschuldig dazustehen im Fall eines neuen Krieges, einer neuen Niederlage. Da ist eine schwindelerregende Korruption, neben ihr verblassen sämtliche Skandale aller Demokratien. Das Elend aber wird nicht wirklich verdrängt, nur weggezaubert wird es mit Kniffen und Pfiffen; wer arbeitet, verdient weniger als sonst der Arbeitslose. Aber die sogenannten Arbeitgeber, die nicht viel zu vergeben haben, versichern die sogenannten Arbeitnehmer, anstatt sonstiger Lohntüten, ihrer Achtung – im Namen der gemeinschaftlichen Rasse. Schnickschnack, um ein Volk, das darauf hereinfällt, in erniedrigender Abhängigkeit zu erhalten. Die Staats- und Hitlerjugend nimmt ihn für recht und wahr. Sie frißt sich mit einer verlogenen Gehässigkeit voll: Deutschenhaß gegen die Mehrheit ihrer Landsleute und nationaler Welthaß, dieser so unredlich wie jener. Die seelische Haltung des Dritten Reiches entsprach bis in die neueste Zeit genau dem Zustand seiner eingeschworenen, einverleibten Jugend – noch nicht mitgerechnet die blutigen Taten, an denen diese sich gleichfalls mitschuldig gemacht hat während der Periode ihrer Verzückung, als sie einer Menschengattung ohne Treu und Glauben zur Macht verholfen hatte. Sie kann sich Glück wünschen; nur das Recht hat sie nicht, Anklage zu erheben gegen die Männer der vorigen Geschlechter. Die mögen Trümmer verursacht haben, aber das ist nichts, der Welt steht ganz anderes bevor dank den gelehrigen Jungen.

Gewiß kommt es vor, daß junge Deutsche nachträglich Reue empfinden. Manche täten, was sie getan haben, wohl nicht noch einmal, zum Beispiel die Referendare und künftigen Studienräte, die sich, unter Hitler in Lager gesperrt, auf ihre Prüfungen vorbereiten dürfen. Sie sollen merken, daß niemand geistige Arbeit vorzuschützen hat. Körperliche, militärische Ertüchtigung muß sein, und nicht das Wissen. Es gibt nur eine starre Lehre und keine freie Meinung. Der Austausch freier Meinungen könnte am Ende dazu führen, daß sie zu verstehen anfangen und denken lernen. Aber macht nicht auch das Verbot des Denkens, daß die besser Begabten der Gewalt widerstehen und wenigstens die Ohren öffnen? Ist es soweit? Dann wäre es an der Zeit, zu ihnen zu sprechen.

DAS GESICHT DES DRITTEN REICHES

Man würde es für das Gegenteil vom Gesicht halten, aber zu viele Tränen laufen darüber, und nur diese erweisen es als Gesicht. Es sind übrigens die Tränen seiner Opfer, die genauso unentbehrlich sind wie ihre Henker, damit es ein Drittes Reich geben kann. Ohne Opfer kein Henker.
– Und kein Drittes Reich, wenn nicht ein erheblicher Teil »der deutschen Menschen« in Bierverschiß erklärt wird. Vorhanden sein müssen »Volksgenossen« in genügender Zahl, die am eigenen Leib erfahren, daß Recht ist, was dem deutschen Volk dient. Ihre Qualen dienen dem deutschen Volk, weil sie ihm ersatzweise über die Flaute hinweghelfen bis zum nächsten großen Zusammenbruch.
Kein Regime, soweit man immer zurückdenken wollte, hat dermaßen viele unglücklich gemacht wie das Dritte Reich. Des deutschen Spießers Wunderhorn: so hat der verstorbene Meyrink es im voraus genannt. Der deutsche Spießer hat aber auch hundert Jahre daran gearbeitet. Nie war er anders gesonnen als giftig, sobald jemand seinen Geist anstrengte um der Wahrheit willen, nicht aber um zu beweisen, daß die Welt erschaffen sei um des deutschen Turners und Säufers willen. Die nationalen Professoren, die den größten Dichter ihrer Zeit, Heinrich Heine, aus dem Lande hetzten, hießen Rühs und Fries. So und ähnlich sind sie auch jetzt wieder benannt und beschaffen, und die ganzen hundert Jahre hat unter dem zivilisierten Deckblatt dieser Gestank von einer Menschenart zusammengeknüllt gewartet. Jetzt endlich dampft er und verpestet den Umkreis. Rühs und Fries waren von jeher grausam und bedrohten schon damals jeden, der über den Vater Jahn lachte, mit der Hinrichtung durch das Beil. In einer Wartezeit von hundert

Jahren konnten sie noch ganz andere Greuel ersinnen, bis sie endlich, endlich die Macht bekamen, sie auch durchzuführen. Alles zusammen: die ersonnenen Greuel, die zu lange Wartezeit in geknülltem Zustand, das aufgehäufte Gift, die vervielfachte Gier – ergibt das Dritte Reich und sein Gesicht.
Verlange man nur nicht zuviel Aufrichtigkeit. Rühs und Fries konnten allenfalls den Unfug noch glauben. Das Dritte Reich ist verspätet eingetroffen und glaubt an gar nichts. In ihm wird nur gelogen, von den Herrschenden gegen sehr hohe Gebühr, von den Unterworfenen gratis. Laßt uns noch einmal von der Rasse reden wie einst im Mai – obwohl es sich nicht lohnt, denn jeder einzelne, angefangen beim Führer bis hinunter zu der Gefolgschaft, die als Ritzenschieber an der deutschen Zukunft werkt, jeder einzelne ist durchdrungen von der eigenen Promenadenmischung. Trotzdem bietet die Rasse ihnen dauernde Anlässe, Bücher zu schreiben, Leute zu kastrieren, gesellschaftliche Umgestaltungen vorzutäuschen und die ganze Welt zu belästigen mit irrsinnigen Drohungen. Nach der nächsten Niederlage sind sie es dann wieder einmal nicht gewesen, sie werden bestimmt leugnen, daß sie Arier sind. Damit bleiben dann nur die Juden hängen, soweit sie sich für ihr Geld zu Ehrenariern haben ernennen lassen. Schriftlich soll man nichts machen. Das vom Führer unterzeichnete Diplom ist nicht aus der Welt zu schaffen. Nach der nächsten Niederlage werden diese Juden als einzige Arier dastehen und den ganzen Krieg allein verantworten müssen.
Mit der Wissenschaft ist es derart bestellt, daß sie nur ein einziges Ergebnis haben kann, und das ist schon fertig, bevor man anfängt. Es heißt: deutsch ist Puppe. Ob Mathematik oder Ornithologie, herauskommen muß: deutsch ist Puppe. Es kommt denn auch heraus, man ver-

lasse sich darauf. Innen und außen gesehen ist der »deutsche Mensch« ein Ungeheuer an Vollkommenheit geworden. Eine andere Wissenschaft wird späterhin schwere Mühe haben, ihn wieder so klein zu bekommen, wie es dann angemessen erscheinen wird für den Nichteroberer des Baltikums und des übrigen Erdkreises. Da werden noch wissenschaftliche Entdeckungen zu machen sein, wer weiß, Hermann der Cherusker hatte vielleicht einen chronischen Darmkatarrh, und Thusnelda litt an Krampfadern. Während der Dauer des Dritten Reiches wird dies kaum entdeckt werden, oder es müßte bedenklich mit ihm stehen.

Wovon lebt es und erhält sich? Von der Organisierung der Zusammenbrüche. Soviel brach noch niemals irgendwo zusammen in so kurzer Zeit: Wirtschaft, Währung, ganze Klassen, die Lebenshaltung, das Denken, die Gesinnung und Gesittung. Das alles aber konnte nur nachgeben, weil eins schon vorher morsch war: die Charaktere. Die Währung und die Gesittung bekommen ihren Halt durch die Charaktere. Nun waren diese unsicher geworden längst vorher, und das versetzte das Dritte Reich in den Vorteil. Es konnte sagen: charakterlos waret ihr sowieso; und ob ihr das im Konzentrationslager, Übungslager, Arbeitslager seid, ihr liegt noch überall gut genug, nach dem, was ihr wert seid. Strammgestanden! Wir nivellieren auch nach unten, dann habt ihr euren Sozialismus, Laufschritt, Marsch, Marsch. Statt der Wohlfahrt kriegt ihr den Heroismus und das gefährliche Leben.

Auf diese beiden, Heroismus und gefährliches Leben, sind sie nur darum scharf, weil es nichts kostet, außer allenfalls das Leben der anderen. Heroisch sein bedeutet für den, der es vorschreibt, daß er selbst nichts können und nichts schaffen muß, außer der fortwährenden Ver-

schlechterung und Vereklung des allgemeinen Daseins. Heroisch sein bedeutet für die Herrschenden persönlich: Alle Waffen haben und nicht den geringsten Mut – sondern nur Stumpfheit beim Elend der anderen und ihrem bevorstehenden Untergang, während man selbst das Flugzeug zur Flucht schon hinter dem Hause bereit hat. Kein Opfer bringen, im Gegenteil in einem endgültig verarmten Land noch rasch Millionen ergaunern: daran erkennt dieses Geschlecht die Führerqualitäten. Auf die eigene Sicherheit bedacht sein wie ein Kranker, indes die anderen »gefährlich leben«. Immer neue Menschenopfer fordern zur Behauptung der eigenen schaurigen Impotenz. Die umgebende Welt in Angst und Schrecken erhalten: das typische Bedürfnis des hysterischen Kranken, Feigheit, aber mit Energie.
Das Gesicht des Dritten Reichs ist hingeworfen in zwei Zügen: Feigheit mit Energie. So ist es heraufgekommen, ohne Kampf, durch Verrat. So besteht es, treulos, lügenhaft, ohne einen Anflug von Echtheit, aber versteift in den fanatischen Entschluß, sich selbst zu erhalten. Lieber soll äußersten Falles die Welt am »deutschen Menschen« zugrunde gehen, was sie allerdings unterlassen wird trotz der großangelegten Propaganda des Dritten Reiches. Diese will erreichen, daß die Welt aus reiner Furcht vor dem Dritten Reich in ihren Untergang rennt. Die Herren des Dritten Reichs kennen die Welt nicht. Ihr eigenes Leben verlief zwischen Zucht-, Irren- und Kaffeehäusern. Sie wissen, wie man Bestechungen nimmt, Waffen erschwindelt und morsche Charaktere zum Fall bringt. Eins ist ihnen unbekannt: das Ende mit Schrecken, das die großsprecherischen, aber verfaulten Diktaturen nehmen. Bei eintretenden Wirren könnten beunruhigende Erscheinungen eintreten. »Deutsche Menschen« sterilisiert, Volksgenossen devalviert und die

Jungmannschaft als Scrips festgefroren. Vom Zerstörten und Unwiederbringlichen bleibt manches zu bedauern.
Das frühere Gebell auf den Straßen Berlins hieß »BZ«, was wohlklingender und auch ergiebiger war als »Heil Hitler!« Vor Jahren holte ein Berliner Theaterunternehmer namens Klein sich Mädchen von der Straße, gab jeder 75 Pfennig und bildete aus ihnen eine scheinbar edle, vorteilhaft beleuchtete Volksgemeinschaft in Revuen, gegen die kein Tempelhofer Feld aufkommt. Und dann »die Fliege auf der Oberlippe«! Wie war sie rührend bei Chaplin und wie weltmännisch bei Menjou! Sie ist heruntergekommen und sitzt mitten in etwas, das Onkel Mussolini einstmals weniger ein Gesicht als eine Beleidigung der Menschheit genannt hat.

DER PIMPF

Das einzig Richtige ist wirklich eingetreten: die deutschen Jungen sind zu Pimpfen ernannt worden. Pimpfe huldigen dem Führer. Pimpfe überreichen ihre selbstgefertigten Geschenke. Pimpfe treiben Leibesübungen, lehnen geistige Betätigung indessen ab, da sie die Entstehung sexueller Vorstellungen begünstigt, wie in dem Buch aller Deutschen »Mein Kampf« zu lesen steht. Das letzte Ziel ist allerdings, daß kein Pimpf mehr lesen kann. Nur noch, bis »Mein Kampf« die Weltauflage der Bibel überschritten hat, dann Schluß, es wird ausschließlich geturnt.
Nun ist zu unterscheiden zwischen Instinkt und Überlegung. Durchaus überlegt sagt man dummen Jungen: Ihr könnt so bleiben, braucht weder etwas zu lernen noch eure knabenhafte Roheit zu beherrschen; und die gedankenlose Selbstsucht, die jedes Kind von Natur hat, die erhaltet euch das ganze Leben hindurch, die ist die männlichste Tugend! Wer das der Jugend sagt, der hat sie. Etwas anderes will sie ja gar nicht, das ganze Menschengeschlecht hat eigentlich nichts weiter im Sinn gehabt als nur seine körperlichen Verrichtungen, die ohne Mühe von selbst eintreten: laufen, die Fäuste gebrauchen und den Darm entleeren. Alles übrige ist von wenigen durchgesetzt worden unter unsäglichen Anstrengungen. Diese erlitten immer wieder Pausen dadurch, daß Priester und Weise totgeschlagen wurden von denen, die roh und dumm bleiben wollten: von den Nationalsozialisten aller Zeiten.
Soviel tut bei der Behandlung der Pimpfe die Berechnung – die aber nicht überschätzt werden soll. Niemand bekommt die Pimpfe auf seine Seite, er wäre denn selbst

einer. Sein Instinkt muß mit dem ihren übereinstimmen, wie es bei einem Führer ohne weiteres der Fall ist. Was wollen sowohl der Führer als der Pimpf? Sie wollen ihr Gehirn aus dem Spiel lassen, dagegen viel brüllen, körperliche Verrichtungen und Gebrüll. Ferner ist alles ihr Recht, was sie sich wünschen. Mit Gewalt kann man einem schwächeren Pimpf die Murmeln abnehmen. Dem starken Krämer muß man die Pralinen heimlich klauen. Auf einem, der am Boden liegt, wird herumgetrampelt mit kindlicher Grausamkeit; ja, ein ganz kleiner Pimpf, der mit der Axt spielt, sagt etwa zu seinem Schwesterchen: »Leg dich hin, Dolfi haut dir Topf ab!« Es kommt auf die Umstände an, ob rechtzeitig jemand einschreitet.

In München hatte das Wort Pimpf, wenn ich mich noch erinnere, nicht einfach den Sinn von Stift oder kleiner Junge: viel Geringschätzung klang mit. »Pimpf dalketer«, das sagte man. »A so a gscheiter Pimpf«, wird im Volksmund nicht vorgekommen sein. Übrigens bezeichnete der Ausdruck auch Erwachsene, die man herabzusetzen wünschte: »fader Pimpf«. »Pimpf damischer, gehst weg!« Das können die Deutschen heute nicht sagen zu ihren großen Oberpimpfen, besonders nicht zu dem höchsten. Die Deutschen haben sich mit ihrer gewohnten Knetbarkeit samt und sonders zu Pimpfen machen lassen. Jetzt geht das Spiel weiter, unaufhaltsam. »Do legst di hi, Dolfi haut dir Topf ab!«

Deutsche Menschen und Dinge enthalten mehr, als die Welt weiß, von infantiler Freudigkeit. Ein Staat, der nie fertig werden konnte, eine Nation, die keine erwachsene Nation ist, und Menschen, die nicht als Fachleute, aber als Menschen um Jahrhunderte zurück sind, feiern gerade dies als ihren Dynamismus. Das Wort Pimpf trifft die Sache besser. Die Gesichter der Sportler, die, mit gereckten Armen und unfehlbar das Maul aufgerissen zum

Gebrüll, ihren Führer grüßen, stimmen genau überein mit seinem eigenen: er ist von sich so begeistert wie sie von ihm. Warum trägt er immer den Regenmantel? Unter Kaiser Wilhelm war Hohenzollernwetter, jetzt scheint es dort in einem fort zu regnen. Ganz gleich, von unten aufgenommen, so daß der Photographierte sehr viel Mund und gar keine Stirn hat, mustert er trotzig den Regenhimmel, und mit ihm alle Pimpfe.
Kiekt man! Jahrhunderte, die ihr versäumt habt und rückgängig machen möchtet, blicken auf euch herab. Heil Pimpf!

SPATEN FASST AN!

Auf dem Parteitag in Nürnberg ist von allem die Rede gewesen, von der Partei, die das wichtigste, von den Juden, die noch wichtiger sind; von der Macht, »die wir nicht wieder hergeben«; von der bolschewistischen Gefahr und der Geschichte der deutschen Nation, deren höchster und Schlußpunkt der Nationalsozialismus ist: nach ihm kommt nichts mehr. Von dem allen war laut genug die Rede. Stille herrschte über die eine Tatsache, daß in Deutschland ein unglückliches Volk lebt.
Zu etwas anderem. Ein SA-Mann sammelte für die Winterhilfe, als schon Mai war. Die kleine Beamtenfrau entsetzte sich. »Das kann nicht so weitergehen, daß unser ganzes Geld für Beiträge abgeholt wird. Die Bettelei muß mal aufhören.« – »Stecken Sie Ihr Geld nur wieder weg. Aber ziehen Sie sich an und kommen Sie mit.« Der SA-Mann brachte die Frau nach seinem Kommando, berichtete über sie und durfte sie in das Konzentrationslager einliefern. Inzwischen kam der Beamte vom Dienst, fand das Essen auf dem Feuer und seine zwei kleinen Kinder ohne die Mutter. Als er herausbekommen hatte, wo sie allenfalls sein konnte, stürzte er vor Wut besinnungslos dorthin, die Kinder nahm er mit. Er stellte sie der SA in das Zimmer und verlangte heiser, man sollte sie dort behalten. »Ich als preußischer Beamter hab keine Zeit. Wer die Mutter ins Lager steckt, soll die Kinder versorgen.« Tags darauf trafen die Frau und die Kinder zu Haus wieder ein.
Und dies ist der gutmütige Alltag, das tägliche Leben, das keinem auffällt. In dieser unbedeutenden Geschichte ist nicht gefoltert, niemand ist am Fenster der Toilette erhängt worden, nicht einmal eine bürgerliche Existenz

wurde vernichtet. Dennoch ist auch hier alles vollzählig beisammen: die Erpresser, der Denunziant, die Willkür und Rechtsverweigerung, mit einbegriffen die Rückgabe der Frau. Die Rückgabe geschah, sowenig wie die Verhaftung, aus einem Rechtsgrund, sondern nur mit Rücksicht auf die Vorgesetzten des Gatten, die gefährlich werden konnten.

Ein Land, in dem so gelebt wird, sollte den letzten noch möglichen Anstand wahren: es sollte stumm sein. Es hat die Welt nicht darüber zu belehren, was für eine Rasse es sich beimißt und wieviel es vom Christentum hält. Es hat sich in seine eigene Schande zu versenken. Kaue es doch seine Gemeinheit durch und schlucke an seiner Anarchie! Dann wäre die Fresse beschäftigt, und in Nürnberg brauchte kein totalitärer Inhaber der Fresse seine Maximen für die Ewigkeit zu rülpsen. Seine »Weltanschauung« stößt auf Verachtung, und interessant werden Minderwertige seinesgleichen erst, wenn der nächste Krieg dran ist. Da augenblicklich ein anderer sich um den nächsten Krieg bemüht, fesselt er die Aufmerksamkeit. Nach Nürnberg sind diesmal mehr gelangweilte Blicke gefallen als entrüstete oder belustigte.

Außerdem ist nachgrade überall bekannt, für wen und mit wessen Zustimmung die Führer der totalitären Partei das Wort ergreifen. Für sich selbst und mit ihrer eigenen Zustimmung: alles übrige steht dahin, für den auswärtigen Betrachter, der nicht genauer nachrechnet. Man rechnet aber auch nach. Zwanzig Millionen Katholiken, für sie hat kein Führer gesprochen, im Nürnberger roten Saal. Rot ausgeschlagener Saal, das ist der erste Schwindel. Zwanzig Millionen, die nicht dabei sind, das ist der zweite. Der dritte sind die zwanzig Millionen der protestantischen Bekenntnischristen, sie sind abzuziehen von dem Volk des Führers. Auch die zwanzig Millionen sozialistischer Arbeiter gehören nicht dazu. Vier Millionen enttäuschter Kleinbürger, eine halbe Million Intellektueller und Studenten, die nicht mehr wollen, und eine halbe Million Juden sind voll, wo bleiben die Nationalsozialisten?

Sie sind offenbar ein schwankender Posten; der Denunziant, der eine Frau von ihren Kindern weg ins Lager bringt, ist mit Glanz ihnen beizugesellen, aber mehr oder weniger auch der Gatte der Frau, der Beamter bleiben will. Bei den fünfzehntausend Funktionären und Würdenträgern, die in der Stadt Nürnberg ein Zimmer bekommen hatten, überwog der Typ Göring, vollgefressen, mit trüben Augen, oder die Typen Frank-Streicher, unsichere Verbrechergesichter, traurige Gestalten: nicht einer, der im Ernst und mit der Waffe für das einstände, was er faselt. Draußen kampierten hundertfünfzigtausend arme Pg.'s, die allerdings davon ihr Dasein fristeten, daß sie eben kampieren. Darunter waren, versteht sich, mehrere hundert frische Jungen, sportgestählt und luftgesellcht, die Augen voll Sonne und Wind im Gehirn. Die würden gekämpft haben wie Siegfried, wäre in ihr deutsches Wäldchen der jüdische Bolschewismus eingebrochen, Arm in Arm mit der Rassenschande.

So sieht das aus, was der Redner von Nürnberg seine Volksgemeinschaft nennt: Unterdrückte und Gequälte; Feiglinge, Nutznießer und die hoffnungslos Leeren. Diese Volksgemeinschaft ist durch ihn und seine Bande geistig geschwächt, sittlich erniedrigt. Sie ist als Gesellschaft, kulturell sowohl wie wirtschaftlich, zugrunde gerichtet und als Nation zerrissen bis dahin, wo das Recht, den Namen einer Nation zu führen, endet. Was hält sie denn noch zusammen? »Die Politik des Stiefels: sie allein stellt zuletzt eine tiefgreifende Verbindung zwischen den deutschen Staaten und Ländern her.« Das ist der Eindruck, den gerade der Nürnberger Parteitag vermittelt hat. Ein Volk, das nur noch Fußtritte »tiefgreifend« verbinden: keinem der heutigen Völker ist ähnliches gesagt worden. Keinem kann es gesagt werden. Ein solches Maß der Verachtung ist nirgends erreicht und niemals verdient worden. Seine nationalsozialistischen Beherrscher haben es in weniger als drei Jahren dahin gebracht, daß dies der Zustand Deutschlands ist und dies sein Ruf.

Dann stellen diese Figuren des Grauens und Gelächters sich auf und blasen von sich. Gegen die Französische Revolution – auf Grund derer sie da sind, denn leider hat das Ereignis auch Knechte wie die Familie Schücklgruber befreit. Gegen die russische Revolution – die sie in all und jedem nachäffen und fälschen. Dort die Enteignung zugunsten der Gesamtheit: hier für eine Kaste und einen Klüngel. Dort der Aufstieg des Rechtes, seine Wiederbelebung, die ernstgemeinte Demokratie und ein praktischer Humanismus – indes in diesem armseligen Dritten Reich der Mensch und mit ihm das Recht nur tiefer und tiefer verfallen. Aber grade dafür ist das Regime bestellt, und das ist seine Sendung: es soll dies Volk herunterbringen bis auf die tiefste Stufe und ihm vormachen, das wäre hoch oben. Wohlstand vormachen, Macht vormachen und armen, verhungerten Schmarotzern und Klienten auch noch das Schauspiel der Revolution bieten, im rot ausgeschlagenen Saal, einmal im Jahr.

Der rot ausgeschlagene Saal hat diesmal die Kasten der jüdischen Parias, arischen Sklaven, der Herren und, als oberste, die der Führer verkünden gehört. Ein unglückliches Volk wird verhöhnt im rot ausgeschlagenen Saal. Draußen warten die Arbeitsmänner des Arbeitsdienstes, bis kommandiert wird: »Den Spaten über! Achtung! Spaten faßt an!« Worauf sie in strammer Haltung vorüberziehen und nicht einmal »Scheiße« denken. Sondern nichts, gar nichts denken die Armen. Es ist ihnen abgenommen worden, sie verbringen die Tage des Dritten Reiches meistens in einer Zone außerhalb des Denkens. Aber die Kämpfer in ihren Reihen haben die Zähne aufeinandergebissen. Diese denken – und wissen: es kommt der Tag. Wir graben. Der Spaten ist das zum Untergraben. Achtung! Spaten faßt an! Wir sind Millionen und werden aber Millionen sein. Wer unsere Sache nie auch nur erträumt hätte, der will jetzt unsere Sache: das haben sie erreicht mit ihrem Dritten Reich. Nur immer mehr Hunger, nur immer mehr Not! Viele Hunde, mein Führer, sind des Hasen Tod. Die Volksgemeinschaft, die kriegst du zu sehn, wenn wir alle auf einmal ans Graben gehn. Graben einen ein, der endlich nicht mehr reden kann. Den Spaten über! Achtung! Spaten faßt an!

KASTENDEUTSCHLAND

Herr Hitler, haben Sie nicht auch das Gefühl, daß es zu Ende geht? Sie werden jetzt so übertrieben, das ist kein gutes Zeichen. Früher vermieden Sie es gern, Farbe zu bekennen; wohlweislich bleiben Sie das große Rätsel und der Blitz in der Wolke. Sie überließen es den Kleinen von den Ihren, zu tun, was sich dann nicht mehr ableugnen läßt. Sie selbst begingen nur in äußersten Fällen etwas: der Knüppel mußte schon beim Hund liegen. Dann war es gleich das Alleräußerste, eine einmalige Höchstleistung wie der 30. Juni. Tags darauf waren Sie einfach fertig und mußten das Bett hüten. Sogar die Zeitungsleser fühlten sich erschöpft.
Das letzte Mal, in Nürnberg, haben Sie nicht so glücklich abgeschnitten. Man griff sich zwar an den Kopf, wie gewöhnlich; damit war diesmal aber Ihrer gemeint, Ihr eigener Kopf, Herr Hitler. Sitzt er noch? Er muß doch sitzen, damit Sie Ihrer geschichtlichen Sendung genügen können: die Deutschen zu Herren der Welt zu machen. Dafür ist unbedingt nötig, daß alle Deutschen als Herren geboren werden. Das war einst Ihre Meinung. Sie äußerten: ein deutscher Straßenkehrer müßte wissen, daß er mehr ist als ein fremder König. So ist es richtig. Bravo, heil und schamster Diener! Die Menschheit besteht aus einer unangenehmen Mischung von Nigger und Jud; sie ist daher wie geschaffen, von deutschen Ritzenschiebern beherrscht zu werden.
Jetzt plötzlich verurteilen Sie den Ritzenschieber, der kein zuverlässiger Pg. ist, zu der vorletzten der vier Kasten, in die Sie die Deutschen einteilen. Sie hätten ihn in die letzte Kaste versetzt, diese aber ist den Juden vorbehalten. Damit wollen Sie es wieder gutmachen und sich

als großer Sozialist zeigen, weil unter den Juden, trotz all Ihrer Fertigkeit im Enteignen, immer noch Besitzende sind, und dennoch hinunter mit ihnen in die letzte Kaste. Das ist schön und herzlich gemeint, Hitler; der arische Ritzenschieber in der dritten bleibt darum doch ein Fehler. Bedenken Sie: der Straßenkehrer und überhaupt der Mann von der Straße mag ja kein verdienter Pg. und meistens das genaue Gegenteil sein, sogar ein Marxist, ein ganz ein zuwiderer, ist alles schon vorgekommen. Jedenfalls aber wäre Vorbenannter als Volksgenosse anzusprechen, gellns, Herr Nachbar? Da kommen wir immer wieder auf die Frage, wie ein solchener in seiner dritten Kaste sich für mehr halten sollte als ein fremder König.
Die zweite Kaste von oben – kann angehn. Dort fühlt sich jeder einzelne, als was Sie wollen. Aber wie viele werden es schon sein? Ihre Parteifunktionäre, nebst den arischen Werkführern, und dazu die paar jüdischen Ehrenarier, die so das viele Geld gespuckt haben. Mit dem Gesocks werden Sie nicht die Weltherrschaft erringen, Sie nicht, Herr Schücklgruber, bei aller Anerkennung Ihres Kehlkopfes. Nun, und gar die oberste Kaste, wer wird darin vorgefunden? Ihre werte Persönlichkeit, nebst den Großen Ihres Reiches. Sie wissen selbst, ob damit Staat zu machen ist, ganz davon abgesehen, daß die Großen Ihres Reiches einander alle ermordet haben werden, bevor es zum Kampf um die Weltherrschaft kommt.
Hier fahren Sie herrisch aus dem Sessel und schreien Ihren vortragenden Rat an. Höher geht's nimmer! Doch. Es geht höher und führt weiter. Deine »Judengesetze«, mei Liaba, was war jetzt dös, vor 'n Völkerbund solls kimma. Dees wann guat ausgeht, nacha haaß i Loisl. Es wird nicht gut gehen. Zuerst wird die Weltöffentlichkeit sich deiner Juden annehmen, mein Führer, und endlich wirst du sie aus der vierten Kaste herauslassen müssen,

nicht anders als du einen einzelnen Jacob freigeben mußtest. Allmählich wird die Weltöffentlichkeit, die eine lange Leitung hat, dann doch merken, daß es sich nicht nur um die Juden gehandelt hatte. Die dienen, wie gewöhnlich, als Vorwand und Gelegenheit, alle anderen mit zu entrechten. Man wird erkennen, daß mitten auf diesem Erdteil die Erniedrigung des Menschen, die Herausforderung der gesamten Menschheit jetzt weit genug getrieben ist, und es wird eingegriffen werden, um der Ehre willen alles dessen, was Menschengesicht trägt.

REDE VOR DEM VÖLKERBUND

Wir treten vor Sie hin mit der Hoffnung, die Teilnahme des Völkerbundes zu gewinnen für das Schicksal der deutschen Emigranten, besonders derer, die in Frankreich wohnen. Diese kann man auf fünfunddreißigtausend schätzen. Es geht somit um das Leben von fünfunddreißigtausend menschlichen Wesen, und nicht nur um ihr Leben. Wir haben nicht in erster Linie ihre wirtschaftlichen Sorgen zu vertreten: ihr seelisches Leid wollen wir vor den obersten Rat der Nationen und Menschen tragen.

Es ist wahr, daß viele der Unseren körperlich leiden, weil sie, abgeschnitten vom Wirtschaftsleben ihres Landes, durch fremde Städte irren auf der Suche nach einem fragwürdigen Broterwerb – oft ist er ihrer unwürdig, oft entgeht er ihnen. Erst vorige Woche geschah es, daß ein begabter junger Schriftsteller, dessen unvollendetes Buch von einem Verlag angenommen war, an dem Sinn seiner Mühen verzweifelte und sich das Leben nahm. Aber falsch wäre es, hierin nichts weiter zu sehen als einen Zusammenbruch aus Geldmangel. Geld hätte er sich vielleicht noch verschaffen können. Nur mußte er täglich gewärtig sein, von seinem Tisch fortgerissen zu werden durch einen »Verdrängungs«-Befehl. Nur wußte er nicht mehr, wohin, und nirgends ließ ein Land ihn ein, und immer feindlicher erschien ihm die Menschenwelt. Blieb als einzige unverletzliche Zuflucht: der Tod.

Bedenken Sie, bitte, die nahezu unhaltbare Lage solcher Gehetzten: schon haben mehrere Länder sie abgewiesen, sie sind gezwungen, sich dünn zu machen, unterzutauchen. Sie leben ungesetzlich, bald wird ihr Ehrgefühl sich abnutzen, und ihre Verantwortung wird dahingehen.

Was wollen Sie, gefestigte Charaktere sind noch immer nicht sehr häufig; von den Emigranten kann nicht verlangt werden, sie sollten samt und sonders Ausnahmen sein. Es ist schon bewundernswert genug, daß einige Widerstand leisten und fest bleiben in menschlichen Idealen, die ihr Heimatland verleugnet.

Die deutsche Kultur, die früher mit Recht als ein moralischer Aktivposten der Menschheit galt, ist zur Augentäuschung geworden im Dritten Reich. Sie bildet keinen zugehörigen Teil des nationalen Lebens mehr, sie dient dem nationalsozialistischen Staat nur noch zur Propaganda. Im Grunde verfolgt der deutsche Staat die Gesittung. Nicht die Emigrierten sind ihm verhaßt: die Gesittung, und damit Sie alle und alles, was die Menschen sittlich verbindet. Wie wollen Sie sonst erklären, daß alle Taten der Naziregierung ebensosehr befremden als abstoßen? Diese Regierung sinnt unablässig auf das Verderben derer, die ihrem unmittelbaren Zugriff glücklich entgangen sind. Darum durchkreuzt sie, soviel in ihrer Macht ist, die Hilfe, die andere ihnen leisten möchten. Und ich spreche noch nicht von den schändlichen Anschlägen der Gestapo, ich lasse beiseite die Entführungen und die Morde, deren Opfer deutsche Emigranten waren.

Die nationalsozialistischen Machthaber hätten sich schließlich wie Normale benehmen können, nachdem sie alle einigermaßen entschlossenen Gegner des Regimes getötet oder beseitigt hatten. Keineswegs. Nicht auf uns haben sie es abgesehen, sondern auf die Literatur, auf die Wissenschaft, auf die Zivilisation. Nach drei Jahren der Diktatur denken diese Nationalsozialisten immer noch an keine Normalisierung des Regimes. Gewalt ist sein einziger Zweck. So stellt man eine hirnlose Nation auf, eine Menschengruppe ohne denkende Einzelwesen.

Ich weiß, daß ich mich weit vorwage. Gutgläubigen Fremden bietet der totalitäre Staat nicht dies Bild, da er ihnen im Gegenteil weitest entgegenkommt. Da gibt es nichs als Einladungen: persönliche Einladungen, in Deutschland Vorträge zu halten, oder Gesamteinladungen zu literarischen und wissenschaftlichen Kongressen – nicht zu reden von der Olympiade 1936, die in der Vorstellung der Machthaber ein Gipfel ihrer Herrlichkeit ist. Allerdings erhält man merkwürdige Aufklärungen, wenn man liest, was das Propagandaministerium anordnet. Das bekannte Ministerium schreibt:

»Jeder wissenschaftliche Kongreß vereinigt zahlreiche deutsche und ausländische Persönlichkeiten, die für die öffentliche Meinung in Betracht kommen; daher kann man sie propagandistisch wirksam benutzen. Die Organisatoren der Kongresse sollen den zuständigen Behörden und den verschiedenen Parteistellen die Namen der Vortragenden sowie die behandelten Gegenstände zwecks Gegenäußerung vorlegen.«

Lange könnte ich so fortfahren mit Proben des geistigen Verfalls, dem Deutschland durch das gegenwärtige Regime unterworfen wird: zahlenmäßiger Rückgang der Schulen, Abnahme der literarischen Produktion, Herabwürdigung der Wissenschaft, die der Wahrheit nicht mehr dienen darf: »rassischen« Unsinn soll sie beweisen, die in seinem Namen verübten Gewalttaten soll sie begründen.

Blicken Sie dagegen auf die Emigration: ihr einstiges Vaterland verfolgt sie; kein anderer Staat hatte sich bisher so voll Haß und Bösartigkeit seinen früheren Angehörigen auf die Spur gesetzt. Sehen Sie, wie gleichwohl alle darin einig sind, daß sie festhalten wollen an der kulturellen Überlieferung, ob christlich, humanistisch, wissenschaftlich: an dem gemeinsamen Erbe aller Zivilisierten.

Wir sind doch Ihresgleichen, meine Herren! Die Nazis und ihr wahrscheinlich kurzbefristeter Staat sind es gewiß nicht, die kämpfen nicht bei euch; wir aber sind's, wir Emigrierte, emigriert, grade weil wir auf derselben Seite stehen wie ihr und im Grunde die Kraft fühlen, eines Tages unser Heimatland zurückzuführen unter das gemeinsame Gesetz und in den Schoß einer Menschheit, die sich achtet.
So bitte ich Sie denn, uns Ihrer Teilnahme würdig zu finden und uns Ihren Beistand zu gewähren.

MASSENBETRUG

Der Führer der deutschen Massen hat wieder einmal zu den Weltmassen gesprochen. Es ist ihm zur Gewohnheit geworden. Er wendet sich niemals an seine Deutschen allein, und wozu auch: die wissen ohnedies, was er ihnen zu eröffnen hat. Auch darüber sind sie belehrt, daß sie betrogen werden sollen, und sie machen mit. Man kann es Drill nennen oder sie für Mitschuldige halten. Vielleicht ergeben sie sich auch nur in das Unvermeidliche. Anders als mit den deutschen steht es mit den fremden Massen. Ihnen kann der deutsche Führer nicht alles so sagen, wie er es meint. Er wird ihnen nicht ohne Umschweife sagen, daß er darauf ausgeht, auch sie in Fesseln zu legen, sie erst einmal zu besiegen, jede Nation einzeln, wie es sich gehört, und alsdann ihnen alle erdenklichen Rechte wegzunehmen, sogar das Recht, an Gott zu glauben oder nach Belieben zu heiraten.

Dagegen bemüht sich der deutsche Führer, den internationalen Massen weiszumachen, daß er der Erwählte der Massen ist und mit größerem Recht die Macht ausübt als jeder Vertreter der alten Demokratie. Die neue, viel wuchtigere Demokratie, sie verkörpert sich in ihm, denn ihn haben nicht eine oder mehrere Parteien vorgeschickt. Die gesamte Nation, kein einziges Individuum ausgenommen, für sie steht er da. Auf diesen Trugschluß beruft sich allerdings der nationalsozialistische Staat, wobei jeder weiß, daß es ein Trugschluß ist. Mißverständnisse kann es nicht geben, weder über die Hunderttausende politischer Gefangener, die offenbar keine Stützen des Totalstaates sind, noch über die Katholiken und Protestanten: auch diese werden verfolgt, man spottet ihrer und setzt sie fest. Noch weniger kann der nationalsozia-

listische Staat auf die Millionen antifaschistischer Arbeiter zählen. Die Vertrauensratswahlen, die unter Aufsicht der herrschenden Partei in den Betrieben vorgenommen wurden, lassen keinen Zweifel zu. Die Mehrheit, sogar eine erzwungene oder gefälschte Mehrheit, ist nie sehr groß, und oft genug bringt die herrschende Partei es überhaupt nicht zur Stimmenmehrheit. Nun denke man an alle die Gewalt, die bald drei Jahre sich ausläßt an diesem Volk: dann wird man zugeben, daß der Erfolg zurückbleibt hinter der Bemühung.
Schlichter Schrecken, um aus den Massen eine Einheit zu machen, ohne daß dies indessen gelänge – und dann die falsche Behauptung, es wäre gelungen, so sieht das System aus, das der deutsche Führer mit dem Namen einer Demokratie belegt. Jeder sieht, daß es das gerade Gegenteil ist. Die Erfindung der Demokratie stammt sicher von Denkern, denen die vielgeprüfte Menschheit einige Sympathie einflößte, und wäre sie nur gedanklich. Die Demokratie hat nicht den Zweck, die Menschen in Schrecken zu versetzen oder sie anzulügen. Das neunzehnte Jahrhundert, das eigentlich schwerblütig war und doch immer das Beste wollte, hat für die sittliche und bürgerliche Erziehung der Menschen viel getan; infolgedessen glaubte es dann fest, der Aufstieg würde, dank der Wissenschaft und der Arbeit, endlos weitergehen. Die Demokratie war einfach angewendete Philosophie, und für eine solche Weisheit war die Hauptperson immer der Mensch. Nicht auf einen selbstherrlichen Führer kam es an und auch nicht auf den Staat als unpersönliche Macht: sondern auf die Hebung der Menschen. Im Laufe des Jahrhunderts ist es in mehreren Ländern Europas der Demokratie gelungen, alle so weit zu bringen, daß sie sich eine tatsächlich begründete Meinung bilden konnten. Wir stellen uns gar nicht mehr die Mühe vor, die es ge-

kostet haben muß, ungehobelte Wesen so lange zu bearbeiten, bis sie moderne Menschen wurden und Begriffe bekamen – sogar von Ideen und Interessen, die über ihre tägliche Erfahrung hinausgingen. Nicht ohne Bewegung gedenke ich eines Landes, das ich kannte, mit seinen Volkshochschulen und Arbeiterbibliotheken, den Vorträgen, den öffentlichen Vorlesungen der Lehrer, die von einer Industriestadt zur anderen fuhren – und beseelt war der summende Bienenschwarm von dem Wunsch, die Menschen klüger und besser zu machen.

Eine der ersten Maßnahmen des gegenwärtigen deutschen Führers war, diese Gefahr zu beseitigen. Wer entschlossen ist, sich auf die Dummheit zu stützen, hat keinen ärgeren Feind als den geistigen Erzieher der Massen. In Deutschland hat man sich noch niemals so eifrig um die Intellektuellen gekümmert wie jetzt. Das Dritte Reich mißt ihnen außergewöhnliche Bedeutung bei – allerdings nur, um sie unschädlich zu machen und sie, soweit nötig, zu verfolgen und zu töten. Allein das schon verrät, wie die Gewalt des Dritten Reiches über die Massen aussehen soll. Es braucht Massen, die nicht denken. Sie sollen nicht zusammengesetzt sein aus Einzelwesen, deren jedes in sich eine Welt trägt. Sie sollen »gleichgeschaltet« sein oder tun, als wären sie es. Wenigstens Dummheit heucheln müssen sie, wenn sie nicht wirklich dumm sind. Verlangt werden Unmoral und das Fehlen menschlichen Gemeinsinnes, die Vorschrift heißt: hart sein und schlau sein. Eine ganze Rückwärtserziehung vollzieht sich unter der nationalsozialistischen Herrschaft, ihr gesamtes Sinnen und Trachten ist, den modernen Menschen auf die Stufe des Leibeigenen zu versetzen. Höchst merkwürdig, ein solches Regime erhebt trotzdem Anspruch auf die Bezeichnung »Demokratie«, weil es vorgeblich die Massen in seiner Gewalt hat.

Nun also, es hat sie; fragt sich nur, was es mit ihnen anfängt. Die echte Demokratie erhebt sie, die falsche drückt sie nieder. Die echte dient ihnen, und die andere mißbraucht sie, die eine lehrt die Masse, sich selbst zu regieren, die andere reizt sie auf, berauscht sie und übertölpelt sie. Die Erfinder der echten Demokratie sahen in ihr den höchsten Achtungsbeweis, den Menschen einander geben können. Der Demokratie-Ersatz beruht dagegen auf Menschenverachtung – Verwilderte oder Gestörte gehen, einmal an der Macht, hinweg über das Wesen und Geschick der Menschen. Den Massen verheimlicht man, wofür man sie hält, vorgeblich ist man mit ihnen ein Herz und eine Seele, mag die Einmütigkeit noch so erzwungen sein. Die Massen müssen ihren Herren helfen, eine Demokratie zu äffen. Sollen sie schon wählen und mehrmals nacheinander für den Führer stimmen. Nach Vollbringung einer Reihe von Gewalthandlungen mit tödlichem Ausgang werden die Massen aufgeboten, um sie zu rechtfertigen dadurch, daß sie dem Täter ihre Stimmen geben. Die Hochzeit eines Ministers wird zum Staatsakt erklärt; an den Massen ist es, ihr den Hochglanz aufzusetzen. In keinem Lande der Welt werden die Massen in so erschöpfender Weise auf den Beinen gehalten, und nirgends gleicht ihr Dasein so sehr dem Nichts wie in diesem bösen und bejammernswerten Lande.

Nachgerade durchschaut man das alles. Die neueste Rede des deutschen Führers ist richtig verstanden und beantwortet worden. Niemand glaubt ihm mehr, wenn er sich als Demokraten hinstellt oder Pazifist sein will; auch seinem Antibolschewismus merkt man den Neid an. Er ist einfach der Feind des freien, denkenden Menschen, dem er das Triebleben eines abergläubischen Knechtes aufdrängen will. Seine süßlichen Redensarten, die mit Drohungen geladen sind, bewirken einzig und allein, daß die

anderen Länder aus seiner Politik die Folgerungen ziehen und um so schneller rüsten. Darüber hinaus ist der nazistische Einfluß auf die europäische Denkungsart in steter Abnahme begriffen. Schweizer und französische Wahlen haben es ebensosehr bewiesen wie der glänzende Sieg des Präsidenten Beneš. Frankreich besonders hat durch vierundsechzig Jahre demokratischer Erziehung eine bewundernswerte Widerstandskraft erlangt, die maßlose Propaganda der Autokratie von nebenan wird an der Festigkeit dieses Volkes scheitern. Trotzdem, diese Propaganda geht weiter und denkt an kein Nachlassen. Dies System ist schamlos; zieht der eine Schwindel nicht, versucht es den nächsten. Keinen Augenblick darf vergessen werden, was die Rede des deutschen Führers wirklich bedeutet: sie wendet sich an die Weltmassen, ihre Führung maßt der Redner sich an – über den Kopf der legitimen Demokratien hinweg. Massenführer soll nur er sein, ob deutsche oder andere Massen: alle wird er zersetzen wie die deutschen Massen, und gleich diesen wird er sie brechen. So denkt er es sich.
Man weiß genug, hört man nur seine Beschwerden gegen die »Auswüchse der Pressefreiheit« in den anderen Ländern. Er verlangt von anderen Regierungen, sie sollten verbieten, daß gegen sein Regime überhaupt noch geschrieben wird. Er dagegen behält sein Recht, andere Länder und Staaten zu beschimpfen; und der Mißbrauch dieses Rechtes verschlimmert sich dadurch, daß von dem einen Mann die ganze deutsche Presse nicht nur abhängt, größtenteils gehört sie ihm persönlich. Er wünscht heftig, daß ein emigrierter Schriftsteller die Welt nicht mehr soll aufklären dürfen über die Person des deutschen Führers und den wirklichen Zustand der ihm ausgelieferten Nation. Der Wunsch ist verständlich. Vor kaum einem Jahr konnte man in Europa sich offen für ihn erklären.

Wenn das jetzt kaum noch angeht, gebührt der Dank teils ihm und seinen Taten. Man wird aber zugeben müssen: auch unserem Wort.

DIE REDE

Die lange erwartete Rede des deutschen Führers ist erwartet worden, ohne daß man etwas von ihr erwartet hätte, außer in England. Aber man wartet gern, es ist auf der Welt die beliebteste Beschäftigung. Wer weiß, vielleicht erfolgt dennoch eine Überraschung. Der Redner könnte zum Beispiel seine Rede halten, während er kopfüber am Trapez hängt. Oder er spricht arisch. Nein, nichts ist geschehen, niemand darf übrigens enttäuscht sein, außer dem großbritannischen Botschafter, der einen tief verdüsterten Bericht abgeschickt hat. Alle anderen hätten die Rede im schlimmsten Fall selbst halten können, so genau wußten sie, was darin stehen würde. Er wird sich auf Einzelheiten nicht einlassen oder wird von ihnen reden wie ein kleines Kind. Das Wesentliche bleibt: er hat die Macht ergriffen, gedenkt sie zu behalten, und sie soll immer größer werden, nur seine, seine, seine Macht soll auf Erden bestehen. Hiernach wird er behaupten, daß seine Macht und Herrschaft in vier Jahren ergiebig, höchst ergiebig gewesen sind. Auch von diesen Einzelheiten, Wirtschaft, Kultur und so, wird er reden wie ein kleines Kind. Trotzdem wird er recht haben zu sagen, daß die vier Jahre seiner Macht ergiebig waren. Sie waren es weniger für andere Leute, für die Deutschen, die Juden, die Spanier, überhaupt für Europa. Die können nicht sagen, daß er ihnen gut bekommen wäre. Sich selbst hat er nur Segen gebracht.

Es muß ein herrliches Gefühl sein, wenn schon um acht Uhr früh sämtliche Militärkapellen die schönste Musik anheben, weil ich um ein Uhr reden will. Ein anderer würde darüber den Faden verlieren, anders ich. Denn ich habe keinen zu verlieren. Ich mache einfach mein Führer-

gesicht, es ist bösartig, hat aber auch wieder etwas Ulkiges, das entwaffnet. Ich mache ganz, ganz böse Augen, die unartigen Kinder sollen sich vor Schreck verunreinigen. Pallenberg konnte das. Ich klebe mir übrigens die aufgeworfene Nase großen Formates, wie er sie als braver Soldat Schwejk trug. Ich ziehe die Winkel meines Mundes so tief herunter, daß er mit dem Doppelkinn zusammen im Kreis verläuft. Hierdurch entsteht eine viel zu große Oberlippe, die ich mit einem Gewächs ausfülle; es sieht wie eine Maus aus, kann aber nicht laufen. Schöner wäre noch, es säße mal hier, mal dort. Drohende Züge, die gleichzeitig komisch sind, haben nun die sonderbare Wirkung, daß ich aussehe, als hätte ich vor mir selber Angst. So blicke ich als das gelungene Schreckgespenst meiner selbst in die Welt, die erstens dies bemerkt. Außerdem verweilt sie bei dem künstlerischen Einschlag meines Wesens. Ich rühme mich einer Anordnung meiner Haare, wie nur verkrachte Malermeister sie fertigbringen, lockere Strähnen in der Stirn und auf dem Gipfel des Hauptes eine Fülle. Es muß etwas daran sein. Menschen der Macht, die nichts weiter sind, haben Kahlköpfe. Ich bin ein Genie.
Und dazu spielen alle Militärkapellen. Ich stelle vor meinem Spiegel fest, daß ich ein Genie bin: es muß überwältigend sein, schon dies. Hinzu kommt aber, daß ich nicht diesen einen lumpigen Spiegel besitze, weit gefehlt. Ich spiegele mich in einem ganzen Volk. Mein Volk und mein Genie, sie werfen eines das andere zurück und vervielfältigen sich, eine unendliche Galerie von Spiegeln, leer glänzend. Vor lauter Großbeleuchtung sind beide leer, mein Genie, mein Volk. Tut nichts, der Zustand kommt nicht oft vor, ich habe nicht umsonst gelebt und denke von mir vorteilhaft. Wie ohne weiteres auch mein Volk denkt. Das Spiegelbild und sein Beschauer sind eins.

Ohne den Gespiegelten kein Bild. Wo wäre dies Volk, wenn es nicht das Glück hätte, daß ich mich in ihm spiegele, daß es in mir sich spiegeln darf. Wir sind unzertrennlich, kein Fetzen Papier soll sich zwischen uns drängen, so daß wir uns nicht mehr sähen. Auch nichts anderes darf vor meinen Spiegel treten und mir mein Bild verdecken: besonders keine Theorien, und schon gar nicht die Toten. Wie lästig sind Theorien, wie unbekömmlich sind Tote. Ihre Entschuldigung ist nur, daß es sie nicht gibt. Die Wirklichkeit, die ganze Wirklichkeit – bin ich.
Nach dieser unabhängigen Meditation, die dem Gegenstand nichts nimmt und nichts hinzufügt, kehren wir zu ihm zurück. Wir hatten gar nicht mehr an den Führer Hitler gedacht. Um zehn Uhr war es soweit, daß seine Leibwache an ihm vorbeizog. Kaiser und Könige haben keine Leibwache, höchstens Gardes du corps, die aber niemals wirklich einen Körper bewachen. Hier wird verdammt ein Körper bewacht. Daß ihm um Himmels willen nichts zustößt! Nur ruhig, nur ganz wohlgemut. Die Helme der dreitausend Leibwächter sind mit Totenköpfen versehn, schon das sagt genug. Mehr noch verbürgt die Haltung des Volkes; seine Dankbarkeit und einmütige Liebe waren an diesem Morgen wieder einmal von einer Maßlosigkeit, daß kaum das stärkste Aufgebot von Polizei sie in Schranken hielt. Aufrecht im Automobil, worin denn sonst, doch nicht im Kremser, grüßte der Führer mit dem Hitlergruß die Leibwache des Führers Hitler. Schar um Schar mit den Scharführern marschierte an dem Führer vorbei, er aber wurde nicht müde zu grüßen. Die aufgepflanzten Bajonette blitzten in der Sonne, die es sich nicht nehmen ließ, in ihnen zu blitzen. Die Augen des Führers blitzen furchterregend.
Wen wundert das ungeheure Volksgeschrei, das ausbrach, als er dem Automobil entstieg. Er beglück-

wünschte den Führer seiner Leibwache, dann stieg der Führer wieder ein, und der Führer der Leibwache lebt noch, nachdem er in das Auge geblickt hat. Lange rollten die Trommeln einer Reichswehrkompanie, und in das Reichskanzlerpalais kehrte der Führer heim: die erste Tat des Tages war vollbracht. Die zweite erfolgt um zwölf Uhr vierzig, als der Führer Hitler mit Hitlergruß das Reichskanzlerpalais wieder verließ, um in den Reichstag zu fahren. Der ganze Weg war gesichert, und je dichter die Absperrung, um so lauter das Volksgeschrei. Von jetzt ab gab es Würstchen. Das Volk hatte es, um der Volksgemeinschaft willen, auf sich genommen, die große Rede seines Führers ohne Murren anzuhören, stehend, auf der Straße im Frost. Stundenlang war es eingeladen, um nicht zu sagen kommandiert. Die Arbeiter mußten, und so wollten sie denn auch. Sie haben sich das Ihre gedacht, man wird noch sehen; während der Führer durch ihre Reihen fuhr mit der hauptsächlichen Sorge um die Bewachung seines Körpers, hatten sie wichtigere Sorgen. Übrigens war die Straße geheizt, jeder Hundertste verbrannte sich an einem Ofen. Gulaschkanonen verkehrten, und wieder der Hundertste bekam Würstchen. Soweit das Volk, das wir hiermit verlassen.

Im Reichstagssaal mit seinen Hakenkreuzfahnen, Wandbespannungen und siebenhundertfünfzig Abgeordneten, voran Göring, alles vergoldet, alles in Wichs und Glanz, überall goldene Troddeln, außer Papen und Hugenberg, zwei dunklen Anhängseln – im Saal entstand gottesfürchtige Stille, da war es ein Uhr fünf. Alle waren auf den Füßen und hielten die Luft an. Feldmarschall von Blomberg, auf welchem Feld war er schon mal Marschall, stand stramm, und mit ihm Schacht. In der Diplomatenloge erhob sich, was da war, von dem Gesandten Italiens bis zu dem des Herrn Franco. Ein Uhr fünf, der Führer.

Der Führer tritt ein, wie Führer eintreten. Er erscheint und ist da, das sagt alles. Man nenne sein Auftreten nicht feierlich. Das Schicksal ist nicht feierlich. Der Weltuntergang wird dereinst nichts Feierliches haben. Genug, daß er da ist. Der Führer, als er nun da war, begrüßte sich selbst mit Heil Hitler, worauf die sonst vorhandene Menschheit auch wieder ihm das Heil entbot, und keineswegs sich selbst. Was hätte sie sich selbst noch wünschen können, da ihr Führer da war und redete.

Er redete, wie andere handeln. Andere müssen sich im Leben behaupten vermittels Inhalt und Gewicht, was notwendig dazu führt, daß ihre Reden, da sie etwas sagen, von ihrer Person ablenken. Kein wahrer Führer wird jemals von seiner Person ablenken, er könnte es gar nicht. Ihm ist gegeben, darzustellen, was er nicht ist, und läßt es die anderen etwas kosten. Wer ungestraft mit der Welt umspringen durfte, als wäre er Napoleon, ist aber im Grunde seiner Seele noch nicht einmal der Hauptmann von Köpenick – wozu redet der noch? Es ist ein Akt, und die Inszenierung seiner Person ist es, aber natürlich keine Rede. Den ersten Akt heute spielte er mit der Leibwache, den zweiten mit dem Volk, den Öfen und Würstchen; der dritte handelt im Reichstag, unter stummer Beihilfe »seiner« Abgeordneten. In seiner Rede betonte der Führer seine volle Verachtung des Redens, was nur in der Ordnung ist. Reden, die so zu heißen verdienen, werden von Menschen, nicht von Führern gehalten. Sie bringen oft Unpersönliches und betreffen den Redner dann nur, insofern die Wahrheit ihn angeht. Eine Sache kann, ohne eigennützige Absichten, den Redner bewegen, aber es darf kein Führer sein. Eine wahrhafte Rede ist gleichzeitig Rede und Antwort; wem aber sollte ein Führer wohl antworten? Zuletzt nur immer sich selbst, da er ohne Beziehung zum Leben und in seiner Vorstellung, auf seiner Bühne, schlechthin der einzige ist. Er betonte seine Verachtung der anderen, die irgendwo, außer ihm, noch reden. Seine Verachtung derer, die den Mund halten, geht ohne weiteres mit hin, er erwähnte sie nicht erst.

Jetzt endlich ist dies alles allgemein bekannt, nur der Ordnung halber wird es hier wiederholt. Jeder, außer dem großbritannischen Botschafter, der einen tief verdüsterten Bericht abschickte, hat darauf verzichtet, die Rede des deutschen Führers noch ernsthaft zu betrachten. Nur die Erscheinung wird betrachtet, in der Tat eine Erscheinung. »Seine« Revolution, sagt er, ist nicht nur eine Revolution, sie ist die Revolution der Revolutionen, sagt er, und warum nicht. Sie ist der Versuch, sämtliche Freiheitsbewegungen der Menschheitsgeschichte rückgängig zu machen: insofern stimmt es, und wo er recht hat, hat er recht. Ferner bemerkte der Redner, daß die ehrenwerten englischen Bürger gegen das spanische Gemetzel noch nicht protestiert haben. Auch richtig. Sie hätten in Berlin protestieren müssen, und das haben sie versäumt. In Spanien sind hundertsiebzigtausend Menschen getötet worden, wie der Redner feststellte. Den Veranstalter des Unternehmens nannte er nicht, und wozu, jeder kennt ihn. Verträge, die mit der Sowjetunion geschlossen werden, gelten für ihn nicht, so bestimmte der Redner, unbekümmert darum, daß sie für andere gelten, besonders für die Sowjetunion, die ihre Verträge hält, während seine eigenen Verträge –. Aber mit viel gutem Willen, woran es die großbritannische Regierung nicht fehlen läßt, gelten sogar seine eigenen Verträge – die ersten vierzehn Tage, bis sie anfangen, der deutschen Ehre zu widersprechen oder die deutschen Lebensinteressen zu bedrohen.

Olle Kamellen. Kein Hund vom Ofen. Jedes Auge bleibt trocken. Was der Redner auch immer äußerte, es war richtig, falsch, in richtiger Weise falsch und in falscher Weise richtig. Vor allem, die Welt hatte sich, noch bevor er den Mund öffnete, darauf eingerichtet und wird schon selbst sorgen. Der Redner meinte, zwischen ihm und Frankreich gebe es keine menschenmöglichen Streitpunkte. Menschenmögliche, nein; aber führermögliche – und was dieser Führer jemals dichtet und trachtet, es hat als Ziel nur Frankreich. Er macht nicht Weltpolitik, alles ist Vorwand und Umweg in Richtung Frankreichs. Die Vernichtung Frankreichs, sie beschäftigt ihn, wie einzig seine eigene Person ihn beschäftigen kann: da Frankreich unter den Völkern die unverbrüchliche Idee der Freiheit darstellt und abhandelt – je vernünftiger und maßvoller, um so unverbrüchlicher. Er aber ist der Gegenspieler und muß fallen, wenn Frankreich steht. Soviel weiß er, der Selbsterhaltungstrieb unterrichtet ihn darüber. Er weiß, was nachgerade offenkundig ist, daß die Welt im Begriff ist, frei zu sein oder unfrei, und daß es hienieden nur einen Kampf gibt, den Freiheitskampf. Sein »Bolschewismus« und »Antibolschewismus« trifft nichts Wirkliches. Mit wieviel Eifer redete er ins Leere, während jeder, jeder das wahre Paar der Gegensätze auswendig kennt und vor Augen hat. Das ist: hier er und drüben die Freiheit.

Wenn er es ändern könnte und trotz der Änderung bestehen bleiben könnte mit seiner Person, seiner Maske, seinem Aufwand von Führerbetrieb: lieber heut als morgen wär er bereit. Wer sähe nicht unter seinen eigenen Füßen den Abgrund, sogar ein Führer sieht ihn. Indessen war der Führer genötigt, Rettungsversuche abzulehnen und zu sprechen: »Über das Maß der Rüstungen wird in Berlin entschieden.« Dies mit schlotternder Angst im Gebein. Wer nur rüstet, weil er sonst verloren wäre, ist endlich um so sicherer verloren. »Sechs Millionen Ar-

beitslose habe ich in Deutschland vorgefunden.« Wie viele Millionen würden es aber sein, wenn er aufhörte zu rüsten? Und wie viele, nachdem er seinen Krieg verloren hat? Das wenigstens geht ihn nicht mehr an, dann hat er ausgeredet. »Im Verhältnis zu den hundertsiebzigtausend spanischen Toten hätte ich das Recht auf eine halbe Million gehabt, wenn ich gewollt hätte«, sprach der Redner. Die errechnete Zahl langt nicht, mein Führer. Sie würde weit überschritten werden, wenn Sie Deutschland dorthin führen würden, wohin Sie, nach Berufung und Natur, es allerdings führen müssen. Sie sind aber nicht der einzige Redner. Deutschland redet mit.
Wir verließen das Volk auf der Straße im Frost, bei Würstchen oder warmer Suppe. Die Lautsprecher brüllen: »Ich komme aus dem Volk« – womit der Redner sich ein Alibi sichern will und eine Ausflucht sucht. Die deutschen Arbeiter haben es gehört und haben überlegt, daß es durchaus nicht gut und rühmlich ist, »aus dem Volk zu kommen«, wenn einer es dann mißbraucht im Auftrag der Feinde, die dies Volk hat. Wir werden unseren sozialistischen Volksstaat erobern, haben die deutschen Arbeiter beschlossen – wenn nicht schon vorher, dann sicher im Lauf dieser Führerrede. In unserem Volksstaat kommt niemand mehr aus dem Volk; denn nichts wird da sein als nur das Volk.

»ALLES HIN«

In unseren Tagen wird die Karte Europas unermüdlich überholt. Die Staaten, wie sie da sind, werden wieder in Frage gestellt. Sie verschwinden oder erhalten einen »Schutz«, der mit viel Sorge verbunden ist. An den größten Mächten gehen diese Jahre nicht spurlos vorbei, sie welken wie die Schönheiten. Um nach seinem Kaiserreich Indien zu gelangen, ergibt England sich darein und wählt jetzt wieder den ältesten Seeweg: er ist noch am wenigsten unsicher. Auf immer zahlreicheren Punkten des Erdballs fangen die farbigen Völker an, die Herrschaft der Weißen als ihrem Ende nah zu betrachten. Ein verzeihlicher Irrtum, daß an die Überlegenheit nicht mehr geglaubt wird; auf ihrem eigenen Kontinent machen die europäischen Nationen den Eindruck verminderter Kraft.
Das ernste Problem ist, ob Europa tatsächlich schwächer wird. Vielleicht steht es im Gegenteil an der Schwelle eines neuen Zeitalters, wo Macht vor Recht geht, wie üblich bei neuen Zeitaltern, die richtig liegen. Je stürmischer eine Macht losgeht, um so mehr findet sie Anhang. Niemand leistet nachdrücklich Widerstand. Obwohl mit Bedauern, paßt man sich an und möchte auch so sein. Dort sogar, wo gestern noch Gerechtigkeit und Freiheit der herrschende Grundsatz waren, erlaubt man sich einigen Abbruch. Anfangs geschieht es mit allem Vorbehalt; es sieht aus wie unverbindliche Versuche mit einem Regime, das man beileibe nicht annimmt. Man meint, zu der früheren Mode könne man jeden Augenblick zurückkehren. Die frühere Mode, das waren die parlamentarische Aufsicht und die unantastbaren Rechte der Person. Vorläufig indessen wird die Autorität verstärkt – in den be-

stens befestigten Demokratien und unter dem Beifall der erprobtesten Demokraten, die sich selber Hochachtung damit einflößen: sie sind auf der Höhe des Jahrhunderts.

Die Zukunft, die übrigens das Werk der gegenwärtigen Menschen ist, wird ihnen Unrecht oder Recht geben. Da sie den neu aufgetretenen, stürmischen Gewalten keinen wirklichen Widerstand leisten wollen, bleibt allerdings nur der etwas verwickelte Umweg, sie nachzuahmen, um mit ihnen fertig zu werden. Dafür aber müßte man sie kennen. Den Demokratien drängt sich die Notwendigkeit auf, die furchtbaren Diktaturen bis in den Bauch zu durchschauen. Ihre Macht besteht gerade in der Anziehung, die sie ausüben: warum, sieht jeder. Überall und zu allen Zeiten gibt es Individuen, denen die rohe Gewalt einen angenehmen Kitzel verschafft. Immer, und sogar in der dichten Mitte der humanitären Zivilisation, hätten manche lieber einer Tyrannei gedient, hätten lieber an der Willkür teilgenommen, als daß sie sich nun fügen mußten, wie eine geregelte Gesellschaft es will. Überdies können einige groß verdienen an einem Diktator, den sie nicht erst nachträglich stützen: hinaufgeholfen hatten sie ihm längst. Fünfzehn Jahre hindurch hat ein amerikanischer Industrieller sein Geld hineingesteckt in eine Erscheinung – anfangs war sie dunkel, hat aber seither die Welt genug mit sich befaßt. Der Industrielle legte Wert darauf, daß man von seiner Voraussicht erfuhr. So früh auf das hohe Geschick eines Hitler zu setzen!

Nicht jeder beglückwünscht sich ganz so sehr, wenn er beigetragen hat zu diesem Aufstieg und allem, was gefolgt ist. Die deutschen Rechtsparteien täten es nicht noch einmal, gesetzt, sie hätten die Wahl. Die jüdischen Banken Deutschlands sind von Hitler arisiert: sie ständen vor keiner Wahl mehr. Die arischen würden es sich gründlich überlegen. Das geht bis zur Schwer- und Rüstungsindustrie; ihre Umsatzziffern sind riesenhaft, dennoch hat sie Zeiten gekannt, als die Faust des Staates weniger schwer auf sie drückte. Der Nationalsozialismus war eine Erfahrung, die gemacht werden mußte. Zum Staunen sind nur die beharrlichen Illusionen der besitzenden Klassen in anderen Ländern. Diese Klassen müssen sich schrecklich anstrengen, um gegen jeden Augenschein weiterhin zu glauben, unter einem autoritären Regime wären sie allein vor seinem Zugriff sicher. In Deutschland ist doch die Freiheit für alle abgeschafft, Ausnahmen kommen nicht vor. Wenn das Denken unter Zwang steht, die Religionen verfolgt werden, die Mittelklassen ruiniert sind; wenn die Bauern ihr Stück Land so wenig sicher haben wie die Arbeiter ihren Lohn – dann ist das wenigste, daß auch die Besitzenden nur noch vorläufig besitzen und daß es um den Reichtum schwach bestellt ist. Im ganzen genommen: die Reichen, wie alle anderen, »hatten das nicht gewollt«.

Dasselbe gestehen jetzt die Sudetendeutschen, und vor ihnen haben die Österreicher es bekannt: »Das hatten sie nicht gewollt.« Die Nazis dieser Länder sind enttäuscht und sehen, daß sie hereingefallen sind. Hinsichtlich der Volksmassen ist es nur natürlich: sie waren benutzt worden für eine künstliche Bewegung. Aber auch Leute, die darauf gerechnet hatten, ihr Verrat werde ihnen bezahlt werden, haben ihn umsonst begangen. Man setzt sie ab, schiebt sie beiseite und enteignet sie. Dabei handelt es sich um »deutsche Brüder«. Was würde aus ihnen, wenn sie zu ihrem Unglück etwas sprächen, das nicht wie deutsch klänge. Allerdings, durch die Annexion, die Fremdherrschaft und Enteignung zum Vorteil Fremder, hat man sie vor dem Bolschewismus gerettet. Gleichviel, daß die Bevölkerung von dem Bolschewismus überhaupt nichts

wußte und die oberen Klassen ihn in Wirklichkeit nie gefürchtet haben: nur Hitler zu Gefallen schützen sie Angst vor.
Als Hitler kürzlich in Florenz war, machten er und sein einheimischer Kollege einen kleinen Gang durch die berühmte Galerie der Uffizien. Sie sahen kaum hin, sprachen wenig und strebten dem Ausgang zu, als der eine der großen Männer endlich den Mund öffnete. »Also, alle diese Kunstschätze«, ließ er vernehmen, »wären vom Bolschewismus vernichtet worden.« Und der andere bestätigte: »Alles hin.« Ihre Legende – da hat man sie. Nach ihrer Legende wollen sie die Zivilisation gerettet haben vor den Anschlägen von Wilden, die blöd, blutig und gar nicht vorhanden sind; sollen aber mit besonderer Vorliebe die Schere nehmen, um wertvolle Bilder zu zerfetzen. In Wien sind wirklich Bilder zerfetzt worden. Im Krankenhaus von Rostock ist Ernst Barlach den erlittenen Verfolgungen wirklich erlegen, und der Maler Kirchner hat demselben Schicksal vorgegriffen, als er sich entleibte. Das alles ist nicht Bolschewismus; es ist Rettung der Kultur und gehört zur Legende. Die beiden Retter haben ihre Legende so lange öffentlich behauptet, bis sie ihnen sogar unter vier Augen auf die Lippen kommt. Die Geschichte, deren Werkzeug sie sind, sieht anders aus. Der Großmächtigste der beiden ist geistig wohl der Unbegabtere. So viel weiß auch er, daß gewisse Interessenten ihn zur Macht zugelassen haben, mit dem einzigen Zweck, anderen Interessen, wären sie selbst berechtigt, den Weg zu versperren.
Wenn einer neue Wirklichkeiten aufhält – sie waren schon dabei, zwanglos Gestalt anzunehmen, als er sie aufhielt –, das gibt ihm keine Stellung vor der Geschichte. Daher strahlt der Held dieser Zeiten keinen Glanz aus. Begeistern kann er niemand; und ändert die Karte Euro-

pas sich noch so sehr, das Gefühl, ein Stück großer Geschichte zu erleben, hat man nicht. Diese Geißel bietet für alles Unheil nichts. Die Welt, mitsamt Deutschland, begleitet die Taten Hitlers in tiefer Trauer. Er selbst kennt die Freude nicht; aber Schöpfer sind freudig. Er ist nicht zur Genugtuung der Menschen erschienen; sein Auftrag ist, sie zu vernichten. Durch den Mund eines seiner Mithelden hat er es selber zugegeben. Sein südlicher Kollege bestätigt: Alles hin.

DER EIGENEN KRAFT BEWUSST SEIN!

Die neuesten Ereignisse haben viele entmutigt, wie keine anderen vorher. Als sie ihr Land verließen, war ihnen so schwer nicht um das Herz. Die Jahre des Exils werden lang und machen für schlimme Wendungen immer empfindlicher. Indessen muß jeder sich erinnern, daß er hinausgegangen ist ganz ohne die Gewähr seiner Wiederkunft und ohne alles Wissen von dem Unglück, das noch eintreten muß, bevor es damit genug ist.
Die Wirkung Hitlers ist, das menschliche Unglück über jedes bekannte Maß zu vermehren. Was er sonst treibt, hat immer als Endergebnis: mehr Unglück in Europa, noch ein unterworfenes Volk, wieder Millionen verlorener Menschen – »alles arme Leute«, sagt das »Kriegslied« von Claudius. Hier ist aber ein Kriegsheld, der gar nicht kämpft. Er »marschiert ein«, sobald er genau weiß, daß niemand ihn aufhalten wird: früher nicht. Er läßt sich von anderen die Erlaubnis erteilen. Wieder andere müssen ihn »warnen«, und kühn schlägt er die Warnungen in den Wind, da er heimlich unterrichtet worden ist, er habe nichts zu fürchten.
Glaubt jemand ernstlich, dies wäre ein Spiel, worin das Glück nie umschlägt? Ein Schicksal ist man nicht lange, wenn niemand daran gewinnt. Man erlebt jetzt sozusagen Geschichte, nur freut sie keinen. Die Deutschen, die sich freuen müßten, sofern die Geschichte etwas taugte, stehen ohne Vertrauen und sehr beklommen dabei. Die Mächte, so viele mit im Spiele sind, kommen dahinter, daß sie betrogen werden – ohne Ausnahme, die befreundeten am meisten. Das Spiel wird dennoch bis zu Ende ablaufen; die Geschichte kennt weder Umkehr noch rechtzeitigen Abbruch. Ein Glücksritter kann nur aus-

schweifen und endlich ganz den Kopf verlieren, von zu viel unverdientem Glück.

Wer von den Ereignissen entmutigt wird, sollte eher bedenken, ob gerade die Unwahrscheinlichkeit des Geschehenen nicht Zweifel zuläßt an seiner Haltbarkeit. Sein reißerisches Tempo macht den Helden der Geschichte auch nicht glaubwürdiger. Seinem Glück und dem menschlichen Unglück sind Grenzen gesetzt. Niemand hat die Neigung der Menschen, ihm vieles hingehen zu lassen, und ihre Fähigkeit zu leiden ungestraft mißbraucht. Es steht schlimm genug. Hoffnungslos stände es nur, wenn wir es mit einem besonnenen Feind von geistiger Überlegenheit zu tun hätten. Allerdings hat eine wirkliche Überlegenheit noch keinen zum Feind der Völker und Menschen gemacht.

Mut behalten! Der eigenen Kraft bewußt sein!

ERBE UND AUFTRAG

DIE DEUTSCHE FREIHEITSBIBLIOTHEK

Das Initiativkomitee zur Schaffung der Deutschen Freiheitsbibliothek hat eine große und verpflichtende Mission auf sich genommen. Dies ist seit der deutschen Katastrophe von 1933 das erste umfassende kulturelle Unternehmen zur Rettung und Erhaltung aller historischen und lebendigen Kulturgüter, die das Deutschland des achtzehnten Jahrhunderts hervorgebracht und der Welt übergeben hat.

Werke vergangener Jahrhunderte, nicht nur die Bücher von Lebenden, sind unter dem Beifall nationalsozialistischer Minister, Professoren, Studenten auf den deutschen Plätzen verbrannt, aus deutschen Bibliotheken entfernt worden. Die Tradition, die in Deutschland gewaltsam abbricht, sie ruht jetzt auf denselben Intellektuellen, die darangehen, die Deutsche Freiheitsbibliothek zu errichten – und sie einweihen wollen am Jahrestage der schändlichen Brandstiftung.

Sie können der Aufgabe nicht alleine genügen, und sie rufen daher die Hilfe der englischen, französischen und amerikanischen Freunde unserer gemeinsamen Gesittung an. Zu ihr hat das deutsche Denken und Schaffen von jeher beigetragen, wie es von ihr empfangen hat. Das wird zweifellos empfunden von allen in der Welt, die ihren Namen und Beistand dem Unternehmen schon geliehen haben.

Möchte die Deutsche Freiheitsbibliothek überall noch viele tätige Freunde finden! Möchten diese das Patronat über die Bibliothek übernehmen und ihren Bestand verbürgen! Wir bitten Sie, sich uns bekannt zu geben, und danken Ihnen. Ihre Beiträge sichern die Existenz einiger geistiger Arbeiter, die an der Bibliothek angestellt sein werden; aber noch mehr dient jeder Beitrag, Werte zu erhalten, die es am meisten verdienen.

AN DEN KONGRESS
DER SOWJETSCHRIFTSTELLER

Die »antifaschistischen« Schriftsteller sind solche, die ihre Sache auf die Leistung gestellt haben anstatt auf die Begünstigung durch das faschistische Regime. Sie werden in der Mehrzahl sozialistisch denken; die Hauptsache bleibt, daß sie überhaupt denken wollen. Die antifaschistische Literatur ist nicht notwendig absichtsvoll antifaschistisch: sie ist es schon dadurch, daß sie auf der Gewissensfreiheit besteht. In Deutschland dagegen wird, einige Zeit lang, die Wahrheit das sein, was der Stärkere vorschreibt. Es wird nicht die Wahrheit sein, und uneigennützige Liebhaber kann sie nicht haben. Niemandem ist dort das große und gefahrenreiche Glück erlaubt, neue Erkenntnisse zu erobern oder Leben und Menschen zu gestalten nach seinem Wissen. Es gibt nur amtlich geregeltes Denken und Träumen. Das bedeutet für die Nation einen geistigen Niedergang im allerschnellsten Tempo und auf allen Gebieten. Auch in den angewandten Wissenschaften hatte Deutschland sich nur darum auszeichnen können, weil dort frei gedacht werden durfte. Keine chemischen Erfindungen und erst recht keine Großindustrie, wenn nicht andere Menschen jahrhundertelang frei gedacht und geschaffen haben.

Die antifaschistische Literatur ist in Wirklichkeit die einzige deutsche Literatur; vor allem, weil nur sie die Gedanken- und Gewissensfreiheit behalten hat, dann aber auch kraft des Leidens. Durch Verbannung, Not und Mühen werden die Begabungen vertieft, ganz abgesehen davon, daß die Schriftsteller streng gesiebt werden. Wird heute irgendwo in der Welt ein deutsches literarisches Preisausschreiben veranstaltet, dann melden sich nur noch starke Talente. In Deutschland ist jedesmal das Gehudel zur Hand, und auserwählt wird die allerlumpigste, zweckbewußteste Gleichschaltung. Während dort im Lande die Dummheit ihr übliches Maß schon jetzt weit hinter sich gelassen hat, ist die emigrierte Literatur, zu der auch einige in Deutschland Verbliebene gehören, auf dem Wege, besser zu werden, als sonst der Durchschnitt der Literatur es war. Wenn das spätere Deutschland selbst einmal besser werden sollte, als es sonst war, dann wird diese Literatur sich hoffentlich herausstellen als seine geistige Vorwegnahme.

NATION UND FREIHEIT

Schiller, dessen 175. Geburtstag in den November fällt, wird immer einer der größten Deutschen bleiben, weil er ein vollständiger Mensch war. Er hat gewußt, daß der Hunger und die Liebe das menschliche Getriebe regieren. Dennoch glaubte er an die Erziehbarkeit dieses Geschlechtes und arbeitete mutig für Ideen, so fern auch ihre Verwirklichung lag zu seiner Zeit und in seinem Lande, wo ihre Verwirklichung sogar noch jetzt in weiter Ferne liegt.

Schiller in seiner menschlichen Vollständigkeit hat die Nation, den Sinn dieses einst so neuen und leidenschaftlichen Wortes ganz erfüllt. Die Nation, das war für ihn das vernünftig und frei gewordene Volk. Die Nation, das war ein gewonnener Befreiungskrieg – gegen wen gewonnen? Gegen alle Bedrücker. »Seid einig, einig, einig!« Gegen wen? »In tyrannos.«

Der Dichter der Nation war auch der Dichter der Freiheit; und er war dieses, weil er jenes war. Nationen sind immer dann entstanden, wenn ein Volk reif wurde, über sich selbst zu bestimmen. Aus dem Willen zur Freiheit werden Nationen. Bei erlahmendem Willen zur Freiheit vergehen sie. Sklaven, die man unter Drohungen zwingt, eine zweckdienliche Gleichschaltung zu vollziehen, von Schiller wären sie am wenigsten anerkannt worden als Nation.

Es war ein Sympathisierender der Französischen Revolution, die sich immer nur gegen Könige gerichtet hat. Sie war nationalistisch, hat aber kein Volk gehaßt, liebte sie vielmehr alle. Die geistige Herkunft der Revolution und des Nationalismus ist die gleiche: es ist die philosophische Humanität des achtzehnten Jahrhunderts. In ihr lebte

Schiller, der Dichter der Nation. Anders sehen Aufgang und Morgen eines Menschheitstages aus und anders sein nächtliches Ende. Der Nationalismus begann auch in Deutschland mit der demokratischen Verbrüderung und als Sache des Volkes gegen die Herrscher. Das Wort Schillers wirkte so mächtig von der Bühne, weil die Machthaber verhinderten, daß es Wirklichkeit wurde. Das Höchste, Reinste, das der deutsche Nationalismus auszusprechen hatte, er hat es gesagt, solange kein deutscher Nationalstaat bestand.

Damals war vorhanden die innere Bereitschaft, sich einzulassen auf Dinge, die von Grund auf neu und die gefährlich waren. Ein nationaler Staat, das war einst die Sache der Tapfersten. Soviel Aufopferung, soviel entschlossene Überwindung der hergebrachten Lebensbedingungen gehörte dazu, wie wenn heute jemand sich zum sozialistischen Staat bekennt. Es war unbequem, national zu sein. Eine Wirklichkeit, die nicht da war, sollte zu jener Zeit ins Leben gerufen werden – einzig durch das Gefühl und den Gedanken, und Gefühl und Gedanken vermittelt dem Volk sein Dichter. Die neue Wirklichkeit, die nationale Wirklichkeit schien vor dem Aufbruch zu stehen; ihre materiellen Vorbedingungen konnten gegeben sein oder nicht: das wußte niemand. Gewiß war man nur der inneren Bereitschaft, eine Nation zu sein. Noch heute fühlen wir die Bereitschaft der Vorfahren, sooft wir den »Tell« wieder ansehn.

Gerade beim Anblick des »Tell« begreifen wir auch, daß das tiefste Verlangen Schillers und der mit ihm lebenden Deutschen unerfüllt geblieben ist. Er hatte als Beispiel einer wirklichen Nation ein Land gewählt, das die freie Schweiz genannt wurde, worunter er und alle verstanden: frei von fremden Beherrschern und von innerer Herrschsucht. Das hat Deutschland niemals erreicht, niemals gekannt. Es hat Kriege geführt; und Kriege, ob sie den Feind bis in das Land dringen lassen oder nicht, sind für eine Nation nichts weniger als ein Zustand der Unabhängigkeit und Selbstbestimmung. Sie hängt im Kriege ganz beträchtlich von den Machtmitteln des Feindes ab und hat mit seinem Willen zu rechnen. Zwischen den Kriegen indes? Da haben in Deutschland, wie jeder weiß, bevorrechtete Klassen und Stände geherrscht, sie herrschen noch jetzt.

Die Selbstbestimmung des Volkes, Sinn und Ursprung aller nationalen Begeisterung, das deutsche Volk hat sie sich keineswegs erobert, und als sie ihm einmal von selbst zufiel, war es nicht fähig, seine Freiheit anzuwenden und zu erhalten. Dafür war die Stunde inzwischen zu spät geworden. Das Jahr 1918 gab nicht die Seelenkraft her für Schillersche Begeisterungen. Längst war in Deutschland die Nation nur noch der Inbegriff von Interessen, wirtschaftlichen, militärischen – Interessen von Bevorrechteten, und alle haben ihnen zu dienen. Die Nation: jetzt ist sie ein Dienstverhältnis. Für den Dichter der Nation war sie die Freiheit selbst gewesen, die Freiheit in Gestalt eines ganzen Volkes.

Die neuesten Abenteuer der Deutschen, ihre restlose Entrechtung und Unterwerfung sind nur der letzte Zug im Spiel. Hiermit allerding ist es aus und verloren. Nationen sind immer dann entstanden, wenn ein Volk reif wurde, über sich selbst zu bestimmen. Aus dem Willen zur Freiheit werden Nationen. Bei erlahmendem Willen zur Freiheit vergehen sie. Sklaven, die man unter Drohungen zwingt, eine zweckdienliche Gleichschaltung zu vollziehen, sind in Wahrheit schon keine Nation mehr. Sie stehen unter der ständigen Gefahr, als Nation auseinandergesprengt zu werden durch eine Katastrophe. Jeden Augenblick könnte die Nation den Abfall ihrer Glieder erleben und sich in ihre ehemaligen Teile auflösen. Diese Drohung ist leider über sie verhängt, denn den wahren Sinn der Nation haben ihre Glieder vergessen, und verloren haben sie die innere Bereitschaft, frei und dadurch auch national zu sein.

Einen erschütternden Beweis ihres Zustandes geben die nationalsozialistischen Deutschen, wenn sie sich rühmen, auch die Schweiz würden sie sich aneignen. Die Schweiz, so behaupten sie, wäre ein letzter Rest des Mittelalters und keine moderne Nation, da sie mehrere Sprachen spricht! Aber gerade die Schweiz gab dem deutschen Nationaldichter Schiller das stärkste Beispiel der nationalen Gesinnung, weil sie auch das Vorbild der Freiheitsliebe war. Die älteste Demokratie, eine Kampf- und Erlebensgemeinschaft von Jahrhunderten: das ist soviel wie nichts in den Augen nationalsozialistischer Deutscher. Aber die drei Sprachen der Schweiz – versteht sich, Dreisprachigkeit, das ist etwas, das läßt sich jedem vorführen und beweisen. Der Flache und Unwissende hält sich einzig und allein an die Sprache, wenn er wissen will, was zusammengehört und was nicht. Weiter reicht es bei ihm nicht. Vom Wesen des Nationalen fühlt er nichts. Er kennt die Freiheit nicht.

Deutschland fordert so viele Nationen zum gefälligen Beitritt auf, daß es schließlich den Eindruck macht, als wäre es selbst keine genau bestimmbare Nation, mit gesicherten Grenzen und einer Bevölkerung, die unweigerlich festhält an ihrem Boden. Nach einem zweitausendjährigen Bestehen denkt keine der anderen Nationen Europas jetzt noch daran, ihre Grenzen zu verrücken und neuen Grundbesitz zu erraffen. Damit ist es längst vorbei. Die heutigen Nationen sind endgültig festgestellt worden im siebzehnten Jahrhundert spätestens. Seitdem waren einige politische Vereinheitlichungen nur noch die förmliche Bestätigung gegebener nationaler Tatsachen. Niemand erhebt heute noch den Anspruch auf gewaltsame Einverleibung anderer Nationen, die erwachsen sind und unter selbstgeschaffenen Bedingungen ihr Dasein führen. Dieser absonderliche Anspruch ist in unseren Tagen einzig Deutschland vorbehalten, und Deutschland bezahlt ihn hoch und büßt ihn schwer.

Es ist unglücklich: daran zweifle niemand. Es fühlt sich verfolgt und in die Enge getrieben, weil es sich mutwillig verrannt hat in einen Gegensatz zum übrigen Europa. Das war ja gar nicht nötig. Deutschland ist doch eigentlich ein Land wie jedes andere. Jetzt leidet es unter seiner Rassentheorie, unter dem Unsinn und Unfug, zu dem sie führt – und dabei ist der Rassenhochmut nur ein schwacher Ersatz für das natürliche Selbstbewußtsein, das beschädigt worden war seit dem vorigen Krieg, gesetzt, es wäre vorher ganz natürlich gewesen. Ein Jammer ist es auch mit dem vorgeblichen deutschen Irrationalismus, denn der liegt durchaus nicht im deutschen Herkommen. Zu anderen Zeiten ist Deutschland ganz und gar rationalistisch gewesen, so unbedingt wie sonst keiner. Damals hat Deutschland sich hervorgetan mit seinem wissenschaftlichen Geist und seinem Intellektualismus. Ihnen verdankt es Eroberungen, die dauerhafter sind als manche andere. Heute hat Deutschland allerdings Ursache, sich für irrational auszugeben: womit begründete es sonst seine eingebildete Überlegenheit über das übrige Europa? Jedenfalls nicht mit der Vernunft und mit den wirklichen Tatsachen.

Vor allem bereut Deutschland die Aufgabe seiner Freiheit. Es wird das nicht zugeben, aber die Angst dringt ihm aus allen Poren. Warum sonst diese verzweifelte Propaganda für den neuen Freiheitsbegriff, den es erfunden hat und der ziemlich alles umfaßt, was sonst Knechtschaft hieß. Selbstverständlich hat das Volk nicht gewollt, daß es dahin mit ihm käme. Daher seine begreifliche Reue. Es arbeitet jetzt zwangsweise für einige wenige und hat weder satt zu essen noch etwas Anständiges anzuziehen, weil sein ganzes Einkommen für Waffen ausgegeben wird. Das hatte sich niemand so vorgestellt, man kann nur nicht mehr zurück. Wenn ein Volk erst restlos militarisiert ist, hat jede Opposition es wirklich zu schwer. Man hofft dann auf eine Katastrophe, und gleichzeitig fürchtet man sie. Man leidet schon jetzt genug, und außerdem schwächt der herrschende Zustand die sittliche Widerstandskraft.

Das geht schnell. Zuerst glaubt man Wühlern, in deren Geschwätz die Demokratie das denkbar übelste System wird. Ist dann aber die Demokratie niedergeworfen, werden alsbald die bisherigen Parteien von der politischen Mitwirkung ausgeschlossen, der Kreis des politischen Personals wird immer enger, bis schließlich alle abhängen von zwei oder drei Allmächtigen: ein Zustand, den keine absolute Monarchie gekannt hatte. Von jetzt ab besteht die Politik nur noch aus Streitigkeiten innerhalb des Klüngels. Der Herde dort draußen hält man manchmal sinnlose Reden. Die Herde aber rührt sich nicht, es mag geschehen, was immer, das Grauenhafteste, das Beschämendste.

Die sittliche Widerstandskraft gegen Bedrücker wird auch noch geschwächt durch die Massenhaftigkeit, den massenhaften Drill, der unter Diktaturen das ganze öffentliche Leben ausmacht. Das Ergebnis, das wissenschaftliche und gewollte Ergebnis, ist die Auflösung des denkenden einzelnen in der Menge, die nicht denkt. In Vergessenheit gerät die menschliche Persönlichkeit, das höchste Glück der Erdenkinder, die größte Eroberung der abendländischen Gesittung. Übungs-, Arbeits- oder

Konzentrationslager, aber auf jeden Fall ein Lager, in dem jeder verschwindet, besonders jeder Jugendliche. Junge Arbeiter vergeuden ihr Leben in Lagern und haben bis zum vollendeten fünfundzwanzigsten Jahr kein Recht auf Entlohnung. Künftige Richter, künftige Erzieher werden in Lager gesperrt und werden verhindert, zu lernen. Nur nicht das Studierzimmer! Nur nicht Selbstprüfung, freies Denken und Gewissensfreiheit! Einstmals waren Selbstprüfung und Gewissensfreiheit die Forderungen, um derentwillen Deutschland sich trennte von der römischen Kirche. Der war es aber doch um die Seele des Menschen zu tun, und gerade die Seele ist bei den heutigen Machthabern das Verachtetste. Wie ist für das Seelenheil gesorgt? Dem Denken wie auch dem Glauben entfremdet, treibt man Abgötterei und hat Angst. Abgötterei und Angst sind das Seelenleben der Unfreien.

Ein Volk ohne Freiheit erregt noch eher Bedauern als Abneigung. Wie könnten wir übrigens abgeneigt sein einem Volk, um das wir selbst ein Leben lang bemüht gewesen sind. Jedes in deutscher Sprache geschriebene Buch ist eine Huldigung an die deutsche Vergangenheit, und die ist nicht begraben in der Erde. Auf ihr lebt sie, in uns kämpft sie, wenn wir darum bemüht sind, Deutschland seines nationalen Freiheitsdichters wieder würdig zu machen. Wer darum heute bemüht ist, wird leider viel gehaßt. Wir selbst hassen weder, noch möchten wir schaden. Eher wünschten wir, den Deutschen, die uns hören, ihre Lage fühlbar zu machen. Im Herzensgrunde ist sie ihnen nicht unbekannt.

Anderen Nationen können wir aus eigener, schwerer Erfahrung sagen, was es für ein Volk bedeutet, national sein zu wollen ohne Freiheit. Es bedeutet seelenlosen Dienst. Es bedeutet Gewalt. Es bedeutet Furcht. Die Nationen lassen sich jetzt manchmal zur Aufgabe ihrer Freiheit bereden durch das Mittel einer falschen Furcht. Besonders wird ihnen Furcht gemacht vor dem Kommunismus, der nichts so Fürchterliches ist. Einige Zeit nach dem Verlust der Freiheit entstehen aber begründetere Befürchtungen. Der nationale Zusammenhalt ist bedroht. Die Nation selbst ist in Gefahr zu zerfallen. Davor zittern dann heimlich alle. Nur darum stimmen sie einer Herrschaft, die sie verachten gelernt haben, dennoch weiter zu und wären sogar bereit, in Krieg und Untergang zu gehen. Sie haben Furcht, die Nation zu verlieren, weil sie die Freiheit verloren haben.

Bewahre sie jeder wohl, solange er noch die Wahl hat! Die Freiheit ist nicht nur das Recht des einzelnen: sie ist der Bestand der Nationen und der Staaten. Die Freiheit gewährt uns nicht nur alles Glück des Lebens, sondern das Leben selbst.

VERFALL EINER GEISTIGEN WELT

Angesichts des Nationalsozialismus wird jeder konservativ, denn jeder hat etwas zu erhalten, das hier zerstört werden soll: der Marxist so gut wie der Liberale. Es wird auch nichts an die Stelle gesetzt, wie man weiß. Der Nationalsozialismus haßt und verneint schlechthin, er ist unfruchtbar und ein Greuel jedem, der das reiche Leben verehrt. Einigen Wilden und Boshaften ist es gelungen, die übrigen zu mißbrauchen vermittels ihrer schlechten Triebe, und seit drei Jahren hausen sie. Man muß feststellen, was sie zerstören wollen oder schon zerstört haben und was zu retten ist.

Auseinandergetrieben ist die verhältnismäßig kleine Schicht der Bevölkerung, die eine hohe Bildung bewahrt und weitergegeben hatte. Bildung umfaßt: eine allgemeine Kenntnis des Menschlichen; das Vermögen, sich zurückzuversetzen in die Geschichte und das Werdende mitzufühlen; eine sprachliche Kultur, die sich daraus ergibt, daß die Dinge des Intellektes als Tatsache und als Macht anerkannt werden. Wirkliche Lebensnotwendigkeit war dies wohl immer nur für eine kleine Schicht – immerhin zuletzt nicht mehr für eine ganz kleine. Als Voltaire und seine Genossen die geistige Welt, zunächst die geistige, veränderten, wurde ihre Arbeit verfolgt von vielleicht zweitausend Lesern der bevorrechteten Stände. Das war anders, und es vollzog sich auf größerem Raum, in dem Deutschland, das 1890 anfängt mit dem Naturalismus in literarischer und wissenschaftlicher Gestalt und sich fortsetzt bis an das Ende der Republik.

Große Massen haben damals wenigstens die Rückschläge und Fernwirkungen der geistigen Vorgänge erfahren. Dafür sorgten unter anderem die Volkshochschulen und die Volksbühnen, bevor sie vom niedrigen Haß zerstört wurden. Ein Zeichen waren die in kürzester Zeit erzielten Millionenauflagen mehrerer Bücher, deren eines jedenfalls hohe Ansprüche stellt. Es war dabei geblieben, daß zunächst eine Schicht, in der fast jeder den anderen kannte, die Werte begriff und sie in Umlauf setzte. Dann gelangten sie aber in sehr viele Hände, und es war seit einigem dahin gelangt, daß ein Schriftsteller wenigstens so vertraut mit Arbeitern sprechen konnte wie mit dem Durchschnitt anderer Schichten. Die weitergeleitete Bildung hatte zuletzt eine wirkliche Gesellschaft ergeben.

Eine Gesellschaft: das bedeutet, daß alle mehr oder weniger dieselbe Sprache sprechen, ja sogar die Anspielungen schon verstehen. Das war auf dem Wege, vor allem in Berlin. Die erste, verhältnismäßig kleine Schicht, in der jeder den anderen kennt, war gegeben. Aber auch die Masse wurde allmählich weniger anonym, sie war schon tätig beteiligt. Die Literatur hatte angefangen, mit der Masse zusammenzuwachsen – ohne daß deshalb geistig etwas nachzulassen war. Die Masse wirkte ein auf das, was geistig geschah. Auch das wirkliche Geschehen war damals auf sie zurückzuführen, oder es hätte doch so sein sollen nach den herrschenden Grundgesetzen.

Diese sind umgeworfen worden, und die Gesellschaft wurde zerstört; mit ihr die Bildung, das gegenseitige Verständnis, der schon eingeleitete Zusammenhang der Klassen. Man sieht die Wirkungen; nur schwer zu fassen ist ihr Sinn. Eine ganze, emsig Kultur schaffende Gesellschaft wird jäh aufgehalten. Sie bereitete ihre wirkliche Umgestaltung vor, und was geistig schon gestaltet ist, kann in der Wirklichkeit nicht ausbleiben. Da wird die Gesellschaft überfallen, auseinandergetrieben, zerschlagen. Die kleine Schicht, in der jeder den anderen kannte, wird vernichtet, jedes Mitglied einzeln. Die Masse wird zurückgeworfen in ihre älteste Ohnmacht. Sie sollte alles sein und ist auf einmal nichts mehr – nur noch das verachtete Werkzeug einiger Banditen. Das ist ein Weltuntergang im kleinen. Barbaren, die sich einer hochgesitteten antiken Stadt bemächtigen, sind nicht anders mit ihr verfahren.

Unfruchtbare Hasser zerstören einer Gesellschaft ihre Machtmittel, und das sind die politischen Parteien, es sind aber auch die Gewerkschaften und nicht weniger die Volkshochschulen und Volksbühnen. Die gesamte geistige Bildung ist einbegriffen; denn eine Gesellschaft wird stark, sie wird befähigt, über sich zu bestimmen und sich umzugestalten, dadurch, daß sie geistig zusammenhängt. Die Nationalsozialisten haben die Volkshochschulen aufgelöst, weil diese marxistisch waren? Ach nein, der Marxismus war Vorwand und Ausrede. Der Zweck ist immer, dem Volk etwas zu nehmen: hier seine geistigen Mittel, die Machtmittel sind; an anderer Stelle seine Waffen im Wirtschaftskampf; bis man allen endlich den letzten Rest der persönlichen Selbstbestimmung entzieht. Dann bleiben allenfalls die Guthaben bei den Sparkassen zu stehlen, und auch das wird nicht versäumt.

Gegeben wird nichts. Geschaffen wird seit drei Jahren nicht das geringste. Was sich als zweckvoll gibt, sind in Wahrheit nur die eigenen Zwecke der Machthaber, dafür benutzen sie ein ganzes Volk, das sie eigens entmachtet und entrechtet hatten. Es wird nicht gearbeitet, die Arbeiter marschieren und schießen. Es wird nichts gelernt, die Studenten schießen und marschieren. Allerdings wird gearbeitet für den Krieg, und auch gelernt wird allerdings für den Krieg. Für ihn werden Essen und Kleidung verschlechtert, das Land wird abgeschlossen von der Welt, wird ein einziges Kriegslager – mit den dazugehörigen üblen Sitten, der Unehrlichkeit, Unwissenheit,

sittlichen Unempfindlichkeit; und entsetzlich vereinsamt ist dort jeder fühlende, denkende Mensch. Millionen arbeiten gegen das System, es ist verurteilt und weiß es.
Aber eine lebendige, der Entwicklung fähige Gesellschaft hat doch zerstört, aufgelöst oder wenigstens vorerst unterdrückt werden können: genau so weit reichte die nationalsozialistische Kraft. Nun haben die nationalsozialistischen Erfolge ihren Grund keinen Augenblick in ehrlicher Begeisterung gehabt, auch keine erlebte Mystik spielt mit. Das alles ist Schwindel, ist im höchsten Fall abgeleitet und belanglos. Die Nationalsozialisten haben sich bedient der Schwäche, der Furcht, der Sehnsucht zurück. Die einzelnen und auch die Völker unterliegen Anfällen von Ermüdung, um so eher, wenn sie schon lange zwischen Katastrophen leben müssen. Furcht befällt sie, abergläubische Furcht vor irgendeinem unverschämten Einbrecher, der wahrhaftig der Stärkere nicht ist. Mit Leichtigkeit wäre er unschädlich zu machen, man ist nur gelähmt und läßt sich erobern: so die hochzivilisierten Mexikaner und Peruaner einst von Pizarro und Cortez und kürzlich die Deutschen von Hitler.
Wobei nicht zu übersehen ist, daß sie den Hitler auch in sich selbst hatten: das ist die Sehnsucht zurück. Auch sie kann jeden einzelnen und jedes Volk überkommen, und man widersteht ihr nicht immer. Man mag nicht länger erkennen und wissen, man will die fortschreitende Ordnung, mag sie bis jetzt auch nur sehr unvollkommen fortgeschritten sein, man will die Vergesellschaftung und Befriedung nicht mehr. Man ist überdrüssig seines besseren Selbst – nicht ganz bewußtermaßen, aber es genügt, daß man mit einiger Nachhilfe zurückfallen könnte in alte Zustände, die niemand mehr für möglich hielt. Der Untertan Hitlers steht zweifellos an persönlicher Würde noch unter dem Untertan Friedrichs des Großen. Der

Soldat des impotenten Königs wurde durch Prügel dazu vermocht, sich totschießen zu lassen. Die Helden des Führers, der dem König ähneln möchte, werden es außerdem durch Propaganda.

Die Deutschen sind durch Propaganda schon dahin gebracht, daß sie sich sozusagen freiwillig und auf den Schwingen der Verzweiflung einlassen würden in einen Krieg, von dem grade sie nichts zu erwarten haben als ihr eigenes Ende, mit eingerechnet das Ende ihres Staates. Dazu gehört etwas; alle anderen, außer den Deutschen, überlegen sich den Schritt, obwohl er für keinen in diesem Grade gefährlich ist. Wieviel muß man schon verloren haben, wenn man sich innerlich bereit macht, auch noch den Frieden zu verlieren!

Verloren hat dieses Volk seine eigenen Machtmittel, die nicht dieselben sind wie die Machtmittel seiner Führer und Überwinder. Es hat verloren oder vorläufig dahingegeben seine politischen und wirtschaftlichen Machtmittel und auch seine geistigen, das geistige Zusammenwirken, Zusammenwachsen, das eine Gesellschaft erst vernünftig, frei und ihrer Zukunft gewiß macht. Was ist zu tun, wodurch ist das alles wiederzugewinnen? Wie ist zu verfahren, sobald die veränderten Umstände es gebieten, und sogar schon vorher? Wie kann vermittelt werden zwischen dem Deutschen von jetzt und seinem edleren, fast vergessenen Bild? Es wäre nicht mehr imstande, zu verstehen, wofür er früher vorgebildet war in vielerlei Hinsicht – zum Beispiel ein Buch aus dem Jahre 1910. Jetzt fehlen ihm alle Voraussetzungen. Wie sind sie ihm aufs neue zu gewähren?

AUFBAU EINER GEISTIGEN WELT

Dieselbe Gesellschaft kehrt nie wieder; sie ist einmalig wie der einzelne Mensch. Selten ist eine Gesellschaft mitsamt all ihrer Kultur, der geistigen, wirtschaftlichen, politischen, so sehr ohne Widerstand aufgehoben und auseinandergetrieben worden wie die deutsche 1933. Daraus wäre der Schluß zu ziehen, daß sie nicht ganz fest stand, und weder ihres Rechtes noch ihrer Sendung kann sie sich tief bewußt gewesen sein. Das kam aber daher, daß in Deutschland schon seit Generationen die Barbarei sich besser befestigt hatte als die Kultur. Unter Barbarei verstehe man: das Unbeseelte, Unmenschliche, die geistlose Zucht und der öde Betrieb. Worauf waren die Deutschen stolz, und was hielten sie für deutsch, im Gegensatz zur übrigen Welt, besonders zu Europa? Organisation, technische Pünktlichkeit, Beiseitelassen des Individuellen und seines sittlichen Inhaltes, den vervollkommnete Äußerlichkeiten ersetzen sollten. Aber sie ersetzen ihn keineswegs. Durch Mechanisierung ihres Lebens meinten die Deutschen sich zu verjüngen; sprachen immer von älteren, müden Nationen und setzten sich höchstens Amerika gleich – das indessen, durchaus anders als Deutschland, ein sittliches Gesetzbuch, die Bibel, hatte, und überdies bewegte es sich in einer Sphäre des Glaubens an das menschliche Glück. Deutschland dagegen ist besonders seit der Errichtung seines Reiches einem immer heilloseren Pessimismus verfallen, und der war zu gut begründet. Es ist nichts mit einer Nation, die sich subordiniert, organisiert, technisiert und an sich selbst grade dies zu bewundern findet. Die anderen Nationen teilen diese Bewunderung nicht: schon dadurch werden sie zu Feinden, und endlich tritt ein Unglück ein.

Die Deutschen sind durch ihre Niederlage nicht belehrt worden. Sie haben aus ihr gefolgert, sie wären noch nicht genug mechanisiert. Um das nächste Mal dennoch siegen zu können über die ganze Welt, müßten sie sich einer viel unvernünftigeren Gewalt ergeben und müßten ein gnadenlos kommandierter Pöbel sein. Was sie auch vollbracht haben. Anzuerkennen und immer festzuhalten ist, daß Hitler vorbereitet war durch die längst begonnene Entseelung Deutschlands. Es strebte schon vor ihm nach bloßer Massenhaftigkeit, der Unverantwortlichkeit jedes einzelnen, und beides hat er diesem Lande beschert. Es haßte schon vor Hitler den Intellektualismus; die Anfänge des Hasses liegen weit zurück, beim Turnvater Jahn und den verschnürten Samtjacken der ersten Deutschtümler – die klassenmäßig bestimmt sind. Mittelstand: das waren sie und bleiben es auch in ihrer letzten Verkörperung, den Nationalsozialisten. Diese stellen keinen neuen Typ dar, wie sie sich einbilden. Sie haben, mit ihrem Haß gegen das höhere Denken und gegen ein freies Volk hundert Jahre lang heimlich schlecht gerochen und dürfen jetzt offen stinken. Eine so breite, einheitliche Schicht wie der deutsche Mittelstand mußte endlich einmal nach oben gelangen und zeigen, was sie kann. Das Ergebnis ist eine Diktatur der Gewalt und der List, die Trennung der Nation unter dem lügenhaften Vorgeben ihrer Einigung: alle ihre einzelnen Teile gegeneinander ausgespielt; kulturell aber wurden vor allem auseinandergerissen die beiden Elemente, die über den Mittelstand hinweg sich schon verständigt hatten, die Intellektuellen und das Proletariat. Beide sind jetzt ausgeliefert der hirnrissigen Halbbildung einer Schicht, die beide, den Gebildeten und den Arbeiter, immer gehaßt hat und deren Herrschaft entartete Rachsucht ist.
Das begrenzt die Dauer dieser Herrschaft. Rachsucht al-

lein, ohne Wissen um den Menschen, ohne eine soziale Lehre, wird nicht lange oben bleiben; und wenn sogar diese Minderheit, nur weil sie bestand und Machtwillen hatte, für eine Weile hinaufgelangen konnte, dann steht nach menschlichem Ermessen die Zeit der Mehrheit sicher bevor. Das ist in Deutschland die Arbeiterschaft. Wie mächtig alle Arbeitenden zusammen sein werden, hängt ab vom Wissen des einzelnen. Man kann hinaufgelangen, wie sich leider gezeigt hat, durch leeren Fanatismus. Oben bleiben werden unbedingt nur geistig Geschulte und sittlich Befestigte. Ich möchte zu bedenken geben, ob es genügt, eine wirtschaftliche Doktrin zu haben; ob selbst ihre Verwirklichung genügen würde. Hundert Jahre einer vernünftig eingerichteten Wirtschaft würden wahrscheinlich auch die Menschen vernünftiger machen; nur fragt es sich, ob die nicht vorgebildeten Menschen ihrer vernünftigen Wirtschaft gewachsen wären und sie so lange aufrechterhalten könnten. Das warnende Beispiel gibt die Gesellschaft, die 1933 stürzte – infolge unzulänglicher Vorbildung. Da half es nicht, daß über die Klassen hinweg eine geistige Gemeinschaft zu entstehen schien. Denn stärker als der gute Wille der einzelnen und ihre beginnende Einsicht war eine gewisse nationale Psychologie. Wenn diese nur das Äußerlichste will, bleibt jede Verinnerlichung privat. Was heißt persönliche Kultur, solange die Nation nur Gewalt und List kennt! In Deutschland muß, bevor ein wahrer Volksstaat bestehen kann, ungeheuer viel gelernt werden, mehr als jemand sich träumen läßt. Lernen heißt hier nicht ein undeutliches Sichbesinnen; gemeint ist das greifbare, sachliche Neulernen, Neuanfangen. Das Schullesebuch, das endlich die Wahrheit sagt; die Geschichtslehre, die endlich keine nationalistische Fälschung ist; die neue, eigentlich uralte Moral, anwendbar auf alles, was Menschengesicht trägt; der Humanismus in sozialistischer Fassung. Die künftige Form der menschlichen Freiheit wird sozialistisch sein müssen, und der Sozialismus wird sich auseinanderzusetzen haben mit dem ewig Menschlichen, Freiheit genannt.

Was wird den Deutschen vorgeworfen, und wodurch stoßen sie ab? Im Grunde ist es ihre Unwissenheit, das Unverständnis der deutschen Gesamtheit für alles Innerliche, ihre tölpelhafte Einschränkung aller menschlichen Motive bis auf die paar ganz niedrigen, Furcht und materielles Interesse. Damit ausgerüstet treten die kläglichen Figuren, die das nationalsozialistische Deutschland darstellen, vor die geschulte Außenwelt hin. Irgendein Günstling des deutschen Führers zeigt in Paris sein spitznäsiges Halunkengesicht und hofft, er werde nicht erkannt. Man kennt sie, die ganze Gesellschaft steht für die geschultere Außenwelt in erschreckender Klarheit da, ihre ungeschickte Listigkeit, psychologische Ahnungslosigkeit, der alberne Druck auf immer dieselben beiden Federn, Kriegsdrohung und Friedensbeteuerung, beide erheuchelt; und was man dem Ausland vorschwindelt, erfahren zwar die Deutschen nicht. Dafür weiß man draußen um so genauer, wie Deutschland belogen, aufgehetzt und verdummt wird. Deutschland hält sich selbst vielleicht für ein interessantes Geheimnis. Es interessiert keinen Menschen mehr, man kennt es auswendig und hat nur leider damit zu rechnen, daß fünfundsechzig Millionen zur Weltgefahr werden müssen, wenn sie in ihrer nationalen Rauschsucht verharren, anstatt endlich einmal einfach und wahr zu werden. Die beiden Worte enthalten eigentlich alles, was Deutschland streng sachlich zu lernen hätte. Sei einfach und mach dir nicht vor, du wärst auf der Welt das Wichtigste, größer als alle und daher verfolgt. Das ist ein klinisches Bild; der Zustand einer

Nation sollte es nicht sein. Und sei wahr! Sag Frieden, wenn du Frieden meinst, betrüge deine Gläubiger nicht, betrüg dich selbst nicht um dein Wissen und deinen Besitz. Zuerst Worte machen vom kommunistischen Zuchthausstaat, dann aber selbst einen Staat einrichten oder auf sich nehmen: der ist nun allerdings das Zuchthaus, er ist sogar die Hölle, ohne daß deshalb ein Reicher enteignet wäre und die Gemeinschaft etwas besäße.
Ich glaube, daß die Vorarbeit für einen Volksstaat sich nicht beschränken sollte auf geheime Propaganda. Geheime Schulen sind geboten. Dies wollte ich sagen. Es gibt so ungeheuer viel zu lernen – einfach sein, wahr sein –, daß damit nicht erst begonnen werden kann, wenn der Volksstaat schon dasteht; – und übrigens ist zu fürchten, daß er niemals kommt, wenn nicht vorher gelernt wird. Aber er wird kommen, weil eine neue Zeit der Vernunft und der Aufklärung sicher naht, und sollten auch Katastrophen sie heraufführen. Kultur ist eine innere Erwerbung. Eine Gemeinschaft ist nach außen so viel wert wie der einzelne in seinem Innern.

GEHEIME SCHULEN

Eine Gemeinschaft ist nach außen so viel wert wie der einzelne in seinem Innern. Die künftige sozialistische Volksgemeinschaft wird um so fester begründet sein, je mehr Individuen die Sache verstehn und ihr persönlich gewachsen sind. Geistige und sittliche Schulung ist geboten und sollte unternommen werden, gleich heute, nicht erst morgen. Gymnasien und Universitäten im kleinen müssen entstehen; eine zuerst noch geringe, dann wachsende Zahl von Proletariern und Geeigneten anderer Klassen muß lernen, was der noch bestehende Staat ihnen absichtlich vorenthält: ehrliches Wissen, bewiesene Wahrheiten. Unerläßlich ist, daß andere Schulen den Schulen dieses Staates entgegenwirken. Sonst verfälschen die Nazischulen das Denken der Gesamtheit, bis sie für alles Gerade und Richtige unbrauchbar wird. Wie lange können die Jahrgänge denn Widerstand leisten, wenn sie weiter behandelt werden mit »Mein Kampf«, Banse und den Ausgeburten des Staatsrechtlers Schmitt? Die herrschende Bande weiß durchaus, daß sie das geistige Monopol braucht, um zu dauern. Um sie dagegen loszuwerden, ist es notwendig, ihr geistiges Monopol zu durchbrechen.

Die Schulen können nur geheim und müssen vielfach gesichert sein durch die genaueste Siebung des Lehrpersonals und der Schüler. Übrigens aber sind sie gedacht als wirkliche Anstalten der Wissenschaft; und die Wissenschaft dient der Wahrheit, sonst niemandem. An diesen Schulen soll viel gelernt und streng geprüft werden – mehr gelernt, strenger geprüft als seit langem üblich, nicht erst zu reden von den Zuständen in den deutschen Lehranstalten 1936. Die sind zugestandenerweise nur noch da, um eine ganze Jugend abzuhalten vom Lernen. Bevorzugt als Lehrer sind Leute, die nichts wissen. An einer der großen Universitäten wird Anthropologie jetzt von einem unpromovierten Studenten vorgetragen. Aber er ist im glücklichen Besitz des Parteibuches; und sein Vorgänger, dessen Schüler er war, hat infolge sozialistischer Gesinnung und wissenschaftlicher Ehre das Land verlassen. Er wollte nicht über »arische Rasse« sprechen, während er weiß, daß es keine gibt. Seinem Nachfolger, dem unfertigen Studenten, macht das nichts aus. Nur natürlich, daß er ernannt wurde. Dieser Staat bevorzugt Lehrer, die selbst nichts wissen. Dann können sie ihm durch die Verbreitung ihres Wissens nicht schaden. Sie werden um so eher bereit sein zu der Verbreitung des Schwindels, ohne den dieser Staat nicht leben kann.

Das Beispiel vom ausgewanderten Professor zeigt den engen Zusammenhang von Wissen und Ehre: die Ehre ist genauso echt wie das Wissen, sie wurzelt auch so tief. Es stimmt nicht, was ein König von den Professoren sagte: man bekäme ihrer an jeder Straßenecke. Was man bekommt unter den Gelehrten, das sind die Schiefen, die Snobs und die Feuilletonisten. Es sind die Verkrachten und die Nichtausgereiften. Alle diese bilden das Personal des Dritten Reiches, sie besetzen alle Stellen, und nur von ihnen hört man. Im Dunkeln bleiben die strengen Gelehrten; denn streng wird nicht nur ihre Schulung sein: auch ihr Gewissen ist es. Wie viele sind fortgegangen, freiwillig, trotz ihrer äußeren Eignung, in diesem Deutschland weiterzubestehn: darunter keineswegs nur Vertreter von Fächern, in denen Erkenntnis auch schon Gesinnung ist. Auffallend viele der abgereisten Forscher arbeiten auf Gebieten, wo greifbare Ergebnisse die Genauigkeit des Denkens beweisen müssen. Das hat zur Folge – das hat oft zur Folge – eine geistige Geradheit, mit der man die umgebende List, Lüge und Verlotterung des Intellekts einfach nicht erträgt. Darum, und aus keinem Grunde sonst, hat auch der große Physiker das Land verlassen.

Andere waren genötigt zu bleiben oder ließen sich dazu bewegen, durch Irrtümer, von denen sie seither zurückgekommen sind. Die Universitäten sollen nachgerade am gründlichsten enttäuscht sein von dem Regime. Das wird niemals weder ungeschehen noch vergessen machen, daß sie seine ersten Propagandisten gewesen sind. Ihre späte Widersetzlichkeit kann auch nichts ändern an ihrer Abhängigkeit. Hochschul- und Mittelschullehrer mit allen ihren Schülern erheben weiter die Hand zum Hitlergruß, weil sonst alle auseinandergetrieben würden: so groß ist die Macht Hitlers noch. Er hat vielleicht die Wirtschaft nicht und bald auch kein Heer mehr, das ihm sicher wäre. Die Vergewaltigung der Gehirne kann er weiter ausüben; mit ihr fing er einst an, und sie wurde ihm auf das leichtfertigste gewährt. Dafür wird sie sein letztes Zwangsmittel sein. Lehrer, die sich inzwischen auf die Wahrheit besonnen haben, werden dennoch Tendenzlügen und Greuelmärchen vorzutragen haben anstatt der Wissenschaft. Schüler, die das durchschauen oder nicht, müssen es sich unverdrossen in den Kopf setzen. Alle, ob Lehrer, die sich auf die Wahrheit besonnen haben, oder Schüler mit richtigem Instinkt, verbringen ihre Tage im Widersinn und ganz aussichtslos. Sie erkennen mehr oder weniger deutlich, daß dieser Staat gegen sie ist, weil er gegen das Denken ist. Er mißbraucht sie, damit sie sein betrügerisches System stützen sollen. Die ersten Betrogenen sind sie selbst, die einander um die Wahrheit betrügen, was immer sie treiben.

Aus der großen Menge dieser schon fast Verlorenen ist die Auslese zu treffen, und mit ihr sind die neuen Schulen zu besetzen. Es ist anzunehmen, daß viele geneigt sein werden, ihren Verstand zu wahren, ihrem Ehrbegriff zu genügen und ihr Gewissen zu erleichtern. Das können sie durch die Mitarbeit an Schulen, die keinen nationalsozialistischen Zwecken unterstehen, wozu alle öffentlichen und erlaubten Schulen unweigerlich verurteilt sind. Es wird eine ungeheure Neuheit sein, Wissenschaften zu pflegen um der Wahrheit willen, nicht aber, um den Kapitalismus zu retten, den nächsten Krieg zu rechtfertigen und sämtliche Gegenstände, das Recht, die Geschichte, die Wirtschaft, Biologie, Erd- und Menschenkunde so lange zu verdrehen, bis ein Staat und ein Führerpopanz ihren Glorienschein weghaben und ein Alibi besitzen. Es wird eine Neuheit und eine Erlösung sein. Denke man sich die geheime Schule als Schwesteranstalt christlicher Katakomben, in denen dem wahren Gott gedient wurde. Sobald man draußen war, mußte man dem Götzen die Huldigung erweisen – eine Weile noch, bis die Wahrheit die Decke sprengte und aus dem Boden stieg. Das wird sie auch diesmal nicht verfehlen. Nicht nur der Glaube versetzt Berge: die Kraft des Wissens ist ganz ebenso zuverlässig.

Das Wissen ist revolutionär. Wer mehr weiß, hat für die Unwissenden mitgelernt und lebt für ihre Befreiung, selbst wenn er grade das nicht wüßte. Die Lehrer, die, enttäuscht vom Dritten Reich, die Arbeit an geheimen Schulen übernehmen, gehen nicht als Revolutionäre hinein: erst wenn sie herauskommen, sind sie es bestimmt, mitsamt allen ihren Schülern. Das reine Denken, sachliche Lehren und freudige Lernen wird sie in einen klaren, endgültigen Gegensatz gebracht haben zu den Mächten, die dadurch dauern, daß sie dies alles unterdrücken. Jetzt endlich beherrschen sie ihre Erfahrung, daß es für keine Wissenschaft – für keine noch so exakte Wissenschaft und grade für sie nicht – gleichgültig ist, wer außerhalb der Wissenschaft befiehlt: der Ehrliche oder der Betrüger, der Arbeitende oder der Ausbeuter, der Wohlgeratene, der mit den erwiesenen Wahrheiten im Bunde ist, oder der Todgeweihte, der sie fürchtet. Die erwiesenen Wahrheiten führen alle zum Sozialismus; und es trifft sich, daß er die Sache der Ehrlichen, Arbeitenden und Wohlgeratenen ist, nicht aber die Sache der anderen. Ein Nationalsozialist mußte allerdings, zur Macht gelangt, alsbald den Sozialismus verraten – dies aber nicht nur, weil das Kapital ihn im voraus dafür bezahlt hatte. Er war auch nicht der Typ des Ehrlichen, Arbeitenden, Wohlgeratenen; und er wußte nichts. Revolutionär ist das Wissen. Das rechtliche, Natur und Charakter gewordene Wissen ist die gründlichste Vorbereitung, die ein Mensch nur erwerben kann, auf den Umsturz der lebensunwürdigen, den Aufbau der besseren Welt.

Andererseits braucht eine neue, noch ungefestigte Gesellschaft das Wissen. Sie hat den dringendsten Bedarf an Menschen, die viel gelernt haben, innerlich feststehn, streng geprüft sind und ein für alle Male geistige Zucht halten. Geistige Zucht ist ein besseres Wort für Intellektualismus – der leider nur selten so genaugenommen worden ist, daß sein stärkerer Name ihm zukam. Darzulegen bleiben die Pflichten und die Rechte der Intellektuellen während einer sozialistischen Revolution. Aber vorher müssen sie dasein. Ihre Schulung ist geboten und sollte unternommen werden, nicht erst morgen, gleich heute.

DIE MACHT DES WORTES

Die Annahme, das Wort könnte mächtig sein, eine unabhängige Persönlichkeit dürfte Einfluß gewinnen durch nichts als ihr Wort – die Vorstellung und Rechtsauffassung kommt zu uns aus dem Altertum. Cicero ist das Urbild dessen, der handelt, wenn er redet und wenn er schreibt. Welches ist seine Aufgabe? Den öffentlichen Gewalten eine private Aufsicht entgegensetzen, aber diese hört kraft ihrer Wirkung auf, nur privat zu sein; aussprechen, was ist und was sich lieber verbärge hinter Undurchsichtigkeit und Unausgesprochenheit; das Spiel der gesellschaftlichen Kräfte bloßlegen. Die Figuren der Mitspieler allen erkennbar hinstellen: da ist Aufgabe und Amt. Die Schwindler, Ränkeschmiede, catilinarischen Existenzen sind zu entlarven – und was diese unschädlich macht, ist zuletzt die Sprache des Redners. Er spricht klar und wahr, indessen sie brüllen oder lallen. Nur wer redlich handeln will, findet die literarische Sprache.
Literarische Begabung und reiner Wille sind ganz dasselbe. Man mißtraue sogenannten Tatenmenschen, die sprachlich minderwertig sind oder als Redner den gemeinen Rattenfang betreiben. Die Deutschen hätten die schönsten Beispiele in ihren beiden Führern, dem verflossenen und dem, der noch vorhält. Aber wenn sie fähig wären, die Falsche zu unterscheiden, hätten sie nicht erst hinhören müssen. Die Gesichter hätten ihnen genug gesagt.
Die klassische Literatur Deutschlands hat das Land verändert von Grund aus. Sie hat für einige Jahrzehnte die literarische Kunst unter den Künsten zu der ersten gemacht. Sie hat die Sprache, die sie auf ihre unübertreffliche Höhe brachte, zum Gegenstand der Ehrfurcht und des Ehrgeizes gemacht. Da Erkenntnisse immer im Zu-

sammenhang stehen mit sprachlicher Genauigkeit, ist die klassische Literatur die Schöpferin des wissenschaftlichen Geistes in Deutschland. Sie hat viel mehr als ihn geschaffen, viel mehr als die Wissenschaft mit allen ihren praktischen Anwendungen und Folgen. Die klassische Literatur hat einem ganzen Jahrhundert, dem neunzehnten, das sonst wahrhaftig keinen Grund gehabt hätte, mehr zu sein als platt und geldgierig: sie hat ihm großen Atem eingehaucht. Es wollte innerlich frei und wahr sein, kraft der Beispiele, die es eingeleitet hatten. Weil am Anfang des Jahrhunderts große Persönlichkeiten stehen, sind selbständige, stolze Menschen einander gefolgt in nie erlebter Menge.

Wir tragen heute schwer an der Überhebung des vorigen Jahrhunderts und an seinen Ausschreitungen. Es hat dahingelebt, als hätte es tausend Jahre dauern können. Es war sowohl erfindungsreich als kritisch; aber es war nicht weise. Darum ist es zusammengebrochen in der ungeheuersten Katastrophe, und die zeitigt noch fortwährend neue. Dieser Tatbestand hat im ersten Drittel des zwanzigsten, als Gegenwirkung, die Catilinas begünstigt. Gute Zeit für freche Dummköpfe, gute Zeit für grobe Lügner, gute Zeit für düstere Gewalthaber, die niemand mit dem Wort durchleuchtet, am wenigsten sie selbst. Das Wort ist dennoch geblieben, was es immer war. Auch die künftigen Erkenntnisse werden abhängen von sprachlicher Genauigkeit. Was eine Gesellschaft und ein Jahrhundert werden, weiß die Literatur voraus – oder niemand weiß es.

Sie scheint es diesmal nicht zu wissen. Die europäische Literatur, nicht nur die deutsche, ist heute eine verhinderte Literatur. In Deutschland wird sie zwangsweise verhindert. Anderswo weicht sie ihrer Aufgabe aus oder findet sie nicht. Die Literaturen sind jetzt ratlos und ängstlich, sie machen sich klein oder gebärden sich zerfahren – was alles nichts Gutes voraussahnen läßt hinsichtlich des wirklichen Geschehens. Jede Literatur begegnet ihrer Wirklichkeit, und geschehen wird, was geschrieben steht. Nun kam zu mir ein französischer Publizist aus bester Familie, der trotz seiner bürgerlichen Herkunft – wahrscheinlich vielmehr ihretwegen – die übliche Familienlektüre zu verdrängen wünschte. Er wollte sie ersetzen durch den sozialen Roman. Seine Sorge war nur: es gäbe keinen. Ich dachte es mir schon; ich gab zu bedenken: Frankreich ist das Ursprungsland des sozialen Romans; worauf er die Achseln zuckte. Es gibt drei oder vier junge Leute, so erklärte er mir, die jeder ihren sozialen Roman geschrieben haben, gewöhnlich einen einzigen; weiter reicht nicht der Umkreis ihres Kaffeehauses. Um ihre Eigenschaft als proletarische Schriftsteller zu behaupten, tragen sie statt des Hutes eine Mütze.

Der soziale Roman ist durch das ganze neunzehnte Jahrhundert, in Frankreich und anderswo, ein großes Werkzeug der Wahrheit gewesen. Sie hatte unter den redenden Künsten kein erfolgreicheres. Die Dritte Republik wäre nicht über die Dreyfus-Affäre hinweggelangt, zu schweigen von ihren anderen Gefahren, hätte nicht diese Phalanx starker sozialkritischer Gestaltungen sie verteidigt. Um sich gut zu wehren, muß man viel wissen. Man erobert auch keine Gesellschaft, bevor man sie kennt. Die russische Gesellschaft ist den Revolutionären, die sie umgestalten sollten, nicht durch Marx bekannt geworden, aber sie hatten die lückenlose Folge der großen sozialen Romane von Gogol bis Tolstoi gelesen. Als die deutschen Arbeiter eine ungebrochene Hoffnung waren, einst vor dem Krieg, veröffentlichten die Volksbibliotheken mit Stolz ihre Statistiken. Darin sah man die Teilnehmer sich trainieren; es war annähernd so spannend wie seitdem

die Fortschritte eines Sportklubs. Ein Fliegengewicht gelangte bis Zola. Bei Marx begann der Kampf um die Weltmeisterschaft.
Ein Autor wie sein Publikum, beide waren damals gehalten, bestimmte Vorstellungen anzuerkennen und gewissen Verpflichtungen zu genügen. Sie sind es heute wieder. Der Unterschied ist, daß damals für alle feststand, die Wahrheit wäre mächtig genug, das Schicksal der Welt zu entscheiden. Heute möchten Leser wie Autoren die Entscheidung hinausschieben und begeben sich auf den Boden der Lüge, der ein nachgiebiger Boden ist: man versinkt. Es wird nichts bleiben – weder von diesen Literaturen des Ausweichens und der schwachmütigen Zugeständnisse an eine Gesellschaft, die sich auflöst, noch von ihren Lesern. Wie viele Leser haben denn aber diese Literaturen? Man muß lesen, um hochzukommen. Auflösen kann man sich ohne Buch.
Die sozialistische Gesellschaft der Zukunft wird ihre Literatur voransenden. Niemand weiß, wie sie aussehen wird; unzweifelhaft sind nur der Weg und die Methode. »Die Rückkehr zur Qualität«, so faßt ein Gelehrter zusammen, was ich hier einzig geltend machen will durch alle meine Bemühungen. »Strengste Anforderung an geistige Leistung und eine weise Auslese«, bestätigt mir der Wissenschaftler. Das ist auch alles, was wir tun müssen: viel lernen – und niemand heranlassen, der nicht gelernt hat und geprüft ist. Ich glaube, daß jeder, der im sozialistischen Staat auch nur das Wahlrecht erhält, gelernt haben und geprüft sein muß. Erst recht wird von den Offizieren der Revolution geistiges Gewissen verlangt. Nur das geistige Gewissen hält stand – wenn ein gefühls- und gewohnheitsmäßiges Pflichtgefühl schon längst nachläßt.
Schriftsteller, deren Phantasie arbeitet, erliegen am leichtesten der Versuchung – zur falschen Begeisterung, zum

Rausch und überstürzten Mitlaufen. 1933 hat man es endgültig erfahren. Leider hat sich auch erwiesen, daß sie untertänig waren mit Berechnung, daß sie unverdiente Vorteile wahrnahmen, sich bereitwillig an die Stelle der Besten setzten und daß sie zu kaufen waren so gut wie zu kneten. Der Grund ist: es sind zu viele. Noch schwerer wiegt, daß sie im Ernst nichts wissen. Der Schriftsteller einer Gesellschaft, die sich auflöst, »hält nichts und alles wahr«; er will nur dabeisein. Wobei? Er fragt nicht einmal. Übrigens hätte er keine Zeit, aufzublicken. Vom zwanzigsten Lebensjahr ab veröffentlicht der Unglückliche unaufhörlich seine Arbeiten, und jede entspricht einer anderen Forderung des Tages. Ein Betrieb und Dienst dieser Art lassen keine Überlieferung bestehen, sie verhindern die Formung der Persönlichkeit und nehmen dem Wort »Ruhm« allen Sinn.
Die sozialistische Gesellschaft wird dafür zu sorgen haben, daß ein Autor erst nach erfolgtem Talentausbruch an die Öffentlichkeit gelangt, und der läßt oft warten bis zum dreißigsten Jahr. Der Autor muß Zeit bekommen, zu lernen und sich zu befestigen. Eine Gesellschaft sollte wissen, daß sie ihr erhöhtes Leben und die einzige Gestalt, unter der man sie einst kennen wird, in ihren literarischen Werken hat. Sie wird wohl daran tun, ihre Schriftsteller sehr ernst zu nehmen und sie voll verantwortlich zu machen. Andererseits werden die Schriftsteller sich selbst treu bleiben, wenn auch die Gesellschaft endlich wieder an sich glaubt. Kein Verrat mehr, keine Ausflüchte – sondern die Wahrheit, im Leben und im Schreiben: sie ganz allein sichert beiden die Dauer.
Schon jetzt sind nur die Sozialisten um den Fortbestand der Literatur wirklich besorgt. Auch der ältere Bestand der Literatur geht daher auf die Sozialisten über. Es wäre überholt, von bürgerlicher Literatur zu sprechen. Der

kapitalistische Rest des Bürgertums erhält sich mühselig mit Mitteln, die seinen eigenen Grundlagen entgegen und nackter Verrat an seiner geistigen Herkunft sind. Ihm gehört keine Literatur mehr, der Zusammenhang dieser Klasse mit der nationalen Überlieferung, so gut wie mit der europäischen, ist unterbrochen. Dies ist entscheidend. Man wohnt dem Vorgang bei, daß eine Klasse, je nationaler sie auftritt, sich um so schroffer trennt – nicht nur von den Interessen der Nation, auch von ihrem geistigen Besitz, den diese Klasse selbst vermehrt hatte. Sie stößt alte Geisteskämpfer aus, und sie entledigt sich unserer, die von der Art und Zucht der vergangenen Dichter sind. So löst eine Klasse sich vom wirklichen Leben ab, noch ehe sie stirbt. Welch eine makabre Ohnmacht, als sie Schiller zu feiern versuchte!
Persönlichkeiten stehen immer nur da für eine Gesellschaft, die ihrer selbst gewiß ist. Eine solche Gesellschaft – und es wird vorbei sein mit dem Selbstverrat der Intellektuellen, vorbei mit ihrer unsinnigen Neuerungssucht, dem schnellen Mitlaufen, noch schnelleren »Überwinden«. Tradition kann nochmals gebildet, und innerhalb fester Zusammenhänge kann Bleibendes geschaffen werden: Werke, die auch wieder der Ruhm bescheint. Es ist nicht gut, den Ruhm verachten zu müssen, weil die Gesellschaft, die ihn vergeben soll, dafür zu schwach und unrühmlich ist. Dauer! Endlich Dauer nach all dem greuelvollen und unnützen Widerstand gegen die Wahrheit! Damit eine Gesellschaft ehrenvoll dauert, muß sie die Macht des Wortes kennen. Ich will nicht glauben, daß auch eine künftige Gesellschaft ohne Persönlichkeiten und daher leicht vergänglich sein wird. Ich will glauben, das Wort wäre mächtig in der künftigen Gesellschaft, eine unabhängige Persönlichkeit dürfte Einfluß gewinnen durch nichts als ihr Wort.

EIN JAHR DEUTSCHE
FREIHEITSBIBLIOTHEK

Die Deutsche Freiheitsbibliothek ist wertvoll dadurch, daß sie vor Augen führt mehrere Tatsachen, die gut zu wissen sind. Erstens: die deutsche Literatur hat nicht verbrannt werden können, sie ist da. Sodann: die deutsche Literatur ist keine Provinzliteratur, sie behauptet sich vor der Welt, angesehenste Persönlichkeiten des öffentlichen Lebens aus mehreren Ländern treten für sie ein. Endlich: was die Deutsche Freiheitsbibliothek zeigt und darbietet, sind dieselben Bücher, die überall, außer im Dritten Reich, ausgestellt und gefragt werden. Nur sie vertreten das geistige Deutschtum, nur aus ihnen lernt man es kennen.

Das ist natürlich und kann nicht anders sein. Der zivilisierten Welt verständlich sind Werke, die in deutscher Abwandlung ein Teil ihrer selbst sind. Geist und Gefühl gehen vor Nation. Den Kern und Inhalt unserer Zivilisation zerstört man nicht, nur um auf bequeme, unbeaufsichtigte Art national zu sein. Man vernichtet das Christentum nicht, wenn irgendein fadenscheiniges Drittes Reich während seiner beschränkten Dauer sich Christenverfolgungen erlaubt. Die Antike wäre aus dem Bewußtsein der Menschen nicht zu verdrängen, auch wenn man in Berlin den Pergamonaltar in Stücke schlüge, und das läge nahe.

Die Weltliteratur deutscher Sprache geht nicht unter, weil ein Regime, das sie sehr fürchten muß, das einzelne Land zeitweilig gegen sie abgesperrt hat. Abgesperrt ist das Land, aber frei ist die Literatur. Die Deutsche Freiheitsbibliothek bezeugt es.

DAS GROSSE BEISPIEL

Großartige Macht des Gefühls ist das Erste. Sie ist etwas Einziges und erhebt ihn über alle. Was Victor Hugo sonst noch ist, hat seinen Ursprung im Gefühl. Niemand hat mehr Liebe, mehr Haß empfunden, kein anderer empfand sie so reich, so bewegt: wild zugleich und himmlisch. Delacroix, Richard Wagner und Rodin in einer Person hätten sein Werk hervorgebracht, aber auch dann noch bleiben Teile – man fände sie nirgends sonst. Kein Künstler hat, wie er, als Element gewirkt. Auf ihn selbst paßt, was er geschrieben hat:

> Une émeraude où semble errer toute la mer.
> Das ganze Meer, es irrt durch diesen grünen Stein.

Der Vers bezeichnet die besondere Berückung, die ausgeht von diesem Dichter und nicht erworben wird durch Meisterschaft allein. Kunst ist nie vollendet genug, um so berückend zu sein: Persönlichkeit ist es. Eine Persönlichkeit muß die lebendigen Kräfte der anderen weit überschreiten. Anhäufung einer außergewöhnlichen Masse von Leben und ein unbeschränkter Umfang des Gefühls: das ist es, damit erwecken einige die ganze Natur, und in ihr die Menschheit der Vergangenheit, Gegenwart, Zukunft.

Das Geheimnis des neunzehnten Jahrhunderts ist seine Lebenskraft, es liegt auch in der Langlebigkeit seiner hervorragenden Männer, die vollständige Menschen sind.

Victor Hugo ist geliebt worden wegen seiner heilsamen Kraft; denn tiefe, dauerhafte Liebe widmen die Menschen dem, der durch seine machtvolle Bewegtheit ihnen mehr Wärme gibt. Das brauchen sie am nötigsten. Gewiß kann man sie auf kaltem Weg erobern; unentschlossene Geister besiegt schon ein Wille. Die wahre Liebe ist es nicht, zuletzt halten die Leute sich immer für betrogen. Die Bewunderer Victor Hugos haben dagegen nie an ihm gezweifelt. Seine Getreuen folgen einander durch das ganze Jahrhundert. Sie sind aus allen Ländern, allen Klassen, wahrscheinlich fehlt unter ihnen keine einzige der geläufigen Menschenarten.

Vorbehalte ließen sich höchstens machen hinsichtlich gewisser Naturen, die sich nicht verschwenden, und die Selbstverschwendung anderer finden sie etwas lächerlich, wenn nicht einigermaßen peinlich. Ihr Fall ist etwas wie biologischer Neid. Ihresgleichen hat es immer gegeben, nur im neunzehnten Jahrhundert gaben sie nicht den Ton an. Wohl wagten sie auch schon anzuspielen auf die Victor Hugosche »Dummheit«, aber damals hörte man nicht auf sie. Erst im zwanzigsten Jahrhundert, besonders seit es eigene Wege geht, werden kräftig schlagende Herzen leicht geringgeschätzt. Ein Victor Hugo nahm seine hochherzigen Grundsätze allerdings ernst, und wie er fühlte, so dachte er. Das hindert nicht, daß er gedacht hat, Bewußtes und Unbewußtes. »Er hatte ganz und gar den Sinn für das Unbewußte«: Renan antwortete dies, so wird berichtet, einem, der solche festen Herzen nicht sehr liebte.

Sehr hohes Verantwortlichkeitsgefühl entsteht im allgemeinen, wenn das Herz denkt. Man muß die persönliche Verantwortung übernehmen für das menschliche Elend: dann kann man es beichten in einer glanzvollen »Gerichtssitzung über sich selbst« – und das sind »Les Misérables«. Als er diesen Roman verfaßte, befand er sich, als Verbannter, auf einem einsamen Inselchen, dort blieb ihm nichts mehr zu betrachten, außer dem düsteren Horizont und dem wogenden Meer. Um nichts davon zu verlieren, errichtete er oben auf seinem Haus ein Arbeits-

zimmer aus Glas. Da hatte er eine Umwelt, höchst anregend, um stark mitzufühlen mit der unsichtbaren Menschheit und ihren Leiden, die überall sonst unsagbar wären. Inmitten des Ozeans, und wenn er am wütendsten stürmte, erreichte dieser Dichter den Gipfel seiner Schöpferkraft wie auch das Höchstmaß sittlicher Größe: wohlverstanden, ihrer war er voll bewußt. Damals ist er gewiß, der Gesellschaft zu dienen und die Menschheit höher zu führen. Seine Gestalten gehen aus seinen Händen hervor wie aus denen Gottes. Die Zukunftspläne der Allmacht, der Glückliche teilt sie mit ihr.
Dieser Dichter besitzt unbezweifelbare Wahrheiten, die Menschheit hat sie bewiesen mit ihrem Erleben: Mitleid, Gerechtigkeit, Erlösung der Verfolgten und der Armen – kurz, den Sozialismus, zu dem er nicht durch Marx gekommen ist, sondern durch das Evangelium. Mit anderen Worten, er ist zu ihm gelangt, weil er viel geliebt und viel gehaßt hat. »Les Châtiments« oder »Das Strafgericht« entstand gleichfalls in Guernsey, einem Inselchen im Kanal. Es ist die Gesamtheit des Hasses, wie »Les Misérables« alles enthalten, was nach menschlichem Ermessen an Liebe je kann aufgehäuft werden. Dies wildbewegte, hartnäckige, feierliche Exil ist auch die Geburtszeit der »Légende des siècles«, wieder ein Werk, das richtet, büßt und in dem eine Hand, über Jahrhunderte hinweg, eine andere sucht: Victor Hugo und Dante. Vertraut mit Gott, begreift er die Geschichte. Für ihn ist sie gut oder schlecht, je nachdem sie bestimmt wird von den Ideen der Demokratie: das sind die christlichen Ideen, vermischt mit denen des Altertums. Will sagen: es sind die Ideen der wohlgeratenen Herzen, zu allen Zeiten.
Victor Hugo hat sich in Geistesgemeinschaft gefühlt mit der menschlichen Auslese von eh und je. Das sichert dem,

der daran glaubt, eine ungeheure Kraft. Darin besteht eigentlich die Kraft seines Jahrhunderts, das man versucht hat »dumm« zu nennen, wie auch den Ersten seiner Dichter. Das neunzehnte Jahrhundert hat sich allerdings berufen auf sittliche Überzeugungen, die altüberliefert, wohlbefestigt sind, und auf endgültige Ideen. Man verstand keine relativen Werte unter Begriffen wie Freiheit, Recht, Verbundenheit der Menschen: man hielt sie für ewig. Voll Vertrauen auf die Dauerhaftigkeit der Einrichtungen und der Werke, lachte man nicht über den Ruhm; und die »großen Männer«, in denen das Jahrhundert sich erkannte, erschienen ihm als Herren über unbegrenzte Zeiträume anstatt nur als die Aktualitäten der Woche. Unsere Zeitgenossen können sich etwas so Ausgefallenes gar nicht vorstellen, die Kundigsten nicht.

Kürzlich gab es eine Auseinandersetzung zweier Persönlichkeiten, die im Leben voranstehen. Die eine ließ sich ein Wort entschlüpfen, vieles kann einem dabei einfallen: »Der unnütze Lärm, den Victor Hugo in Guernsey vollführte.« Da haben wir den ganzen, unüberbrückbaren Abstand zwischen zwei Jahrhunderten. Victor Hugo hatte erprobt, nicht nur, wieviel ein Menschenherz faßt; auch seinem äußeren Dasein hatte es an nichts gefehlt, nicht an Fülle noch an Höhen und Tiefen. Nachdem er unter dem König Louis-Philippe schon »Pair de France« oder Mitglied des Oberhauses gewesen war, hatte der Dichter im Exil gelebt während der ganzen Regierungszeit Napoleons III.; und kaum war die Dritte Republik da, kehrte er als Triumphator zurück. Er war der geistige Vater der Republik gewesen, jetzt wurde er ihr Gott und genoß ein Ansehen, das die unbestrittensten Führer der Gegenwart im Traum nicht kennen. Endlich wurde es ihm selbst zuviel, und der große alte Mann hatte doch kein geringes Bedürfnis nach Anbetung. »Wenn wir die Bonapartes zurückriefen«, sagte er zu einer Vertrauten. »Wir gingen wieder nach Guernsey und hätten Ruhe.« Ach, man eilte herbei von den fernsten Gegenden der Erde, ihm darzubringen die Huldigung der Welt. Eines Tages war unter den Besuchern Dom Pedro de Braganza, Kaiser von Brasilien, der sich auch noch entschuldigte wegen der Störung. Der Dichter sagte zuvorkommend: »Sire, der Kaiser hat zu befehlen.« Durch meine Mutter, die aus dem Lande Dom Pedros war, kenne ich die Antwort, die er gab: »Hier ist nur einer Kaiser: Victor Hugo.«

Dieser Mann nun, den das Glück überschüttet hatte in unvorstellbarer Art, am gegebenen Punkt seiner Laufbahn wirft er alles hin, Ehren, Gunst, Stellungen, um achtzehn Jahre seines Lebens, das nie wieder anfängt, auf einem einsamen Felsen zu verbringen. Das soll man nachmachen, wenn man dazu das Zeug hat: dann spreche man von »unnützem Lärm«.

Das Reich Napoleons III. hatte keinen Mangel, weder an wirtschaftlichen Erfolgen noch an Ruhm. Nur wurden Usurpatoren damals nicht ohne weiteres in Kauf genommen; die fertige Tatsache ersetzte noch nicht Gesetzlichkeit und Recht. Es bedurfte ziemlich langer Zeit, bis die Königin von England den neuen Diktator anerkannte. Victor Hugo hat ihn abgelehnt bis zum Schluß. Er hat das Exil gewählt: die wilde Einöde erlaubte ihm doch, frei sein Herz auszuströmen. Gewiß haßte er keinen einzelnen Menschen, den er tief unter sich sah, trotz scheinbar großer Stärke. Beleidigt waren die ewigen Grundsätze, beleidigt war die Menschenwürde von irgendeinem Tyrannen, der sie mit Füßen trat. Victor Hugo rächte sein Gewissen und das seiner Zeitgenossen. Das wußten seine Zeitgenossen sehr wohl. Die materiellen Vorteile, die das Kaiserreich ihnen bot, nahmen sie mit; deswegen hielten sie doch fest an sittlichen Begriffen, die praktisch nicht in Frage kamen: ihr inneres Gewicht überwog alles andere. Schon recht, wir haben Wohlstand und Ruhm; aber auf einem Felsen, im weiten Meer verloren, wissen wir einen Namen, der ist ruhmreicher, in ihm lebt fort unser Bestes: Freiheit, Gerechtigkeit, Verbundenheit der Menschen, alles, was uns tief im Herzen sitzt, und nie verzweifeln wir daran. Sein Wort ist unsere Zukunft.

Die Zeitgenossen, die so dachten, billigten es, daß er mit seiner ganzen großen Kraft losarbeitete auf den Sturz desselben Regimes, das sie gut leben ließ. Sie besuchten ihn in Scharen, sie richteten an ihn Sendschreiben, darauf stand nur angegeben: Victor Hugo, Ozean; das läßt ahnen, wie harmlos sie begeistert waren, aber man vernimmt auch den Ruf der Gewissen. Es scheint unwirklich, so sehr ist es vergangen. Wie, ein Mann, der sich treu bleibt, wird nicht verachtet, und von einem Verbannten wendet niemand sich ab! Die Bücher, die er hervorbringt, werden begierig gelesen, das Regime würde niemals wagen, sie zu verbieten, obwohl sie es in den Geistern zugrunde richten.

Er hatte ein sehr festes Herz; das ist der tiefste Grund für alles, was er vollbracht hat. Daher gab er auch ein Beispiel, so unvergänglich wie sein Werk.

DIE VERTEIDIGUNG DER KULTUR

Der internationale Schriftstellerkongreß, der kürzlich unter diesem Zeichen in Paris getagt hat, fand in zehn Sitzungen jedesmal mehrere tausend Hörer und Zuschauer. Oft genügte es, daß einer der Redner vortrat: das ganze Haus stand auf und demonstrierte – für den Ausgebürgerten, Entrechteten, Bedrohten, dessen Bücher in seinem Lande nicht gelesen werden dürfen. Zuletzt wurde ein internationaler Schriftstellerverband gegründet. Dem Vorstand gehören neben zwei Deutschen an: Gide, Barbusse, Rolland, Gorki, Forster, Huxley, Shaw, Sinclair Lewis, Lagerlöf, Valle Inclan.

Die Russen waren unter uns die Bevorrechteten, die kaum etwas zu fordern und gar nichts zu fürchten haben. Sie bekannten sich zu einem neuen Humanismus, der wirklicher und wirksamer sein sollte als der alte. Übrigens ist er getragen von derselben überlieferten Kultur, die wir alle verteidigen. Ich sagte:

Es ist recht merkwürdig, daß im Jahre 1935 eine Schriftstellerversammlung nach der Freiheit des Denkens verlangt: denn schließlich, das geht hier vor. Im Jahre 1535 wäre es neu gewesen. Die Eroberung des individuellen Denkens, damit fängt die moderne Welt an – die jetzt der Auflösung nahe scheint. Dadurch wird alles wieder in Frage gestellt, sogar was ganze Jahrhunderte lang erledigt gewesen war. Die Gewissensfreiheit, so viele Geschlechter haben um sie gekämpft, und jetzt ist sie nicht mehr sicher. Das Denken selbst ist gefährdet, und doch ist der Gedanke der Schöpfer der Welt, in der wir noch leben.

Nicht nur aus taktischen Gründen vermeide ich, von einem einzelnen Land zu sprechen. Die bewußte Tendenz ist allgemein, wenigstens im Westen. Die Glieder einer und derselben Gesellschaft sind auch nicht abzutrennen. Alle werden denselben Weg gehen und das gemeinsame Geschick erfahren. Die Symptome derselben organischen Erkrankung äußern sich an den verschiedenen Stellen mit mehr oder weniger Heftigkeit: weiter läßt sich nichts sagen. Gewiß, die Freiheit zu denken ist vorhanden, sonst hätten wir überhaupt nicht zusammenkommen können. Wo sie aber noch besteht, hat man leider nicht den Eindruck, daß sie für lebensnotwendig gilt. Ein Land dagegen, das den Gedanken schon unterdrückt hat, bekennt sich laut zu der Meinung, daß die Unterdrückung des Gedankens durchaus lebensnotwendig ist. Der Führer eines Zwangsstaates wird schlankweg fordern, daß die Pressefreiheit in dem benachbarten Staat, der sie noch hat, unterdrückt werden soll. Andererseits ist noch nie gehört worden, daß Vertreter des liberalen Staates auch nur die geringste Freiheit verlangt hätten für das Volk nebenan, das alle Freiheiten verloren hat. Da hat man den entscheidenden Unterschied. Es sind zwei entgegengesetzte Lebensauffassungen; aber die eine fühlt den Kraftzuwachs und geht zum Angriff über.

Widerstand ist geboten. Man muß sich wappnen, nicht mit Geduld, sondern mit gefestigten Überzeugungen. Man muß Beispielen folgen und sich einig werden, was zu tun ist. Vor allem scheiden wir die wahren Literaturen von den verlogenen, was durchaus möglich ist. Jeder erkennt ohne weiteres, auf welcher Seite der Glaube wie auch die Wissenschaft echt ist und wer die Zukunft hat. Wenn Schriftsteller sich bereit finden, Treue einem Regime zu geloben und gegen seine Staatslehre nichts zu unternehmen, dann können sie offenbar gutgläubig sein. Man muß nicht unbedingt ein Einzelgänger sein. Man sinkt nicht herab, weil man Grundsätzen, die jeder anerkennt, freiwillig zustimmt. Es hat liberale Literaturen gegeben und gibt jetzt sozialistische. Bekanntlich waren die liberalen Literaturen großartig zur Zeit des bürgerlichen Aufstieges. Man wird auch zugeben, daß bürgerliche Gesellschaften und Staatsformen damals mehr oder weniger durchgeistigt worden sind von den liberalen Ideen und daß diese manchmal zu Verwirklichungen geführt haben, auf sittlichem und sozialem Gebiet.

Vor kurzem tagte nun ein literarischer Kongreß in der Hauptstadt einer großen *sozialistischen* Republik. Aufsehen und Bewunderung erregte eine Frau, die als Bäuerin angefangen hatte und aufgestiegen war bis zum Rang eines Universitätsprofessors. Das hatte sie erreicht, nicht durch Beziehungen, sondern weil sie ernsthaft studiert und Prüfungen bestanden hatte. Ein Staat und eine Gesellschaftsform müssen wahrhaftig großes Vertrauen genießen bei ihren Angehörigen, wenn eine Frau aus dem Volk sich die Mühe nimmt, alles zu lernen, was der Staat und die Gesellschaft verlangen. Dafür tut not Begeisterung, mitsamt der Seelenkraft, die nur aus tiefster Durchdrungenheit entsteht. Da Hunderte Millionen Menschen überzeugt sind, daß sie sich erheben zu einer neuen Wahrheit, kämen sogar Meisterwerke nicht unerwartet.

Erstaunlich wäre es dagegen, wenn Meisterwerke dort auftauchten, wo Wahrheitsliebe mißfällt und überhaupt nicht hervor darf. Angenommen, ein Regime oder System zwänge alle, die von ihm abhängen, ihre geistige Vergangenheit zu verleugnen; angenommen, es erlaubte ihnen nicht mehr, sich Kenntnisse oder auch nur Informationen zu verschaffen; nichts weiter würde es ihnen beibringen, als zu lügen. Dort wird eine Frau aus dem Volk als Universitätslehrer allerdings nicht vorkommen. Leichter wäre es möglich, Studierte im Zustand von Analphabeten vorzufinden. Unter dem Regiment der Lüge muß einer sich durchaus blöd stellen, damit er es zu etwas bringt. Die Gelehrten geben Albernheiten von sich und sind sich dessen bewußt. Man treibt Wahrheitswidrigkeiten um des lieben Lebens willen, um in Amt und Stellung zu gelangen oder nur in Ruhe gelassen zu werden. Die erniedrigten Intellektuellen verachten ihre Erniedriger und sich selbst. Woher sollten sie die Kraft nehmen, etwas hervorzubringen, Meisterwerke gar. Die Wissenschaft wird herunterkommen, und eine Literatur, die Dienstvorschriften unterliegt, wird wesentlich gar nicht vorhanden sein.

Wir dürfen nicht warten, bis dies Unglück vollständig wird und sich ausdehnt über noch mehr Länder der westlichen Gesittung. Zu verteidigen haben wir eine ruhmreiche Vergangenheit und was sie uns vererbt hat, die Freiheit zu denken und nach Erkenntnissen zu handeln. Wir haben strahlenden Beispielen zu folgen. Wir sind die Fortsetzer und Verteidiger einer großen Überlieferung: Wir, nicht aber die anderen, die den Unterdrükkern des Gedankens zu Willen sind oder ihnen Sympathie zeigen. Wenn die Unterdrücker ihrerseits großtun, als verteidigten sie irgend etwas, dann wüßte man gern, was. Die westliche Zivilisation? Sie pfeifen drauf und führen sie fälschlich im Munde. Anstandslos opfern sie das Denken, wenn es ihre Interessen bedroht oder ihnen persönlich lästig wird. Schon sind sie da, mit Verbrennungen, Ausbürgerungen und den anderen Mitteln, die der Höhe ihres Geistes entsprechen.

Diese Unterdrücker haben Denken nie gelernt, das sieht jeder beim ersten Blick. Wer würde es, wie sie, darauf anlegen, die ganze Welt herauszufordern? Wer legt jede Menschlichkeit ab und prahlt noch damit; gesteht offen, daß er alle anderen Menschen und Rassen für unebenbürtig hält und sie wütend haßt; wer reizt absichtlich die unermeßlichsten Völkermengen und mächtigen Gemeinschaften? Wer wird das alles gegen sich aufbringen; wird Ränke und Verschwörungen spinnen rast- und zwecklos, aus Großmannssucht, infolge des traurigsten Gefühls von Minderwertigkeit? Dummköpfe und Schlechtweggekommene: soviel steht fest. Die Pflicht aber verlangt von den Intellektuellen, daß sie sich widersetzen mit allen Kräften, wenn Dummköpfe sich aufwerfen zu Weltbeherrschern und zu Zensoren. Dumme geht das Denken nichts an, das Handeln übrigens ebensowenig. Gehandelt soll werden, nicht von Kommisbrüdern, denen Fabrikanten die Macht verleihen, sondern von Männern der allerhöchsten Erkenntnis und einer unvergleichlichen Geistesmacht. Nur der Geist sichert die nötige Autorität, um Menschen zu führen: gemeint ist ein Geist der Erkenntnis und Festigkeit. Unter anderen Umständen als den heutigen müßte das nicht erst gesagt werden: Intellektuelle haben oft genug öffentlich gehandelt. Intellektuelle haben die Geschicke eines Landes gelenkt und die Geschicke aller Länder mit beeinflußt. Es genügt, Namen zu denken wie Georges Clémenceau, Lenin, Thomas Masaryk.

Seit einiger Zeit sinkt das Niveau der Mächtigen der Erde. Stellenweise reicht es nur noch bis zur moralischen Unterwelt. So etwas vergreift sich an Religion, Wissenschaft, Gesellschaftslehre, unterschiedslos an allem, was sie nichts angeht. Verstehen kein Wort davon. Losgelassener Zerstörungstrieb, sonst haben sie nichts. Schaden! Vernichten, was andere geschaffen und großgemacht haben, unser Geisteserbe! Natürlich wird unser Geisteserbe nicht untergehen; Lehren, Erkenntnisse, höchstes Streben werden nicht unterliegen dem Neid eines Gesindels, das ihrer nicht wert ist. Zeitweilig ist allerdings ein tolles Gesindel hergefallen über die westliche Zivilisation. Man wird mit ihm fertig werden; es ist eine Frage geistiger Zucht und Festigkeit. Man lasse sich nicht beirren: unbesiegbar war noch keine Barbarei. Die Dummheit erhebt den Anspruch, die Welt zu beherrschen? Darauf gibt es die Antwort, die Flaubert erteilt hat: das Beste wäre, eine Akademie von Wissenden regierte den ganzen Planeten. Mit Höchstforderungen muß die Intelligenz auftreten gegen Feinde, die von ihr, nur von ihr das Schlimmste zu fürchten haben.

Hämmern wir den Geistern ein, was sonnenklar ist: daß ein Regime, das die Schriftsteller verfolgt, knechtet, herabwürdigt oder niederschlägt, in keiner Beziehung, und was es auch vorgäbe, Glauben verdient. Es hat sich zu gut gesichert gegen die Wahrheit. Redet ein solches Regime vom Frieden, dann gehen nur Mitschuldige ihm darauf ein. Von Zivilisation? Was wird aus der Zivilisation, dort, wo die Schriftsteller verhaßt sind? Eine Zivilisation auf Zeit – das Sittliche ist schon geopfert, damit glauben die paar Nutznießer ihre Technik und ihr Geld zu retten. Sie würden nur erreichen, daß Katastrophen das Ganze verschlingen. Entweder die Würde des Geistes besteht, oder gar nichts hält die Menschen bei einer Gesellschaftsordnung. Das Recht jeder Gesellschaftsordnung reicht genau so weit, als sie den Gedanken anerkennt und bemüht ist, ihn zu verwirklichen.

WIR SIND DA

An fünf Nachmittagen und Abenden waren jedesmal mehrere tausend Personen versammelt. Gegen hundert Schriftsteller aller Sprachen nahmen teil. Das erste ist, daß man sich zählt. Wer ist da? Wer ist bereit, für »Die Verteidigung der Kultur« mit zu tagen, sich mit herauszustellen, sich von den Amerikanern filmen zu lassen und ein weltbekannter Revolutionär zu werden? Denn so liegt es doch jetzt: wer die alten Rechte des freien Denkens aufrechterhält, ist ein Umstürzler. Nur die Knechtung des Geistes kann die Gesellschaft retten. Diese Ansicht hat sich in gewissen Ländern, besonders in einem, machtvoll durchgesetzt; und wie dies schmucke Ländchen mit seinen Schriftstellern fertig geworden ist, das erregt an manchen Orten den Neid der »tätigen Minderheiten«.

Die Wahrheit ist dagegen, daß eine Gesellschaft mit dem Denken jedes Recht auf ihr Bestehen verliert. Sie wird erstens verdummen, wird mit der Zeit auch nichts mehr erfinden und nichts mehr fabrizieren. Außerdem gibt es gar keinen Grund, weshalb Menschen sich ihr innerlich noch verbunden fühlen sollten, sobald die Gesellschaft die Erkenntnisse unterdrückt und ihre Verwirklichung mit Gewalt verhindert. Die Menschen haben an jeder Gesellschaft nur gerade das Interesse, daß sie Erkenntnisse verwirklicht. Die richtigen Erkenntnisse stimmen bemerkenswerterweise immer überein mit einer Verbesserung der menschlichen Lage. Wenn man die menschliche Lage vielmehr verschlechtern will, schützt man hergeholten Mumpitz vor, wie in jenem schmucken Ländchen.

Die Russen sind die Aristokraten des Kongresses. Bei

ihnen zu Hause gibt es schon den »realistischen Humanismus«. Das heißt: sie können auf Grund vollzogener Tatsachen, die sie für gerecht und wahr halten, aufs neue menschlich, können anfangen, in gesunder Art hochherzig zu sein. Hochherzigkeit, die man sich ohne Schaden leisten darf, ist ein Vorrecht.
Die Franzosen des Kongresses stehen diesseits aller Ereignisse. Ihr Teil ist Ungeduld, zorniges Drängen, Widerstand, der sich bereitmacht. Es wäre nicht zu verwundern, wenn einer daran dächte, äußerstenfalls aus seiner Provinz mit dreißigtausend Mann zurückzukehren. Ihm würde sogar geglaubt werden, daß er es kann. So die Franzosen des Kongresses; und ähnliches haben wir Deutsche, als noch die Republik war, nie gehört oder nur zu hören gehofft.
Wir Deutsche befinden uns auf dem Kongreß wie auf der Landkarte, in der Mitte zwischen Franzosen und Russen. Vor den Ereignissen stehen wir nicht mehr; es sind aber noch längst nicht die blutigsten, die sollen erst kommen bei der Abrechnung über das Geschehene. Fraglich, ob dann noch so viel Zukunft übrig ist, daß man den neuen »realistischen Humanismus« einleiten kann. Außer dem warnenden Beispiel haben wir dem Kongreß eigentlich nichts zu bieten. Wir sind da. Stumm dastehn täte es durchaus. Als wir einmal dastanden, wurde auf der Galerie die Internationale angestimmt, wenn auch gleich wieder abgebrochen. Es war auch zuviel Ehre: soweit sind wir noch nicht.
Aber das Leiden der Unterdrückten, aller Beraubten und Bedrohten, hat nur diese Klänge, nebst einem Stern. Jemand, der noch immer groß redet, war neulich im Begriff, den entzündeten Kehlkopf zu schwingen. Da wird er bleich und taumelt zurück bis hinter die deckenden Gestalten seiner Spießgesellen. Am Boden unter seinem

germanistischen Weltlehrstuhl haben – wie kann das vorkommen! – Sternchen ausgestreut gelegen, viele kleine Sterne einer besonderen Gattung, die ihn nun einmal krank macht und an das Ende erinnert. Auf einem Zettel hat er gelesen: »Wir sind da.«

GESANDTE DEUTSCHLANDS

Die Harvard-Universität in New York hat zwei deutsche Persönlichkeiten, Albert Einstein und Thomas Mann, zu ihren Ehrendoktoren gemacht. Die Promovierung geschah vor einem sechstausendköpfigen Publikum. Der Beifall bei Nennung der beiden deutschen Namen dauerte jedesmal minutenlang. Zu allen Zeiten hätte man gesagt: eine Ehrung für Deutschland, diese hohe Ehrung seiner Söhne. Jetzt ist das nicht so einfach; man hat zu unterscheiden zwischen Deutschland und dem Dritten Reich. Dieses zeigt der Welt ein anderes Gesicht als jenes, und es schickt ihr grundverschiedene Gesandte. Rosenberg und Ribbentrop für das Dritte Reich, Einstein und Thomas Mann für Deutschland: dies ist die sichtbare Lage, und sie wird in Amerika oder anderswo nicht nur erkannt, sie wird absichtlich hervorgehoben. Der Festakt der Harvard für die beiden Vertreter Deutschlands war von dem erst vierzigjährigen Präsidenten der Universität, einem angesehenen Chemiker, wohl bedacht, war von ihm auch besprochen worden mit einem ehemaligen Harvard-Schüler, dem Präsidenten Roosevelt.
Roosevelt lud dann Thomas Mann und seine Gattin zu sich ein; mit Einstein war er gewiß schon länger bekannt. Beim Präsidenten wurde im Familienkreis zu Abend gegessen. Der Botschafter des Dritten Reiches war nicht bemüht worden. Dieser wird natürlich zugezogen, wenn Ribbentrop kommt. Jedem das Seine, und reinliche Scheidung. Das Dritte Reich hat Erfolge, die nicht zu übersehen sind: hat es doch verstohlen aufrüsten können unter fortwährenden Beteuerungen seiner Unschuld. Plötzlich steht es als fertiger Militärstaat da und sagt: »Etsch. Alles nicht wahr gewesen.« Sein Erfolg wird überall gebüh-

rend geschätzt. Die Schätzung hingegen, die Deutschland genießt und die Persönlichkeiten wie den neuen Harvard-Doktoren erwiesen wird, ist nie und nirgends zu vergleichen mit den Gefühlen, die das Dritte Reich erregt. Das Dritte Reich weiß dies durchaus, es hat überall seine Beobachter; sie sollen ihm berichten über die Ehrungen, die nicht seinen, aber den Gesandten Deutschlands zuteil werden.

Ein besonders aufschlußreicher Fall war der des Geschminkten. Im Juni, bei dem Pariser Kongreß zur Verteidigung der Kultur, trat außer der Reihe ein Unbekannter auf – unbekannt, weil unkenntlich gemacht. Er sah aus wie ein Schatten, kam und verschwand auch so. Er sprach mit dünner, gleichfalls verstellter Stimme und nicht in das Mikrophon. Er sollte weder gehört noch gesehen werden, das war nicht die Absicht. Die Absicht war, daß eine mehrtausendköpfige Menge erführe, wie ein Mensch aus dem Dritten Reich lebt: wie er sich vor ihm hüten muß, wenn er einen »illegalen« Ausflug macht, um draußen wenige Worte zur Verteidigung der Kultur – gegen das Dritte Reich – zu sprechen. Auch dieser war ein Abgesandter Deutschlands.

Der Vertreter des Dritten Reiches wurde später gesichtet. Die Kongreßteilnehmer verließen das Haus, ihre Menge staute sich auf der nächtlichen Straße. Da war das Dritte Reich zur Stelle in Gestalt seines Beobachters. Er stand und faßte die Deutschen ins Auge. Emigrierte deutsche Schriftsteller hatten drinnen gesprochen unter der leidenschaftlichen Teilnahme von Tausenden. Schon bevor sie anfingen, erhob sich ihnen zu Ehren das ganze Haus. Draußen fanden sie alsbald auf sich liegen den Blick des Dritten Reiches. Ihn gab von sich ein stark nachgedunkelter Nordgermane, der ironisch tat. Es war aber natürlich ein Neidhammel, wie ja sein Drittes Reich ein Reich der Neidischen ist. Bei uns die Leistungen, für uns Ehrungen und Mitgefühl der Welt. Das Dritte Reich heuchelt Ironie und platzt vor Neid.

NUR DAS PROLETARIAT VERTEI-
DIGT KULTUR UND MENSCHLICHKEIT

Meine Nichteinbürgerung in Reichenberg hat mehr Aufsehen gemacht, als wenn man mich eingebürgert hätte. Das war nicht meine Absicht, ich wollte mich nicht vordrängen. Obwohl ich schreibe, will ich immer nur, daß die Dinge für sich sprechen, und meine eigene Bedeutung ist mir gleichgültig! Nun haben auch bei dieser Gelegenheit die Tatsachen gesprochen. Eine Anzahl Gemeinden der Tschechoslowakei sahen sich gedrängt, mir das Heimatrecht anzubieten. Tschechische oder deutsche Gemeinden, örtlich weit getrennte Gemeinden im Norden des Staates und in der Slowakei – jedesmal ist das Angebot zurückzuführen auf werktätige Männer, die Vertreter sozialistischer Parteien. Das bedeutet über meine Person hinaus vieles. Deutsche außerhalb des Dritten Reiches wollen zeugen für einen zu Unrecht ausgebürgerten Deutschen, den sie für echt und richtig halten, ihre Anerkennung gewähren. Alle diese belohnen einen »Antifaschisten« für seine Haltung. Der Begriff »Antifaschist« ist neu und wichtig: Er stellt eine wirkliche, große Menschengemeinschaft her. So kommt es, daß Arbeiter, Proletarier mich zu den ihren zählen wollen und daß ich ihnen sagen darf: ihr habt recht, ich danke euch. Ich habe allerdings von jeher unter dem Volk die arbeitenden Menschen verstanden, und selbst ein redlicher Arbeiter, habe ich mich ihnen nahe gefühlt. Inzwischen aber stellt sich heraus, daß ich auch als denkender Mensch, ebensosehr wie als arbeitender, Zustimmung und guten Willen nur beim Proletariat finden kann. Die entarteten Nachkommen der ehemaligen Bildungsschicht flüchten heute das ehrliche Denken und hassen einen Gestalter, der sie selbst zu gut dargestellt hat: daher auch meine Ausbürgerung und die jämmerliche Angst, Schriften wie die meinen in die Grenzen zu lassen. Die Literatur, ob sie es will oder nicht, ist im Begriffe, ganz und gar sozialistisch zu werden. Warum? Weil außerhalb der sozialistischen Welt keine Literatur mehr bestehen kann. Die Literatur geht unweigerlich zu den Arbeitern, weil bei ihnen die Menschlichkeit geachtet, die Kultur verteidigt wird. Dagegen ist das »Dritte Reich« des verkommenen Spießbürgers aufgebaut auf dem Haß gegen Kultur und Menschlichkeit. Es steht daher auf tönernen Füßen. Man braucht es im Grunde nicht zu fürchten, sosehr es sich anstrengt, furchtbar zu sein. Das Ende der Kolosse auf tönernen Füßen ist im voraus bekannt.

ANTWORT AN HAMSUN

Es ist zu bedauern, daß der Dichter Hamsun Norweger und nicht Deutscher ist. »In dieser schweren Übergangszeit« ist es doppelt schade für ihn. »Wie wäre es«, schreibt Hamsun, »wenn Herr Ossietzky in dieser schweren Übergangszeit, in der die ganze Welt die Zähne gegen die Machthaber des großen Volkes bleckt, dem er zugehört, lieber ein wenig positiv mithelfen würde?« Das ist ein vernünftiges Wort, die angebleckten Machthaber haben nur darauf gewartet, jetzt werden sie Ossietzky ins Propagandaministerium berufen; wer weiß, vielleicht wird er positiv mithelfen, zu lügen, Spione abzurichten und Hinrichtungen zu verschweigen.

Hamsun haßt Ossietzky; was er über ihn verlautbart hat, sind unverantwortliche Dinge, an die er selbst nicht glaubt. Aber etwas anderes darf er glauben, und gerade das weiß er noch nicht. Wäre er nicht der glückliche Norweger, der er ist – als Deutscher, »arischer« Deutscher wäre er im Dritten Reich kein Hamsun mehr, er wäre weder der große noch ein kleiner Dichter: er wäre gar nichts, und wenn nicht das Konzentrationslager, würde Vergessenheit ihn aufnehmen.

Für das Konzentrationslager spricht manches: besonders seine Eigenschaft als Kulturbolschewist und Asphaltliterat. Sich selbst analysieren, ein Hauptverdienst Hamsuns, ist keine beliebte Tätigkeit unter Nationalsozialisten, und das mit Recht, denn es käme bei ihnen nichts Schönes heraus. Den hungrigen Menschen hat man auch nicht zu behandeln im Dritten Reich, sondern den Inhaber von Erbgut und Dynamik. Den lyrischen Landstreicher auch nicht, sondern brüllende Statisten, die jetzt »Volk« spielen und gegen sich das ganze lebendige Volk haben.

Wenn Hamsun sich ferner erinnern will, wer in Deutschland einst seinen Ruhm gemacht hat? Nicht vielleicht die von der Macht entferntesten Deutschen? Die literarische Opposition? Die Juden – in der Hauptsache zweifellos Juden, diese waren immer die ersten Leser jedes wertvollen Schriftstellers. Nun, dieser ganze Tatbestand spräche allerdings für das Konzentrationslager.

Indessen kann bemerkt werden, daß Gerhart Hauptmann, kein geringerer Dichter als Hamsun, nicht im Lager sitzt, sondern von den heutigen Deutschen der tiefsten Vergangenheit überantwortet ist: er soll keinen Brief mehr bekommen. Kaum anzunehmen, daß es für Hamsun anders stände, wenn er nicht das simple Glück des Norwegers mitbekommen hätte, sondern das fragwürdige Schicksal des Deutschen. Er kann wohl einwenden, daß er ja Faschist ist. Darauf wäre zu erwidern, daß ihm das im geringsten nichts nutzen würde bei den Machthabern, die ihm angenehm sind. Er ist es ihnen nicht, das steht fest. Er ist ihnen höchst unangenehm und würde es sofort zu fühlen bekommen, wenn er Deutscher – und als Deutscher so groß wäre wie jetzt. Größe ist das einzige, was sie niemals verzeihen, während sie über jüdische Abstammung und ähnliches Geflunker immer noch mit sich reden lassen. Über Größe nicht.

Haben die Machthaber des Dritten Reiches in ihrem Staatsrat, Kultursenat und anderen Attrappen ihrer Öffentlichkeit auch nur einen einzigen hervorragenden Deutschen zugelassen? Es müßte denn aus Verachtung geschehen sein, weil er tief gesunken wäre. Überall ist Platz für die namenlosen Kostgänger des Regimes. Ein Buch von Thomas Mann, den Hamsun mit seiner Anerkennung beehrt, darf in den Zeitungen des Regimes behandelt werden, wie es beliebt. Aber ein einziges Wort des Kritikers gegen einen literarischen Kollektiv-

begriff namens Schlaguweit, und der Kritiker fliegt ins Lager.
Dies sind Wahrheiten, mit denen ich Hamsun zu interessieren hoffe. Begreiflicherweise haben ihn Wahrheiten besonders dann ergriffen, wenn es die seinen waren. Ich versichere ihm, daß hinsichtlich des Dritten Reiches diese Wahrheiten seine eigensten sind. Was er gegen Ossietzky vorbringt – untersuchen wir nicht lange, ob es menschlich, ob es sittlich ist. Eins ist gewiß: jedes seiner Worte fällt gegen die eigene Brust Hamsuns zurück. Er steht, von Rechts und Berufs wegen, dem Opfer näher als dem Henker. Was ihn unterscheidet, ist das simple Glück, ein Norweger zu sein.

EIN DENKWÜRDIGER SOMMER

Der Sommer des Jahres 1935 wird mir denkwürdig bleiben durch den Internationalen Schriftstellerkongreß, der Ende Juni in Paris abgehalten wurde. Es war etwas völlig Neues: so viele schaffende Intellektuelle aus vielen Ländern, mehreren Erdteilen, aber alle von derselben Front, alle zur »Verteidigung der Kultur« entschlossen. Die Knechtung des Geistes ist herrschend in einem Teil der Welt. Das mußte erst kommen, damit wir alle zusammenfanden und Marxisten sowie bürgerliche Schriftsteller ihre tiefe Verwandtschaft entdeckten. Beide wollten eine denkende Gesellschaft anstatt einer verdummten.
Die geknechteten Länder glauben durch die Abschaffung des Denkens die Gesellschaft zu retten. Alle in Paris Versammelten waren dagegen überzeugt, daß eine Gesellschaft mit dem Denken jedes Recht auf ihr Bestehen verliert. Es gibt gar keinen Grund, weshalb Menschen sich ihr innerlich noch verbunden fühlen, sobald die Gesellschaft die Erkenntnisse unterdrückt und ihre Verwirklichungen mit Gewalt verhindert. Die Menschen haben an jeder Gesellschaft nur gerade das Interesse, daß sie Erkenntnisse verwirklicht. Die richtigen Erkenntnisse stimmen bemerkenswerterweise immer überein mit einer Verbesserung der menschlichen Lage.
Ein ehrlicher Demokrat wird, wie die Dinge sich nun gewendet haben, erkennen müssen, daß nur der Marxismus die Voraussetzungen schafft für wirkliche Demokratie. Auch der ernste Religiöse sieht die Verwirklichung seines Glaubens im Sozialismus. Auf der anderen Seite muß ein siegreicher Sozialismus, im sicheren Besitz eines großen Teiles der Erde, seiner menschlichen Sendung bewußt werden. Demokratie, die politische Gleichberechtigung

aller, ist starken Völkern erlaubt. Solange noch jemand da ist, der sich wirtschaftlich, und damit politisch, zum Herrn aufwerfen konnte, verzichte man auf die Demokratie. Auch den Humanismus darf sich mit Recht nur beimessen, wer ein gesichertes Volk hinter sich hat. Auf Grund vollzogener Tatsachen des wirklichen Lebens, die dieses gerecht und wahr gemacht haben, läßt sich erst richtig menschlich und in gesunder Art hochherzig sein.
Hieraus ergab sich auf jenem Kongreß, daß die Teilnehmer aus der Sowjetunion und die aus den kapitalistischen Ländern sehr wohl befähigt waren, dieselbe oder eine verwandte Sprache zu reden. Die einen hatten sie erlernt durch den Versuch ihres Landes, besser zu werden. Den anderen, besonders den Deutschen, war sie beigebracht durch den schändlichen Druck, der ihr Land immer tiefer erniedrigt. Die Tausende der Zuhörer verstanden diese wie jene und ehrten in beiden den Kampf, so verschieden er hier und dort auch stand. Das ist es aber, worauf es ankommt: vielen und eigentlich allen Menschen verständlich zu sein, ja, ihnen ein Beispiel zu geben. Der Kongreß der Schriftsteller, als erster in großer Öffentlichkeit abgehalten, hat einer außerordentlichen Zahl von Menschen Mut gemacht. Alle diese Menschen haben entschlossene Freunde ihrer Sache gesehen und gehört.
Humanisten taugen erst dann etwas, wenn sie, anstatt nur zu denken, auch zuschlagen. Henri Barbusse, der, als letzte seiner irdischen Taten, den Pariser Kongreß, Juni 1935, erfand und durchsetzte, war streitbar, und das sollen wir sein. Er hatte den Sinn für das Wirkliche als Werkzeug der geistigen Zwecke und für die greifbare Macht. Ich selbst habe zu Ende dieses Sommers 1935 meinen Roman »Die Jugend des Königs Henri Quatre« erscheinen lassen. Darin verstehen die Humanisten des sechzehnten Jahrhunderts auch zu reiten und zuzuschla-

gen. In Frankreich hatten sie einen Fürsten, er war der Fürst der Armen und Unterdrückten, wie er der Fürst der Denkenden war. Der junge Henri hat allerdings das Leben erfahren wie ein mittlerer Mensch.

Aus seinen Abenteuern, Taten, Leiden habe ich eine lange Reihe von Bildern und Szenen gemacht, bunt zu lesen und anzusehen. Alle zusammen haben den Sinn, daß das Böse und Furchtbare überwunden werden kann durch Kämpfer, die das Unglück zum Denken erzog, wie auch durch Denkende, die gelernt haben, zu reiten und zuzuschlagen. Sogar noch aus der Bartholomäusnacht gehen sie gestärkt hervor. Auch ich konnte erst nach harten Erlebnissen mein Buch vom menschlichsten, weil geprüftesten der Könige schreiben. Es erschien im Sommer 1935 und trägt bei, daß er mir denkwürdig bleibt.

SEIN DENKMAL

Die Jugend und ihre bewegten Gefühle haben einen endgültigen Ausdruck gefunden im »Buch der Lieder«. Der »Romanzero« ist in Gestalt herrlicher Dichtungen der Mann selbst, seine Weltkenntnis, sein tätiger Sinn für das Leben. In den »Letzten Gedichten« aber versteht ein Mensch zu sterben: mit einer solchen Vertiefung, Veredlung ist selten gestorben worden.

Das alles ist nun achtzig, einiges über hundert Jahre alt, dennoch könnte es von heute sein – *müßte* von heute sein, wenn diese Zeit begabt wäre für das Endgültige oder für das Herrliche oder für die Vertiefung und Veredlung. Dieses Geschlecht erlaubt seinen Schriftstellern nicht einmal, in scharfer Prosa auszusprechen, wie die Dinge stehen. Heine hat es getan. Er mußte dafür das Land verlassen, wie wir. Immerhin durfte das Land ihn lesen, und uns nicht mehr. Er hat uns im voraus gerächt, da er das meiste, was über das Land in seinem jetzigen Zustand zu sagen ist, schon damals gesagt hat – in einer Sprache, wir hätten keine zeitgemäßere. Das Geheimnis, jung und sogar aktuell zu bleiben, ist immer nur das eine: ersten Ranges zu sein.

Heinrich Heine ist einer der weltläufigsten Deutschen, und vielleicht kennt die Welt überhaupt keinen anderen so sehr wie ihn. Nur vorausgesetzt, daß ein Lied wichtiger ist als ein Name. Sie haben in den entferntesten Gegenden der Erde doch immer schon Verse von ihm gesprochen oder gesungen oder geseufzt – und hätten sie nicht einmal gewußt, aus welchem Lande die Verse, aus welchem er selbst. Auch das soll nachgeholt werden. Sein Denkmal, nach langem Gerede brachte man es früher nicht einmal an seinem Geburtsort fertig. Künftig, man verlasse sich darauf, steht es auf einem der sichtbarsten Plätze Berlins.

DIE BÜCHERVERBRENNUNG

Als vor drei Jahren die Bücher in Berlin verbrannt wurden, gelangten viele von ihnen anstatt auf den Scheiterhaufen in die Taschen junger Leute, die froh waren, sie so billig zu bekommen.

Nicht immer verschmäht einer gute Bücher, wenn er auch gerade den unbeleckten Urmenschen spielt und die Rasse gegen die Gesittung verteidigt. Ein längst zivilisiertes Volk kehrt nicht so leicht in die Wälder der Ahnen zurück. Das nimmt man, es ist Komödianterei, und krankhaft ist es auch. Eine ungesunde Grausamkeit war in den deutschen Gemütern damals ausgebrochen, und manchen war ihr Nervensystem dermaßen erschüttert, daß sie alles haßten, das Denken und ihr Wissen. Nur infolge einer kläglichen Selbsttäuschung empören Intellektuelle sich gegen das Denken. Indessen kommt es vor; und als vor drei Jahren »dynamische« Knaben die Bücher auf den Holzstoß schleuderten, unter Zurückbehaltung des einen oder anderen, empfingen sie für diese wirre Angelegenheit den Beifall erwachsener Schriftsteller, die offenbar geistig gestört waren.

Sagen wir's, wie es ist: die Sehnsucht nach der Seele des Urviehs ist im modernen Menschen vorhanden, gerade ein gehobener Verstand wird von ihr verzehrt, gesetzt, ihm fehlte die Haltung, die nur der befestigte Charakter gibt. Sollte darum der gehobene Verstand gesenkt werden? Nein. Sondern umgekehrt müssen die Charaktere verstärkt werden, damit eine gesittete Nation nie wieder in die Versuchung kommt, ihre Bücher zu verbrennen. Geboten ist, daß der höhere Verstand zurückfindet zu der einfach menschlichen Wahrheit und daß der Schriftsteller eines Sinnes mit dem Arbeiter wird. Dann gibt es keine Bücherverbrennung mehr.

Das Bücher-Autodafé gehört zu dem Empörendsten, was eine Volksbewegung an Schaustellungen geboten hat. Solche Taten richten vor allem das Regime, das sie veranlaßt und den Nutzen hat. Sein fester Boden sind, wie man sieht, die geistig Armen, und gestützt wird das Regime von Männern, die alles verleugnet haben, ihre eigene Vergangenheit und die gesamte Leistung ihrer Vorgänger.

Gleich beim ersten Auftreten dieses Regimes haben die neuen Herren des einstmals achtbaren Landes auf die verdächtigsten Seiten der Menschennatur gesetzt. Mit einer frei erfundenen, aber bösartigen Rassenlehre haben sie die Massen hysterisch erregt. Sie haben dem Größenwahn eines ganzen Volkes geschmeichelt, haben es in Verfolgungswahn gehetzt; – aber besonders muß bei ihnen etwas brennen. Das Vergnügen an Bränden, das sonst vereinzelt bei krankhaft Veranlagten vorkommt, das Volk, das ihnen in die Hände gefallen war, sollte sich ihm ergeben. Der Reichstagsbrand und die Bücherverbrennung sind ziemlich das erste, was dem Regime eingefallen ist: man sollte vor ihm erschaudern. Und wenn diese Leute sich eines, hoffentlich nahen, Tages auf und davon machen, werden sie wahrscheinlich ihre Paläste in Flammen verlassen.

Der Bücherverbrennung soll man gedenken – um der Ohnmacht willen, die sich erdreistete, Scheiterhaufen zu errichten für Geisteswerke: als ob Geisteswerke nicht feuerfest wären. Wer immer sich gegen das Denken erdreistet, bricht zusammen. Die Gewalt kann alles: Wehrlose ducken, bis sie gehorsam lügen und jeden Blödsinn für wahr nehmen, der ihnen eingetrichtert wird. Die Gewalt kann das Verbrechen durchsetzen und zur gemeinen Übung machen. Sie läßt die Menschen tief sinken und entehrt sie: sie überzeugen und ihre Achtung erzwingen, das kann sie nicht. Und dieselben Studenten, die 1933 im Nationalsozialismus voran waren, gerade sie haben ihn als erste aufgegeben. Die am glühendsten Bücher heizten, sind jetzt glücklich, wenn sie heimlich ein paar gerettet haben. Sonst hätten sie nicht mehr viel zu lesen. Ihr Land, das in früherer Zeit eher zuviel Gedrucktes von sich gab, bringt nichts Beträchtliches mehr hervor – immer ausgenommen die Handbücher für Wehrwissenschaft.

Da die freie, ehrliche Literatur bei den Machthabern verpönt ist, bleibt ehrgeizigen Schriftstellern nur übrig, zu liefern, was verlangt wird: Verherrlichungen der Machthaber. Die Tugenden des Regimes müssen gepriesen, seine Legende muß unterkellert werden. Zu diesem Zweck hat die Naziregierung nie dagewesene Preise ausgesetzt. So viel Geld wurde in Zeiten, als die Literatur etwas galt, für sie nicht ausgegeben. Heute schreit man sich heiser nach einer »nationalsozialistischen Volkskunst«; aber die Anschauungen der Partei haben nichts mit Kunst, haben nichts mit Volk zu tun, daher ist bei den Preisen nichts herausgekommen, man verteilt sie schon nicht mehr. Genaugenommen gibt es in diesem Deutschland keine Literatur, und es kann auch keine aufkommen unter einem Regime, das sich an dem geistigen Erbe der Nation vergriffen hat.

Die emigrierten Schriftsteller haben in Paris und anderen Hauptstädten eine Sammlung verbrannter Bücher begründet; ihr Name ist: Freiheitsbibliothek. Nur die Freiheitsbibliothek ist gegenwärtig die Zuflucht alles dessen, was mehrere literarische Generationen hinterlassen haben: in der Heimat ist es nicht mehr so leicht zu finden. Diese Bibliothek hat gewiß praktische und geschichtliche Bedeutung, aber nicht geringer ist ihr Wert als Gleichnis. Sie beweist das unzerstörbare Wesen einer geistigen

Kultur, die viel zu alt ist, als daß ein Ausbruch von Barbarei ihr viel anhaben könnte. Die Barbaren haben nichts weiter vermocht, als sie für einen Augenblick in die Verbannung zu schicken – eine Kultur, die im Altertum wurzelt und allem verbunden ist, was die westliche Welt geistig empfangen hat an Gedanken und Formen.
Gewiß, der Fall ist ungewöhnlich: eine ganze Literatur sieht sich gezwungen, auszuwandern mit Mensch und Buch. Um so nachdrücklicher muß gesagt werden, daß eine Literatur in Katastrophen nicht untergeht: Bücher und Menschen leben weiter. Deutsche Literatur entsteht immer noch. Sie ensteht in Frankreich, in der Schweiz, auf anderen Punkten des Erdballs, und bleibt deutsch wie je. Auch ist anzunehmen, daß Schriftsteller, die berufen waren, Katastrophen zu erleben, aus ihnen eine Menge gelernt haben. Besonders sind unsere Beziehungen zu unseren Kameraden in den anderen Ländern enger geworden.
Was ist das Weltkomitee gegen Krieg und Faschismus? Im Grunde ist es eine Kampfabteilung der internationalen Volksfront, ihre Abteilung für Geisteskampf. Unser Kamerad Barbusse schuf sie zur rechten Zeit, jetzt sammeln Wahrheit und Gerechtigkeit alle ihre Kräfte zum Schutz der Nationen gegen die ungerechte, lügnerische Gewalt. Die Volksfrontbewegung ist eine Weltbewegung; auch der Faschismus geht auf Weltherrschaft aus. Das Geschick meines Landes bleibt untrennbar von dem der anderen. Wenn seine Stunde schlägt, wird es aufstehen gegen seine verabscheuten Tyrannen und sie zum Teufel jagen, niemand muß ihm helfen. Gleichwohl werden seine Tyrannen stark oder schwach sein je nach der Stärke der Ideologien, die in der übrigen Welt für oder gegen sie kämpfen.
Nun ist in dieser Sache die Entscheidung gefallen: der

überwältigende Erfolg der französischen Volksfront. Er erfüllt mit Bewunderung und Dank für dies tapfere Volk alle, die es lieben. Auch dieses Volk war angegangen worden, abzuschwören, was es glaubt, Freiheit und soziale Gerechtigkeit. Es hat sich geweigert, völlig im klaren, daß der Verlust der Freiheit überall dieselben Übel, das gleiche Unheil nach sich zieht. Verlorene Freiheit macht elend. Eine Nation, die das mit oder ohne ihren Willen erleidet, wird materiell wie geistig ausgeplündert und heruntergebracht. Der Faschismus verbrennt Bücher: so ist er. Aus den französischen Schulbüchern würden die Gedichte von Victor Hugo entfernt werden, wie in den deutschen Goethe gestrichen ist.

Da aber die Volksfront in Frankreich gesiegt hat und auch in Spanien an der Macht ist; da sie überall im Vormarsch ist und, auf das gesamte Europa gerechnet, die erdrückende Mehrheit hat, ist nicht einzusehen, wie das Reich Hitlers ihr noch lange widerstehen könnte. Wirtschaftssanktionen täten gewiß das Ihre. Unwiderstehlich ist der moralische Druck. Hinsichtlich Hitlers wäre mit zwei Dingen schon viel geschehen: verachten und nicht kennen. Bedenken Sie, welche Macht das Schweigen wäre, angesichts eines Regimes, das sich nur erhält dank lärmenden Theaterwirkungen. Sein Sturz ist sicher; aber das Regime muß stürzen, bevor es die Welt in das blutige, letzte Abenteuer stößt.

Dies Regime der Gewalt und Lüge wird aus vielen Gründen unterliegen. Es hat eine Nation mißbraucht und ihre Arbeit vergeudet. Es hat nichts begriffen von Europa, seinem Geist und Willen – denn Europa will den ungeteilten Frieden, will Sicherheit und Dauer. Die Worte, die Victor Hugo 1871 sprach, heute sind sie der Ausdruck einer großartigen Gewißheit:

»Gerade wie die Menschheit ein und dieselbe ist, gibt es

auch nur ein und dasselbe Volk. Den menschlichen Fortschritt zu verteidigen, wo immer ihm Gefahr droht, ist die einzige Pflicht. National gesinnt heißt sittlich gesinnt sein.«

IM EXIL

Die deutsche Emigration zählt viele Schriftsteller, da die Schriftsteller die ersten sind, deren die Naziherrschaft glaubte sich entledigen zu müssen. In Paris wurde kürzlich eine Ausstellung eröffnet, sie vereinigt die Werke, die wir dem Exil verdanken, einschließlich unserer Vorgänger, der Verbannten des neunzehnten Jahrhunderts.
Die deutsche Opposition in ihrer Zuflucht außerhalb des Landes tut mehr als nur schreiben. Indessen berufen Schriftsteller sich am besten auf ihre Druckwerke.
Vielleicht zeigen diese Schriften nur von einem Exil, das schnell vergessen sein wird, und sind nur Spuren einer Zeitspanne, die kein Andenken hinterläßt. Zu vieles verwandelt sich unter unseren Augen, und die mitlebende Welt kennt Kämpfe: unsere persönlichen Prüfungen reichen nicht hinan.
Verbannt oder nicht, alle müssen wir darauf gefaßt sein, daß der morgige Tag uns nicht mehr kennt. So dachte Anatole France, es steht in einem der letzten Sätze, die er schrieb. Er sieht voraus, daß die Ordnung der Dinge zu sehr verschieden, die Menschen von uns zu weit entfernt sein werden, unsere Literatur erreicht sie nicht nicht mehr.
Eines wird uns wohl dennoch angerechnet werden, das ist unsere Hingabe an die Ideen, denen die künftige Welt entspringen soll. Wenn das Standbild die Stadt überlebt – es ist auch vorgekommen, daß ein Name übriggeblieben ist, weil sein Träger für Freiheit und Gerechtigkeit stritt.
Was erstreben wir? Dasselbe rein menschliche Gedächtnis, das den Freiwilligen der republikanischen Heere Spaniens gewiß ist. Aus unseren Reihen sind sie hervor-

gegangen, diese antifaschistischen Schriftsteller, geben aber jetzt in Spanien ihr lebendiges Blut für die Sache; und ihr dienen auch wir, wenn unser Geist sich ausgibt über das Maß. Ihnen gleichen ist alles, was wir wollen.
Deutsche Emigranten – wir wissen wohl, es ist ein Schicksal, wir dürfen es, mitsamt seinen Schlägen, nicht überschätzen. In den verschiedenen Literaturen hat es so viele Emigranten gegeben. Nehmen wir nur die französische und die deutsche Literatur, schon haben wir Vorgänger genug, bescheidene und solche, die der Ruhm zeichnet. Alles in allem drängt die Meinung sich auf, daß die Literatur, bliebe sie im Geist und in der Wahrheit, fortwährend bedroht ist vom Exil.
Victor Hugo hat im Exil neunzehn Jahre verbracht, die neunzehn Jahre seiner Reife. Dargestellt hat er, ohne je zu versagen, den starken unerschütterlichen Mann, der sicher ist, länger zu leben als das politische Regime von damals und als der mächtige Herrscher mit seiner schnell vergänglichen Geltung. Bald wird sie ausgelöscht sein von dem dauerhaften Ruhm des Dichters und seiner Werke, von der Republik, deren berückendes Gleichnis auf einsamen Felsen der Verbannte ist. Dennoch fragt man, ob er nicht Stunden des Zweifels und der Angst gehabt hat. Gewiß verrät er davon nichts, und niemals errieten wir das geheime Elend einer Kraft, die unangreifbar scheint, hätten nicht auch wir unsere Erfahrungen mit dem Exil.
Gerade das Exil besitzt die Macht, die an Zauber grenzt, uns neue, unverhoffte Aussichten zu eröffnen auf die Geschichte und auf so manche von ihr geweihte Persönlichkeiten. Mit der Einsamkeit vertraut, wissen wir eher Bescheid über den Sozialismus eines Hugo. Er ist Sozialist, weil den Verbannten die Sehnsucht quält, ein Volk zu haben, Gemeinschaft zu halten mit seinem Volk zuerst

und demnächst mit der Menschheit. Die Hoffnung, düster und großartig, schwer von Liebe und von Erbitterung, die Hoffnung, ihr Volk zu sich heranzuziehen und in der eigenen Brust die Menschen der Zukunft schon zu versammeln, sie ist der tiefste Grund, warum einige Emigranten so gewaltig gewirkt haben. Die Wurzel ihres Herzens hat Werke hervorgetrieben – vorauszusehen waren sie nicht, kein Genie könnte sie erklären. Allein das Exil macht verständlich, daß sie da sind.
»Les Misérables«, dies soziale Gedicht. Heinrich Heine, der als Verbannter zum Tragischen aufsteigt und dermaßen scharfsichtig wird, daß wir ihn heute wie einen Propheten lesen. Endlich »Das Kapital« von Marx, ein ergreifendes Beispiel der Macht über Jahrhunderte, und erlangt hat sie ein Vereinzelter, ein Gehetzter, Armer, mühselig erhielt er sich auf fremder Erde. Dort schuf er Ideen von einer Lebenskraft, so ungeheuer, daß später ganze Reiche von ihnen beseelt werden sollten.
Frankreich und Deutschland haben immer wechselseitige Einflußsphären gehabt. Eine ist die Emigration. Verfolgte Hugenotten in ihren heldenhaften Zeiten sind einst in Deutschland aufgenommen worden. Sie haben dort tiefe Spuren hinterlassen, soziale und geistige. Sicherlich nicht durch bloßen Zufall entstammt der erste große Romandichter des modernen Deutschland französischen Emigranten früherer Tage. Mit Theodor Fontane dringt der Grundgehalt des französischen Romans in die deutsche Literatur. Es ist nicht bewiesen, daß wir ohne diesen Vorläufer wirkliche soziale Romane hätten. Nun hilft der soziale Roman mehr als jedes andere Mittel, daß eine Gesellschaft sich selbst erkennen lernt. Kommt einem Volk die Begierde, seine eigenen Kräfte abzuschätzen, dann liest es zuerst nicht Marx, sondern Zola.

Bis zu der bewußten Machtergreifung wurden in Deutschland besonders wir gelesen: Autoren, die jetzt verbannt sind, und die vorläufigen Machthaber verbieten ihre Bücher. In der Pariser Ausstellung stehen die Bücher der neuen Emigranten neben denen der älteren. Die beiden Emigrationen werden durch keine sehr beträchtliche Zwischenzeit getrennt. Heinrich Heine ist 1856 in Paris gestorben, wir hielten unseren Einzug 1933. Nur die Gesellschaft sieht jetzt ganz anders aus.

Es fällt ins Auge, daß zu unserer Zeit die Volksmassen eines Landes auf die Volksmassen der anderen Länder unmittelbar einwirken. Intellektuelle können für sich allein so viel nicht leisten. Die Volksmassen Deutschlands und Frankreichs haben angefangen, einander zu suchen und zu durchdringen. Die Propaganda der Nazis hält die Erscheinung nicht auf. Gegen ihren Willen befördert sie die Entwicklung.

Die fessellose Agitation der Naziregierung hat den Erfolg gehabt, daß die deutsche Opposition ihr entgegenarbeitet, und zwar mit den propagandistischen Mitteln, die eine internationale Zusammenarbeit ihr liefert. Das deutsche Volk will seinerseits entdecken, was ihm verheimlicht wird, und es will seine vorgeblichen Feinde kennenlernen, keine Absperrung hält es zurück. Wir wissen, daß unsere Schriften, soweit es gelingt, sie ins Land zu bringen, von den Arbeitern verschlungen werden, und ein wichtiger Teil der Jugend reißt sie sich aus den Händen.

Damit nicht genug, gibt die Nazipropaganda selbst den Weg frei für die Gegenpropaganda. Vor allem die Frontkämpfer: man lädt sie aus Frankreich ein, mit denen drüben einmal wieder zusammenzutreffen, aber kein Gedanke, daß sie alle Faschisten wären. Viele kommen mehr oder weniger bewußt als Agenten ihrer heimatlichen

Volksfront und folglich der Welt-Volksfront. Sie kommen für den Frieden begeistert und voll Abscheu vor dem Krieg: darüber verständigen sie sich leicht mit dem erstbesten ihrer deutschen Kameraden. Die Furcht vor all der Verworfenheit, die mit dem nächsten Krieg ausbräche, verwüstet die Nerven der Europäer, nicht zuletzt der Deutschen.

Es ist klar: die früheren Frontkämpfer der beiden Nationen, die im Wiederholungsfall einander völlig ausrotten sollen, haben etwas, das sie verbindet, das ist der Wille zu leben. Die Naziführer scheinen daran nicht zu denken, wenn sie ihnen, recht unvorsichtigerweise, die Gelegenheit geben, sich auszusprechen. Nachdem die offiziellen Reden erst mal genossen sind, werden traute Bekenntnisse ausgetauscht, und halblaut gibt man Anregungen. Der Fall indessen ist selten, daß ein deutscher Frontkämpfer dem französischen ins Gewissen redet. Eher wird dieser, wenn sie etwas getrunken haben, den anderen nützlich beraten.

»Jagt euer Regime zum Teufel, dann sind Deutschland und Frankreich zusammen die Welt.«

Diese kürzlich berichtete Äußerung zeigt ganz richtig, welcher Weg zu befolgen ist. Frieden bekommt man nur unter dieser Bedingung. Die Freiheit der Menschen hängt davon ab. Sicherung des Lebens, das Wohl der Gesamtheit, eine soziale Ordnung, die endlich gerecht sein soll, alles ist zu haben, aber dies Regime muß zum Teufel gehen. Nur darum sind dem republikanischen Spanien überall her Freiwillige zugeströmt. Dafür aber auch wir im Exil.

DAS GEISTIGE ERBE

Die Literatur ist eine Erscheinung des Lebens. Sie ist das Leben noch einmal – bewußt geworden und befähigt, wie sonst niemals, sich verständlich darzustellen. Die Literatur wiederholt die lebendige Vielfalt, die lebendigen Widersprüche, die Vergeßlichkeit des Lebens. In den größten, nach Raum und Gehalt größten Büchern haben die Träger der dargestellten Welt an einer späteren Stelle ganz vergessen, wer sie früher waren, was sie früher getan hatten. Solche erstaunlichen Stellen, ich denke an eine bei Rabelais, rühren daher, daß inzwischen der Autor auf seinem Erdenweg ein großes Stück weiter gelangt ist, und seine Gestalten mit ihm. Er packt sie dort, wo sie heute sind. Die Literatur und das Leben kennen im Grunde nur das Heute.

Bei Hegel, in seiner Philosophie des Rechtes, steht zu lesen: »Was das Individuum betrifft, so ist ohnedies jedes ein Sohn seiner Zeit; so ist auch die Philosophie ihre Zeit in Gedanken erfaßt. Es ist ebenso töricht, zu wähnen, irgendeine Philosophie gehe über ihre gegenwärtige Welt hinaus, als, ein Individuum überspringe seine Zeit.« Das ist, von vielen Seiten betrachtet, zweifellos richtig, und von anderen ist es falsch. Der Schüler Hegels, Marx, hat gefragt, wie uns eigentlich vergangene, unter grundanderen Zeitbedingungen entstandene Kunstwerke noch etwas sagen könnten. Er hat sich selbst nicht geantwortet, denn tatsächlich: sie sagen uns etwas. Sie betreffen uns selbst, wie die zeitgenössischen Werke uns betreffen, und manchmal mehr, sonst sähen wir sie nicht an. Die alten Werke sind zu ihrer Zeit auch für uns schon gemacht worden. Wie steht es danach um die beschränkte Heutigkeit des Denkens und Bildens?

Wir greifen zuweilen aus unseren Tagen heraus, hinüber und berühren künftige Geschlechter. Dasselbe haben die Alten ohne Absicht vermocht, und am besten, auch wir täten es ungewollt. »Das Belehren, wie die Welt sein soll, dazu kommt ohnehin die Philosophie immer zu spät«, so fährt Hegel fort, und es ist wahr. Mit genausoviel Wahrheit ist zu sagen, daß die Belehrung der Nachwelt zu früh käme. »Was ist, ist die Vernunft.« Was aber sein wird, ist wieder die Vernunft. Nicht, daß man eine künftige Wirklichkeit im voraus dürfte belehren wollen. Ohne Absicht haben dennoch viele sie belehrt, gesetzt, daß die Wirklichkeit gute Ohren hätte. Die Literatur aller Zeitalter wimmelt von Prophezeiungen, die eintreffen, einfach weil einst gegebene Zustände richtig erfaßt worden waren.

Sind die jetzt gegebenen Zustände besonders fragwürdig, dann läßt man, in der Verwirrung oder Empörung, die Stimmen, die geschwiegen hatten, nochmals ablaufen; zitiert werden Spinoza, Herder, Marc Aurel; zu unseren liebenswürdigen Zeiten hat jeder sein Wort beigetragen; jeder weiß auch schon, wo es mit ihnen hinaus will. Dies läßt vermuten, daß die Literatur von jeher dasselbe Leben beschrieben und durch dieselben Erfahrungen dieselben Einsichten erworben hat. Wir sind so klug oder wären es, wenn wir unser eigenes geringes Wissen vereinigen, durchdringen, lebendig machen könnten mit dem ganzen Wissen der Toten. Die Deutschen besonders müßten ungeheuer klug sein. Sie sind die Erben einer Literatur, die ihrerseits alles auf Erden je Erlebte und Gedachte geerbt – und es erworben hat, um es zu besitzen. Die Frage bleibt, ob die Deutschen selbst die Literatur, die sie ererbt haben, auch besitzen.

Wer ist hier überhaupt Erbe und wer Erblasser? Die Toten »besitzen« das Geschlecht dieser vergänglichen Gegenwart; sie haben es erkannt. Die lebenden Deutschen, insofern sie im Lande das Wort führen, besitzen das Vergangen-Lebendige keineswegs, es wäre ihnen zur Last. Die unverfälschte Kenntnis ihrer vergangenen Literatur würde ihnen ihre heutigen Dummheiten sehr erschweren. Sie wollen denn auch nichts wissen und beklagen sich höchstens, daß sie noch immer an historischen Vorstellungen leiden. Mit ihnen fängt die Welt an – ein Irrtum, über den gleichfalls schon die Toten Bescheid wußten. Übrigens könnten bald genug die historischen Vorstellungen große Aktualitäten sein. Das nichts als Gegenwärtige hat keine Zukunft. Die größte Zukunft hat noch das Vergangene und so die Literatur unserer Toten. Wer auf dem kleinsten Stück Erdboden dem Leben der geringen Wesen nachgeht, wird finden, daß sie von ihren Toten leben.

Da die Literatur in allem das Leben wiederholt, ist sie eine Einheit. Ihre Vielfalt, ihre Widersprüche, ihre Vergeßlichkeit ergeben etwas Ganzes. Wo ihr die deutsche Literatur anfaßt, ihre Bemühung ist der Mensch, die Erfassung seiner Natur in ihren Höhen und Tiefen. Kein deutsches Wesen oder deutsches Interesse hat jemals eure Dichter ausschließlich beschäftigt: gerade die bei euch die volkstümlichsten waren, haben alles einbegriffen, was Menschengesicht trägt. »Es ist ein armseliges, kleinliches Ideal, für eine Nation zu schreiben«, das steht in einem Brief Schillers an Körner. Was von den Deutschen, deren Namen und Wort der Welt bekannt geworden sind, zu ihrer Zeit ersehnt wurde, war unfehlbar die Vereinigung der Menschen. Ihre feindselige Trennung war es nie. Leibniz hat den Versuch unternommen, die christlichen Konfessionen wieder zu vereinigen. Er schrieb an Bossuet: »Ausdrücklich brechen wir mit einem Gebaren, das Streitsucht verriete, und ablegen wollen wir die ganze falsche Überlegenheit, die gewohnheitsmäßig jede Partei sich zuspricht.« Von ihm ist der merkwürdige Satz, daß er eigentlich alles für richtig halte, was er lese. Viel später fragt einer der frühen Romantiker, der junge Wackenroder: »Liegt Rom und Deutschland nicht auf einer Erde? Sind die Alpen unübersteiglich? Nun, so muß auch mehr als eine Liebe in der Brust des Menschen wohnen können.«

Novalis in seinem Fragment »Die Christenheit oder Europa« beklagt die verlorene christlich-katholische Einheit Europas und erhofft ihre Wiederkunft. Lessing hatte im voraus geantwortet: »Nicht die Wahrheit, in deren Besitz irgendein Mensch ist oder zu sein scheint, sondern die aufrichtige Mühe, die er angewandt hat, hinter die Wahrheit zu kommen, macht den Wert des Menschen.« Nicht die Wahrheit, sondern den immer regen Trieb nach ihr, auf die Gefahr des Irrtums hin, erbittet er von Gott.

Das sind Äußerungen aus drei Jahrhunderten, und alle sagen das gleiche, ihre Widersprüche verbinden sie nur. Diese Deutschen bekennen ihre Duldsamkeit, obwohl sie Einheit wollen und in ihren Personen die Brücken errichten zu den Konfessionen, den Völkern. Sie haben Frömmigkeit, auch ihr Verzicht auf den unverdienten Besitz der Wahrheit ist ebenso stolz als fromm. Ihre Brust ist »mehr als einer Liebe« fähig, und alles, was sie gelesen haben, war richtig. Wenn kein urteilsloser Kopf so spricht, wie umfassend muß er sein! Die Weisheit der Deutschen, die diesen Namen einst groß gemacht haben, ist insgesamt unermeßlich. Man begreife, daß sie zu ihrem Allmenschentum nicht umsonst gelangt sind; ihre berühmte Humanität führt auf kein willkürliches Gefühl zurück, sondern allein auf den Willen, wahr zu sein. Ehrliche Erforschung und richtige Anschauung sind human. Um die Kenntnis des Menschen bemüht, sind wir menschlich.

Das Verhältnis der geschichtlichen Deutschen zum Staat ist immer dasselbe gewesen. Nicht einer hat geglaubt, daß dem Staat zu dienen wäre, sondern an ihm wäre es, Dienste zu tun. Herder spricht: »Der Mensch ist der erste Freigelassene der Schöpfung: er steht aufrecht« – was sehr nach Protest klingt und an den ersten Satz des »Contrat social« erinnert: »Der Mensch ist frei geboren, liegt aber überall in Fesseln.« Die deutsche Literatur hat keineswegs die Französische Revolution abgewartet, um selbst revolutionär zu sein. Sie war es von Grund auf, in den Ereignissen hat sie sich nur wiedererkannt. Die Humanität ist streitbar von Beruf, was nicht hindert, daß Friedlichkeit ihr Wesen selbst ist. Herder erklärt, merkwürdig genug, wie die Natur selbst den Menschen für Zwecke des Friedens gebildet habe. »Indessen ist's wahr, daß der Bau des Menschen vorzüglich auf die Verteidigung, nicht auf den Angriff gerichtet ist... Seine Gestalt selbst lehrt ihn also Friedlichkeit, nicht räuberische Mordverwüstung: der Humanität erstes Merkmal.«

Man kann den Körperbau des Menschen anders als Herder verstehen, wahrscheinlich mißverstände man ihn. Außerdem ist es klar, daß ein Staat seine Außenpolitik nach der menschlichen Beschaffenheit nur dann einrichtet, wenn ihm an seinen Menschen viel gelegen ist. Er müßte entschlossen sein, durch seine inneren Maßnahmen ihr Glück zu vermehren. In der deutschen Literatur ist dies immer für vernünftig, das Gegenteil für bequem und abscheulich gehalten worden. Herder: »Ein zwar leichter, aber böser Grundsatz wäre es zur Philosophie der Menschengeschichte: der Mensch sei ein Tier, das einen Herrn nötig habe und von ihm das Glück seiner Endbestimmung erwarte. Kehre den Satz um: Der Mensch, der einen Herrn nötig hat, ist ein Tier; sobald er Mensch wird, hat er keinen mehr nötig.« Herder weiß natürlich,

was wir heutzutage umständlich erlernen müssen: der lange Gehorsam unter dem Despotismus gründet sich nicht auf die Übermacht des Despoten, sondern auf duldende Trägheit. »Denn dulden ist freilich leichter als mit Nachdruck verbessern.«
Niemanden verwundert es, daß Lessing gemeint hat, die Staaten vereinigten die Menschen, damit jeder einzelne sein Teil von Glückseligkeit desto besser und sicherer genießen könne. »Das Totale der einzelnen Glückseligkeiten ist die Glückseligkeit des Staates« – heißt die Lessingsche Lehre vom totalen Staat. Kant weiß gleichfalls vom Führergedanken nichts. Er schreibt: »Aufklärung ist der Ausgang des Menschen aus seiner selbstverschuldeten Unmündigkeit. Unmündigkeit ist das Unvermögen, sich seines Verstandes ohne Leitung eines anderen zu bedienen.« Er fordert: »Habe Mut, dich deines eigenen Verstandes zu bedienen«, und nennt es den Wahlspruch der Aufklärung. »Zu dieser Aufklärung wird aber nichts weiter erfordert als Freiheit: die Freiheit, von seiner Vernunft in allen Stücken öffentlich Gebrauch zu machen.« Demgemäß wendet sich Friedrich der Große an Voltaire, denn er ist nun einmal sein Freund und ein Zeitgenosse der Aufklärung. Dieselbe Richtung halten seine Bücher.
Friedrich: »Wahrung des Rechts ist eines Herrschers erste Obliegenheit. Über alles soll ihm seiner Völker Wohlfahrt gehen... Der Herrscher, weit entfernt, der unumschränkte Gebieter über seine Untertanen zu sein, ist nur ihr erster Diener, das Werkzeug ihres Glücks.« (»Antimachiavell«.) »Meine Hauptbeschäftigung besteht darin, in den Ländern, zu deren Beherrscher der Zufall der Geburt mich gemacht hat, die Unwissenheit und die Vorurteile zu bekämpfen... und die Menschen so glücklich zu machen, als es die menschliche Natur und meine Mittel gestatten.« (An Voltaire.) »Es ist eine Vergewal-

tigung, wenn man den Vätern die Freiheit nimmt, ihre Kinder nach ihrem Willen zu erziehen ..., während die Väter wollen, daß ihre Kinder Katholiken werden wie sie selber.« (»Abhandlung über Vorurteile«.) Nun, dies ist Aufklärung; auch ein Selbstherrscher mußte sich zu ihr bekennen, um auf der Höhe zu sein. Voltaire hat dem König nicht getraut: er spucke in die Suppe des Despotismus, um sie anderen zu verleiden.

Wilhelm von Humboldt, nachher Kultusminister in Preußen, ist ganz unverdächtig, wenn er diese Worte hinsetzt: »So schien mir die vorteilhafteste Lage für den Bürger im Staate die, in welcher er zwar durch so viele Bande wie möglich mit seinen Mitbürgern verbunden, aber sowenig wie möglich von der Regierung gefesselt wäre. Denn der isolierte Mensch vermag sich ebensowenig zu bilden als der in seiner Freiheit gefesselte.« Freiheit, Bildung, der Vorteil des Bürgers – und man wolle ermessen, was es heißt, hierauf bedacht zu sein, während Deutschland im Krieg gegen Napoleon lag. Der äußere Befreiungskrieg war für die Besten der Zeitgenossen, die zugleich die einflußreichsten waren, für Humboldt und den Freiherrn von Stein war er kein Vorwand, um die innere Unfreiheit zur vaterländischen Pflicht zu erheben. Das ist später gekommen, als der Begriff des Nationalen schon entartete. Der überlieferte und allem legitime Begriff des Nationalen ist abgeleitet aus der menschlichen Befreiung und ergießt sich in dieselbe Humanität, die deutsch zu allen Zeiten ist.

Novalis, wahrhaftig kein Aufklärer, bekennt sich zur Republik. »Wo junge Leute sind, ist Republik. Der Staat wird zuwenig bei uns verkündet. Es sollte Prediger des Patriotism geben. Jetzt sind die meisten Staatsgenossen auf einem sehr gemeinen, dem feindlichen sehr nahekommenden Fuße zu ihm. Das ist ein eigener Reiz der Repu-

blik, daß sich alles in ihr viel freier äußert.« Freiheit und Vaterland, nie eins ohne das andere. Die gesamte Literatur der Deutschen war vorbereitet gewesen auf die Revolution. Kant, der den ewigen Frieden für vernünftig und erreichbar hielt, ist vor der Französischen Revolution nicht zurückgeschreckt, weil sie Blut vergoß. Hölderlin, der die Helden verehrte, nahm unter sie Jesus und den Konvent auf. Als es für die Revolution am ungewissesten stand, war er bereit, die Feder hinzuwerfen und kämpfen zu gehen. Deutsche, die jetzt in Spanien für die Freiheit kämpfen, bleiben im Zuge ihrer großen Literatur, und nicht die anderen. Deutsche, die Sowjetrußland nehmen, wie es ist, wissen genug, wenn sie es für den größten Versuch der unbedingten Befreiung der Menschen nehmen. Kant würde es dafür hinnehmen.
Die großen Deutschen haben in Zeiten, die oft so schwierig wie diese schienen, das Endziel beachtet, das ist das Menschenglück. Zeugen werden sie, was auch geschieht, gegen die Macht, die sich überhebt. Ihre Sache ist die Vernunft und nicht der Gehorsam. Ihre Sache ist eine tiefe innere Welt, was die blinde Unterwerfung unter äußere Gewalten ausschließt. Die ersten Protestanten haben in ihre Schulen das Lateinische eingeführt, zum Zeichen ihrer Verbundenheit mit der gesamten Zivilisation. Die ganze Kultur der großen Deutschen, ihr Wunderwerk von Einheitlichkeit in der Vielfalt, will auf die Erziehung jedes einzelnen hinaus, sein höchstes Maß und seine Würde. Das ist revolutionär von jeher, wie das Leben und wie die Wahrheit – drücke man es mit Goethe aus: »Höchstes Glück der Erdenkinder ist doch die Persönlichkeit« oder mit Schiller, »Würde des Menschen«: »Freunde, nichts mehr von ihr, zu essen gebt ihm, zu wohnen! Habt ihr die Blöße bedeckt, gibt sich die Würde von selbst.«

KULTUR

Der Volkskulturtag in Reichenberg ist eine gemeinsame Veranstaltung von Deutschen und Tschechen, die ihre Gesittung verteidigen. Es ist dieselbe für alle. Tschechen und Deutsche bewohnen ein altes Land mit geschichtlichen Überlieferungen, und diese gehören der ganzen Bevölkerung. Sie besteht aus Nachkommen der Hussiten, die Gewissens- und Freiheitskämpfer gewesen sind. Es ist niemals nachzuweisen, wieviel vom Blut der Vorfahren in ihren späten Söhnen noch umläuft. Unzerstörbar bleibt das geistige Erbe. Wofür man Seite an Seite gekämpft hat vor Hunderten von Jahren, das entscheidet.

Die eigenen Kämpfe der Völker waren immer Gewissens- und Freiheitskämpfe. Es gibt keine anderen. Kein Volk hat von selbst die anderen überfallen; keines hielt Raub und Eroberung für seine wirkliche Angelegenheit. Eroberung und Raub sind von jeher das Ergebnis von Machenschaften, die Völker hat es nie danach verlangt. Die Völker haben immer gewußt, daß der eigene Boden ihnen genügt hätte, wär er nur gerecht verteilt und gelangten die Früchte der Arbeit in die Hände, die gearbeitet haben. Die erste Vorbedingung ist, frei zu sein. Sein Recht bekommt nur ein freies Volk. Daher sind die Gewissens- und Freiheitskämpfe der Völker ihre einzigen echten.

Das Denkmal dieser Kämpfe ist die Kultur. Der Ausdruck heißt Pflege, Menschenpflege. Es heißt keineswegs Spielerei und Müßiggang. Für die Freiheit kämpft man mit dem Wort und mit dem Schwert. Bevor das Schwert der Freiheitskämpfer dreinschlug, hatte jedesmal ihr Wort schon getroffen. Andererseits folgt auf jeden Freiheitskampf eine große Literatur. Am Anfang des Huma-

nismus stehen gepanzerte, wie Hutten. Das späte Denkmal ihrer Freiheitsbewegung haben die Deutschen, haben auch andere Völker in ihren Klassikern.
Die klassischen Denker und Dichter sind die Vollstrecker der Geschichte. Sie geben dem wesentlichen Erlebnis ihres Volkes den vollkommenen Sinn und verewigen den Anspruch des Menschen. Sein Anspruch ist die Freiheit und ist, vermittels der Freiheit, das erreichbare Erdenglück. Goethe beginnt mit dem Götz, einem Krieger, der mit dem Volk geht. Die endgültige Erscheinung Goethes ist der alte Faust: der Mensch selbst, in seiner vollendeten Gestalt. Kultur ist Menschenpflege, und wenn sie köstlich war, war sie Müh und Arbeit. Hutten oder Faust und Götz wie Goethe: lauter Namen aus harten Kämpfen.
Die Hasser und Verfolger der Kultur wissen, was sie tun. Ihr dumpfer Sinn verrät ihnen so viel, daß die Menschheit in ihrem gesamten Geisteswerk gegen sie zeugt. Wohin sie immer kämen, der Feind, den sie niederschlügen, wären die Geisteskämpfer. Völker, die noch frei sind, blicken heute auf Wien: dort haben sie vor Augen, wie das aussieht, unter das Joch der Menschenfeinde zu geraten. Die Gefahr ist nicht allein, daß einige Gelehrte den Martertod sterben, wenn nicht das entsetzte Ausland sie mit barem Gelde loskauft. Die Gefahr ist die allgemeine Entwürdigung, Knechtung und Verfinsterung, der geistige Tod. Voraus geht der geistige Tod; was übrigbleibt, ist die Abschlachtung der Leiber in nichtswürdigen Kriegen.
Dies sind die Tage der Entscheidung. Sehe jeder, wie er's treibe. Wer etwas nachläßt von seinem Gewissen und sich seiner Freiheit begibt, der rennt in das Verhängnis. Sehe jeder, wo er bleibe. Man behaupte sich mit einer überlieferten Kultur oder gar nicht. Kultur ist kein geruhsamer Genuß, heute weniger als je. Auf ihre alleräußerste

Verteidigung sei jeder bedacht, und, wer steht, daß er nicht falle. Man ist glücklich, an Beispielen festzustellen, daß die Welt der Gesittung und Menschenpflege weit entfernt ist, sich verloren zu geben. Im Gegenteil macht der Ansturm des Hasses sie tapfer.

In dem fernen Argentinien weiht eine freie deutsche Schule ihr eigenes Gebäude ein. Die Schule ist gegründet und zur Blüte gebracht worden inmitten von Verfolgungen, Boykott, Mordanschlägen von seiten der Agenten des Dritten Reiches. Die Zeit ist wiedergekehrt, als die deutschen Humanisten des sechzehnten Jahrhunderts streitbar sein mußten, um die Wissenschaften zu lehren. Die Stadt Reichenberg erlebt fast gleichzeitig den Volkstrauertag, eine gemeinsame Veranstaltung von Deutschen und Tschechen, die ihre Gesittung verteidigen.

ÜBER GOETHE

Alle Berichte sagen, daß an den deutschen Hochschulen eines der größten Themen jetzt Goethe heißt. In den Vorlesungen kann das Wesentliche nicht ausgesprochen werden; um so dringlicher ist man außerhalb der Öffentlichkeit bemüht, den Ersten aller Deutschen zu erkennen. Natürlich gibt es Lehrer, die den Schülern ehrlich helfen. Ehrliche Deutsche aller Stände fehlen nie, nur öffentlich ist ihnen derzeit der Mund verschlossen.
Goethe war sonst kein Problem; jeder Deutsche hat seinen Anteil an dem vornehmsten Beispiel gehabt – die Nation hat keinen Gipfel über diesem. Der Dichterfürst wurde mit gutem Gewissen gelesen; jedem stand frei, aus ihm zu lernen, an ihm sich zu erbauen. Das durften die kleinen Leute an ihrer bescheidenen Stelle, und was das beste ist, sie waren hierin vereint mit den Zierden der Kultur. Als der Physiker Helmholtz, Exzellenz, einstmals zu Hofe gehen sollte, wurde er vermißt, und man fand ihn mit einem Buch. »Ich habe im Goethe gelesen«, sagte er.
Goethe kann in diesem Deutschland nicht mehr mit einfacher Hingabe gelesen werden. Dem Leser schlägt das Gewissen, und Fragen beunruhigen ihn. Er sieht: Hier ist ein vollkommen freier Geist – folgte immer seinem inneren Gesetz, das Wahrheit und Menschlichkeit war. Er fragt: Bei uns aber ist die Humanität eine Schande geworden? Unerlaubte Wahrheiten zu denken führt ins Verderben? Er sieht: Hier ist ein Weltbürger, der Erfinder des Begriffes »Weltliteratur«, der Verehrer eines Kaisers, der kein Deutscher war, der Freund Frankreichs. Er fragt: Dies alles sollte heute verbrecherisch sein? Wir sollen der Feind der meisten Völker sein, wenn nicht al-

ler, und lesen können wir kaum noch unsere eigene, ererbte Literatur?

Das gerade verwundert den jungen gutwilligen Menschen, der seine Lage und die Lage seines Landes bedenkt. Da er und das Land die Freiheit nicht haben, wird ihm um so eher bewußt, daß die klassische Literatur der Deutschen, von Herder bis Hölderlin, eigentlich ein einziger Hymnus an die Freiheit ist. Wie wär es denn anders? Humanismus und Freiheit setzen einander voraus und folgen aufeinander. Was in Deutschland überhaupt bestanden hat an politischer Freiheit, Menschenrecht und nationaler Würde, kann gar nicht fortgedacht werden von unseren Denkern und Dichtern. Wer Würde, Recht und Freiheit aufhebt, trennt die Nation von ihren Besten. Da habt ihr den Grund, falls er euch nicht bekannt wäre, Studenten, warum ihr Goethe nur mit Unruhe lest.

Einige seiner Sätze sind mit der Überschrift »Im Geiste Goethes« gesammelt worden. Damals war Mai, jetzt ist November, aber immer noch kommt man in Deutschland auf diese Auswahl von Sätzen zurück: eine solche Unruhe erregt der Erste der Deutschen, sobald von ihm ein Wort fällt. Anstatt der angeführten hätten es andere Worte sein können. Der ganze Goethe widerspricht dem heutigen Zustand seines Volkes gündlich. Die beauftragte Presse greift nicht ihn selbst an: das heißt einen Tatbestand aufdecken – ach, er bleibt besser im dunkeln.

Die beauftragte Presse trägt an ihrem Kopf die verschiedensten Namen, hat aber eigentlich den einzigen Titel: »Das schlechte Gewissen«. Sie weiß sehr wohl, daß an den Hochschulen kein gefährliches Problem umgeht und daß kein Antifaschist es aufgeworfen hat, sondern Goethe. Indessen hält sie sich daran, daß eine antifaschistische Zeitung beliebige Aussprüche Goethes wiederholt hat: ersichtlich ohne jede Absicht, Goethe zum Parteimann zu machen. Er ist der Mann der Nation, des vornehmsten Ausdrucks, den sie einst gefunden hat und heute nicht finden dürfte. Wer Goethe liest, mitteilt – und darüber versäumt, zu Hofe zu gehen –, was tut er? Er vereinigt sich mit der Nation.

»Glauben Sie ja nicht, daß ich gleichgültig wäre gegen die großen Ideen Freiheit, Volk, Vaterland.« Das ist Goethe, und das sind jederzeit und trotz allem die Deutschen von Geblüt, da Geblüt keinen anderen Sinn haben kann als den eines edlen und freien Geistes. Volk und Vaterland bedeuten nichts ohne die Freiheit – die Goethe ihnen voranstellt. In demselben Gespräch hat er gesagt, daß Wissenschaft und Kunst der Welt angehören, vor ihnen verschwinden die Schranken der Nationalität. Er hat nicht angenommen, diese Schranken könnten dereinst dennoch aufgerichtet werden, und sogar innerhalb der Schranken wäre ihm verboten, nach seinem Gewissen zu erkennen und zu bilden. Er geht weiter: auch der Trost durch Wissenschaft und Kunst »ersetzt das stolze Bewußtsein nicht, einem großen, starken, geachteten und gefürchteten Volk anzugehören«.

Mit anderen Worten: er hätte damals gewünscht, Franzose zu sein. Der Kaiser, sein Freund, forderte ihn auf, seinen Wohnsitz in Paris zu nehmen, und er hat daran gedacht. Nach dem Sieg des deutschen Nationalismus war er verdächtig und hat für sein Leben gefürchtet. Weimar – unterschied sich von einer inneren Emigration nur allenfalls durch die amtlichen Würden des Emigranten. Der deutsche Nationalismus verstand es von je, die edlen Geister auszustoßen, und nachgerade tut er mehr. Der deutsche Nationalismus gleicht keinem anderen. Für ihn allein schließen Macht und Freiheit, die staatliche Macht und die menschliche einander aus.

Angesichts des »Reiches«, das er niemals ohne Anführungsstriche schrieb, hat Friedrich Nietzsche wörtlich vorhergesagt: »Die Deutschen selber haben keine Zukunft« – was Verzweifelte um so eher jetzt behaupten mögen: wir nicht. Wir glauben mit Goethe an die Zukunft Deutschlands, da es ohne schimpfliche List und ohne billige Gewalttaten wahrhaft stark und weniger gefürchtet als geachtet sein wird. Zu uns spricht Goethe: »Ich halte ihn so fest als Sie, diesen Glauben. Ja, das deutsche Volk verspricht eine Zukunft und hat eine Zukunft.«

SAMMLUNG DER KRÄFTE

EINE GROSSE NEUHEIT

Wir schreiben heute nicht allein aus Liebe zur Schönheit und Richtigkeit: sondern um der unmittelbaren Wirkung willen. Hier wird gezeigt, was der französischen Öffentlichkeit über Deutschland zu sagen ist – eigentlich, woran sie nur erinnert zu werden braucht. Denn sie ist bei weitem die bestunterrichtete Öffentlichkeit; sogar die deutsche Linke kann von ihren französischen Freunden noch Tatsachen erfahren und Pflichten lernen. Mit denselben Worten wollen wir die einen zwingender wissen lassen, was vorgeht, und den anderen überbringen, was von ihnen erwartet wird.

Anfang Herbst sollen im Dritten Reich die politische und die Wirtschaftskrise viel schärfer werden, die Scheinblüte infolge der Aufrüstung wird vorbei sein. Streiks brechen schon jetzt aus, was nicht zu verwundern wäre, wenn eine »Gefolgschaft« ihren »Werkführer« unsinnig reich werden sieht, sie selbst aber hat nur noch ein Hungerleben. Unerhört sind die Streiks in einem terroristischen Staat. Noch dazu sieht man dieses Ungeheuer an Kraft und Gewalt schwach werden gegenüber einigen tausend Arbeitern. Lohnfragen waren allerdings der Anlaß, weshalb die Arbeiter den Kampf eröffnet hatten. Über ihre Stimmung täuscht sich dennoch niemand: das Proletariat glaubt den Zeitpunkt gekommen, um etwas zu unternehmen gegen den Feind, der es so lange hat rechtlos machen dürfen.

Andererseits haben auch die Studenten das Regime satt bekommen, sie, einst seine besten Stützen. Jetzt haben sie sich angewöhnt, knechtischen Professoren offen zu bekunden, was für eine klägliche Meinung sie von ihnen haben. Auch sonst ist unverhohlene Verachtung die Waffe der

Intellektuellen geworden – sofern sie endlich erkannt haben, daß Todfeindschaft gegen den Intellekt das Wesen des Regimes ist. Alles zusammen, die Arbeiter mit ihrem neuen Kampfesmut, die Intellektuellen und ihre Verachtung, die Widerstände von seiten der gläubigen Christen und der früheren Frontkämpfer, sogar ungeordnet und ohne gemeinsame Führung ergibt das eine beträchtliche Gegnerschaft und ohne Führung muß sie nicht bleiben. Fehlt nur noch die Hungersnot; aber schon vorher ist alle fromme Scheu gewichen, entblößt ihres mystischen Ansehens, stehen sie urplötzlich da, der totalitäre Staat, die herrschende Schicht, ja, der »Führer« selbst. Kein Wunderglaube deckt ihn mehr.
Ihrem Prestigeverlust begegnet diese Gesellschaft mit neuen Verfolgungen, die übrigens aussehen wie die alten, höchstens krampfiger, noch verlogener, noch kopfloser. Provozieren und dann niederwerfen: so regieren Spitzel, wenn sie zur Macht kommen; die nationalsozialistische Diktatur hat es nie anders gewußt. Lügen mit Lautverstärker, so hofft sie ihre zahlreichen Feinde uneinig zu erhalten und sie alle zu überleben. Glücklicherweise hat die herrschende Partei damit vor allem erreicht, daß sie selbst in den Fugen kracht, und zwar schon längst. Der famose dreißigste Juni, ein Familiengemetzel, bezeichnet nur eine Haltstelle. In der Folge scheinen sich geheime Rächerbünde gegründet zu haben; ihre Aufgabe ist, alles umzubringen, sogar Mitglieder der schrecklich geheimen Staatspolizei. Geheim gegen geheim: echt Drittes Reich. Daneben sehe man die Herrschaften Schacht und Goebbels einander mörderisch verfolgen. Das Wesen dieser Diktatur ist unwandelbar dasselbe: ohnmächtige Tobsucht.
Unfähig, sich zu erneuern, läßt das Regime auch jetzt wieder seinen Mut an den Harmlosesten aus; das sind die

Juden. Die ganze Nation, nicht einmal ausgenommen die bewährtesten Schurken der Partei, macht Miene, aufzustehen, vielleicht auseinanderzufallen; ihre Herren und Meister aber stürzen sich mit verdoppelter Wut auf eine schwache Minderheit, die aus allem herausbleibt. Ob die in Deutschland verbliebenen Juden da sind, ob auch sie noch sämtlich verschwinden, an der gegebenen Lage ändert es gar nichts. Verächtlicher kann ein Ablenkungsmanöver nicht sein; an ihm ist abzulesen, wie verzweifelt es schon steht um die Sache der Diktatur. Sie hat keinerlei Hoffnung, die »Reaktion« zu besiegen oder mit der katholischen Kirche fertig zu werden. Nachdem sie so oft, in Reden, über den Kommunismus triumphiert haben, gestehen diese Schreckensmänner jetzt ein, daß es damit nichts war; sie verlegen sich wieder aufs Drohen und köpfen immer öfter. Der Schrecken ist kein Regierungssystem, mit dem man ewig dauert. Dieser Staat ist unterwühlt von den verschiedensten Kräften; für sie alle ist es das erste Mal seit dem Aufstieg Hitlers, daß sie die Möglichkeit, ihn zu stürzen, auch nur ins Auge fassen.
Noch kürzlich dachte daran niemand. Wenigstens für eine nahe Zukunft rechnete man nicht mit dem Ende eines Regimes, dessen einzige Bemühung grade gewesen war, sich unerschütterlich festzusetzen. Es wollte dauern, ohne etwas zu leisten, und hat sich den Menschen aufgedrängt bis in ihr privatestes Dasein, ohne daß sie dafür entschädigt worden wären mit einem noch so bescheidenen Glück, mit einem Glauben, der das Leben lohnt. Sklavendienst, vorgeblich für die Rasse, in Wirklichkeit für Ausbeuter, lange verlangt man das nicht ungestraft. Die schlechten Instinkte von seinesgleichen herauszufordern ist auch nicht das richtige Mittel, durch das man sie unbegrenzt in die Hand bekommt. Es läßt sich nicht behaupten, daß schlechte Instinkte, wenn sie einmal ge-

weckt sind, leicht wieder einschlafen. Aber ein sittlich zerrüttetes Volk weiß seinen Führern dafür keinen Dank. Zur Zeit der ersten Aufreizungen zur Gewalt freuten sich die liederlichen Massen ihrer eigenen Hassesorgie, sie jubelten denen zu, die sie losgelassen hatten. Beim zehnten Pogrom und der tausendsten Hinrichtung durch das Beil sind sie so weit, daß sie nur noch Verachtung haben, für die Anstifter wie für sich selbst. Eines nicht mehr fernen Tages werden dieselben Massen nichts sehnlicher wünschen, als ein Regime, das sie schändlich mißbraucht hat, in die Luft zu sprengen. Die Meinung ist durchgesickert, man weiß nicht wie, für das Regime hätte seine kritische Periode jetzt begonnen. Diese Meinung schafft eine Tatsache – mögen übrigens die gegebenen Eindrücke bis jetzt ungreifbar und nur zum Teil, wie gezeigt wurde, materieller Art sein. Die moralischen Faktoren sind imponderabel, wiegen aber scheinbar täglich schwerer.
Ich habe, vom Beginn der nationalsozialistischen Diktatur an, immer wieder ihre physiologischen Gebrechen hervorgehoben als die voraussichtlichen Ursachen ihres schließlichen Mißlingens. Ein Regime kann nicht begründet, besonders nicht für die Dauer begründet werden mit Hysterikern und anderen Minderwertigen. Dennoch hatte ich, nach traurigen Erfahrungen, die besondere Geduld der Deutschen mitberechnet. Sie hat einige Verwandtschaft mit der Geduld der Juden. Immer lebten die Deutschen unter der Zuchtrute mächtiger Herren, sie neigen zur Anbequemung an jede Macht und legen nicht übertrieben viel Wert auf Gerechtigkeit – die sie »abstrakt« nennen. Immerhin scheinen diesmal ihre Tyrannen das Maß überschritten zu haben. Nach zwei und einem halben Jahr sind diese bei einem Zustand von Hinfälligkeit angelangt, unverkennbarer als einst der Verfall

des Kaiserreiches nach vier Jahren unglücklicher Anstrengungen. Dies Regime trägt Züge wie eines Sterbenden, das ist deutlich sichtbar, niemand bezweifelt es mehr; sich selbst überlassen, würde die Diktatur an Erschöpfung eingehen. Nun gebrauchen allerdings die Generäle sie für ihre Berufsinteressen. Was ihr außerdem das Leben verlängert, ist die Furcht vor dem Chaos.

Die Furcht vor dem Chaos, das vermeintlich dem Sturz des nationalsozialistischen Regimes folgen muß, wirkt im Innern, aber es sieht auch so aus, als läge es mit an ihr, wenn gewisse fremde Mächte diesem grauenhaften Regime offene Gefälligkeiten erweisen. Um so nachdrücklicher muß erklärt werden, daß mit dem Ende Hitlers keinerlei Chaos zu erwarten ist. Umstände, die noch nicht klar liegen, werden darüber entscheiden, ob etwas tiefer greifende Reformen möglich sind. Nur eins ist sicher vorauszusehen: die Greuel werden augenblicklich aufhören. Unvorstellbar scheint ein zivilisiertes Land, das es bedauern würde, wenn die Verbrechen gegen die Zivilisation abgestellt werden. Sie sind im Übermaß verübt worden, man könnte daran genug haben. Wer einem barbarischen Staat künstlich das Leben verlängerte, würde ein eingebildetes Chaos, vor dem er sich schützen möchte, selbst zur Wirklichkeit machen. Nicht nach Hitler: noch während seiner immer tolleren Herrschaft droht das Chaos dem Lande, das dem Machträuber ausgeliefert ist. Sein Dasein, nicht sein Verschwinden bildet die Gefahr für die Sicherheit der anderen.

Nun geschieht es, daß Menschen außerhalb der deutschen Grenzen die Gefahr erkennen und danach handeln. Es sind Franzosen. Bei einer Massenversammlung in Montreuil haben die Volksfront und alle darin vertretenen Organisationen beschlossen, an die deutschen Gruppen der Hitlerfeinde einen Ruf zu richten, damit die sich

einig werden über ein gemeinsames Vorgehen. Da sie selbst alles Trennende beiseite gestellt haben, um das unvergängliche Gut der Freiheit zu verteidigen, geben diese französischen Kleinbürger und Arbeiter den Deutschen gleicher Klasse den dringenden Rat, es zurückzuerobern und deshalb einig zu sein. Sie meinen ungefähr dies:
»Mit politischer Einsicht und Entschlußkraft sind wir eher begabt als ihr; wir zögern nicht länger, uns in eure Angelegenheiten zu mischen. Wir tun es im eigensten Interesse einer Sache, die uns alle beide angeht, und das ist die Sache der Demokratie. Da hält kein Nichteinmischungsprinzip stand. Schluß damit. Ihr seid Sozialisten oder soziale Katholiken. Ihr seid besitzlose Arbeiter oder Leute mit ganz geringem Besitz, auch nur Arbeiter. Wir fordern euch auf, eure überlebten Klassenvorurteile endlich zu vergessen und anzugreifen: alle gemeinsam – den Feind, der euer aller Feind und der auch unserer ist. Wenn er der Welt noch lange zeigt, wie sich unterdrücken läßt, dann wird auch für uns die Gefahr immer größer, unsere Freiheiten zu verlieren. Wird er nicht bald unschädlich gemacht, dann kommt Krieg. Das alles betrifft nicht ausschließlich euch. Wir beschwören euch, einig zu sein, bis ihr euch später mit uns vereint.«
Da vollzieht sich eine große Neuheit. So war von Land zu Land noch nicht gesprochen worden. Am wenigsten hatten Mehrheitsvertrteter einer nationalen Demokratie jemals bis dahin solche dringenden Ermahnungen gerichtet an Leute ihresgleichen, die nur zufällig anderer Nationalität sind. Diese Neuheit, die wer weiß wohin führen kann, hat sich zugetragen am 23. Juni 1935. Den Tag sollten wir uns merken.

ES KOMMT DER TAG

Die Justiz des Dritten Reiches arbeitet im geheimen. Seine politischen Prozesse spielen hinter verschlossenen Türen; und einem Regime, das zu viele Gegner hat, wird jede ihrer Lebensäußerungen zum todeswürdigen Verbrechen. Hinrichtungen veranstaltet dasselbe Regime in Gefängnishöfen, nahezu unsichtbar. Denn es will zwar Schrecken verbreiten, aber die wahnsinnige Zahl der Getöteten darf nicht eingestanden, sie soll nur geahnt werden. Soweit ist das Regime drei Jahre nach der bewußten Machtergreifung, die es noch immer tagtäglich im Munde führt. Wer mit der Macht etwas Richtiges angefangen hätte, spräche längst nicht mehr von ihrer Ergreifung. Diese Machthaber haben aber aus Deutschland vor allem einen Richtplatz gemacht. Das Eigentliche, Letzte über das Deutschland dieser Zeiten ist von den Büchern der Gefängnisverwaltungen abzulesen. Das wurde in den drei schändlichsten Jahren seiner Geschichte aus seinen Menschen. So enden die Tapfersten. Dahin führt die natürliche Geradheit, die schlichte Beharrlichkeit dessen, der gar nicht anders kann, als der größten Masse Deutscher zu dienen; Genossen oder nicht, er steht für sie ein. Der rote Helfer Rudolf Claus ist gestorben, wie sie sterben, auf dem Block, bis zuletzt das Haupt erhoben, die Stirne rein, und grade darum müssen solche Köpfe auf den blutigen Boden dieses Reiches rollen.

»Uns war er mehr.« Ein Mann wie dieser ist uns allen mehr als ein anderer Toter, nicht von Partei wegen, sondern als ein Vorbild der Festigkeit und als ein Zeuge, daß der Tag kommt. An ihm war sogar von seinen Feinden und Richtern nichts Strafwürdiges gefunden worden: nur seine Gesinnung. In ihrem Namen tat er Gutes, das kostet den Kopf im Reich der Bösartigen. Als Kriegsteilnehmer hatte er nur eine Hand verloren; erst in dem Lande, das er verteidigt hatte, nahm man ihm das Leben. Das alles, diese Einzelheiten eines sinnvoll zusammengerafften Schicksals bewegen heute hunderttausend Gemüter – abgestumpft, trostlos in das Unheil ergeben, wie manche schon waren; bewegen sie, rütteln sie auf, und Hunderttausenden öffnet sich der Geist anstatt des einen, dessen Augen schon zerfallen. Seht! Ihr Machthaber, das sind die Hunderttausend, die nachrücken, gleichviel ob ihr Machthaber andere Hundertausend wegen verbotener Gesinnungen in eure Folterkeller schickt oder auf den Block. Euer Blutdurst, ihr Machtergreifer, sorgt selbst für den Zuwachs, ihr könntet gar nicht anders, da es euch nur noch um gezählte Stunden geht. Hunderttausende von Verhaftungen und kein Ende; tödliche Mißhandlungen ohne Gnade und Unterlaß, im Lager muß Platz werden! Aufgerichtet aber als euer Sinnbild über allem das Beil! Wie lange kann euer Regime noch vorhalten, ihr Ergreifer und Haber? Ihr weißt es genauer als eure künftigen Besieger, die zu viele sind und einander noch nicht alle zählen. Euch verengt sich eure frühere Massenbasis, das ängstigt euch. Ihr habt Elend um euch her verbreitet, und zum lebendigsten Gefühl habt ihr den Haß gemacht; jetzt fürchtet ihr das Elend und den Haß. Da ihr seht, die besten und opferbereitesten Söhne und Töchter des Proletariates füllen den Organismus ihrer kämpferischen Klasse wie je, und Mittelstand wird mit hineingezogen, und Jugend strömt hin – da ihr es seht, erfaßt euch selbst der Schrecken, mit dem ihr herrscht. Ihr seid gezeichnet. Es kommt der Tag.

Die Ermordung des BVG-Angestellten Claus durch nationalsozialistische Richter hat nicht nur allgemeine Folgen gehabt. Aus diesem Anlaß geschah in der Öffentlich-

keit und vor aller Welt der erste gemeinsame Schritt deutscher Sozialdemokraten und Kommunisten. Er geschah am 20. Dezember 1935, vermerken wir den Tag, den spätere Geschichtsberichte nennen werden. An ihm vollzog sich tatsächlich die Einheitsfront der Sozialisten; mit ihr aber beginnt die Volksfront der Deutschen. Man kann der Gesetzmäßigkeit des Vorganges vertrauen und darauf, daß auf eins das andere folgt. Wenn Menschen widerstehen, handeln Tatsachen. Die Führer der beiden sozialistischen Parteien hatten einander vieles vorzuwerfen; ohne die eingetretene Entfremdung der Arbeiterführer gäbe es wahrscheinlich kein Drittes Reich. Die Wiederannäherung nun ist am tätigsten von den Kommunisten betrieben worden – höchst verständlicherweise. Sie hatten niemals regiert und begreifen, nach Ablauf einer gewissen Zeit des Zornes, daß sie die weniger Unglücklichen sind. Ihr illegaler Anhang im Lande hat todesmutig den Mörderstaat unterwühlt, ihnen gehören von den Hingerichteten die meisten. Sie sind nur besiegt, nicht gedemütigt. Auch bilden die Kommunisten den Teil des deutschen Sozialismus. Sie müssen nicht, um ihren Mut aufzurichten, in die Geistesgeschichte des Proletariates zurückgreifen: die lebendige Gegenwart versieht sie von selbst mit Kraft; sie haben einen Staat auf Erden, der sie rechtfertigt und bezeugt. Dort erhebt sich die Macht der Sowjetunion, die Macht eines Weltteils anstatt der sehr bedingten, sehr fragwürdigen eines mittleren Reiches, das, in vollem Niedergang begriffen, sich wichtig machen will mit seiner Rettung des Weltkapitalismus. Das Lebensgefühl der deutschen Kommunisten ist schwerlich das von Besiegten.
Die Sozialdemokraten haben es schwer, zu vergessen. Die Verantwortlichen bei ihnen stehen seit drei Jahren unter Anklage, und schon vor dem Zusammenbruch der Repu-

blik, die sie mit verwalteten, wurden sie Verräter genannt. Sie sind indessen niemals Verräter gewesen – nicht für ihr eigenes Gewissen, und das allein entscheidet. Sie haben sich an die Verwaltung der Republik verloren; aber grade die besten Verwalter werden geneigt sein, den Gegenstand ihrer Bemühungen als dauerhaft anzusehen. Ihr Gefühl für die immer gegenwärtige Gefahr läßt nach, und den Kampf verlernen sie. Dann wird auch eine Niederlage, die man erleidet, durchaus unverständlich. Sie macht eher selbstgerechter. Was hatte man denn versäumt? Innerhalb der demokratischen Spielregeln war doch alles Mögliche geschehen, darüber hinaus aber beginnen die Wüste und der Wahn. Für Geschlagene, die nur infolge ihrer besseren Gesittung geschlagen wurden, ist es schwer, bis zur wirklichen Reue vorzudringen. Die Sozialdemokraten haben es endlich dennoch gekonnt, und noch mehr als das. Sie finden die angeborene Farbe der Entschließung wieder. Der erste Entschluß in ihrer Lage muß sein, Beleidigungen nicht länger nachzurechnen und aus der empfangenen Demütigung eine neue Kraftquelle zu machen. Der zweite Entschluß wäre, den bisher feindlichen Kameraden ihre Versöhnlichkeit, ja, eine innere Wandlung zu glauben. Die wollen auf einmal Demokraten sein! Gewiß, und so seid ihr selbst jetzt wieder Revolutionäre, was euer dritter, aber nicht der schwerste Entschluß ist. Man kann es von weniger Erlebnis werden. Wenn nun die kommunistische Revolution nicht einmal ausgebrochen, die sozialdemokratische Legalität dagegen vergewaltigt ist, was bleibt? Was bleibt als fruchtbares Bekenntnis allein übrig und drängt sich als lebendige Kraft den Geistern auf? Die revolutionäre Demokratie. Sofern nicht alles täuscht, ist sie die Formel, in der sich die beiden proletarischen Parteien finden und vereinen.

Revolutionäre Demokratie, sie ist das zeitgemäße Bekenntnis, weil sie im wirklichen Leben sich ganz von selbst durchsetzt, dank dem Druck des Mörderstaates. In Deutschland bahnt eine große Solidaritätsbewegung sich an, sie »führte in verschiedenen Teilen des Landes zur Schaffung von Solidaritätsausschüssen und zu gemeinsamen Hilfsaktionen für die verhafteten Klassenbrüder und ihre Familien«. So zu ersehen aus dem Bericht von Wilhelm Pieck über die Brüsseler Reichskonferenz der KPD. Die Not legt zwischen den Parteien die Schranken nieder, zuallererst dort, wo es um das Leben geht. Es geht indessen für die unterworfenen Deutschen nicht um das leibliche Leben allein. Der Verlust der Gewissensfreiheit tötet die Ehre ab, er ist eine geistige Sterilisierung, würdig, von solchen Machtergreifern verhängt zu werden. Daher fallen wieder Schranken, diesmal zwischen den christlichen Parteien und den angrenzenden links. Aber noch viel mehr künstliche Abgrenzungen werden aufgehoben, in dem Maße, wie den Deutschen, allen Deutschen aller Schichten und Gruppen, klar wird, was es heißt, keine staatsbürgerlichen Freiheiten und keine Menschenrechte mehr zu haben. Denn schließlich sie selbst, im vollen Besitz ihrer Willensmeinung, hätten nicht diesen furchtbaren Absturz der Wirtschaft über sich verhängt: weder die Vergeudung des allgemeinen Vermögens für unergiebige Zwecke wie die Aufrüstung und den Unterhalt des doppelten Apparates von Staat und Partei noch auch die Zwangsarbeit. Die Deutschen des Dritten Reiches tun Zwangsarbeit, das ist ihre Lage – nicht nur die Lage der Arbeitsdienstler. Alle, wie sie da sind, dienen mit jeder ihrer Tätigkeiten, ob geistiger oder praktischer Art, nicht sich selbst, nie sich selbst als einzelnen oder vielen: sondern einem Klüngel von Schmarotzern und einer totalen Staatsmacht, die es mit ihnen nicht gut meint. Das entscheidet und soll ausdrücklich wiederholt werden: die es mit ihnen nicht gut meint.

Die totale Staatsmacht des Dritten Reiches ist der geschworene Feind aller und zuletzt sogar der wenigen Deutschen, die sie noch zu begünstigen scheint. Dieser Staatsmacht liegt an ihren Menschen nichts, gar nichts verschlägt ihr das Glück und selbst das Dasein ihrer Menschen. Sie alle gelten keinen Pfennig durch sich selbst, um ihrer selbst willen würde die totale Staatsmacht ihnen nicht einmal die letzte Kartoffel übriglassen. Sondern sie werden notdürftig bei Kräften erhalten und sollen mit dem Rest ihrer Kräfte das brot- und aussichtslose Kunststück erlernen, eine reine Rasse zu werden: nur, damit sie eines nahen Tages zugrunde gehen in dem irrsinnigen Krieg, um das »Reich« zu erobern. Das »Reich« nämlich ist für die ewigen Machtergreifer keineswegs das Dritte, das sie schon besitzen. Das »Reich« ist ihr verschwommenes Hirngespinst, sie verlegen es weit vor Bismarck und wahrscheinlich noch vor Karl den Großen. Die Welt soll neu anfangen, entsprechend ihrem Bilde, das sie sich machen und für deutsch halten; es ist aber nur das Weltbild armer, verrückter Abenteurer, denen ihre innere Ohnmacht, bei so viel äußerer Gewalt, keine Ruhe läßt, und da sie mit sechzig Millionen nichts Anständiges zu beginnen wissen, scheint es ihnen, daß erst sechshundert ihr »Reich« wären.

So ist es, und so geht das vor sich. Ein Volk verliert seine Freiheit um weltpolitischer Märchen willen – an Machtergreifer, die Deutschland weder kennen noch schätzen, sondern es einfach in den Dienst ihrer weltpolitischen Pseudologie stellen. Gewiß, das alles gehört in die Geschichte des Kapitalismus, letzter Teil. Aber man soll wissen, daß nur noch Degenerierte im Auftrag des Kapitals es fertigbringen, ein modernes Volk seiner Freiheit

zu berauben: ihm die Gesamtheit seiner öffentlichen und privaten Freiheiten wegzuschwadronieren mit dem lähmenden Einfluß, wie gewisse Irre ihn ausüben. Das in Dingen der Freiheit unerfahrene Volk der Deutschen hat sich lähmen lassen; indessen regen seine Fähigkeiten sich wieder. Dies Volk ist sogar erst jetzt wirklich belehrt worden über Wert und Wesen der Freiheit: was sie alles mitbegreift, was alles untergeht mit ihr. Daher fallen jetzt Schranken, täglich fallen zwischen Deutschen jetzt Schranken. Daher verständigen sie sich zum ersten Mal in einer wahrhaften Volkssprache anstatt in den Idiomen der Klasse und Partei. Wenn ich es gestehen soll, ich hätte ein Ereignis wie das kürzlich erlebte nicht so bald erhofft. Ein leitender Sozialdemokrat erhob sich, er gestand begangene Fehler ein, er bezwang die versagende Stimme und bezeugte, soviel an ihm lag, die Einheit des Proletariates. Damit aber, gesetzt, es hätte seine Einheitsfront beendet, wäre bei weitem das Schwerste schon getan: was während der Szene von allen Beteiligten erfaßt und tief gefühlt wurde. Ein Katholik erhob sich, mit Heftigkeit verwarf er den bisherigen konfessionellen Abstand, sein Inneres wurde sichtlich weit; man sah ihn erlöst und völlig außer sich, weil eine unbegrenzte Menge von Gleichgewillten der verschiedensten Herkunft ihn dahintrug. Jeder legte auf einmal die gewohnte Schwere und seine Hemmungen ab. Ein Wissenschafter sprang auf: die Kirche hatte ihm wohl noch niemals Sorge gemacht, hier plötzlich erklärte er sich laut und dringend für ihre Heiligung und Ehrung im künftigen Volksstaat.
Nach diesem glaube ich, daß der künftige Volksstaat, als seelische Kraft genommen, schlechthin schon jetzt besteht. Oh! Vieles ist noch davor, daß er eine wirkliche Tatsache wird. Die aufgetürmte Macht und Gewalt des Dritten Reiches wäre das wenigste. Aber die Gruppen,

die es stürzen wollen, werden noch nicht handlungsfähig auf Grund von Gefühlsausbrüchen. Dennoch ist ein beständiges Gefühl das beste, damit Menschen aneinander glauben lernen. Allein das reine Gefühl bürgt für den Ernst der Besinnung und den Mut zum Opfer. Beide, Vernunft und Opfer, sind auf dem Wege. Außerhalb des Landes eröffnet man sich bereitwilliger, aber nur, weil dies ausgesandte Organe des Landes sind: das sind wir und sonst nichts. Der Sturz des Dritten Reiches ist gewiß. Feststehen muß im voraus das Grundgesetz der revolutionären Demokratie. Hier ist es. Sie folgt auf eine Pöbelherrschaft, sie wird ein Regime der sittlichen Erziehung sein. Da sie einen Zustand der chaotischen Willkür ablöst, verdient die revolutionäre Demokratie ihren Namen durch Ordnung und Gesittung. Vorher besaßen die Deutschen kein Recht auf das Leben, zu schweigen von der Freiheit. Die revolutionäre Demokratie wird ihren Menschen, die wieder Menschen und nicht nur Deutsche sind, die Freiheit sichern – besser als auf dem Papier einer Verfassung: durch die Normalisierung der Wirtschaft. Wirtschaftlich Übermächtige betrügen eine Demokratie, bevor sie ihr den Garaus machen; sie verletzen die Norm. Normwidrig war auch, daß ein Volk im Inneren seines wirklichen Raumes entrechtet war, aber zum besten gehalten wurde mit einem zeit- und raumlosen »Reich«, dem Hirngespinst einiger Entarteten. Dies Volk soll seinen wirklichen Raum so ausnutzen, daß er für alle reicht: das ist die wahre Revolution und die ganze Demokratie. Nach außen, der Friede schlechthin. Deutschland vorbehaltlos eingereiht in den Völkerbund, der die Funktion der gesammelten Weltdemokratie ist. Die verspätete Auflehnung der Deutschen gegen Europa, ihr Drittes Reich, war nichts als ein Produkt des Unglücks. Man normalisiere sie, damit sie endlich glücklicher und keine

»Liebhaber des Todes« mehr sind. Der Deutschen sich annehmen um ihrer selbst willen; ihr Glück machen: wer es macht, hat auch schon ihren Staat, in dem sie leben wollen.

DER WERT DES FRIEDENS

Drücken wir es klar aus: die Welt-Volksfront zur Erhaltung des Friedens ist gegen das Dritte Reich gerichtet. Die einzige wahrhaft gefährliche Drohung kommt von diesem Deutschland. Kein anderer Staat hat den Beruf oder die Fähigkeit, die Welt in den Krieg zu stürzen. Deutschland benimmt sich auf Schritt und Tritt wie dafür bestimmt. Jeder sieht ihm den nächsten Krieg schon jetzt an. Im voraus lebt es, als ob Krieg wäre, behandelt seine Untertanen ärger als im vorigen Krieg, führt mitten im Frieden die Hungersnot ein, ergeht sich in Haßgesängen; und die zahlreichen Feinde, die Deutschland sich wieder einmal in den Kopf gesetzt hat, erwarten mit Widerwillen den Aufbruch des Heerlagers Deutschland.
Was bleibt da übrig? Der Weltbund für den Frieden, die universale Volksfront, mußte ins Werk gesetzt werden. Das übernahm bezeichnenderweise der merkwürdige Mann, der den nationalsozialistischen Machthabern ins Gesicht gesehen hat, ohne Schaden zu nehmen. Georgi Dimitroff war einst in ihrer Hand, blieb aber Sieger und verließ frei das Dritte Reich, während die Machthaber höchst ohnmächtig mit den Zähnen knirschten. Andere Opfer sind den Brandstiftern von der Weltöffentlichkeit abgerungen worden. Dimitroff hat selbst gegen sie gekämpft und selbst Erfolg gehabt. Er weiß daher: sie sind zu treffen; die Furcht, die sie der Welt einflößen, kommt auf Rechnung ihrer lügenhaften Propaganda und ihrer feigen Grausamkeiten gegen Wehrlose. Wer sie nach Gebühr anfaßt, hat gar nichts zu fürchten. Jede ihrer internationalen Frechheiten wäre zurückzuweisen gewesen. Die zivilisierten Mächte hätten die herrschenden Gewalt-

haber daran hindern können, aus Deutschland ein entsittlichtes, entmenschtes Land zu machen. Anstatt mit ihnen ungültige Verträge abzuschließen über Seerüstung, hätte man kurzen Prozeß machen sollen mit ihrer See- wie auch mit ihrer Land- und Luftrüstung.
Jetzt können nur noch die Völker aufgerufen werden, nachdem die Regierungen versagt haben. Den Völkern ist in allen Tönen zu sagen, daß es um ihr Dasein geht. Zwar geht es noch mehr um das Dasein Deutschlands: einen Krieg, einen kann es der Welt allenfalls noch aufzwingen, aber es wäre sein letzter, wäre überhaupt das letzte, was dem »Reich« auf Erden vergönnt ist. Nachher – Schluß; und ein Land, das so viele andere »kolonisieren« wollte, wird endlich selbst Kolonie. Obwohl dies der sichere Verlauf wäre, entschädigt er doch keineswegs dafür, daß die ganze Welt, besonders Europa, verelenden und verwildern würde durch den nächsten Krieg. Dies ist es, dies müssen die Völker wissen, hiergegen stehe die Front der Völker auf!
Der Krieg wäre das Ende – nicht etwa ein noch so verheerender Zwischenfall, sondern auf unabsehbare Zeiten hinaus der Abbruch einer mehrtausendjährigen Bemühung, Mensch zu sein. Wer will das? Wer will das nicht? Nur hiernach sind Nationen, Parteien und alle einzelnen zu unterscheiden. Die Mehrheit will es nicht. Sie will es heute weniger als je. Der Friede ist die stärkste Forderung dieses Geschlechts. Er ist seine einzige wirkliche Leidenschaft. Das kommt aber, weil der Friede fast nie so inhaltreich gewesen ist wie gerade jetzt. Der Krieg war in der ganzen Geschichte nicht wirklich verboten: erst in unseren Tagen ist er es. Man muß die Gründe kennen. Der Krieg würde einen Frieden beseitigen, der, je länger er währt, um so mehr verspricht. Die soziale Erneuerung hat ganz zweifellos begonnen; die Sowjetunion ist nur

das sichtbarste Beispiel, unmöglich kann sie allein bleiben. Jedes Land wird den Umbau in seiner Art vornehmen. Die sozialen Kräfte erfüllen jedenfalls ihre Aufgabe, sogar in den Ländern, wo sie am gehässigsten unterdrückt werden sollen, wie in Deutschland. Einmal wird die nationalsozialistische Zwangsjacke zerreißen, und daraus hervor geht ein freies Volk, dessen vorgeschrittener Teil die Einrichtung des Volksstaates übernimmt.

Das macht den Frieden so wertvoll – nicht nur die bloße Furcht vor dem Krieg. Ferner ist der Friede denen teuer, die begriffen haben, daß die internationalen Beziehungen in Fluß gekommen sind und sich verwandeln. Es ist nichts mehr mit der alten Selbstherrlichkeit der Staaten, mit ihren separaten Bündnissen, Rüstungen, Angriffen. Sie haben sich dem Interesse der Gesamtheit zu fügen, und auch internationale Beschlüsse werden nur noch kollektiv gefaßt werden. Der Sozialismus ergreift das Zusammenleben der Völker, nicht anders als er die künftige Lebensform jedes Volkes bestimmt. So große Entscheidungen gehen aber über die Kraft von Regierungen. Die Völker selbst nehmen sie vor, sie dringen darauf, sie verwirklichen das Wünschenswerte, sobald sie anfangen, es für möglich zu halten. Das ist der letzte Sinn der weltumfassenden Volksfront zur Erhaltung des Friedens. In jedem Land eine Volksfront: schon ist alle Kraft der schädlichen Gewalthaber gebrochen. Wir dürfen hoffen, daß nicht erst ein Krieg die Menschheit von ihnen befreit.

SEID EINIG!

Im Ausland tagt eine deutsche Versammlung. Da es in Deutschland keine Volksvertretung geben darf, muß die Sache des Volkes draußen verhandelt werden: dies im Hinblick auf eine wahrscheinlich nahe Zukunft. Über das Dritte Reich entscheidet schlimmstenfalls der Krieg. Das Dritte Reich, wenn es nur auf seine unfähigen Machthaber ankäme, wird den Krieg herbeiführen. Indessen sind die Völker durchaus in der Lage, gegen das Dritte Reich eine Welt-Friedensfront zu errichten: die würde unangreifbar sein.

Wir hoffen, daß nicht der Krieg das Schicksal des Dritten Reiches entscheidet. Dann täte es mit um so größerer Sicherheit der innere Zusammenbruch: Zusammenbruch der Wirtschaft, soweit eine normale Wirtschaft mit den Nationalsozialisten überhaupt gegeben ist; Zusammenbruch des Vertrauens, angenommen, dieses Regime besäße im Volk bis jetzt noch wirkliches Vertrauen. Nun, ein wankendes Vertrauen kann einige Zeit künstlich gestützt werden, ebenso wie eine unsolide Wirtschaft. Eines Tages brechen die Stützen ein, was dann? Hat das Land eine handlungsfähige Opposition? Das heißt: eine zusammenhängende Opposition? Und eine Opposition, die sich verständigt hat, die schon jetzt genau weiß, was nach dem Sturz des Dritten Reiches geschehen soll? Was sie tun will – übereinstimmend tun will?

Die illegalen Kämpfer im Lande verdienen Achtung und Bewunderung. Ein Prozeß wie der in Wuppertal, so schändlich die Verfolgung der Sechshundert gewesen ist, hat dennoch diesem Volk zum Ruhme gereicht. Da sah man, welche Kämpfer es hat: welche Freiheitskämpfer, welche Kämpfer für sozialistische Gerechtigkeit. Ein

Junge, der vier Jahre Zuchthaus bekommen hatte, rief den Richtern zu: »Ihr seid wohl verrückt geworden. In vier Jahre sitzen wir dort oben!« Ein alter Arbeiter sprach: »Den Klassenkampf gibt es.« So sprach Galilei sein »Und sie bewegt sich doch«. Das sagte er trotz der Inquisition, und auch die illegalen Kämpfer wagen solche Worte, trotz der ganzen Scheusäligkeit des Dritten Reiches. Sie sind todesmutige Helden. Nur ein unerhörtes Heldentum macht es möglich, daß die illegalen Organisationen weiter bestehen und arbeiten, bei so furchtbaren Gefahren wie Folter, Beil und Block. So tapfere Menschen sind der Ruhm ihres Landes, sie müssen siegen.

Die deutsche Versammlung, die im Ausland tagt, will die Opposition im Lande vorbereiten für den Tag des Sieges. Der Ruhm gehört nicht uns, er gehört den Kämpfern. Auch der entscheidende Schlag wird von ihnen geführt werden müssen. Die Deutschen aber, die sich draußen versammeln, haben die Aufgabe übernommen, die Kräfte der Opposition zu einigen und sie gemeinsamer Handlungen fähig zu machen. Das ist eine durchaus notwendige Aufgabe. Der Tag, der kommen wird, darf die Kräfte der Opposition nicht geteilt vorfinden. Das größte Unglück wäre, wenn der Sieg nichts weiter brächte als einen Streit um die Macht. Nein. Sondern über die Anwendung der Macht muß schon vor ihrer Erringung die denkbar größte Einmütigkeit bestehen.

Jeder weiß, daß die Einmütigkeit nicht leicht zu erreichen ist. Die Opposition umfaßt alle, die nicht Pg.'s oder ihre Kundschaft sind. Sie besteht aus den verschiedensten Kräften, und wenn die einzelnen Kräfte auch organisiert sind, untereinander sind die Organisationen noch nicht verbunden. Wären sie das früher nur gewesen! Ohne die Spaltung der Arbeiterparteien hätte die berücksichtigte »Machtergreifung« der Nazis schwerlich stattgefunden.

Die Arbeiter selbst wollen schon längst ihre Einigung. Den Parteien war es noch nicht gelungen, sich zu einigen. Ist es nun kein Erfolg, wenn bei den Tagungen im Ausland der Anfang wirklich gemacht ist? Man darf das nicht so verstehen, daß die beiden Vorstände der Sozialdemokratischen und Kommunistischen Partei in Person einander in den Armen lägen. So weit ist es nicht, und so geht das unter Menschen nicht vor sich. Aber sie schicken Vertreter, ob amtliche oder halbamtliche. Die Vertreter sprechen in der Sitzung – nicht, um einander zu bekämpfen, sondern um zu demselben Ziel zu gelangen. Ihre Namen stehen nebeneinander unter Entschließungen, die von der ganzen deutschen Opposition gefaßt worden sind. Eine solche Entschließung ist am 13. Februar überall veröffentlicht worden und auch ins Land gedrungen. Man soll wissen, daß sowohl Kommunisten als Sozialdemokraten an ihr mitgewirkt haben, was eine Neuheit und ein Fortschritt ist.

Die beschlossene Kundgebung ist so gehalten, daß die ganze Opposition ihr zustimmen kann und tatsächlich zugestimmt hat: außer den sozialistischen Gruppen die christlichen und einige Vertreter der bürgerlichen Intelligenz. Was wollen denn die Deutschen, alle, die diesen Namen verdienen? Sie wollen die Freiheit zurückhaben: Freiheit der Gesinnung, des Glaubens, der Person. Die Unverletztheit des Lebens. Rechtssicherheit, eine verantwortliche Regierung, kontrollierte Finanzen – und keine Parteiherrschaft mehr: das wollen die anständigen Deutschen ohne Unterschied der Richtung. Ferner sind sich alle einig über die unausweichliche Notwendigkeit des Sozialismus. Es darf künftig keine übermächtigen Einzelpersonen oder Gruppen der Wirtschaft mehr geben, sonst gäbe es sie bald auch wieder im Staat. Die soziale Gerechtigkeit ist die einzig sichere Grundlage des Volksstaates, den alle anständigen Deutschen herbeiwünschen und für den sie tun, was sie können. In der Emigration wird praktisch und zielbewußt für ihn gearbeitet. Die Kämpfer im Lande sollen wissen, daß wir mit ihnen sind und Sorge tragen für den kommenden Tag.

DEUTSCHLAND – EIN VOLKSSTAAT

Die Einheit aller antifaschistischen Kräfte ist ein notwendiges, aber auch schwieriges Unternehmen. Für Deutsche ist es besonders notwendig und auch besonders schwierig. Verlangt wird, daß man einander achtet und sogar versteht, was in Deutschland niemals ganz verwirklicht worden ist. Dort haben nicht nur die Klassen, auch die Bekenntnisse und die verschiedenen Bildungsstufen haben unverstanden nebeneinander gelebt; sie haben einer den anderen wohl dulden müssen, waren aber gegenseitig nicht milde gesinnt.
Wie ist die Einheit aller antifaschistischen Kräfte aufzufassen? Derart, daß jeder, was abweicht von seiner Klasse, seinem Bekenntnis, seinem Denken nur gerade hinnimmt, solange alle einen gemeinsamen Feind haben? Nein. Sondern die Vorurteile, die Verständnislosigkeit und Überhebung sind ehrlich abzulegen. Sonst hilft es auch nicht, wenn man eine Zeitlang so tut, als beständen sie nicht. Sie bestehen ja dennoch, und mit einem »als ob« kann nicht gesiegt werden. Die Herrschaft der Bande, die jetzt in Deutschland haust und es zurückversetzt in den Dreißigjährigen Krieg – was ermöglicht denn zuletzt den Unfug dieses Regimentes? Die vielfache innere Zerstükkelung dieses Volkes, das eigentlich noch immer so gelebt hat wie vor zweitausend Jahren die wilden Völkerschaften, in denen es seine Vorfahren sieht. Von diesen hatte jede kleine Horde ihr eigenes Wäldchen, und zwischen den beiden Gehölzen mußte ödes Land liegen. Nur niemanden in die Nähe lassen!
Genauso hielten es bis jetzt die Protestanten und die Katholiken, die bürgerlichen Demokraten, die Sozialisten, und unter diesen die beiden Richtungen. Die Intellektuel-

len gaben nicht etwa ein gutes Beispiel; sehr selten hat einer mehrere Klassen, mehrere Bekenntnisse in sich vereinigt und wäre befähigt gewesen, für einen großen Teil seiner Landsleute zu sprechen. Gerade deshalb ist es ihnen so leicht geworden, sich »gleichzuschalten«, als Gewalt gebraucht wurde. Dasselbe gilt für die Gesamtheit der Deutschen. Sie waren immer bereit, Gewalttätigen zu unterliegen. Nicht bereit waren sie, der besseren Einsicht zu folgen und das Recht zu achten überall, wo es das Recht und nicht die Gewalt ist. Daher mußten sie sich schon öfter sagen lassen, daß Gewalt vor Recht gehe, und kürzlich sogar, daß eine Handvoll Gewalt besser sei als ein Sack voll Recht.

Wenn sie das wirklich anerkennten, wäre ihr heutiges Los verdient. Die Deutschen sind aber durchaus nicht aus »Dynamismus«, jugendlichem Drang oder aus Unmoral für die Gewalt. Sie lassen die Gewalt über sich ergehen, weil sie niemals zur tatsächlichen Verständigung untereinander gelangt sind. Sie sind als Nation langsam, mindestens um drei- oder vierhundert Jahre langsamer als andere, und ihre staatsbildende Kraft ist gering. Weshalb sonst drängen alle ihre Machthaber sie zu auswärtigen Unternehmungen? Das Reich konnte nur durch einen fremden Krieg zustande kommen anstatt von innen heraus, wie es hätte geschehen müssen. Dieselbe Unfähigkeit der deutschen Macht und Gesellschaft, mit sich selbst auszukommen und sich umzuformen, hat 1914 entscheidend mitgewirkt und droht auch jetzt wieder, den Krieg herbeizuführen. Wer im Innern am wenigsten kann, erklärt nach außen die unerhörtesten Ansprüche. Demgemäß rüstet das Dritte Reich zur Eroberung der Weltherrschaft.

Wir, die hier sprechen, wollen einen langen, furchtbar langen Abschnitt deutscher Ohnmacht beenden. Die einzige, demütigende Ohnmacht eines Volkes ist, sich selbst fremd zu sein, sich selbst nicht zu trauen. So stand es bisher. Wir wollen, daß jeder Sozialist sich des humanistischen Zieles bewußt wird, jeder Christ der humanistischen Herkunft. Wir müssen erreichen, daß Christ und Sozialist in ihren Zielen, ihrer Herkunft nicht mehr das Unterscheidende höchst wichtig nehmen, sondern das, was sie ähnlich macht. Wir sind darauf bedacht, den Volksstaat vorzubereiten. Nun gibt es *Volksstaaten nur in der Freiheit* – während ein Drittes Reich eine abgerichtete Menagerie ist. Es gibt kein »totalitäres« Volk, weil es nicht einmal den »totalitären« Menschen gibt. Ein Mensch ist keine glatte Rechnung. Ein Staat von Menschen besteht nur durch vereinten guten Willen – der kraftvoll und entschlossen ist. Es wird nicht geduldet, daß eine Gaunerbande sich aufschwingt vermittels der allgemeinen Uneinigkeit; vielmehr wird die bisher noch umgehende Gaunerbande im künftigen Volksstaat unter eigenen Gesetzen stehen: zum Beispiel unter denen, die sie selbst gemacht hat.

Vergessen wir nicht, daß andere uns mahnen mußten, die Volksfront zu bilden: Komintern, Stalin und der Front populaire. All diese sind um uns besorgt und zugleich um sich selbst. Entweder die deutsche Einigung all derer, die Volk sind, oder fortschreitender Verfall dieses und mehrerer anderer Länder, die zusammen unser Kulturkreis waren; zuletzt und unfehlbar der Krieg. Das mußten sie uns erst sagen, jetzt wollen wir es uns gesagt sein lassen.
Auch außerhalb Deutschlands soll unser Volksstaat vorbereitet werden, durch unsere Köpfe, unseren Willen und die Einigkeit aller. Wir sind durch seine Grenzen nur sehr äußerlich getrennt von Deutschland; was wir ihm geben können, ist mehr als die leibliche Gegenwart, es ist das sittliche Beispiel. Wir sagen ihm und hoffen ihm

bald beweisen zu können, was es im Grunde ersehnt: Nicht alle Worte, aber inhaltsreicher und von Zukunft mehr erfüllt als alle Rundfunkreden, die es gezwungen anhört: »Wir sind einig.«
Darauf wartet Deutschland, das so tapfer im Dunkeln sich auflehnt gegen die Gewalt. Wir rufen in sein noch dunkles Innere: »Fürchte dich nicht! Die Furcht vor dem Chaos wird absichtsvoll von deinen Unterdrückern genährt, nach ihnen kommt kein Chaos, sondern endlich der Volksstaat. Die Prüfungen waren groß genug, daß endlich Gläubige und Denker, Demokraten und Sozialisten, Arbeiter und Intellektuelle nur eins noch herbeiwünschen und erkämpfen wollen: Deutschland – ein Volksstaat.«

DAS FRIEDENSTREFFEN

Nur einige Worte über die Frage der Verständigung mit Hitler. Denn scheinbar besteht für manche Friedensfreunde eine solche Frage. Hier und da ist man geneigt, an das amtliche Deutschland Einladungen ergehen zu lassen für das Friedenstreffen oder Rassemblement pour la Paix. Dies soll im September 1936 womöglich in England stattfinden, falls unsere englischen Freunde diese Verantwortung übernehmen. Sämtliche pazifistischen Vereinigungen der Erde, die kriegsfeindlichen Parteien aller Länder, die Weltdemokratie, ihre Politiker und geistigen Führer, besonders aber Vertreter der arbeitenden Massen sollen versammelt sein. Dorthin will man das amtliche Deutschland einladen. Weniger bestimmt ist man hinsichtlich des nichtamtlichen: das sind die Emigranten, und das ist die innere Opposition – diese allerdings illegal, gehetzt und eingesperrt von den Nazis, aber sie würde es fertigbringen, auszubrechen und auf dem Friedenstreffen in Erscheinung zu treten. Indessen, man zögert, sie einzuladen. Mehrere der Maßgebenden sind nun einmal entschlossen, die Leute Hitlers heranzuholen, mit ihnen zu reden, sich ihnen anzuvertrauen. Kurz, sie wollen sie den Kräften des Friedens zuzählen.

Da ich die Ehre habe, dem Vorstand dieses einflußreichen Komitees zufolge dem hinterlassenen Wunsch seines Gründers, unseres Kameraden Barbusse, anzugehören, warne ich vor der Gefahr, die es mit sich brächte, gerade die Hitlerleute zu dem großen Friedenstreffen heranzuziehen. Die Pazifisten aller freien Länder werden freiwillig und aufrichtigen Herzens dort sein. Die Leute Hitlers kämen auf Befehl und in der Absicht zu lügen. Redensarten über Frieden, daran werden sie es nicht fehlen lassen. Rühmen werden sie Ihnen den Friedenswillen, von dem ihr Führer vorgeblich beseelt ist. So viel ist richtig, daß der Name des Friedens in seinen Reden ebensooft wiederkehrt wie die Namen der Freiheit, der Demokratie oder des Sozialismus. Alle diese Ideen nimmt er für sich in Anspruch. Alle diese Kräfte will er selbst darstellen. Wenn man ihn hört, sind die Ideenkräfte dieses Zeitalters in seiner Person zusammengefaßt, weshalb er sich gleich den ersten Staatsmann aller Zeiten nennt.

Das Verfahren ist bekannt, oder man sollte doch seine Anfangsgründe schon begreifen. Wenn er eine Idee vernichten will, dann bemächtigt dieser Mensch – oder sein System – sich ihrer, entleert sie ihres ganzen Inhalts und erdrosselt sie. Die Herren des Systems befassen sich auch schon mit der Volksfrontidee. Ginge es nach ihnen, dann brauchte Deutschland keine Volksfront mehr, es hat ja seine SA.

Nun lassen Sie diese schamlosen Fälscher und Lügner vom Frieden reden, vom kollektiven Gesamtfrieden: Sie werden schöne Dinge zu hören bekommen. Ich frage mich nur, ob das Welt-Friedenstreffen so reichlich Zeit zu verlieren hat, daß es armseligen Gauklern das Wort überläßt. Der Krieg könnte näher und näher kommen, während sie ihre Nummern abarbeiten; und gerade die lautesten Friedensschreier werfen dann vielleicht die ersten Bomben ab. Man weiß, was Hitler angekündigt hat: wenn es ihm je einfiele, Krieg anzufangen, würde er überraschend angreifen. »Eines Tages werden unterirdische Türen aufspringen, und hervor kommen unsere Bomber.« Solche Sätze werden in Deutschland herumgesprochen. Es sind Prophezeiungen für den eigenen Gebrauch, dafür dürften sie stimmen.

Wie sollte es übrigens anders sein? Da ist ein Staat, der alles, was er besaß und nicht besaß, in Rüstungen gesteckt hat. Sein wirkliches Vermögen besteht heute in Waffen – und den unterworfenen Menschen, die sie bedienen sollen. Ob er will oder nicht, er benutzt die Waffen – solange wie möglich, um zu drohen, endlich aber anders. In beiden Fällen braucht das militärische Regime vor allem seine Jugend mit »Kampfgeist«. Bedenken Sie, daß diese Jugend vor sich nichts erblickt außer dem Krieg. Das Land ist zugrunde gerichtet, den Jungen wird eingeredet, daß sie fremde Länder erobern müssen – als ob das ihnen zugut käme. Den wirklichen Gewinn verspricht sich die herrschende Schicht; und der unerbittliche Kapitalismus, durch dessen alleinige Schuld Deutschland in diesem Zustand ist, macht sich selbst vor, die Beute in eroberten Ländern würde ihn wieder auffrischen. Daher goldene Worte an die Jugend. »Der Frontsoldat ist das Vorbild für den Menschen des neuen Zeitalters, der über den Geist der Auflösung glatt hinwegschreitet«, sagen die Gestalten einer bankerotten Wirtschaft und eines in Auflösung begriffenen Staates.

Sie erregen sich über jede soziale Erneuerung, die irgendwo vorgeht, in Frankreich, Spanien, in der Sowjetunion. Der französischen Rechten bieten sie an, dortzuland einen sogenannten Brand zu löschen, und behaupten, der nicht vorhandene Brand sei von Moskau gelegt. Wirkliche Brände werden in Berlin gelegt, und man weiß, von wem. Mit einem Wort, sie drohen einem sozial fortschreitenden Volke mit Krieg. Sehr begreiflich, ihr eigenes Dasein beruht auf sozialen Versäumnissen und Verbrechen. Aufgehalten mit Gewalt und Schrecken haben sie in Deutschland jeden sozialen Versuch, der nicht von Moskau, aber von der Volksvernunft wäre eingegeben worden. Sie sind da – erstens, um aus Schnorrern Millionäre zu werden, das ist der Hauptzweck. Ihre zweite Aufgabe ist der Schutz ganz weniger reicher Leute – keine Rede in dem Fall von »zweihundert Familien«. Genau zwanzig Individuen vom Hochadel, unter ihnen der altgewohnte Wilhelm, besitzen fünfundzwanzig Prozent des deutschen Agrarbodens. Dazu die Industrietruste. Reden wir mal vom »Volk ohne Raum«. Hier hat man wahrhaftig eines. Zwar könnte es allen Raum, den es braucht, bei sich zu Hause finden. Um das zu verhindern, hat man eine ganze »Bewegung«, einen »Umbruch«, »Aufbruch« und einfach Bruch veranstaltet. Lieber sollen die Deutschen verhungern, herunterkommen und vor Haß toben gegen sozialistische, daher freie Völker. Denn immer deutlicher tritt hervor, daß menschliche Freiheit nicht mehr denkbar ist, ohne soziale Erneuerung.

Diese Verkettung von Tatsachen einmal zugegeben, muß man sie in Betracht ziehen, und zwar bei jeder Gelegenheit. Die Vertreter einer Demokratie sollten niemals dem Wahn verfallen, mit Hitler könnten sie sich verständigen. Ich rede nicht von anderen Personen, die anderswo als Diktatoren angestellt sind. Die kenn ich nicht, während die deutsche Erscheinung und ihre Regierungsmethoden mir kaum Geheimnisse bieten. Das deutsche Regime wird sich ernstlich mit niemand je verständigen: dies aber, weil es sein Volk vorsätzlich ausgeplündert hat vermöge phantastischer Rüstungen, einer nicht weniger phantastischen Korruption, und es nur noch hinhält durch die Hoffnung auf einen ergiebigen Krieg. Wer das weiß, wird seine Zeit nicht damit verlieren, daß er dem Führer um den Bart geht. Bewilligt ihm, was ihr wollt, streicht den Vertrag von Versailles oder seine Überbleibsel: es nützt nichts. Gebt ihm Kolonien: sobald er sie hat, werden sie gänzlich belanglos sein. Was Hitler und die kriegswütige Hitlerei erhält und speist, ist nicht ehrlicher Zorn; es ist zuletzt nicht einmal der Rassenwahn und die unmäßige Lust, das Weltall zu bezwingen. Es sind einfach die Unfähigkeit und der böse Wille angesichts der Wirtschaftsfragen des Landes. Daraus ergibt sich eine Dauerkriegsgefahr: nur das äußerste Kraftaufgebot der friedlichen Nationen könnte ihre Wirkung noch abstellen.

Im Grunde ist der Friede bedroht, weil in Europa keine Gleichzeitigkeit besteht. Die Länder dieses Erdteiles leben in mehr oder weniger verschiedenen Epochen. Europa ist ganz augenscheinlich bestimmt, eine große Demokratie auf sozialistischer Grundlage zu werden. Frankreich arbeitet daran wie auch Spanien. Die Sowjetunion hat jetzt eine Verfassung bekommen, es ist die Verfassung einer autoritären Demokratie. Übrig bleibt Deutschland; ist es entgleist, ist es rückständig? Die Anhänger der europäischen Volksfront werden dort verfolgt und umgebracht. An dem Tage, da die deutsche Opposition aus dem Lande glücklich eine echte, wirtschaftlich befestigte Demokratie gemacht haben wird, fällt jede Gefahr fort. Der Friede ist nur gesichert, wenn die Regime »synchronisiert« sind von einem Ende des Festlandes zum anderen. Auf keine andere Weise ist er wirklich zu sichern.

Entgleist und rückständig, wie die Kreaturen Hitlers sind, darf ein »Friedenstreffen« nicht die Vorstellung erwecken, als hätte es mit ihnen etwas gemein. Das Dasein dieser Leute ist eine Herausforderung an alle gesunden Kräfte dieses Zeitalters. Die Nazis? Die kauft man doch für alt. Lädt man denn Wilde ein, wenn verhandelt werden soll, wie die menschlichsten Begriffe durchzusetzen sind? Gegen wen sonst als gegen den Nazigeist macht man denn Friedenstreffen! Der Einfall, dabei Nazis zuzulassen, sie auch noch ernst zu nehmen, ist wirklich originell.

Hinzu kommt, daß in diesem Fall die Einladung der

deutschen antifaschistischen Opposition kaum in Frage stände. Sonst sähe sich diese Opposition jeden Augenblick vor der sittlichen Pflicht, den Schwindel der Hitlerleute zu entlarven. Peinliche, wenn nicht stürmische Auftritte wären unvermeidlich, und das Friedenstreffen, auf das so viele Blicke hoffnungsvoll gerichtet sind, könnte damit enden, daß alle sich verkrachen. In Berlin wünscht man ebendas. Wünscht man es noch anderswo? Ich bitte alle, die Einladungen erlassen dürfen, logisch vorzugehen. Gewissermaßen tun sie es, wenn sie die deutsche Opposition und besonders die Emigranten nicht zulassen wollen. Für den, der Hitler unentbehrlich findet, hat die Opposition offenbar unrecht, und Leute, die ehrlich sein mögen, und in Leiden erfahren sind sie auch, aber sie haben vorläufig nicht die Macht – was wären sie für das Friedenstreffen? Eine Verlegenheit.

Das ist ein Gesichtspunkt. Vernünftiger wäre es natürlich, zu dem Friedenstreffen nur die Pazifisten zu bitten. Die deutsche Opposition hat ihren Pazifismus bewiesen – in den Kerkern des Dritten Reiches und im Exil. Möge Hitler den seinen beweisen! Möge er Ossietzky freilassen! Thälmann nicht mehr mißhandeln und die Hand lassen von tausend anderen, die nichts verbrochen haben, als daß sie anständig gesinnt sind! Möge Hitler zu guter Letzt die Friedenspropaganda für sein ganzes Reichsgebiet freigeben! Werden diese Bedingungen erfüllt, dann lade man ihn zum Friedenstreffen. Man wird ja sehen. Aber braucht man noch Beweise? Man hat alle.

Ich komme zum Schluß. Meine lieben Kameraden, das Weltkomitee gegen Krieg und Faschismus hätte die Pflicht, ein Ende zu machen mit dem Herumziehen, den Zweideutigkeiten, dem Mangel an Mut. Das Weltkomitee kann seinen Willen durchsetzen, es besitzt einen sehr beträchtlichen Einfluß: alle erkennen ihn an, sogar dort, wo man bedacht ist, Hitler nicht zu verstimmen. Das Weltkomitee kann sehr wohl erklären, daß es dem Friedenstreffen fernbleiben würde, falls Einladung an die Hitlerleute ergeht. Der Erfolg wäre sicher. Wenn man auch dann noch auf der Einladung Hitlers besteht, ist erwiesen, daß man lieber Hitler als den Frieden will; und das Friedenstreffen wäre dadurch überflüssig geworden. Seien Sie ganz ruhig, das wagt man nicht. Ein fester, klarer Beschluß des Weltkomitees wird zur Folge haben, daß alle echten, handlungsbereiten, alle revolutionären Pazifisten einig – und daß die anderen draußen sind.

DER WEG DER DEUTSCHEN ARBEITER

Über Gesetzlichkeit –

Frühzeitig fiel mir auf, welche bestimmte Abneigung die deutschen Sozialdemokraten gegen die Revolution hatten. Deutschland wäre nach der militärischen Niederlage wahrscheinlich eine Monarchie oder eine Kette von Monarchien geblieben, wenn es nur an ihnen gelegen hätte. Die Verwaltung würden sie gern übernommen haben. Eigentlich stand es 1918 derart, daß die Gewerkschaftsführer schon Deutschland verwalteten. Die kaiserlichen Behörden, unpraktisch und veraltet, wie sie waren, hätten niemals vier Kriegsjahre hindurch die Bevölkerung versorgt und bei der Sache erhalten. Unaufhörlich zogen die alten Behörden die Gewerkschaften hinzu, und 1918 überließen sie ihnen den Platz allein. Die Sozialdemokraten waren hoch erstaunt, als sie sich im Besitz der Macht sahen.
Was fängt man unter solchen Umständen mit der Macht an? Nur nichts Umwälzendes. Die Industrie war am Ende des Krieges zu weit unten, nach Ansicht der Sozialdemokraten konnte sie nicht sozialisiert werden. Vielmehr sahen sie es als ihre Pflicht an, die Radikalen niederzuwerfen, gerade weil diese »Spartakisten« und künftigen Kommunisten wirklich sozialisiert hätten. Daher das bekannte Zerwürfnis der beiden sozialistischen Gruppen. Es schien damals unheilbar und hat unaufhaltsam zum Sturz der Republik geführt. Indessen kein Machthunger der Sozialdemokraten spielte dabei mit: nur ihre kleinbürgerliche Ängstlichkeit und Ordnungsliebe. Bei mehr Sinn für die Macht wären sie selbstverständlich mit den Linksradikalen gegangen, denn was ihnen von rechts drohte,

war schlimmer. Durch ihre Parteikoalitionen wurden sie im Politischen zu Handlangern der Nationalsozialisten – immer bei sorgfältigster Verwaltung des Staates.

Woran sind diese ursprünglich gutwilligen Menschen gescheitert? An demselben Gebrechen, das fast alle Deutschen seit wenigstens fünfzig Jahren befallen hatte. Ihnen fehlte der Sinn für die Freiheit. Ohne diesen Sinn bleibt man untergeordnet. Mit ihm dagegen wird man befähigt, neue Ordnungen selbst zu errichten. Der Sinn für Freiheit bedingt den Machtwillen. Ein freier Sinn urteilt, beschließt und läßt lebensfremde, lebensfeindliche Mächte nicht länger befehlen. Die Ideologie der Freiheit und persönlichen Verantwortung hätte niemandem erlaubt, den Untergang des Kaiserreiches in der furchtbarsten Katastrophe zuerst tatenlos abzuwarten und dann die Macht, die man notgedrungen vom Boden aufhob, ungenutzt zu lassen. Es ist aber nicht der Augenblick, einzelnen noch Vorwürfe zu machen.

Das deutsche Proletariat kannte die Freiheit und den Kampf um sie bis vor kurzem nur vom Hörensagen. Jährlich einmal wurden seine Abordnungen an die Gräber der Märzgefallenen von 1848 geführt. Außerdem war ihnen bekannt, daß Bismarck mit seinem Sozialistengesetz die erste Generation ihrer Klassenkämpfer vielfach verfolgt hatte. Überwundener Sturm und Drang, seither hatte das Proletariat sichere Rechte erworben. Es saß im Besitz von Rechten wie jede andere Klasse. Seine Rechte konnten erweitert werden; die Republik, ein Beschluß des Schicksals, war wie geschaffen, die proletarischen Rechte zu erweitern, hat es auch wirklich getan, insofern es ohne Sinn für Macht und Freiheit geschehen konnte. Das geistige Grundgesetz des Proletariats – und aller Republikaner – blieb die Legalität: aber für wen gilt die? Nur für die Schwachen unbedingt. Wer stark ist durch eine wirtschaftliche Überlegenheit, die niemand anrührt und beseitigt, wird seine Macht bald auf das Politische erstrecken.

Dies ist in der ungeahntesten Weise geschehen, und das Proletariat, das an der Gesetzlichkeit hing, ist gerade darum entrechtet worden bis auf den letzten Rest. Angenommen, im Jahre 1913 oder noch im Jahre 1925 hätte man den deutschen Arbeitern Wahrheiten sagen können wie diese: Eure Unterdrückung, Kämpfe und Leiden sind nicht historisch, wie ihr glaubt; sie liegen nicht hinter euch, sie stehen bevor; und wenn unter Bismarck in zehn Jahren tausend Jahre Gefängnis auf eure Vorgänger entfielen, ihr selbst und eure Kinder sollt Unvergleichliches erfahren. Drei Jahre einer kapitalistischen Schreckensherrschaft werden 225 000 Deutsche, meistens euresgleichen, in Gefängnisse werfen, die Höllen sind, niemals war Ähnliches gesehen worden; und die verhängten Urteile werden 600 000 Jahre betragen. Gesetzt, es wäre prophezeit worden, dann hätte doch das Organ, es aufzunehmen, gefehlt. Um die Gefahr der Unterdrückung zu kennen und für wirklich zu halten, muß man für die Freiheit gekämpft haben; aber die Deutschen hatten es nicht getan. Es blieb ihnen vorbehalten.

In den großen Demokratien östlich und westlich von Deutschland ist gekämpft und um des Kampfes willen ist viel gelesen worden. Sowohl das alte Rußland als auch Frankreich haben eine soziale Romanliteratur ersten Ranges gehabt. In Deutschland ist sie auf Bruchstücke beschränkt. »Die Literatur beschämt die Niedrigen«, sagte Napoleon, der es auf seine Art verstand. Jeden von uns befähigt die Literatur, zu unterscheiden, was menschenwürdig ist, und aus der kritischen Darstellung einer Gesellschaft erhebt sich, allen begreiflich, die sittliche Pflicht, sie zu ändern. Die sozialistische und demokratische Ord-

nung verlangt die geistige Lebendigkeit aller. Nur die Erziehung jedes einzelnen zum selbstbewußten Mitglied einer freien Gesellschaft erlaubt ihr, frei zu bleiben. Auch die Entmachtung des Kapitals erfolgt nicht mechanisch oder zwangsläufig, dann wäre sie unverdient, und unverdiente Gaben halten nicht vor. Sondern der soziale Aufstieg insgesamt ist das Werk der herrschenden Vernunft und des erlebten Freiheitssinnes.
Die Republik hätte ihn zum Erlebnis machen sollen. Sie hat viele Gelegenheiten versäumt: die Präsidentenwahl, der Panzerkreuzer A, alles konnte den Anlaß abgeben für eine wirkliche Freiheitsbewegung. Aber was vermag ein Regime, das seine ganze Dauer in einem durchaus unfruchtbaren Bürgerkrieg verbringt. Die Zerstörung der sozialistischen Einheitsfront gleich anfangs erklärt vollauf eine politische Tatenlosigkeit ohnegleichen, den Verzicht der Republik, sich durchzusetzen, die Vernachlässigung der Volksbildung in ihrem eigenen Sinn. Die Schulen sind von der Republik vermehrt, die Volksschule ist gehoben worden; aber unpolitisch, niemals nach ihrem eigenen Sinn und Anspruch. Die Preußische Akademie der Künste bekam von der Republik eine Abteilung für Literatur, und diese versuchte sich der Republik dankbar zu zeigen, sie bearbeitete ein republikanisches Schullesebuch, das erste. Es war spät geworden, 1931, und noch immer lernten die Kinder den Hohenzollernschen Sagenkreis sowie den Ruhm des sogenannten Heldentumes anstatt des Lobes der Arbeit.
Als wir das Schullesebuch fertig hatten, wurde uns vom Ministerium eröffnet, daß von einem einheitlichen Lehrbuch für Preußen nicht gesprochen werden könnte; jede Provinz habe das ihre. Damit zogen die Beamten der Republik, die sich auf Hitler schon vorbereiteten, die Frage hin, bis er da war. Das nationalsozialistische Einheitslese-

buch ließ nicht auf sich warten. Es kam auch niemals dazu, daß den »nationalen« Filmen der Ufa ein republikanischer entgegengesetzt wurde. Der Grund war Schwäche, war ein schon vollzogener Verzicht. Innerlich war er vollendet, längst bevor er nach außen hervortrat, und Hitler hätte sogar früher antreten dürfen; man war auf ihn gefaßt und nicht im Ernst gewillt, die Republik zu verteidigen. Was ist die Republik? Die Sozialdemokraten dachten: Tarife und Wohlfahrtspflege. Es ist aber die Republik ein Geist. Sie ist der Geist der Freiheit und des kollektiven Machtwillens: sonst ist sie tot und hat nicht gelebt.

Eine nie gesehene Entmutigung, sie ist das Bild der Republik in ihren letzten Zeiten. Keine Niedergeschlagenheit aus greifbaren Anlässen. Die Wirtschaft versagte auch anderswo. Wer Mut gehabt hätte, wendete das gegebene Mittel an, trat der nationalsozialistischen Bewegung entgegen und sozialisierte die größten Betriebe. Die nationalistische Bewegung schwankte und war zweifellos besiegbar, sobald man wollte. Man konnte nicht wollen: eine Demokratie hat soviel Willen zur Macht, als sie Sinn für Freiheit hat; hier war keiner. Der Ausfall an Idee und Willen aber entwertet sogar die praktischen Leistungen eines Staates. Dieser nahm sich ehrlich der kleinen, am meisten bedrohten Existenzen an, seine Wohlfahrtspflege war ausgedehnt, sie war nachgiebig bis zur Vergeudung und übte, aus Verzweiflung, zuletzt keine Aufsicht mehr. Leute, die verdienten, holten sich von ihr noch Geschenke. Dennoch dankte niemand es ihr. Nackte Menschen: wahrhaftig, in den reichsten Straßen Berlins zeigten sich nackte Menschen, einige Streifen der ehemaligen Hose baumelten noch an ihnen. Sie stellten ein Elend aus, dem die Wohlfahrt in ihrer Verzweiflung alsbald abgeholfen hätte. Die öffentliche Ungläubigkeit war es, sie be-

mächtigte sich der Letzten und Ärmsten, da ihr Sitz der Staat und die Gesellschaft waren.
Es kam vor, daß jemand der Gleichgültigkeit nicht verfallen wollte. Ein Schriftsteller nahm den Kampf noch einmal auf, kurz vor der Niederlage der Republik. Er ging auf die Ämter, mit dringenden, erfüllbaren Vorschlägen – eine republikanische Propaganda gegen den entsetzlichen Feind aller, der auf dem Weg war. Ungläubigkeit. Er bot seinen Einfluß bei den Zeitungen auf. Ungläubigkeit. Mit einem der kommunistischen Führer, den sein Scharfblick und seine Tatkraft nie verlassen haben, unternahm er zur äußersten Stunde die Einheitsfront der Sozialisten. Die Antwort war Ungläubigkeit. Warum all der Zweifel und diese gelähmte Ergebung angesichts eines nahen Unterganges, der nach dem Verhältnis der wirklichen Kräfte abwendbar schien? Unmittelbar vor der Katastrophe ging unter meinem Fenster ein kleiner Zug von Arbeitern vorbei. Ihr Schritt war matt, die Gesichter verdrossen, und von Zeit zu Zeit rief einer, an dem die Reihe war, das Wort »Freiheit« in eine Welt ohne Echo. Es war ein Wort, sonst nichts. Klang keineswegs nach Erlebnis, nach Wissen und Willenskraft. In dem vereinsamten, ungeglaubten Wort lag die bisherige Geschichte des deutschen Proletariats, aller deutschen Versäumnisse und eines falschen Aufbruchs.

– in die Knechtschaft

Wie man weiß, sind die Nationalsozialisten damit durchgekommen, daß sie »Gehorsam« anstatt »Freiheit« ausschrien. Es ist ihnen geglückt, mit einem Schwindel durchzukommen. War eine moderne Nation in der Freiheit ungeübt und mußte an ihr scheitern: das macht sie noch längst nicht geeignet, die halsbrecherische Rückkehr zu vollziehen zu einem altertümlichen naiven Gehorsam. Die Nationalsozialisten rechneten, als ordinäre Schlauköpfe, mit der schlechten Seite der Umstände. Man konnte sagen: Diesen Deutschen fehlen bis jetzt Beseelung, Wissen, geistige Zucht, sie sollen ihre Freiheit erwerben, um sie zu besitzen. Indessen ließ sich auch behaupten: Freiheit ist nicht deutsch. Sondern der entseelte Betrieb, dem ihr ohnedies ergeben seid, muß verstärkt werden, damit ihr deutsch seid. Infolge der versäumten geistigen Zucht gilt bei euch der einzelne nicht viel: er soll gar nichts mehr gelten. Nichts wissen, nichts lernen, aber die bloße motorische Massenhaftigkeit bis zum Äußersten getrieben – nun, das wird fortan mit dem Namen Gehorsam belegt und soll euer Glaube sein.

Ordinäre Schlauköpfe erfassen ihre Gelegenheit, wo eine Wahrheit versagt; schon bringen sie ihre Lügen unter die Leute. Hitler hat nichts hinzugefügt als seine besondere Wucht, der persönliche Beitrag eines anstaltsreifen Individuums. Sonst aber: gar kein Gedanke bedeutet Führer-Gedanke, gar kein Recht – deutsches Recht. Die Willkür wird Ordnung, die volle Auflösung wird Volksgemeinschaft benannt, was kein Kunststück heißt. Der ordinäre Schlaukopf muß nur die Zeichen des Verfalls erfaßt haben. Einem Volk gescheiterter Sozialisten kann man ungestraft in die Ohren brüllen, daß Sozialismus dasselbe wie massenhaftes Robotten ist. Man darf die Dreistigkeit haben, dies sogar ins Werk zu setzen und aus dem kapitalistischen System nur gerade die Rechte der Arbeiter zu streichen, indessen die Übermacht des Kapitals den gesamten armseligen Staat in sich hineinschlingt. Der Staat ist erniedrigt zum ausführenden Organ der Reichsten, das Volk zu ihrem Objekt; und ein sogenannter Führer versieht kein anderes Recht, als von allen mit

Schrecken denselben Gehorsam zu erzwingen, in dem, genau besehen, er selbst dahinlebt.
Gehorsam, und einer denkt für alle, und der Wille des Führers entscheidet: so viele Redensarten, so viele Lügen. Nach dem Hingang der überlieferten Autorität von einst gibt es keinen Gehorsam im Stande der Unschuld. Die Massen beugen sich unter den Schrecken. Zwischen ihnen und den Werkzeugen des Schreckens aber sind die Grenzen beweglich, aus Henkern werden unversehens Opfer. Wer irgend teilnimmt an der Macht, hat, gleich allen, die er knechtet, seine Menschenwürde abgedankt, gesetzt, er wäre ihrer jemals bewußt gewesen. In einem Lande, das diesen Rückfall in den Gehorsam durchmacht, muß die Menschenwürde seit langem fragwürdig sein. Der Bedarf an Minderwertigen, so ungeheuer er dort ist im jetzigen Zustand, er wird gedeckt. Der Bestand an Minderwertigen erlaubt, ein ganzes Land in stumpfsinnigen Gehorsam zu schlagen, nicht nur mit Schrecken, auch durch die Entfesselung der niedrigen Triebe. Der Neid wird ehrlichgesprochen, der Haß aufgehetzt, und Grausamkeiten ohne jedes Beispiel bekommen das Gesicht ordentlichen Dienstes.
Da der Gehorsam falsch ist und befohlen wird von Menschentypen, denen jedes innere Recht fehlt, wie stets es beim Dritten Reich mit der Gläubigkeit? Es glaubt an sich nicht. Die Republik war dagegen ein Riese an Glaubenskraft. Es glaubt an seine Rassenlehre nicht, es mogelt mit der Rasse. Es denkt keinen Augenblick ernstlich an seine Bestimmung, die Welt zu beherrschen: es erpreßt die Welt nur. Es zweifelt durchaus an seinem Beruf, das eigene Volk für lange Zeit niederzuhalten: daher die übertriebene Furchtbarkeit des Regimes; daher seine Korruption, man hat nur die gemessene Zeit. Auf welche Verbrechen könnte es ihnen noch ankommen, da sie ge-

richtet sind. Doppelt leben, da es schnell gehen muß, und übrigens durch List die Frist zu verlängern suchen: daran erkennt man die Art. In einem fort ist jemand hineinzulegen. Man muß nicht die fremden Mächte, man muß die internationalen Gläubiger nicht aufzählen: betrogen ist jeder einzelne, jeder hat der Gesellschaft einmal etwas geglaubt. Die Welt versucht sogar, ihr immer wieder zu glauben – man weiß warum. Das große Mittel, sich alles übrige verzeihen zu lassen, Schändlichkeit in Verdienst zu verkehren und den Anspruch zu erwerben auf Duldung, auf Mitredendürfen – das große Mittel ist der Antibolschewismus.

Wer im Bereich des sterbenden Wirtschaftssystems nur sagt: ich rette euch, der muß nicht einmal den ersten Anlauf nehmen, es wirklich zu tun. Im Gegenteil bringt er durch seine eigene Verwahrlosung das System noch schneller herunter: macht nichts, er ist Antibolschewist. Der Liberalismus und ein, wenn auch beschränkter Humanitarismus waren es, die das kapitalistische System, als es noch möglich war, zur Not erträglich machten; es aufhellten, so daß Aufschwünge des Gewissens und der Menschenliebe dennoch vorkamen. Der vorgebliche Retter entfernt die ganze Moral, jeden Trost, den es für Ausgebeutete noch geben konnte, das Denken wie den Glauben, die schönen Bücher wie die guten Werke, verstärkt aber die gewohnte Ausbeutung bis zu einer Versklavung seines gesamten Volkes, dergleichen sah die Welt noch nie. Sie sieht es, nickt und bemerkt nur, daß der Retter wahrhaftig Antibolschewist ist. Beruft die kapitalistische Welt sich nicht auf ihre Gesittung, hält sie es nicht für ihr Recht, Beutezüge und Eroberungen an den weniger gesitteten Völkern zu verüben? Hier nun wird inmitten des gesittetsten Kontinentes einem Volk der Geist seiner Vorfahren ausgetrieben; es wird in allerkürzester Zeit auf den Hund gebracht: wissenschaftlich, literarisch, in der Form seines Denkens und allen Begriffen seines Zusammenlebens. Instinkte, die früher niemand eingestanden hätte und die den meisten unbekannt bleiben, jetzt blähen sie sich und trumpfen auf. Aus den zahllosen Leichen, die dies Land hat und dies Regime hervorbringt, den verreckten Knechten, gefallenen Zwangsarbeitern, ermordeten Staatsfeinden, entwickelt sich Pestluft und weht über die Welt. Sie riecht nichts. Blind, taub und mit verstopfter Nase bleibt die kapitalistische Zeitgenossenschaft dabei, daß dies Antibolschewismus ist.

Wenn sie übrigens wüßte, daß es Auflösung letzten Grades und volle Anarchie ist, sie könnte doch nicht anders als zusehen und gewähren lassen. Die sozialistische Ordnung noch hinausschieben, weiter denkt die kapitalistische Zeitgenossenschaft nicht mehr. Die sozialistische Ordnung – vor abergläubischem Entsetzen ist man dabei angelangt, daß man jeden Aufschub, ein Jahr oder einen Tag, gerne erkaufen würde mit dem Tode ganzer Völker. Das deutsche ist besonders ausersehen, den Preis aufzubringen. Alle Nazisten der Welt lieben es dafür, wie ihren Fraß. Das deutsche Volk genießt zum erstenmal die Sympathien der Fremden, wenn auch nur derer, die das unbedingt Schlechte wollen. Ein Menschentyp, der für Deutschland durch Goethe und Betthoven niemals gewonnen werden konnte, wegen seines Hitlers verehrt er es. Was wir Deutsche je geschaffen haben, läßt den internationalen Typ des Nazisten unberührt; aber unseren Ruhm bei einem Teil der Mitlebenden vertritt ein Abenteurer – kann nichts als lügen und töten. Mit dem haben sie es, und in sogenannten Feindländern werden Versammlungen eröffnet unter seinem Bilde, alles ruft Heil Hitler!

Die Mächte, oder was man so nennt, haben den Deutschen dieser Sorte ihre zahllosen Vertragsbrüche nachgesehen, und einige fingen schon selbst an, welche zu begehen. Wer im Verkehr mit Menschen und Völkern eine so gründliche Umbildung vornimmt, verdient offenbar, das große Beispiel zu werden. Er rüstet unerlaubt auf, auch das wird zugelassen – aus Besonnenheit oder Schwäche, wie es heißt. Nicht auch aus Hochachtung? Der deutsche Herrscher hat sein eigenes Volk entrechtet und unterworfen, jetzt geht er dazu über, das erste fremde Volk um seine Freiheit zu bringen. Er greift in Spanien gewaltsam ein. Aus seinem zerrütteten, bankerotten Lande kann er immer noch Geld schicken, damit dort unten die Verräter und Volksfeinde auch richtig ausführen, was er mit ihnen ausgeheckt hat. Er läßt seine Kriegsschiffe hinfahren, voll bepackt mit Flugzeugen und Bomben, alles zur Vernichtung einer Freiheit, die ihm zum Trotz noch lebt. Er findet Verständnis, er findet Hochachtung. Regierungen, deren lebendigstes Interesse verlangen würde, daß sie ihm entgegenträten, tun es nicht einmal hier – gewiß aus Bonnenheit. Der andere »rettet die Welt vor dem Bolschewismus«, das ist immer zu bedenken. Sogar eine Regierung, die den Betrug durchschaut, hat damit zu rechnen, daß in ihrem eigenen Lande der Retter über Anhang verfügt. So sieht das Verhängnis aus.
Das Verhängnis hat, für den Anfang, das halbe Europa erfaßt; keine der europäischen Provinzen darf sich für besonders ausersehen halten. Dennoch gibt es Kreuzwege, das Verhängnis muß dort vorbeikommen. Wie es heute steht – die Gefahr und der Zustand, in den man hineingeht –, so stände es schwerlich, wenn Deutschland eine bessere Geschichte gehabt hätte; wenn sie dort die Freiheit erlebt hätten und befähigt gewesen wären, neue

Ordnungen zu schaffen. Anstatt jedes Stolzes haben sie es vorgezogen, sich schlechtgeborenen Abenteurern zu unterwerfen – und sieh da, die Welt glaubt den Deutschen ihre Abenteuer. Aus welchen Gründen immer, die Welt, ihr mächtiges kapitalistisches Gefüge, wünscht nicht, daß die Deutschen ihre Abenteurer wieder loswerden. Erste Erschwerung eines deutschen Freiheitskampfes, gesetzt, er würde unternommen. Die zweite Erschwerung sind die Erfolge der Abenteurer, denen fremde Mitschuldige ihre Erfolge verschaffen. Sie gehen weit, die fremden Mitschuldigen, sie gehen in das Verhängnis mit derselben nachtwandlerischen Sicherheit, deren der deutsche Abenteurer sich rühmt. Hat nicht der englische Minister laut versichert, das Mittelmeer besitze für das Britische Reich durchaus nicht mehr die Bedeutung wie im vorigen Jahrhundert? Nach Indien werde man künftig um das Kap der Guten Hoffnung fahren – auf Segelschiffen vermutlich, und hoffentlich entdeckt man noch etwas, wie einst Christoph Columbus. Soviel Unsinn und dies Übermaß von Selbstbescheidung vor einem anrüchigen Abenteurer, nur weil der Abenteurer Absichten auf das westliche Mittelmeer äußert. Hiernach ein deutscher Freiheitskampf? Die Erfolge des deutschen Abenteurers sind berechnet auf ihren Zweck im Lande selbst. Der Zweck ist die Ablenkung der Deutschen von ihrer Schande. Was Knechtschaft, was schlechte Instinkte und Blutgeruch, wenn dies alles nur das notwendige Vorspiel einer deutschen Weltherrschaft wäre. Die schlägt doch niemand aus? Ein gezüchtigtes Volk hat scheinbar Aussicht, zum ersten von allen zu werden, und der Schwindel mit seiner auserwählten Rasse, weltpolitisch sieht er bald nach Wahrheit aus. Ungeheure Erschwerung des deutschen Kampfes um die Befreiung von dem Abenteurer, die tiefe innere Erschwerung des Kampfes, die Lähmung der Kämpfer.

Wollten die Kämpfer allem widerstehen, dem Zustand des Landes, Druck der Umwelt und den Erfolgen des Abenteurers, dann hat er gegen jede ihrer Regungen eine Macht und Gewalt aufgetürmt: die ist die furchtbarste und ist am ernstesten gemeint. Seine auswärtigen Unternehmungen bleiben verhältnismäßig flüchtig wie seine Rüstung, er verläßt sich auf ein Ungefähr und rechnet mit dem Entgegenkommen derer, die er angreift. Auf den Bürgerkrieg ist er genau und wachsam vorbereitet. Nur die Furcht und das schlechte Gewissen machen so wachsam und genau. Der Abenteurer weiß, was ihm bevorstände nach dem Ende des Abenteuers. Er ist gesichert oder glaubt es, zweifelt und sichert sich noch furchtbarer. Er hat Grund zu zweifeln und fürchtet sich mit Recht. Der deutsche Freiheitskampf, ob alles verschworen wäre, ihn niederzuhalten, und Macht und Gewalt des Unterdrückers wären riesengroß – der deutsche Freiheitskampf hat begonnen.

Durch Heldentum –

»Wie du siehst, behalte ich meine Ruhe, was nicht gleichzusetzen ist mit Resignation ... So viel ist sicher, daß ich bis zum letzten Atemzuge für meine Freiheit kämpfen werde. Ich habe nie den Tod gefürchtet, und auch heute bin ich nicht bange davor. Der eine stirbt im Bett, der andere auf dem Feld im Kampf, und es gehört nicht viel Philosophie dazu, um würdig zu sterben.«
Der diesen Brief schrieb, sprach vor Gericht: »Meine Herren, wenn der Oberstaatsanwalt auch Ehrverlust beantragt hat, so erkläre ich hier: Ihre Ehre ist nicht meine Ehre, und meine Ehre ist nicht Ihre Ehre, denn uns trennen Weltanschauungen, uns trennen Klassen, uns trennt

eine tiefe Kluft. Sollten sie trotzdem das Unmögliche hier möglich machen und einen Kämpfer zum Richtblock bringen, so bin ich bereit, diesen schweren Gang zu gehen; denn ich will keine Gnade. Als Kämpfer habe ich gelebt, und als Kämpfer werde ich sterben mit den letzten Worten: Es lebe der Kommunismus!«

Edgar André, ein Hamburger Hafenarbeiter, ist in seinem letzten Kampf und angesichts des Todes so verehrungswürdig geworden, wie Deutsche seinesgleichen es jetzt werden. Es ist der Deutsche in neuer, herrlicher Gestalt. Das gibt es sonst nicht, es mußte schwer erworben werden: die Kraft der Gesinnung, mitsamt der Höhe und Reinheit des Ausdrucks. Hier hat man den Tonfall des Helden und Siegers über den Tod hinaus. Die Worte sind aufbewahrt für Zeiten, in denen das siegreiche Volk zurückblicken wird auf seine großen Beispiele. Denn es ist wahr, daß nur die echte Erkenntnis und eine aufopfernde Gesinnung in den Mund eines Menschen diesen Tonfall legen und in sein Herz diesen Mut. Als Gegenprobe lese man die ungenauen, schlechten Sätze des herrschenden Abenteurers, der André in den Tod schicken kann; aber Deutsch kann er nicht, ist auch kein Deutscher. Wer sieht denn nicht, daß der Nationalsozialist ein letzter Zustand ist, Krampf und Sterben einer historischen Gattung. Schrecklich in seinem wilden Umherschlagen, will er mit seiner verzweifelten Furchtbarkeit den Sieger die eine Stunde noch aufhalten. Aber hundertmal hingerichtet, der Sieger lebt.

Beides ist erstaunlich: wie der Verurteilte mit Schrecken sein Schicksal hinausschieben will und wie der Schrecken, auf das Ganze betrachtet, ohne Eindruck bleibt. Nicht nur einzelne, ganze Massen wagen täglich das leibliche Verderben, ihr Leben erhält sich nur noch neben dem Abgrund. Jede Stunde kann bei jedem die Gestapo anklopfen, das wäre der Anfang vom Ende – für jeden persönlich, nicht aber für ihre Gesamtheit, und für diese um so weniger, je mehr einzelne als Opfer fallen. Das kämpfende Proletariat Deutschlands durchmißt eine Strecke, wo Ehre dasselbe ist wie Standhaftigkeit im Leiden, und zum Volkshelden wird der Märtyrer. Anders würde niemand das Bild dieses Volkes begreifen können – in seinen Massenprozessen: Hunderte Angeklagter, viele schon gefoltert, bevor die Gerichtsverhandlung anfängt. Und andere werden während der Verhandlung auf Befehl des Vorsitzenden in den Keller abgeführt, »zur Vernehmung«. Und Lücken entstehen: Wer die fehlenden Gesichter gekannt hat, erblickt sie vor seinem Geist in Leichenfarben und voll geronnenen Blutes. Das droht dir selbst. Aber nicht Furcht, ein anderer Schauder durchläuft diese Volksmasse: ihr Abscheu gegen dieses gefälschte »Volksgericht«, ihr Haß für die Mörder und die Schinder, die zusammen ein Staat sind. Da steigt eine helle Knabenstimme. Der Junge ruft den Richtern zu: »*Ihr* wollt *uns* vier Jahre Zuchthaus geben? Mensch, in vier Jahren sitzen *wir* dort oben.«

Dies bei geöffnetem Folterkeller und angesichts eines Gerichtshofes, der aus seinem Recht den Begriff »Mensch« gestrichen hat. Er kennt nur die Verteidigung seines Staates. Sogar die Verteidiger der Angeklagten sind nicht für sie, sondern zur Rettung des Staates vor ihnen gestellt. Die angeklagten Staatsfeinde sind ausgeliefert und verlassen, rechtlos und dem Tod anheimgegeben. Dennoch die helle Knabenstimme. Ein alter Arbeiter aber spricht zu den uniformierten »Volksgenossen«, die über ihn richten sollen: »Den Klassenkampf *gibt* es«. Der Sinn dieses Staates ist es, den Klassenkampf wegzulügen: das sagt ihnen der alte Arbeiter bei geöffnetem Folterkeller. Ein Mensch mit den Resten einer einstigen bür-

gerlichen Haltung, Prokurist eines Handelshauses, setzt diesem – *diesem* Gericht auseinander, warum er Kommunist geworden ist. Nicht früher – jetzt, beim Anblick des Schreckens, der Verwahrlosung, womit die Feinde der Kommunisten ihre Zeit verlängern wollen, hat er »seine Überzeugung revidiert« – was ein gelassener Ausdruck zu nennen ist in Anbetracht der Lage des Sprechenden. Man verliert die Nerven nicht und begegnet der übertriebenen Furchtbarkeit mit der Zuversicht dessen, der im Leiden seine Ehre sieht.
Hingerichtet sind Rudolf Claus, Fiete Schulze und viele andere Vorbilder dieses Volkes. Nicht jeder bringt es bis zur öffentlichen Auszeichnung durch Block und Beil. Man wird verfolgt, geschlagen, eingesperrt, kommt halb verhungert heraus – hat hiermit getan, was recht ist, womit heute Ansehen bei den Kameraden und Selbstachtung zu erwerben sind. Man fährt fort wie vorher. Der Schrecken, am eigenen Leibe grausam verspürt, er schreckt nicht. Er wirkt nicht. Der Schrecken schüchtert die Staatsfeinde nicht ein, er macht sie entschlossener. Sie reifen durch Leiden, ihre schweren Erfahrungen machen sie geschickter zum Kampf. Sie lernen denken, und ihr Herz schlägt höher. Woher im Grunde dieser standhafte Mut vor einer übermächtigen Staatsgewalt? Eine herausfordernde Zuversicht, sie erhebt dies Volk gerade an seinen schlimmsten Tagen, wenn massenhaft Opfer fallen. Es ist munter, es hat Witz, und das auf Kosten eines Feindes, dem es vorläufig durch sein Leiden, hauptsächlich durch sein Leiden widersteht. Ja, aber dies Volk erlebt mehr, als man sieht, unvergleichlich mehr, als die äußere Gestalt seines bedrängten Lebens erraten ließe. Das deutsche Volk erlebt jetzt, jetzt endlich die Freiheit: die Freiheit als lebensnotwendig wie Brot und Salz, die Freiheit als ein Gut und Besitz, die erkämpft werden müssen um je-

den Preis, und wäre es für noch so viele einzelne der Tod.

Das deutsche Volk, wie es nun geworden ist und weiterhin sich entfalten soll, verdient beklagt zu werden – und verdient auch einen höheren Ruhm, als es jemals besaß. Ein Zuschauer über den Wolken könnte, gerecht und kalt, dahin urteilen, daß es sein Schicksal selbst verschuldet hatte, als es bei sich den Sinn und Begriff der Freiheit verkommen ließ. Gewiß, es war schwächlich im Willen, es überließ sich dem dumpfen Vertrauen in eine mechanisch wirkende Gesetzlichkeit. Der Zuschauer über den Wolken könnte sagen: Erschlaffung, Unglaube, entseelter Betrieb müssen gebüßt und bezahlt werden mit allen Martern der Knechtschaft von dem Volk, das sich ihnen ergeben hatte. Seine heutigen Prüfungen sind wohltätig und lohnen sich. Konnte es zu den Zeiten eines verhältnismäßigen Glückes nicht einig sein, dann erlernte es seine Einigkeit in der äußersten Unterdrückung. Sie ist ihm rechtens zugemessen, und das Dritte Reich, ob noch so abscheulich, ist nur die vorbestimmte Geißel, die es aufpeitschen soll. Entweder es erliegt der Geißel, oder es wird endlich aufstehen als ein wissendes und gefestigtes Volk. Soweit der unbeteiligte Zuschauer, der seine Meinung aus der Höhe abgibt.

Wir – sind weder hoch noch unbeteiligt, sind vielmehr in das leidende, kämpfende Volk mit einbezogen, und in unserem Fleisch und Geist fühlen wir, was es fühlt, seine Erniedrigung ist unsere, wir bluten mit ihm, wir widersetzen uns mit ihm. Da es die Zuversicht hat, daß sein Tag kommt, teilen wir seine Zuversicht. Da es in seiner schweren Zeit viel lernt und begreift, nimmt unsere Erkenntnis zu. Es ist etwas Unerhörtes um Deutschland: eine durchaus neue Verbundenheit seiner Menschen, die übrigens vielfach unterschieden sind und jeder das Seine erleben. Hier aber ist es dasselbe, ein Leiden, das überall den gleichen Ursprung, einen durchaus abscheulichen Staat, hat. Von den Massenprozessen werden nicht nur Arbeiter, obwohl meistens Arbeiter, ergriffen. Die 225 000 politischen Gefangenen sind meistens, aber nicht durchweg, Arbeiter. Da sind Bauern und Kleinbürger, die aufgemuckt haben, als es unverkennbar wurde, daß dieser Staat, ihr selbstgewählter Staat, sie zugrunde richtete. Sie hatten sich, von Propaganda berauscht, eingebildet, dies werde ein Staat sein, der die kleinen Verdiener etwas mehr verdienen lassen würde: das nannten sie sogar Sozialismus, womit sie den Begriffsbestimmungen ihres Staates und seiner Propaganda folgten. Im Konzentrationslager, beim »Robben«, was eine Sache auf Tod und Leben ist, beim »Pfählen«, bei der »Vernehmung«, »Razzia« oder im »Bunker«, lauter Sachen auf Tod und Leben, sowie auch wenn sie ihr eigenes Grab schaufeln müssen, wird ihnen das neue Wissen aufgehen.

Sie werden in ihren schrecklichen körperlichen Leiden die Gewißheit finden, daß ein armer Mensch ein armer Mensch ist und daß es durchaus falsch von ihnen selbst war, waffenstarrenden Abenteurern an die Macht zu helfen, nur weil diese damals noch versprachen, kleine Gewerbetreibende zu bereichern auf Kosten der Marxisten. Beim »Robben« und »Pfählen« finden jetzt beide sich wieder, Gewerbetreibender und Marxist. Unterschiede werden nicht gemacht – und das gerade ist die große, furchtbare Lehre, die dieser Staat seinen Opfern unfreiwillig erteilt. Er erteilt sie noch ganz anderen Leuten. Zahlreich in den Lagern sind die Geistlichen und die Intellektuellen, beide für das Tragen von Kotkübeln und andere Arten besonderer Auszeichnung ein beliebter Gegenstand. Die Geistlichen beider Bekenntnisse, man verlasse sich darauf, waren noch niemals so volksnahe; die

Intellektuellen manchmal desgleichen. Unter den Schriftstellern oder Priestern, die das Dritte Reich in seine Höllen versetzt hat, waren einige schon längst davon durchdrungen, daß sie an die Seite der Armen gehören und mit ihnen kämpfen müssen. Ihre Zahl darf nicht überschätzt werden. Die meisten erhalten ihre entscheidende Erziehung in den Höllen des Regimes. Diese Personen zum mindesten werden nie wieder auf das gemeine Volk herabsehen und dem »Führergedanken« künftig unzugänglich sein. Soviel läßt sich behaupten.
Indessen wäre es nicht genug. Damit die Deutschen einander erkennen und einander nahekommen, müssen Brücken führen von den Höllen des Regimes zu seinen normalen Bereichen. Oh! An Brücken fehlt es nicht. Im Grunde bleibt doch alles dasselbe Gebiet und Land. Die Machthaber übersäen ihr ganzes Reich dicht und eng mit Zuchthäusern, Strafanstalten und Lagern jedes Ranges – Lager, wo vor allem Martern ertragen und nebenbei Zwangsarbeiten verrichtet werden, und andere, die Arbeitslager heißen und vorgeblich nicht dem Strafvollzug, sondern der Wirtschaft gewidmet sind. Der Unterschied? Die unbescholtenen Landarbeiter, zwangsweise ihrer Heimat und Familie entrissen, schuften zuerst, und das »Robben« folgt als Ergänzung ihres Dienstes an Staat und Volk – nicht gerechnet die Schwängerung der Mädchen und die körperlichen Schädigungen, junge Wesen, die sich von dem schrecklichen Mißbrauch ihrer Leiber ihr ganzes Leben lang nicht erholen werden. Das geschieht in den normalen Bereichen, zwischen den Maschen des Netzes von Strafanstalten, die Deutschland bedecken. Was noch? Zwischen den Maschen flüchten über Berg und Tal die Schwerhörigen oder Hüftkranken, die sterilisiert werden sollen – immer hinter sich den Arzt, der sie ausersehen hat, und die Gendarmen, die sie ein-

fangen. Was weiter? Die »Rassenschande«, eine Erfindung, die zahllose Menschen fortwährend auf der gefährlichen Grenze erhält, hier noch die normalen Bereiche, drüben schon der Strafvollzug. Die Grenze ist schwankend und verstellbar für jeden Deutschen, er sei sogar dienstfertig und helfe dem Staat gegen seine Feinde. Heute Angeber und Spion, Schinderknecht, SA-Mann oder Gauleiter, morgen hat's ihn.

Nie zu vergessen, daß dieses Dritte Reich eigentlich jeden »haben« will, die Fügsamen, die Vorsichtigen, die Dreisten. Es ist sich bewußt, überall Feinden zu begegnen, da es selbst der Feind ist. Es bedroht mit Krieg alle anderen Völker, weil es mit seinem eigenen nur im Krieg liegen kann. Sein »deutsches Recht« und sein Strafvollzug sind unmenschliche Ausgeburten, berechnet nicht allein auf seine ausgesuchten Staatsfeinde, vielmehr auf alle Deutschen, zuletzt aber auf die Menschen überhaupt. Aus seinem »Recht« hat dieses Reich den Begriff des Menschen entfernt, es faselt Weltanschauung, meint aber einzig seine Macht, und seine Macht ist ein Strafvollzug. Was zuerst die Deutschen erfahren und in ihr Wissen aufgenommen haben. Die anderen folgen nach: bis jetzt scheinen außerhalb der deutschen Grenzen mehr überzeugte Nationalsozialisten vorzukommen als im Lande. Die Deutschen sind belehrt, und sie wollen nicht mehr, obwohl sie einst willig genug waren, daß gegen sie selbst die ungeheuerlichste Macht und Gewalt aufgerichtet werden konnte. Die müssen sie jetzt besiegen.

– *zur Freiheit*

Der Kampf wird zuerst von den Arbeitern geführt. Jede andere Klasse widersetzt sich auf ihre Art und wo sie selbst sich getroffen fühlt. Die Proletarier sind es allein, die das Regime ganz ergreift, ganz entrechtet, ganz zu seinem Raub und seiner Beute machen will. Seine offenkundige Absicht ist, einen Teil des Proletariats auszurotten, den übrigen aber die innere und äußere Haltung von Höhlenbewohnern beizubringen. »Der Mensch ist dasjenige Tier, das mit Werkzeugen umgeht.« Dieser wissenschaftliche Satz ist etwas zu geistreich, um von Nationalsozialisten erfunden zu sein: aber sie könnten sich ihn aneignen, und wörtlich handeln sie danach.
Die Arbeiter haben es, kurz gesagt, mit Wahnsinnigen zu tun; da muß man vorsichtig sein, sie überlisten und scheinbar auf ihre fixe Idee eingehen. Die Genossen begreifen, daß sie die »faschistischen Arbeitergesetze« studieren müssen, dann erst werden sie mit ihren einstigen Genossen reden – die seither Nazis waren, jetzt aber anfangen, genug zu haben. Dann erst redet man in aller Sachlichkeit, bis den Hereingefallenen die Scham und die Wut in die Augen steigen. Das ist nicht alles. Gerade diese neu Gewonnenen müssen benutzt werden, um wichtige illegale Arbeiten durchzuführen; ihre Rückkehr zum Marxismus ist den Nazis noch unbekannt. Durch sie erst erhält man wirklichen Einfluß auf die faschistischen Massenorganisationen. Zu den Vertrauensräten, soweit sie nicht ausgesprochen faschistische Schufte sind, muß man in ein wirkliches freundschaftliches Verhältnis kommen. Hier heißt es die Gesetzgebung kennen und sich ja nur keine Blöße geben hinsichtlich der Verordnungen des großen Führers der »Deutschen Arbeitsfront«, des betrunkenen Ley. Die Vertrauensräte finden sich in ihren

eigenen Gesetzen nicht zurecht. Wir stehen ihnen mit Rat und Tat zur Seite. Genug, wir übertölpeln sie, denn die Begabtesten sind es nicht, die bei den Nazis die Funktionäre abgeben. Bevor sie es wissen, sind sie auch schon wieder halbe Marxisten; mehr als zur Hälfte waren sie es in ihrer Einfalt wohl nie. Endlich haben wir sie so weit, daß sie unsere Forderungen vertreten. Wir Genossen, mit unserem braven Nazi-Vertrauensrat, werden bei der »Deutschen Arbeitsfront« vorstellig wegen der Zurücknahme des Fünfzig-Prozent-Lohnabbaus. »Geht beruhigt in euren Betrieb«, sagt der Dussel, »ich komme morgen hin.«
»Du mußt aber beizeiten kommen«, sagen wir. »Wir fangen nicht früher an, als bis wir die Garantie haben, daß der alte Lohn bezahlt wird.« Worauf der Nazi zum Chef geht und der Chef natürlich vom Stuhl fällt. »Soll man nicht mehr fünfzig Prozent vom Lohn abbauen dürfen! Dafür haben wir das Regime seinerzeit finanziert und den Führer gestartet? Jetzt schickt er mir seinen Vertrauensmann, und der wird frech. Ich bin nicht mehr Herr in meinem Betrieb, schon wieder dieselbe Geschichte wie unter Weimar.« Soweit dieser Chef, aber seinesgleichen bemerken jetzt hundertfach, daß sie »nicht Herren in ihrem Betrieb sind«. Schwerlich wird ihnen klar sein, welcher unterirdische Kampf die Wendung verschuldet hat und warum sie selbst, die unumschränkten Betriebsführer, gerüstet mit der Macht und Gewalt ihres Dritten Reiches, dennoch immer häufiger zurückweichen. Natürlich rächen sie sich zwischen den Niederlagen, und ihr Staat besinnt sich auf seine Furchtbarkeit. Erfolgreiche Streiks, Unruhen sogar in Rüstungsbetrieben, abgewehrter Lohnabbau, Tumult: zuviel, eine neue Terrorwelle wird losgelassen gegen die Arbeiter; nochmals Massenprozesse, im ganzen 3000 Angeklagte auf einen Schlag.

Die Arbeiter nehmen den Schlag hin, sie überdauern das Leiden, das nicht mehr die wehrlose Aufopferung ist. Nachgerade ist das notwendige Leiden einbegriffen in ihren Kampf, und noch während des grausigen Strafvollzuges lebt die Hoffnung auf Sieg.

Der betrunkene Führer der »Deutschen Arbeitsfront« hält eine Rede vor Fünftausend. Immer müssen es Tausende sein, denen entweder das Zuchthaus oder eine Führerrede zugemutet wird. Wie das Vieh werden sie zusammengetrieben, aber weil die Tore von SA besetzt sind und auch schon das Überfallkommando den Zechenhof sichert, hören die Arbeiter dieses Geschöpf seinen alkoholischen Unfug treiben. »Der Nationalsozialismus ist die alleinseligmachende Weltanschauung«, kräht er. »Wir sind Soldaten in Gehorsam, Disziplin und Leistung«, lallt er. »Wir sind Prediger im Glauben und in der Weltanschauung«, lügt er. Sie lachen. Sie brüllen vor Gelächter. Sie unterbrechen ihn, und für einen Zwischenrufer, den niemand angibt, werden zehn Unbeteiligte abgeführt. Stolz blicken sie zurück, man wird sie so bald nicht wiedersehen. Die Dagebliebenen tauschen, als ob nichts geschehen wäre, gewisse kleine Hefte aus, man wird sie niemals finden. Das dünne Papier verschwindet in der Hand oder unter dem Fuß, es trägt übrigens eine harmlose Aufschrift. Drinnen stehen die Kundgebungen der Partei, ihrer Partei, nicht der des lächerlichen Soldaten und Predigers dort oben. Diese Hefte sind ein Zeugnis unter anderem, für ihre Verbundenheit mit ihren Führern draußen, ihren emigrierten Genossen und Freunden, den Mitkämpfern aus anderen Völkern. Denn eine ganze Welt verteidigt mit ihnen zugleich die Freiheit. Sie sind nicht allein.

Das ist Trost für vieles und ist immer neue Ermutigung: nicht allein zu sein. Die geheime Verbindung mit der

Emigration öffnet den Arbeitern, von allen Deutschen fast nur ihnen, ihr Gefängnis. Sie werfen Blicke ins Freie, sie vernehmen Losungsworte, sie wissen um Freunde: das sind, dank dem gemeinsamen Schicksal, nicht nur ihre Klassengenossen. Einem emigrierten Schriftsteller ließen Arbeiter durch ihre Funktionäre schreiben – ein Brief, der Umwege machte, und seine Schrift wurde nicht jedem sichtbar. Darin dankten sie ihm für seine Arbeit und ermutigten ihn. Bedrängt und gefährdet, wie sie waren, fanden sie dennoch Zuspruch für einen, der im Kampf steht, und das ist der ihre. Sie sagten ihm, daß sie es schaffen werden, er soll dereinst in einem freien Deutschland leben können. Da sie tapfer und klug sind, werden sie es wahr machen. Die Einsichtigsten im Lande sind heute bei weitem die Arbeiter: das sei bemerkt für Aristokraten oder Herrenmenschen, die Nietzsche in den falschen Hals bekommen haben. Die »Herde« ist nicht immer dort, wo man meint. Die Schöpse können unter den Herrenmenschen zu suchen sein. Nichts macht eigentlich unfähiger zu sehen und zu lernen als der »Führergedanke«. Seine Nutznießer, Verwalter, Anhänger, verbringen ihre Tage in einem ungeheuren Dunst von Lug und Trug, und die Nachrichten, die sie für ihre Untertanen nicht in das Land lassen, sie selbst hören auf, sie zur Kenntnis zu nehmen: sie erliegen ihren eigenen Lügen. In der ganzen Welt, die es mit ansieht, haben sie ihre »Landesleiter« und »Braunen Häuser«; dessenungeachtet ist in der dritten Woche des Spanischen Krieges ein Bombenflugzeug mit Hakenkreuz bei Madrid gelandet und hat sich nach Gebühr erbeuten lassen. Die Vorstellung, als wäre die Hauptstadt schon in Händen ihrer faschistischen Verbündeten, diese Nazis hatten sie aus der Atmosphäre ihres Reiches mitgebracht. Dies ist das Gleichnis der Welterfahrung, über die ihr Deutschland verfügt, bis zu den

Propagandisten, bis zu den Führern. Mit diesem Blick auf die Welt gedenken sie ihrer Herr zu werden, die Herrenmenschen.

Die deutschen Arbeiter sind im Lande die Bestunterrichteten, aber besonders gebrauchen sie ihre Kenntnisse mit der Umsicht, der Klarheit, die man durch äußerste Gefahren erwirbt. Sie wissen, daß im englischen Unterhause von Edgar André die Rede war, daß die britische Regierung sich geneigt zeigen mußte einzugreifen. Ein französischer Kriegsblinder ist mit der Abordnung seiner Organisation in Hamburg gewesen. »Sie werden ihn töten!« hat er danach ausgerufen. »Während ich diese Zeilen schreibe, rinnen die Tränen aus meinen blinden Augen.« Niemand in Deutschland erfährt davon, nur die Arbeiter. Ihnen allein ist das Manifest der Brüsseler Amnestiekonferenz bekannt geworden, die großen Namen aus allen demokratischen Ländern, die für die Erlösung Deutschlands aufgetreten sind: und von Romain Rolland das Wort, daß der Friede Europas eingekerkert ist in den Gefängnissen Hitlers. Ausländische Sender, aber vor allem ihre eigenen Kameraden, die zwischen Saar und Lothringen über die Grenze hin- und hergehen, beweisen ihnen, wieviel die französischen Grubenarbeiter der Volksfront verdanken. Grenzgänger, die diesseits und drüben arbeiten, bringen für jede Schicht zehn Francs Lohn mehr nach Hause. Sie bringen darüber hinaus die Luft der Freiheit mit und die lebendige Ermahnung, daß die Arbeitsrechte etwas Wirkliches sind, sobald um sie gekämpft wird in der unwiderstehlichen Einigkeit einer Volksfront. Das sind Meldungen, die das Blut erwärmen, und sie durchlaufen von Westen nach Osten das Land, die Köpfe werden davon heller, die Hände härter. Ein Gauleiter droht ihnen: »Denkt nur nicht, hier käme das jemals wieder!« – »Das glaubst du selbst nicht mehr«, heißt die Antwort und muß nicht ausgesprochen werden. Handeln ist besser.

»Als nun die Dreher gegen die Absicht der Direktion zu murren anfingen, traten kommunistische und sozialdemokratische frühere Gewerkschaftskollegen miteinander in Verbindung und gaben die einheitliche Losung des Widerstandes aus.« Die wenigen Worte, ein geringer Ausschnitt aus den täglichen Vorgängen, sie enthalten dennoch die größte Tatsache; sie bekräftigen Hoffnungen, noch vor kurzem waren diese schwach und lagen fern. Die beiden sozialistischen Parteien waren vor Hitler verfeindet gewesen, ihr Zerwürfnis hatte unaufhaltsam die angenommene, aber ungesicherte Gesetzlichkeit widerlegt und die Republik zu einer leeren Schale gemacht. Ein waffenstarrender Unterdrücker fand nichts mehr zu besiegen, er konnte einfach vernichten. Indessen vernichtet man Einrichtungen und Gesetze, man tötet Menschen; eine Klasse wird in der Not erst ganz sie selbst, wird Element und einigt sich elementar. Ihre Einigkeit bekommt den Wert, der verkannt war; denn die Freiheit, ihr gemeinsames Ziel, erscheint endlich zum Leben notwendig wie Brot und Salz. Dann ist das Wichtigste getan, da die Einheitsfront der Arbeiter, überall wo sie auftritt, die Front des ganzen werktätigen Volkes nach sich zieht. Alle, nicht nur die Arbeiter, begreifen die Freiheit – nach ihrem Verlust. Daher folgt dem Faschismus die Volksfront wie der Donner dem Blitz; aber die erste entschlossene Miliz sind die vereinigten Arbeiter. Die anderen Abteilungen der Volksfront werden mitkommen, wenn sie eine Kraft fühlen. Das Land im ganzen zeigt jetzt die Stunde an, in der sein Entsetzen sich legt und die Gedrückten den Nacken erheben. Eine Volksschicht nach der anderen atmet stärker, sie wagen dem nationalsozialistischen Schicksal, das sie bald erstickt hätte, in das Gesicht zu sehen. Die Bauern in Gegenden, wo viele von ihnen beisammen wohnen, widersetzen sich offen, ihr Haß gegen das Regime bleibt nicht dabei stehen, »die Agrarmaßnahmen der Regierung« nur zu »kritisieren«, sie machen sie unwirksam, sie verhöhnen sie. Nehmen die Folgen auf sich, begegnen der Gewalt mit Gewalt, holen sich ihren Pastor zurück, wollen Staatsfeinde sein, wie er einer ist, und mit ihm in das Lager gehen. Die Arbeiter, als erste Truppe der Volksfront, haben hinter sich diese zweite.

Die Arbeiter, als erste und entschlossenste Truppe, werden endlich sogar den Mittelstand hinter sich bekommen, diese ewig enttäuschten kleinen Gewerbetreibenden, Geschäftsleute, Handwerker, mittleren Beamten und höheren Angestellten, die mit der Republik nicht auskamen, sich aber von dem Dritten Reich unverzeihlich vernachlässigt fühlen. Sie hatten den Abenteurern doch so schön hinaufgeholfen, diese Spießer. Wurden lange vor dem Antritt Hitlers beim Pflanzen von Hakenkreuzfahnen auf ihren Balkons gesehen. Haben damals in mehreren Millionen nationalsozialistischer Versammlungen begeistert geschwitzt. Die Arbeiter – und einige andere Personen – müssen die Bilder, die sie von der Klasse seither in sich aufbewahren, um des ganzen Volkes willen unterdrücken. Heute kann der Mittelstand die Protestversammlungen, die ihm am Herzen lägen, nicht abhalten, aber die Fahnen, die er nicht mehr hinaushängen möchte, gerade die wird er nicht los. Die nationalsozialistische Mißwirtschaft hat auch ihn der Vernichtung nahe gebracht, der Krieg droht auch ihm mit dem blutigen Ende, und die Gestapo fordert schon jetzt das Blut dieser Klasse wie aller anderen. Die Gestapo – sie führt Listen über alle Deutschen, kein Deutscher, der nicht damit zu rechnen hätte, früher oder später ihr Opfer zu werden. Wenn sonst nichts die Deutschen einigen sollte, dann wäre es die Gestapo. Diese beweist ihnen am eigenen Leibe, daß sie vor ihrem schlimmsten Feind alle gleich sind. Sie sind wahrhaft darüber belehrt, daß sie gemeinsam handeln müssen gegen den Feind, der sie alle meint: Arbeiter, Denker, Christen, Marxisten, »feine Leute« und der Mittelstand. Übrigens kann niemand revolutionärer sein als ein Bürgersmann, der gern sauber geblieben wäre, mußte sich aber überzeugen: in dem letzten Zustand dieses Wirtschaftssystems geht es nicht mehr. Sogar ein adeliger Grundbesitzer ist in Ausnahmefällen für die Revolution gewonnen, gesetzt, er hätte geistigen Ehrgeiz, er unterhielte Beziehungen zu einer wahrhaften Literatur, die aus Deutschland jetzt verbannt ist, und er nähme daher einen ehrenhaften Abstand von seinen Standesgenossen. Der Sinn für die lebensnotwendige Freiheit wird nicht vom Haß allein gespeist. Sehr nahrhaft ist die Verachtung.

Wer sollte in diesem Deutschland mit der Verachtung so vertraut sein wie die Intellektuellen. Gerade sie fehlen zu sehr im Bild, und die schon weit herangebildete Volksfront gegen einen ehrlosen Staat vermißt bis jetzt die, deren ganzes Daseinsrecht die geistige Ehre wäre. Wir können vermuten, daß ihnen im Lande nicht wohl ist, sie fühlen sich abgeschlossen, verhindert, im Wert herabgesetzt, und natürlich verachten sie das Regime. Man bedauert, daß sie es nicht weniger zeigen als jede andere Schicht im Lande und daß viele von ihnen bemüht sind, als Anhänger der Regierung zu erscheinen – mehr als das, seine Rechtfertiger, sein gutes Gewissen. Das sind Leute, die keine eigene Sprache mehr führen: sie schreiben, alle überein, das aufgepumpte, leere Deutsch, das dieses Regime eingeführt hat, um »Weltanschauung« vorzutäuschen. Darin bewegen sich Intellektuelle dieser bedauernswerten Gattung, seien sie übrigens Juristen, Dichter oder Lehrer der »Wehrwissenschaft«. Die Ärzte, die wohl wissen warum, verfallen in Emphase, sobald sie der Öffentlichkeit aufbinden müssen, daß nach der Austreibung der jüdischen Medizin jetzt endlich die deutsche wiederersteht. Das reicht bis zu den Physikern: sie würden es sich niemals verzeihen, wenn sie für ihre Wissenschaft nicht dieselben albernen Ansprüche erhöben, und in derselben wolkigen Rede. An seiner Sprache erkennt man das Regime. Wer zu ihm hält, legt mit der Einfachheit die Genauigkeit ab. Beide wären gefährlich, da sie verräterisch wären.

Andere führen mit voller Absicht die Sprache des Regimes, um sich nicht zu verraten. Man sieht den Vordergrund, die Organisationen, in die das Regime seine denkenden Objekte gepreßt hat, damit sie aufhören zu denken. Man sieht das Geschmeiß der gekauften Straf- und Staatsrechtler, Geschichtsfälscher und Rassenhochstapler: sie mögen sich hüten, sie haben von nichtswürdigen Angriffen auf die Würde des beseelten Menschen um einiges zuviel für erlaubt gehalten. Das ist der Vordergrund. Richter, die es von Bestechungen abhängig machen, ob sie Menschen zur Unfruchtbarmachung verurteilen oder nicht, glänzen im vorderen Licht dieses Reiches. Schwer ist es zu ermessen, was dahinter im Dunkeln sich abspielt an sittlichem Elend, an Scham, an verhindertem Aufstand. Öffentlich lügen müssen und nicht einmal im Vertrauen sich aufdecken dürfen – der andere könnte es melden. Auch möchte man nicht einmal seinem Spiegel eingestehen, wer man ist und wohin geraten. Hier liegt alles anders als bei den Arbeitern, die ihre früheren Parteifreunde mit Rede und Antwort herumbringen, bis der Nazifunktionär wieder ihr Genosse ist und dem Lohnabbau zuvorkommt. Kaufleute haben sich offen geweigert, für die »Winterhilfe« noch Geld zu geben. Die Korruption dieser Einrichtung hatte das Maß überschritten, ihre Verachtung gab den Kaufleuten einen ungeahnten Mut. Wie verhalten sich Schriftsteller? Einige von ihnen, die nach Maßgabe dieses Regimes und ihrer willfährigen Kollegen unwürdig befunden waren zu schreiben, leisten Zwangsarbeit bei Straßenbauten. Alle anderen sehen zu und schweigen. Was ist danach von ihnen zu hoffen? Daß sie mitlaufen, mitschreiben – in Zukunft wie jetzt, auch bei der Volksfront, sobald diese stark genug ist, und bei der Revolution erst! Da werden sich Rachegefühle entladen für alle erlittenen Scham und für eine so wohlverdiente Selbstverachtung. Arbeiter, vertraut den Intellektuellen zuletzt. Sie waren im Lande nicht gut – nach außen fast nie; aber natürlich müßt ihr ermitteln, welche von ihnen trotz allem zu brauchen sind; und eure Freunde kennt ihr ohnedies.

Die Arbeiter müssen Verbindungen suchen, sie sind davon durchdrungen, sie beobachten gewisse Fortschritte anderer Volksschichten und werden übrigens auf sie hingewiesen, dafür ist gesorgt. Die meisten Volksschichten wissen über sich selbst soviel nicht, wie die Arbeiter wissen. Den überlegtesten Kampf führen die Christen beider Bekenntnisse. Deutsche Katholiken des rechten Flügels sind bei der internationalen Amnestiekonferenz aufgetreten, kein anderer Hitlerischer Staatsfeind könnte ihre Empörung überbieten. Die Christen beteiligen sich an der Organisierung der Volksfront im Ausland, ihre Vertreter wirken gemeinsam mit denen der Arbeiter in das Land hinein. Die zusammenhängende Opposition im Lande, das sind Arbeiter und Gläubige – haben nicht durchweg die gleichen sozialen Interessen, nur das oberste ist ihnen gemein: sie wollen frei sein. Das Erlebte des Dritten Reiches hat bis jetzt ergeben, daß ein Volk zuerst frei sein muß, eine kollektive Macht gegen Unterdrücker sein muß. Vorbehalten bleibt denen, die um ihres Glaubens willen verfolgt werden, zu begreifen, daß der Anfang alles Übels die wirtschaftliche Übermacht einer Klasse war. Die wirtschaftlich Übermächtigen werden politisch auf ein Volk drücken, werden es entrechten und ihm schlecht bezahlte Zwangsarbeit auferlegen. Endlich aber werden sie genötigt sein, es auch geistig und seelisch zu verstümmeln, ihm sein Wissen und seinen Glauben abzusprechen. Sie müßten es, selbst wenn sie es gar nicht wollten, was aber von der herrschenden Klasse Deutschlands nicht zu sagen ist.

Diese Besitzer des Bodens und der Produktionsmittel sind in Deutschland mit einer ganz besonderen Dummheit geschlagen. Wann immer sie ihre tölpelhaften Machtansprüche durchsetzen konnten, ging ein Staat zugrunde. Sie haben das Kaiserreich in den aussichtslosen Krieg gehetzt, sie haben gegen die Republik die Nazis bezahlt; das Ende des Dritten Reiches würde, wenn es nach ihnen ginge, wieder der Krieg sein. Das Dritte Reich wird aber nicht am Krieg, es wird an der Revolution sterben. Sie sollen es nur in den Krieg hetzen: wie bald würde dieser von einer Revolution nicht mehr zu unterscheiden sein! Die herrschende Klasse in ihrer Trampeltiergesinnung hat diesem Volk Aufseher mit Folterinstrumenten gegeben. Sie ist verantwortlich für ihren Hitler und seine Gestapo. Das Trampeltier begreift nicht, daß seine Rüstungsgewinne und die Aushungerung der Arbeiter, so verbrecherisch sie sind, doch erst durch Hitler und die Gestapo zu seinem letzten Verbrechen wurden. Darauf folgt keines mehr. Wird den Mitgliedern der Klasse Trampeltier eigentlich nicht schwül? Wohin haben sie denn, für den vorauszusehenden Fall, ihr Geld verschoben? Bei ihrem Geschäftsteilhaber Schneider-

Creusot kann es, nach seiner Verstaatlichung, auch nicht mehr sicher sein. Die Klasse Trampeltier, hofft sie denn, zwischen den staatlichen Rüstungsindustrien Frankreichs und Rußlands, Organen friedlicher Volksstaaten, werde sie auf die Dauer der private Schandfleck Deutschlands bleiben? Eine individualistische Einrichtung für Kriegshetze und Aushungerung, aber aufgesogen hat sie den Staat: er trägt, alle Hitlers und Gestapos beiseite, zuletzt nur das wüste Gesicht neunzigjähriger Kriegsindustrieller mit blutunterlaufenen Augen und das leere Gesicht verlebter Schlingel aus Gutshäusern. Die Klasse Trampeltier hofft wohl nicht? Doch. Sie glaubt sich ihrer Sache gewiß, sie hat die Gewalt. Bilde sich niemand ein, daß im Verkehr mit ihr die Gegengewalt vermeidbar wäre.

Es wird die Revolution sein. Die Deutschen haben noch niemals eine gemacht, erlebte Bilder entstehen in ihnen nicht, wenn das Wort fällt. Sogar die Arbeiter, so tapfer und klug sie kämpfen, lassen den letzten Abschnitt des Kampfes scheinbar bei sich selbst noch im dunkeln. Aber wenn von ihm wenig gesprochen wird, sicherlich ist es Taktik von seiten ihrer klaren und scharfsichtigen Führer. Man will die Freunde aus den anderen Abteilungen der Volksfront nicht einschüchtern. Die Mehrheit der Deutschen folgt inständig dem Krieg um die Freiheit in Spanien; sie erfaßt noch nicht wirklich, daß auch Deutschland für die Freiheit seinen Krieg führen muß, oder es hätte niemals wirklich die Freiheit. Groß und schön ist die Einheit der Arbeiter; um so schöner und größer wäre, wenn sie dastände, die Volksfront. Aber die Volksfront hat die Freiheit zu verteidigen, wo sie nur erst bedroht ist, sie muß sie erobern, wo sie schon geraubt ist. Darüber hilft kein noch so einmütiges Bekenntnis zur Demokratie hinweg. Der Kommunist kann es ablegen in Gesellschaft des Liberalen; ein kommunistisches Flugblatt, das im Lande

verbreitet wird, sagt allen, die es lesen: »Wir Kommunisten kämpfen für die demokratische Republik... Der Kampf für das demokratische Deutschland ist der gemeinsame Weg aller Werktätigen zum Sturze Hitlers.« Später, später entscheidet sich das Wichtigste: der Inhalt der Demokratie. Sie wird erfüllt sein, wenn mit der Diktatur der Abenteurer zugleich die wirtschaftlich Übermächtigen fallen; sonst kämen früher oder später die Abenteurer zurück. Mit Recht wird vermieden, die Volksfront zu gefährden durch vorschnelle Forderungen. Die unerläßlichen Forderungen – die Demokratie selbst wird sie herrisch genug aufstellen, nachdem sie erkämpft ist.
Hier soll kein Zweifel gelassen werden, daß der letzte Abschnitt des deutschen Freiheitskampfes, der Kampf schlechthin, hart und furchtbar sein wird. Massenkämpfe wie diese, gegen eine Macht und Gewalt wie diese, werden selten bestanden worden sein. Die Voraussetzungen sind gegeben. Die Deutschen, alle Deutschen, die nicht Kreaturen des Regimes sind, haben es bis auf den Grund der Seele satt. Sie lehnen sich gegen seinen Eroberungskrieg auf und wissen, daß er das einzige Ziel und der letzte Ausweg der herrschenden Abenteurer wäre: man beseitigte sie denn. Wie die Deutschen selbst haben die anderen Völker dies begriffen. Die Wünsche der Völker sind mit den Deutschen, gegen ihren inneren Feind. Die Empörung der internationalen Volksseele aber ist imstande, hinwegzufegen alle niedrigen Berechnungen kapitalistischer Regierungen. Übrigens, was bleibt diesen zu berechnen, sobald es feststände: die Deutschen sind bereit, nunmehr abzuschließen mit dem Gelichter, das ein gesittetes Volk schinden, schänden und zum Abscheu der Menschheit machen wollte. Heute wird der Abenteurer noch geschont von den Regierungen, wird zu Verhand-

lungen zugelassen, und sie tun, als glaubten sie ihm, sie übersehen seine Herausforderungen, ertragen seine Friedensreden, zucken nicht mit der Wimper, wenn er die Rettung Europas in seinen lügnerischen Mund nimmt. Warum die Höflichkeit? Nicht doch vielleicht, weil man wartet – seine Abnutzung erwartet und auf die Deutschen hofft? Kaum daß sie losschlagen, schon wird der Abenteurer keinen Befürworter mehr haben; es wird zum Staunen sein, wie sie plötzlich alle über ihn Bescheid wissen und wie sie auspacken. Er wird erst recht niemand finden, der herbeieilt und für ihn die Haut wagt: der Bundesbruder und Mitdiktator nicht; und erst daran wird zu ermessen sein, wie wenig er eigentlich gegolten hat, wie wenig er da war. Die Deutschen müssen nur losschlagen, ein Aufatmen ohnegleichen geht alsbald durch die Welt.
Im Rauschen der Freiheit werden der deutschen Revolution die Mitstreiter zuströmen aus aller Welt. Sie wird Waffen haben, das steht außer Frage, Waffen, die man ihr über die Grenzen schickt, zu denen hinzu, die sie im Lande erobert, wenn sie ihr nicht ausgeliefert werden. Dennoch soll kein Zweifel gelassen werden. Die Abenteurer sind auf ihren Bürgerkrieg gerüstet, noch besser, viel angstvoller und pünktlicher, als sie jemals für ihren Eroberungskrieg fertig sein können. Der Bürgerkrieg war vorgesehen von ihrem ersten Tage an, er ist in ihrem Programm der verläßlichste Artikel. Die Deutschen werden es mit Geschöpfen zu tun haben, Ausrottung und Vernichtung waren ihr ein und alles, schon als sie herrschten: wie erst, wenn sie fallen sollen. Nichts wird sie von den letzten Verbrechen abhalten, da die vorletzten längst begangen sind. Eines ihrer feigsten Scheusale hat seinen neuen Ministerpalast mit einer Trickfront versehen, er kann Teile der Mauern hin- und herschieben,

wie Filmgangster sich ihre Schlupfwinkel ausbauen; dann stehen plötzlich die Nester der Maschinengewehre offen. Ehe nicht dies alles niedergelegt ist und in Flammen steht, werden die Abenteurer nicht verzichten und nicht zu entkommen versuchen. Wohin in aller Welt mit ihren gründlich verrufenen Personen. Die Deutschen müssen vorher tapfere und gute Menschen verlieren in unabsehbarer Menge. Aber die verlieren sie schon jetzt jeden Tag, und um so mehr, je länger das mörderische Regime besteht. Sollen wir bluten, uns aufopfern und mit allen Qualen des Leibes und der Seele wohl bekannt sein, dann lieber durch unseren eigenen, bewaffneten Willen als wehrlos. Die Freiheit hat in Deutschland Märtyrer und Helden genug: bald wird nicht mehr einzeln gelitten und gekämpft, die Deutschen sind berufen, in Massenkämpfen zu siegen für ihre Freiheit.

DIE WIDERSTÄNDE

Es fehlt nicht an Tatsachen, die eine deutsche Revolution wahrscheinlich machen. Sollte sie dennoch ausbleiben oder erst durch den Krieg und in Gestalt des Krieges eintreten, das Volk der Deutschen muß daran nicht durchaus die Schuld tragen. Es ist ein Volk wie andere, gehorcht allgemeinen Gesetzen, und wo diese gebieterisch sind, kann es nicht versagen. In seiner gesamten Geschichte stand es aber schwerlich unter der Macht von Tatsachen, die wie diese eine Revolution fordern und sie wahrscheinlich machen. Vielleicht fordern sie im Gegenteil zu gewaltig, und die Wahrscheinlichkeit ist überwältigend. Das Augenscheinliche darf nicht zu weit gehen, dann wird es zweifelhaft. Hemmungen pflegen gerade dann zu entstehen, wenn alles drängt und kein Ausweg bleibt.
Menschen werden eher durch mäßige, übersichtliche Mißstände außer sich gebracht als durch ganz ungeheure, von denen man kein Bild mehr hat. Im Altertum opferten sie dem Ungeheuer arme Jungfern, die sie vor der dunklen Höhle anbanden, anstatt die Höhle auszuräuchern und das Ungeheuer zu erschlagen. Dafür mußte ein großer Retter kommen. Sind die Deutschen anders? Sie haben einen Staat, der nichts gewährt, sondern in einem fort »Opfer« verlangt. Opfer sind immer Menschenopfer. Ihr sollt Kanonen, keine Butter haben, heißt: Ihr sollt sterben. Sterilisieren heißt natürlich: Ihr sollt sterben. Der Tod wohnt in der unbezahlten Zwangsarbeit, in der Verfolgung der Lohnkämpfe, der Bespitzelung der Arbeiter, der Karteikarte; ebenso wie der Tod in den »Erbhöfen« der Bauern wohnt, in ihrer Enteignung, samt dem Verbot, daß Sterilisierte noch Bauern sein dür-

fen oder daß die nicht sterilisierten Bauern ihre Produkte zum richtigen Preis verkaufen dürfen. Das alles, und ungezählte andere Ansprüche des Staates, schließt den Tod der Menschen mit ein, seine unmittelbaren Gelegenheiten zu töten noch nicht gerechnet, als da sind: das Verhungernlassen, Totprügeln, Foltern, Hinrichten.
Die Funktion dieses Staates ist der Tod, und er ist seine einzige. Kein Regime könnte in Dingen des Lebens dermaßen leer und nicht vorhanden sein. Kündigt es einen Vierjahresplan an, dann bleibt das so lange ein Nichts von einer Redensart, bis allerdings wieder der Tod herausgrinst und seinen Trick vollführt. Das ist die regelrechte Organisation des Hungers, Preisbildung genannt. Das sind Milliardensubventionen für dreitausend Millionäre, und für den armseligen Rest der Volksgenossen eine Wirtschafts-Gestapo. Sie können zu Staatsfeinden und Opfern des Staates von jetzt ab nicht nur durch ihre Gesinnung werden; nicht nur durch Armut oder Krankheit, was beides dieser Staat auf eine schlechte Rasse schiebt und demgemäß bestraft; nein, an jedem Bissen, den sie verordnungswidrig in den Mund stecken, sollen sie sich den Tod essen. Womit die Wirtschaft nicht verbessert wird, das weiß jeder, am besten wissen es die Veranstalter. Soll auch gar nicht verbessert werden – die Wirtschaft der Lebenden bestimmt nicht. Es geschieht unter Aufsicht des Militärs und ist Kriegswirtschaft, will sagen: Wirtschaft derer, die sterben sollen.
So grauenhaft übertriebene Ansprüche eines Staates haben schon für sich allein das Lähmende wie ein Ungeheuer, dessen Umfang niemand abgeschätzt hat, und seine Höhle wurde vor dem Entsetzen nicht untersucht. Der Staat überbietet sich aber mit seiner »Weltanschauung«, die darauf hinausläuft, die Menschenopfer zur eigenen, selbstgewählten Pflicht der Menschen zu ma-

chen. Einem Volk wird unwiderstehlich eingebleut, daß es in all und jedem gegen sich selbst handelt – handeln muß und zu handeln gewillt ist. Ein Angeklagter vor Gericht vertritt dort nicht mehr seine Unschuld und den natürlichen Wunsch, loszukommen. Die grundsätzliche Annahme ist, daß er den Ankläger unterstützt und daß er sich zur Verurteilung und Abstrafung geradezu hindrängt. Dieselbe Voraussetzung gilt für das ganze Volk, das übrigens genau in der Lage eines Angeklagten ist und einem ewigen Strafvollzug unterliegt. Es stürzt sich selbst hinein, so ist die Annahme, und daraus wird Staatsdoktrin. Vorgeblich wehrt es sich nicht, kann sich nach seinem Gewissen gar nicht wehren, sondern erkennt freiwillig an, daß sogar schon ein Streik ein Verbrechen gegen die Volksgemeinschaft wäre. Welch ein Kriminalfall wäre erst die selbständige Gesinnung oder die freie Verfügung über den eigenen Körper.

»Rasse«, »Wehrhaftigkeit«, »gesundes Volksempfinden«, alles ist eingesetzt, damit ein Volk sich in Unsinn und Mißbrauch nicht nur ergibt: es soll noch stolz darauf sein, daß es seine Freiheit verloren hat und den Eindruck des vollendeten Irreseins macht. Sehr kostbar erweisen sich hier die Weltanschauung und Doktrin; um so unbezahlbarer, je öfter in der herrschenden Schicht selbst an sie geglaubt wird. Dies ist mehr oder weniger der Fall und sieht beiläufig aus, wie ein gelehrter Professor in Paris es kürzlich dargestellt hat. »Die Gruppen, die sich selbst eine rein erhaltene Herkunft zuschreiben, in Wirklichkeit fußen sie hauptsächlich auf ihrem gemeinsamen Nutzen. Seelische und geistige Neigungen, wie gewisse Länder sie bekunden, sind fast immer nur eingeimpfte Gefühle. Den Massen werden sie eingeimpft von den Geschicktesten, die sie daraufhin ausbeuten.« So ist es; aber wenn man es in dem gemeinten Lande aussprächê? Es auch nur klar

begriffen hätte? Wenn nicht auf den Ausgebeuteten und meistens wohl auch auf den Ausbeutern der Nebel einer »Weltanschauung« läge?
Dann wäre die Revolution da oder wäre unvergleichlich erleichtert. Man weiß und sagt: Der Kapitalismus in seiner verworfensten Gestalt, bankrott und gewalttätig, soll erhalten werden gegen jedes soziale und wirschaftliche Gesetz: daher dieser Staat. Einige Großgrundbesitzer und Trustmagnaten sollen sich in dem Maß bereichern dürfen, als ob ein blühendes Volk für sie arbeitete; es sind aber Hungernde, Mißhandelte, und es ist die Verzweiflung, wenn es nicht die Mitschuld ist. Nur zu Zwecken wie diese ist jeder Rest von Freiheit und Demokratie beseitigt, denn dieses Regime widerstände nicht ihrem geringsten Aufleben. Hierfür ist die Wissenschaft abgestellt, die Literatur verjagt, und in dem geistig verödeten Lande wird jeder Begriff, um dessentwillen die Geschlechter gelebt haben, entwertet und verdreht. »Auf diesem Boden wächst nichts«, hat wirklich einer verraten, ein Berliner Akademiker, der öffentlich Rasse und Wehrhaftigkeit redet. So wissen sie doch Bescheid, zuweilen taucht ihr Kopf aus dem Nebel, und erschrocken gestehen sie ein, daß sie Heuchler sind. Damit geben sie der Revolution eine Chance.
Das Volk entnimmt aus vielen Einzelheiten, daß die Nutznießer des Regimes von ihm nicht überzeugt sind oder daß ihre Überzeugtheit nachläßt. Wenn die Machthaber und ihr Gesinde von Gau-, Schar-, Müllführern sich allzu eilig bereichern, ist dies doppelsinnig, entweder bedeutet es: Das System rechtfertigt alles; oder man scheint ihm vielmehr zu mißtrauen. Die zweite Auslegung gewinnt aber einen Vorsprung, sobald bekannt wird, daß Korruptionsprozesse gegen Nationalsozialisten nur noch unter Ausschluß der Öffentlichkeit stattfinden

dürfen. Das läßt auf ein schlechtes Gewissen schließen; indessen, nichts ist Gewaltherrschern, besonders denen ohne Recht und Herkunft, weniger erlaubt als ein schlechtes Gewissen. Was ist es ferner mit ihrer antibolschewistischen Besessenheit? Die macht manchmal geradezu den Eindruck der Echtheit: dann um so schlimmer für die Besessenen. Ihr Haß ist das Eingeständnis, daß ein anderes Volk, eine Union von Völkern sogar, wenn schon doktrinär erzogen, dann für sich, nicht gegen sich erzogen wird. Ein Staat kann es mit der Wahrheitsliebe versuchen und muß nicht sein ganzes Dasein auf seine Lügenhaftigkeit stellen. Nun, das läßt begreiflicherweise den Lügner nicht ruhen, besonders da er der Ukraine die Hungersnot anlügen muß, während sie im Überfluß versinkt, und gehungert wird bei ihm selbst. Auf dreißig Personen entfällt in der Sowjetunion eine, die studiert: als Folge des Systems. In Deutschland veröden die Universitäten, als Folge des Systems. Wie sollte das andere nicht verabscheut werden.

Aber Antibolschewismus? Das ist eine höchst betrügerische Behauptung, selbst wenn die Tatsachen ihr entsprächen. Natürlich wird hier entgegengearbeitet der bolschewistischen Absicht, das vermeidbare Unglück der Menschen allmählich zu verringern. Übrigens wäre dieselbe Absicht in jeder ehrlichen Demokratie wesentlich enthalten, weshalb der Nationalsozialismus mit hinreichendem Grund zwischen ihnen und dem Bolschewismus kaum unterscheidet. Aber Antibolschewismus ist das nicht, was hier getrieben wird. Es ist der Versuch, die lehrhafte Tätigkeit des Bolschewismus vorzutäuschen, dadurch, daß man die Deutschen sich in Zucht und Kollektivität üben und verausgaben läßt: nur immer zu ihrem Nachteil, nur immer gegen sich selbst. Diese Antibolschewisten des Endzwecks, für den Augenschein und ihre eigene List sind weit eher Parodisten des Bolschewismus. Das ist aber die Stelle, wo die List zuerst durchschaut wird und am frühesten versagt. Ein Würdenträger bemüht sich zu den deutschen Arbeitern, um ihnen etwas über die »Sowjethölle« aufzubinden. Wie sehr verkennt er die Macht der wirklichen Erfahrung! Sie wissen, wo diese Hölle liegt, um ihr Wissen wird keine »Weltanschauung« sie betrügen; und sollte das Gespräch zwischen ihnen und dem Würdenträger weitergehen, dann endet es für ihn mit Prügeln, für die Arbeiter mit der Gestapo.

Dies ist eine Etappe auf dem äußerst erschwerten Weg zu der deutschen Revolution – er wird noch manche Strecke durchlaufen müssen. Dies ist der Abschnitt, während man sich vom Nationalsozialismus eher drückt, als daß man schon offen gegen ihn aufträte, obwohl auch dies geschieht. Die Söhne der mittleren und großen Bauern wollen nicht mehr SA-Leute sein, und wie die Arbeiter drücken sie sich von den Versammlungen der Partei, ja, haben den Mut, aus den Organisationen zu treten. Im Zusammenhang hiermit geben die Alten ihre Waren nicht her, lieber lassen sie sich verhaften. Man hat aufgehört, den Terror zu achten: das bezeugen die Massenprozesse gegen Marxisten wie die Christenverfolgungen: in beide begibt man sich mit erhobenem Kopf. Es ist der Augenblick, da Deutsche bewunderswert werden – ohne daß gefragt werden muß, ob sie ihr Gewissensrecht, ob das Recht auf ihr Eigentum verteidigen. Bauern, die sich verhaften lassen anstatt Beraubung zu ertragen, beweisen lebendig, daß Eigentum nicht abhängt vom Kapitalismus und daß ein Raubkapitalismus verschwinden muß, damit das gerechte Eigentum besteht. Christen in den Kirchen beider Bekenntnisse, die gefüllt sind wie nie, hören den Geistlichen die Antwort auf nationalsozialistische Angriffe verlesen, was ihn und sie in Gefahr bringt. Sie achten ihrer nicht. Eine große Gefahr ist die Beichte geworden; wenn der Pfarrer dem Staat gehorsamer wäre als seinen Weihen, müßte er alles melden. Sie beichten dennoch.

Das Spitzeltum, die Angeberei und persönliche Rache, alles Ausgeburten dieses Staates und seiner Ehre, haben bei dem neueren Zustand der Menschen und Dinge nicht ab-, sondern zugenommen. Der Druck dieses Staates dauert fort, mit allen seinen Ansprüchen auf Opfer, Menschenopfer, und dem verwegensten Anspruch auf die Freiwilligkeit des Opfers. Aber das Ungeheuer wird allmählich besser durchschaut als zu Anfang. Seine »Weltanschauung«, die es in mythischer Weise sichern sollte, gibt ihm im Gegenteil die tödliche Blöße, da das Geschwätz endlich gemessen wird an der Erfahrung. Das ist die erreichte Etappe. »Bürgerliche«, die wenig haben und nichts verlieren können, erhalten hartnäckig ihren Bolschewistenschrecken; er ist ihre Ausrede. In ernsteren Stimmungen gestehen sie ein, daß auch sie das Regime hassen, und nur dem »hinterlistigen« Proletariat mißtrauen sie. Allerdings. Es ist dafür gesorgt, daß die Schichten dieses Volkes einander fremd sind und nicht leicht zusammenfinden. Ihre Uneinigkeit mußte nicht angestiftet werden, sie ist geschichtlich erworben. Die Volksfront der Deutschen kommt schwerer zustande als andere Volksfronten. Ihr heutiger Staat tut gegen seinen Willen das Beste, damit sie zuletzt doch wahr wird.

Bleibt die Kriegsdrohung als das äußerste Mittel, mit dem ein erschüttertes Regime seinen Sturz aufhält. Aber die Kriegsdrohung eines solchen Regimes ist fragwürdig, wie alles an ihm.

WAS WILL DIE DEUTSCHE VOLKSFRONT?

Es kann für die heutige Konferenz unseres Ausschusses zur Vorbereitung der deutschen Volksfront keine bessere Eröffnung geben als die uns alle beglückende Feststellung, daß unsere Arbeit in den verflossenen Monaten nicht vergeblich war. Obwohl erst ein Anfang, trug sie schon einige Früchte in unserem deutschen Lande. Der Gedanke der Volksfront hat die Sperrketten der Gestapo durchbrochen, unsere Aufrufe werden in Deutschland verbreitet. Von Mund zu Mund geht die Flüsterpropaganda, unterstützt durch die lebendige Ausstrahlung der französischen und spanischen Volksfront – die geflüsterte, geschriebene, gefunkte Propaganda für die große Einheit unseres Volkes gegen Hitler, der Deutschland in die Katastrophe des Krieges treibt.

Der Gedanke zündet in vielen Herzen, die sich nach persönlicher und politischer Freiheit sehnen. Der Gedanke erfaßt die Hirne, die sich der schrecklichen Drohung des Krieges bewußt werden und eine Rettung für unser Land und unser Volk suchen. Der Gedanke der Volksfront ist heute schon die Hoffnung und Zuversicht vieler Tausender Werktätiger im Dritten Reich.

Aber der Gedanke beginnt bereits zur Tat zu werden. Das Volk will nicht noch mehr Opfer für den Hitlerschen Kriegswahn bringen. Viele schaffende Deutsche stellen immer vernehmbarer die Frage: *Wie kommen wir in Deutschland zur Volksfront?*

Was ist heute schon im Sinne der deutschen Volksfront zu tun? Was ist das Ziel der deutschen Volksfront, das die große Kraft besitzt, das ganze Volk zu einigen zur Befreiung Deutschlands von der Herrschaft der Kriegstreiber und Tyrannen?

Heute sind wir hier als Vertreter der deutschen antihitlerischen Opposition zusammengetreten. Den Blick auf die Entwicklung in unserem von Hitler geknechteten Land gerichtet, sehen wir die unstreitig wachsenden Schwierigkeiten unseres Feindes, des Feindes von Frieden und Freiheit in der ganzen Welt. Seine wirtschaftlichen Reserven sind für die wahnwitzigen Rüstungen verschleudert. Sein militärisches Prestige ist durch den heldenmütigen Widerstand der spanischen Volksmilizen erschüttert. Guadalajara hat die Legende von der Unbesiegbarkeit der faschistischen Legionen zerstört. Auch wirtschaftlich ist Hitler für das deutsche Volk nur noch Legende. Hitler, der alles für die Kriegsrüstung vergeudet hat, wirft heute noch Hunderte von Millionen für den General Franco hinaus. Spanien enthüllt ihn und sein System ganz: wirtschaftlich ist es der Bankrott, militärisch ist es die Niederlage, sozial ist es die Auflösung, denn seine Soldaten desertieren, weil sie an das Hitlersystem nicht glauben.

Hitler beklagte sich kürzlich über die Erklärung des englischen Außenministers Eden, daß die Hitler-Regierung eine Politik der Selbstisolierung treibe. Ist aber Hitlers kriegerische Intervention in Spanien nicht eine unverhüllte Provokation der gesamten friedliebenden Menschheit? Im deutschen Volk hört man die Frage: »Was haben wir eigentlich in Spanien zu suchen?« Das deutsche Volk – nichts. Aber allerdings der es beherrschende Klüngel, jene reaktionären Kapitalmächte, die das deutsche Volk knechten und aussaugen. Kann nach dem spanischen Exempel noch jemand zweifeln, daß Hitler ebenso den Krieg gegen die anderen demokratischen Länder, gegen die Tschechoslowakei, Frankreich und die Sowjetunion vorbereitet? So treibt Hitler das deutsche Volk in das schreckliche Unglück des Krieges, der nur mit einer

noch schlimmeren Niederlage als im Jahre 1918 enden kann. *So treibt Hitler Deutschland in die Katastrophe.*
Der Kampf gegen Hitlers Krieg in Spanien ist ebenso die Sache des deutschen wie des spanischen Volkes. In Spanien kämpfen die Bataillone des jungen Volksheeres mit Gewehr und Flugzeugen gegen die faschistischen Eindringlinge, für die militärische Niederlage Hitlers. Die deutschen Hitlergegner haben angesichts des Heldentums von Madrid und Guadalajara eine um so größere Verantwortung vor Deutschland und der Welt, sie müssen alles tun, die Flamme des Widerstandes in Deutschland selbst zu entfachen! Wir fühlen in uns die hohe Verpflichtung, all unsere Kraft einzusetzen für die Einigung des deutschen Volkes gegen den gemeinsamen Feind.
In den Monaten seit unserer letzten Tagung sehen wir die *Zeichen einer ansteigenden Massenopposition im deutschen Volk* gegen die immer drückender werdenden Rüstungslasten und den Zwang, der jede Regung von persönlicher Freiheit erstickt. Wir sehen ganz neue Formen dieses Kampfes und neues Heldentum, das trotz der größten Schwierigkeiten lernt, die Massen für ihre Interessen und Rechte zum gemeinsamen Handeln zu führen. Ich möchte nur auf einige Beispiele hinweisen, die zeigen, wie sich heute der Kampf um die Freiheit in unserem Lande entwickelt:
In Berlin *fordern* die Metallarbeiter die Erhöhung der Akkordpreise und die Verminderung der vielen Abzüge. Im Ruhr-Bergbau *erreichten* die Bergarbeiter durch ihr kameradschaftliches Zusammenhalten das Recht auf Bestimmung von Arbeitervertretern zur Mitwirkung an der Lohnfestsetzung und dadurch eine Verbesserung ihrer Löhne. An diesen Bewegungen nahmen auch viele SA-Leute und andere nationalsozialistische Werktätige teil.
In Oldenburg *erzwang* die Volksbewegung durch Delegationen, Protestschreiben und Einwohnerversammlun-

gen das Stattfinden einer großen Versammlung in Cloppenburg, der Reichsstatthalter Röver wurde gezwungen, die Verordnung auf Beseitigung der Kruzifixe aus den Schulen zurückzuziehen. Hier war der Kampf um Glaubensfreiheit eng verbunden mit der Bewegung der Bauern dieses Gebietes gegen die Maßnahmen der Kriegszwangswirtschaft. In Frankenholz hat die Saar-Volksfront einen neuen Erfolg gegen den Gauleiter Bürkel errungen: Die Katholiken führten erfolgreich einen Schulstreik gegen die Entfernung der Kruzifixe von ihrem alten Platz in den Schulzimmern durch und wurden in diesem Kampfe von den Bergarbeitern der nahegelegenen Gruben durch passive Resistenz unterstützt. Unter dem Druck der Volksbewegung mußten die Verhafteten entlassen und die Verfahren gegen sie eingestellt werden. In den Dörfern mehren sich die Fälle, in denen die Bauern sich den Zwangsablieferungen und unwürdigen Kontrollmaßnahmen widersetzen und in den Ortsbauernschaften in großer Zahl Beschwerden gegen die hohen Abgaben und Steuern erheben. In den Innungen fordern die Handwerker die Einlösung der Versprechungen, die Hitler dem Mittelstand einst gemacht hat. Die demonstrativen Beifallskundgebungen nach der Rede des Professors Sauerbruch auf dem Dresdener Ärztekongreß waren ein sichtbarer Ausdruck der Sehnsucht nach freier wissenschaftlicher Forschung. Die Beifallsausbrüche im Berliner Theater bei der Aufführung von Schillers »Don Carlos« sind nur eines der Zeichen, wie lebendig im deutschen Volk seine beste Vergangenheit ist, das freiheitliche Erbe seiner deutschen klassischen Literatur.
Das Gemeinsame all dieser Widerstände ist das Streben nach Volksrechten, nach Freiheit, nach sozialer Gerechtigkeit. *So entwickelt sich der Kampf der deutschen Volksfront in der Tat.*

Erlauben Sie mir in diesem Zusammenhang, daß ich den Entwurf zu einer Plattform der deutschen Volksfront durch sozialdemokratische Funktionäre in Deutschland als einen wertvollen Beitrag für unsere gemeinsamen Bestrebungen begrüße. Dieser Vorschlag, wie viele andere Vorschläge, ist geboren aus dem Willen, den Weg zum Sturz Hitlers zu finden und eine große gemeinsame Volksbewegung für Frieden und Freiheit zu entfalten. Wir sind uns bewußt, daß *diese geschichtliche Aufgabe nicht von einer einzelnen Partei oder Gruppe und auch nicht unter Ausschaltung dieser oder jener Partei erfüllt werden kann.* Die große Bedeutung bekommt das Dokument jener sozialdemokratischen Freunde in Deutschland durch ihren Vorschlag, daß Verhandlungen aufzunehmen sind zwischen dem Parteivorstand der SPD und dem Zentralkomitee der KPD und mit den katholischen, den demokratischen Kräften. SPD, KPD, Katholiken, Demokraten, wie auch die Gewerkschaften, alle sind für Freiheit, alle wollen nach Hitlers Sturz die demokratische Volksrepublik. Wäre es nicht das Natürlichste der Welt, wenn diese Kräfte, die nur gemeinsam siegen können, einheitlich handeln wollten? Dazu ist unerläßlich, daß überall in Deutschland, in jedem Betrieb, in jeder Stadt, in jedem Dorf die aktivsten Hitlergegner in treuer Kameradschaft einander beistehen und den Kampf des Volkes gegen seine Peiniger führen. Dazu ist notwendig, daß die Zwietracht und das Hervorheben der Gruppen-Sonderinteressen, die nur dem Gegner nützen, überwunden werden.

Gestatten Sie mir, liebe Freunde, daß ich zusammenfasse: Hitler treibt Deutschland in die Kriegskatastrophe. Damit stellt er vor dem deutschen Volk die Frage des Schicksals unserer deuschen Heimat. Die Hauptaufgabe der deutschen Volksfront kann daher nur sein, gegen

Hitlers Kriegspolitik, gegen die unerträglichen Rüstungslasten und die Kriegs-Zwangsmaßnahmen, für die Erhaltung des Friedens zu kämpfen. Dieser Kampf für den Frieden, der auch unsere Jugend vor der Vernichtung auf dem Schlachtfeld rettet, entspricht den wahren nationalen Interessen des deutschen Volkes. Es ist möglich, den Frieden zu erhalten und Millionen Menschen das unermeßliche Leid des Krieges zu ersparen, wenn Hitler gestürzt wird, bevor er die Brandfackel entzünden kann!

Jede Hinauszögerung des Kriegsausbruches durch die Stärkung der internationalen Friedenskräfte, jeder militärische Erfolg des spanischen Volksheeres gegen die Interventionstruppen, jeder Widerstand der deutschen Volksmassen schafft günstigere Möglichkeiten für den Sieg über den Volksfeind Hitler.

Das große einigende Kampfziel aller Freunde des Friedens und der Freiheit in Deutschland ist die demokratische Volksrepublik. In dieser demokratischen Volksrepublik wird das deutsche Volk selbst frei über seine Geschicke entscheiden. Es wird den Faschismus mit der Wurzel ausrotten. Es wird nicht die folgenschweren Fehler und Schwächen von 1918 wiederholen, sondern eine starke Volksmacht gegen die Feinde der Volksfreiheit schaffen. Persönlich darf ich hinzufügen, daß ich niemals, auch in der Zeit der Weimarer Republik, etwas anderes gewollt habe. Neben mir sitzt jemand, der es weiß.

Nur die deutsche Volksfront wird die Kraft sein, die alle im Volke niedergedrückten freiheitlichen Regungen entfalten und zu großen Volksbewegungen einigen wird. Nur die deutsche Volksfront kann das Werk der Einigung des Volkes gegen Hitler vollbringen. Nur die deutsche Volksfront wird die Gestalterin einer freien glücklicheren Zukunft Deutschlands sein.

KAMERADEN!

Wir wissen nur zu gut, daß das Unglück mit der Zeit nicht geringer, sondern größer wird. Vier Jahre Hitler haben über Deutschland soviel Leiden gebracht wie vorher, ich wage es zu sagen, nicht einmal der Krieg. Der Krieg, das ist doch offener Kampf. Man hat immer die Hoffnung, ihn zu überstehen. Jeder einzelne hofft doch; besonders hofft ein Volk im ganzen.
Der Faschismus begeht an unserem Volk seine Verbrechen mit dem Anspruch auf Dauer. Die Knechtschaft soll unabänderlich sein. Die Erniedrigung kennt keine Grenzen. Die Verfolgungen überbieten einander. Die Mordtaten reißen nicht ab. Der Hunger aber gilt nachgerade als der gesetzliche Zustand. Er wird zur nationalen Pflicht erhoben.
Bedenken Sie, daß die Massenprozesse als Mittel zur Erhaltung der Macht eine neuere Erscheinung sind. Die Hinrichtungen sind 1936 häufiger gewesen, als sie am Anfang waren. Zuerst wird das Denken unterdrückt, das wissenschaftliche, das literarische. Schließlich schafft man das Christentum ab, und in Wirklichkeit soll die ganze christliche Zivilisation dem elenden Rassenbetrug geopfert werden.
Wer aber aus dem Hunger eine nationale Pflicht macht, bringt ein Volk erst auf die Frage, was es nicht seinen Bedrückern, sondern sich selbst in Wirklichkeit schuldet. Der Terror des Dritten Reichs und seine Propaganda, beide sind zuletzt gegen das Regime ausgeschlagen. Anstatt willige Hungerleider und ergebene Knechte zu erziehen, haben sie Märtyrer und Helden aus dem Boden gestampft. Das Dritte Reich hat fertiggebracht, was vor ihm kein Staat konnte: es hat die Deutschen reif gemacht für die Revolution.

Bekanntlich wird ein Volk durch die wirtschaftlichen Verbrechen, die an ihm begangen werden, am besten aufgerüttelt, besonders, da die wirtschaftlichen Verbrechen immer eng zusammenhängen mit den moralischen: hier mit der Aufrüstung, mit der Kriegshetze und der Unsicherheit des Lebens, der Verfolgung der Staatsfeinde, eines Volkes von lauter Staatsfeinden.

Alle deutschen Hilfskomitees haben sich verbunden, weil die Aufgabe ungeheuer gewachsen ist. Wir suchen die Mitarbeit unserer französischen Freunde, denn wir wissen, daß sie dem Ruf der Menschlichkeit folgen werden. Und auch den Regungen des Zornes werden sie folgen, wie wir selbst. Man hat gewagt, das deutsche Volk durch Hunger und Krieg, durch dreiste Aushungerung und den Halunkenstreich in Spanien zur Verzweiflung zu treiben. Wehrt es sich, verstärkt man den Terror. Jede deutsche Familie, der wir Hilfe bringen, wird unsere Sache mit neuen Augen betrachten. Der schändliche Krieg in Spanien verursacht viel Jammer, wir wollen ihn erleichtern. Überall in Deutschland springt die Rebellion auf, ihre Unterdrückung verursacht wieder Jammer, wir wollen gegen ihn einschreiten. Wir sind sicher, damit die *Urheber* der deutschen Leiden zu treffen.

Kameraden, stehen wir zusammen, geben wir unserer werktätigen Hilfe für die Opfer des Faschismus eine solche Ausdehnung, Geschlossenheit, Kraft, daß sie im Lande empfunden wird als ein Vorzeichen der kommenden Befreiung!

DIE DEUTSCHE VOLKSFRONT

Da ist erstens unsere Mühe und Arbeit. Die Erfinder und Vorbereiter der deutschen Volksfront haben sich ihr Beginnen nicht verdrießen lassen, als es so gut wie aussichtslos schien, von außen und über die abgesperrten Grenzen hinweg in Deutschland den Gedanken der Freiheit zu erwecken. Er war dort nur betäubt; die unabweisbaren Tatsachen belebten ihn und hören nicht auf, ihn zu beleben. Unsere Sache ist, den Vorgang zu beschleunigen und zu verstärken. Es ist niemals vergeblich, sich an den Sinn der Menschen für ihre Freiheit zu wenden. Freiheit – keinen tieferen, beständigeren Antrieb kennt der Mensch. Im Grunde fällt sie zusammen mit seinem Lebenswillen. Ein Volk, wie jeder einzelne, hat als Bestätigung, daß alle Anstrengungen lohnen, zuletzt nur den Gedanken der menschlichen Freiheit.

Er ist im Laufe der Jahrhunderte verschieden verstanden worden, als Gewissensfreiheit, als Sturz der Tyrannen oder Klassenkampf. Diktatoren sind von dem Gedanken der Freiheit hinangetragen und waren Freiheitsbringer, noch wenn sie eroberten. Die Völker, jedes Volk, haben Kriege mit Begeisterung geführt, wenn sie sagen und glauben konnten, es wäre zur Erhöhung der menschlichen Freiheit. Für ihre Herabsetzung wollen sie es nicht. Das ist die einfache Wahrheit, mit der jeder Staat und jeder Lenker von Staaten bisher gerechnet hatte. Einzig und allein der Faschismus und sein verrücktester Ausdruck, das Dritte Reich, ist auf den Einfall geraten, Massen der Gattung Mensch in großen Schwung zu bringen vermittels ihrer eigenen Knechtschaft; und das einzige Ziel, wenn es losgeht, wäre die Knechtung aller übrigen Welt. Das ist ein biolo-

gischer Unsinn, den historischen noch nicht mitgerechnet.
Der Anspruch eines Staates auf die gnadenlose Erfassung seiner Menschen ist von vornherein unhaltbar; wie erst, wenn er den Anspruch so weit treibt, daß er ihnen den geschichtlichen Boden wegzieht, die gesamte christlich-humanistische Zivilisation. Eine sittliche Vereinsamung ergibt sich, sie allein wäre schon unerträglich. Aber man weiß, daß ein Staat wie dieser sein Volk auch wirtschaftlich einengt, politisch isoliert und es, immer beim Schall großer Worte, arm und verhaßt macht. Um nur seinen Ruf im Lande zu erhalten, agiert dieser Staat draußen ins Leere, bis Krieg daraus wird – und da ist er bei dem letzten, unerlaubten Schritt angelangt. Ein Staat, der gegen seine eigenen Menschen die Macht ausübt und nur auf ihre Kosten sein schädliches Dasein fristet, darf mit ihnen nicht auch noch Krieg führen wollen. Der Krieg ist das schlechthin Verbotene.
Jeder Deutsche will den Frieden und will ihn nicht nur für seine persönliche Sicherheit. Er fühlt überdies, daß Deutschland in seinem Zustande den Krieg nicht verträgt, und der Staat, der ihn sich anmaßen will, verdient das große Schicksal nicht. Ihm selbst ist es bewußt: seine militärische Prüfung, dieser Staat legt sie heimlich ab – in Spanien, wo sie nicht rühmlich ausfällt. Schwer zu unterscheiden, was die Deutschen mehr erbittert: betrogen zu sein oder geschlagen zu werden. Zum Haß kommt die Verachtung, und sieh, die vereinzelten Widerstände fangen an, eine Kette zu bilden. Arbeiter und Bauern, Sozialisten, Christen, Frauen, abgefallene Nationalsozialisten, Jugendliche, schließlich auch die Intellektuellen, alle treten jetzt auf, als wär über ihnen die furchtbarste Gewalt nicht mehr. Der Mut der Deutschen ist zu bewundern. Sie haben Erfolg oder nicht, die Gewalt packt sie oft genug, aber manchmal wagt sie es nicht mehr. Gleichviel,

Deutschland und sein Widerstand sind von jetzt ab in offener Bewegung.

Dahin wäre es ohne unsere Mühe und Arbeit nicht so bald gekommen. Die Erfinder und Vorbereiter der deutschen Volksfront hatten über die feig abgesperrten Grenzen hinweg nach Deutschland hinein die Freiheit schon längst aufgerufen. Die Ergebnisse zeigen sich, da alles, was praktisch erlebt wird, unser Wort rechtfertigt. Friede – ihr sollt ihn verteidigen, er ist das Erste und Letzte, verteidigt ihn gegen euren Staat. Euer Staat kann im Frieden nicht bestehen, ihr aber wollt leben und Frieden haben. Befreit euch denn, ihr habt keine Wahl, die Freiheit oder Knechtschaft stehen niemals in eurem Belieben, die eine ist das Leben selbst, die andere der sichere Tod. Wir haben mit unserem Wort beträchtliche Teile der Deutschen erreicht, sie haben es weitergesprochen. Niemand weiß, wie vieles aus unseren Verhandlungen und Reden im Lande umgeht und früher oder später zur Tat wird. Um zu handeln, muß man wissen. Ohne uns wäre im Lande das meiste unbekannt.

Andererseits wirken die Erfahrungen des Landes auf uns zurück. Wir einigen uns auf Grund gesicherter Tatsachen. Vor Jahr und Tag gab es in dem Vortrupp der Volksfront, der wir sind, Starre und Nachgiebige, wir waren Freund oder Gegner, wir trugen Kämpfe aus. Das Land, in dem es nur scheinbar drunter und drüber geht, hat uns Einfachheit gelehrt; es braucht selbst nur das Einfachste, die Menschenrechte. Wo die Menschenrechte verlorengegangen sind, müssen sie zurückerobert werden: das weitere findet sich. Die Sicherheit der Person, der Schutz der Arbeit, ein freier Volksstaat, niemand will mehr, und das wollen alle, von jeder Richtung und Partei. Wir täuschen uns nicht und sind nicht zweideutig. Die Menschenrechte werden erobert sein, wenn die

Übermacht, an die sie verloren sind, abgeschafft und vernichtet ist. Die Übermacht ist wirtschaftlich und ist politisch. Sie war wirtschaftlich übermächtig, noch bevor sie es auch politisch wurde. Ihre Beseitigung wäre der Anfang jeder wahren Demokratie.
Im Lande ist dies die Gesinnung des gesamten Proletariates, die Bauern teilen sie schon, der Mittelstand geht zu ihr über. Was den Vortrupp der Volksfront einig macht, ist die Gewißheit, daß sie im Land erreichbar und auf dem Weg ist. Die Funktionäre der deutschen Sozialdemokratie haben ein Dokument geschickt, es stimmt in allem mit uns überein. Die Kommunisten sind von der Demokratie überzeugt, in Deutschland wie überall. Die Katholiken, ihre volkstümlichen Massen, haben begriffen, daß die Freiheit ihres Glaubens einzig verbürgt wird durch ihr Zusammengehen mit allen freiheitlichen Kräften. Übrigens ist man nicht nur Katholik, sondern ist Arbeiter, Bauer oder ein armer Pfarrer. Man ist auch nicht nur Protestant der Bekenntniskirche, man ist ein entrechteter, gequälter Mensch, und der Sohn wurde hinterrücks an Franco verschoben. Da sind die Frauen, wir hören ihre Stimmen zuerst aus dem Lande, erst nachher bekennen sie bei uns: »Wir haben Angst vor dem dritten Kind, fünfzig Mark Rest nach den Abzügen, das blaue Band für Kindersegen, aber nur Kartoffeln.«
Wenn die Vorbereiter, Wegbereiter der Volksfront tagen – oh, jedes Wort gelangt ins Land hinein, obwohl die Gestapo noch niemals so viele fremde Zeitungen beschlagnahmt hat wie nach unserer vorigen Tagung. Aber was wir gesprochen haben, es waren kaum noch wir selbst, das Volk von Deutschland sprach. Es hat uns gehört, an seinen Erlebnissen hat es ermessen, woher zu ihm die Wahrheit drang, welche Auskunft richtig war, welchen Rufen es sein Gewissen öffnen muß. Unsere

neue Botschaft an das deutsche Volk bringt den Satz: »Es ist der Egoismus der profithungrigen Kapitalmächte, der im Bunde mit der alldeutschen Herrschsucht des Nationalsozialismus zur Eroberung fremder Gebiete treibt.« Unser Sender ruft dies über Deutschland hin. Die Botschaft sagt: »Gemeinsamer Kampf, um den Frieden zu retten!« Sie sagt: »Hitler ist nicht Deutschland, er ist sein Unterdrücker.« Und das zu hören ist für Deutsche längst keine Überraschung mehr. Die verzweifelten Versuche, unsere Sendungen zu stören, könnte man sich sparen. Wir haben Deutschland seit einigem auf solche Rufe vorbereitet, gesetzt, daß nicht schon sein eigener Zustand es für sie reif und überreif machte.

Deutschland ist dort, wo es ist, allerdings durch Hitler. Die Einsicht, was es zu tun hat, um anders und besser zu werden, es erhält sie von innen, da es nicht glücklich ist, und sie wird ihm bestärkt von unserem Wort. Wir sind mit Deutschland verbunden durch unsere Müh und Arbeit, durch Welle 29,8, durch die Ereignisse, die uns rechtfertigen. Wir sind auch die Verbindung Deutschlands mit der Welt der Freiheit, die zu ihm nicht Zugang hätte. Sie kommt zu uns, und damit kommt sie zu Deutschland. Der Vorbereitende Ausschuß der deutschen Volksfront empfing die Vertreter der spanischen Volksfront. Spanien, das ist heute die kriegführende Macht der europäischen Linken. Die spanische Republik kämpft für uns alle, das spanische Volk gibt auch dem deutschen das große Beispiel, das nicht vergeblich sein wird. Vergeblich ist nichts, weder Leiden, noch Müh und Arbeit, noch das sieghafte Beispiel.

Der Präsident des spanischen Parlaments und die Abordnung, die ihn begleitete, wurden von uns empfangen, wie Deutschland sie empfangen wird, wenn die Stunde da ist. Wir feierten in ihnen die Helden der Freiheit und unsere

eigene Zuversicht. Die Spanier besuchten uns, um das Deutschland der Volksfront anzuerkennen und um es durch ihre Gegenwart stark zu machen. Wir begrüßten sie und sagten ihnen, wie glücklich wir seien. »Vor einem Jahr hatten wir hier einen anderen spanischen Gast, Herrn Alvarez del Vayo, der zu uns sprach: Und wenn die Lage noch so schwierig ist, nie die Hoffnung verlieren! Wir haben uns seine Worte gemerkt. Spanien hat indessen nach ihnen gehandelt. Heute sehen wir Spanien auf dem Wege des Sieges, und nie hat es einen schwereren gegeben: auch keinen ruhmvolleren. Wir sehen das heldenhafte Volk der Spanier seine Freiheit verteidigen und die Freiheit Europas retten. Mit Gefühlen der Freundschaft, Bewunderung und Dankbarkeit, Kameraden aus Spanien, begrüßen wir Sie.«
Nachdem ich so gesprochen hatte, verbeugte ich mich vor Spanien tief.

GEBURT DER VOLKSFRONT

Da das Jahr zu Ende geht, kommen aus dem Lande die Rechenschaftsberichte. Ein hart geprüftes Volk erzählt von sich. Es schreibt seinen Freunden draußen, was es in einigen Monaten getan hat, um einem bald fünfjährigen, schrecklichen Verfall zu begegnen und ihn aufzuhalten, wenn es möglich wäre. Die Berichterstatter wissen zu sagen, daß immer mehr Deutsche ihre Gesinnung teilen und ihres Willens sind; vor allem, daß Willen und Gesinnung bei den meisten Deutschen jetzt hoch im Wert stehen, und das war sonst nicht.
Es ist neu. Die Prüfungen unter einer völlig ruchlosen Parteidiktatur haben ein Volk, unzählige seiner Glieder haben sie gelehrt, was Freiheit heißt und daß sie nicht im Belieben des Volkes und der einzelnen steht, sondern Pflicht ist, es gibt keine höhere. Das neu erworbene Pflichtgefühl macht alle sehr ernst. In diesen Jahren ist Deutschland ernst geworden. Die Katastrophe von 1933 war das Ergebnis des allgemeinen Leichtsinns und einer massigen Verantwortungslosigkeit. Die haben aufgehört. Wenn Deutsche von jetzt ab handeln, wissen sie, was werden soll, und wollen es zu ihrer Sache machen, anstatt sich ihrer Pflicht und ihres Gewissens zu begeben, wie 1933.
Die Lohnbewegungen werden von Verantwortlichen gemacht, von denen, die selbst die Folgen tragen werden und es wissen. Bauern, die Zwangsmaßnahmen widerstehen, kennen im voraus die nächsten Folgen: das sind verstärkte Zwangsmaßnahmen. Die Geistlichen und ihre Gemeinden bedürfen eines außerordentlichen Mutes, um ihr Bekenntnis zu behaupten. Ihr Mut aber ist der Lohn der Terrors, und niemals wären sie so tapfer, wenn sie

nicht versichert wären, daß der Feind ihres Glaubens an ihnen selbst sich auslassen wird, und ihr Opfer wird sich lohnen. Noch mehr Verfolgungen, unseren Widerstand setzen wir fort, wir steigern ihn, bis er nicht mehr Widerstand, sondern schon Angriff ist. Dasselbe denken alle.

Gläubige, Bauern, Arbeiter und bei weitem nicht mehr sie allein, alle sind fortwährend ihrer eigenen Gefahren bewußt, übernehmen persönliche Opfer, und der Sieg wird von ihnen ernst und streng erkämpft sein. Das ist von Grund auf anders als einstmals die risikolose Hetze gegen die Republik und dann die lächerliche Machtergreifung von Siegern, die nie gekämpft hatten, sondern ihr Sieg war abgekartet, viertausend verlogene Reden, hundert unbestrafte Überfälle, und dies wie jenes bar bezahlt. Die Massen, die es geschehen ließen und den Zirkus auch noch beklatschten, waren in Wirklichkeit abwesend, denn sie waren moralisch abwesend, sie hatten den Ernst nicht erfaßt, die Selbstverantwortung nicht gelernt.

Jetzt lernen sie. Ihr Bericht, wenn sie ihren Freunden und Beratern berichten, bleibt vollkommen nüchtern, ohne Spur der einstigen falschen Begeisterung und des Schwelgens in Trieben: was tatsächlich danach eintreten sollte, die Masse der Deutschen ahnte es damals nicht, noch weniger machte sie sich ein vernünftiges Bild. Die entscheidende Tatsache ist dagegen, daß heute sehr beträchtliche Teile der Deutschen ein klares Bild ihrer Zukunft haben, und es wird bestimmt durch ihren Willen, ihr Gewissen, anstatt wie damals durch Überredung und Betrug. Diese Veränderung ist es, die wir zuerst erfassen müssen, und auch die Welt täte um ihrer selbst willen gut daran, wahrzunehmen, zu »realisieren«, daß Deutschland mitten in seiner sittlichen Umwälzung begriffen ist, einer der größten seiner Geschichte. Das ist nicht mehr das Volk, das man kannte.

Berichte aus diesen und jenen Teilen des Landes zählen auf: Lohnerhöhungen, den Machthabern abgerungen, obendrein die erkämpfte Zurückziehung der Strafen. Dazwischen und auf gleicher Ebene werden genannt: die Verteidigung des Kreuzes, seine triumphale Rückkehr in die Schulen, aus denen es entfernt war. Bergarbeiter und Gläubige eines Sinnes, ob um den Lohn, die Freilassung der Gefangenen oder um das eroberte Kreuz. Die Verschickung von entlassenen Kameraden nach entfernten Landesteilen wird abgewehrt. Die sogenannte Gemeinschaftsschule, ein Trick der Machthaber gegen die Gewissensfreiheit, stößt auf den Widerstand derselben vereinten Kräfte, das sind Sozialisten und Kommunisten an der Seite der Katholiken. Das sind Katholiken an der Seite der Protestanten.

Sie hatten sich nichts vorgenommen. Die Absicht bestand nicht zuerst, eine gemeinsame Sache zu führen. Sondern jeder Abschnitt des Volkes vertrat zuerst nur sein eigenes Anliegen, bis sie bemerkten, daß es überall, für jeden Abschnitt das gleiche Anliegen war. Sich retten vor einer mörderischen Tyrannei, die nicht mehr diesem und jenem, sondern der Gesamtheit ans Leben will! Da haben sie gemeinsame Sache gemacht, und so beginnt ein Freiheitskampf. Das ist sogar die einzige Art, wie Freiheit die Menschen wahrhaft ergreift. Sie muß lebenswichtig geworden sein. Sie hat das hohe Gefilde der Idee verlassen, sie ist zwischen die Leute herabgestiegen – die sie nicht einmal beim Namen nennen, und noch weniger machen sie Redensarten. Sie arbeiten für die Freiheit wie für ihr täglich Brot.

»Nun haben sich in den letzten Wochen manche Anzeichen des verstärkten Lohndruckes, der verstärkten

Zwangsmaßnahmen gegen die Bauern (Getreideablieferung), des Terrors gegen die Kirche gezeigt: daher viel höhere Anforderungen an uns alle. Verstärkter Terror und Auspowerung durch die Nazis verlangt von allen Hitlergegnern verstärkte Gegenwirkung, in neuen, besseren und höheren Kampfesformen.« Achtung, hier nimmt die Arbeit für das tägliche Brot einen Aufschwung. »Unsere Hilfe durch gemeinsam festgelegte einheitliche Parolen, durch gemeinsame und als Volksfront gezeichnete Aufrufe, mit organisatorischen Anweisungen durch illegale Schriften und durch den Freiheitssender, sie helfen und sind in diesem Kampf gegen diesen schrecklichen Terror unentbehrlich für unser Volk.« Achtung, hier fällt im Land ein Wort.

Volksfront: da steht das Wort. Es steht in einem Rechenschaftsbericht über nackte Tatsachen und die unausweichlichen, aus sich selbst geborenen Handlungen, mit denen man sich hilft. Am Anfang kennt niemand ein Ergebnis, das Volksfront heißen soll. Volksfront, sie ist die Summe vieler vereinzelter Handlungen, die endlich ineinanderfließen. Freiheit, um des Begriffes willen hat man sie nicht angerufen. Sie kam unter die Leute, als alle sie zum Leben brauchten. Freiheit und auch die Kampffront eines Volkes, das leben will trotz seinen Tyrannen, es sind sittliche Werte. Die sittlichen Werte, die jemals Bestand haben sollten, wurden so erlebt und nur so erworben. Die Deutschen, ihre Mehrheit in allen Schichten, erwirbt jetzt, was sie erlebt.

Die Volksfront ist nicht von außen nach Deutschland eingeführt worden, sieht man es? Sie ist weder die Nachahmung fremder Staats- und Parteiengebilde, noch verdankt sie ihre Entstehung allein der Bemühung ausgewanderter Feinde des Regimes. Diese haben sich allerdings bemüht, und das ausländische Beispiel ist sichtbar vorhanden. Indessen, niemals könnten die Deutschen von außen angetrieben werden zu einem Unternehmen, für das sie nicht selbst schon herangereift sind, ebensosehr durch ihre Leiden wie durch den Widerstand ihrer Lebenskraft. Man will meinen, sie würden angetrieben? Ach nein, die deutsche Volksfront im Lande ist es, die ihre Freunde draußen zur Tatkraft anhält und sie beschwört, einig zu sein. »Begrabt, was euch trennt! Tut es für unser gemartertes Volk!«

»Ruht nicht, bis endlich auch die Führung dieser oder jener Partei an den Arbeiten teilnimmt.« Drinnen nehmen die Anhänger derselben Partei schon längst teil. »Wir bauen alle auf die deutsche Volksfront, mit der wir die Freiheit, den Frieden und den Wohlstand für alle schaffenden Menschen erringen werden.«

Das kommt von drinnen. »Faschismus ist Krieg, wir spüren es täglich am eigenen Leibe.« Das kommt von dort, wo man es am Leibe spürt. Außerhalb Deutschlands kennt niemand die unermeßliche Angst vor dem Krieg, die allein Deutschland fühlt. Wer hat denn sonst noch den Feind im Land, schon vor Ausbruch des Krieges, eine ganze Armee, einzig aufgestellt gegen das eigene Volk. Die Deutschen, hellsichtig wie nie vorher durch ihr Unglück, sind die einzigen, völlig zu begreifen, daß sie verloren wären, kämen sie nicht dem Krieg zuvor durch ihre Befreiung.

Der begründeten Furcht der Deutschen vor dem Krieg und seinem Ende begegnen die Machthaber mit ihrem abgenutzten Gespenst des Kommunismus. Umsonst, die Deutschen sind nicht mehr abergläubisch, die Not hat sie den Gebrauch ihrer Vernunft gelehrt. »Unter uns Angestellten und Beamten wurde Angststimmung erzeugt, daß der Kommunismus alle unsere Ersparnisse –.« Sie kennen das Lied. »Wie ist es denn heute? Alles wird uns

nach und nach weggenommen und in die Kriegswirtschaft gebuttert«, schreibt der Angestellte, der das Lied kennt. »Ich kann nur sagen«, das ist sein Schluß, »ich bin einverstanden mit der Volksfront, die den Frieden will. Denn wahr ist, daß nur im friedlichen Leben der Wohlstand des Volkes gesichert werden kann. Und das erhoffen wir vom Sieg der deutschen Volksfront.«
Das heißt: sie erhoffen es von sich selbst. Die Volksfront sind nur sie, aber sie sind es ohne Unterschied der Erwerbsstände, Parteien, Konfessionen. Diesmal ist es soweit. Die Unterschiede fallen – nicht auf Befehl und weil arm und reich, der Unterdrücker und seine Objekte entgegen dem Augenschein für »Volksgenossen« erklärt würden. Sondern ohne Vorausberechnung, freiwillig – obwohl durch ein höheres Gesetz, als Menschen erlassen können – werden sie Volksgenossen im Ernst, auf eigene Gefahr. Glück oder Untergang, diesmal werden sie sich auf niemand ausreden können, wollen es auch nicht, die Erfahrung mit dem Führerprinzip hat ihnen genügt.
Die Mittelklassen sind durch ihre »Auspowerung« endlich dem Proletariat hinlänglich angenähert, daß sie es verstehen können. Eine Arbeiterfrau denkt in Dingen der Schule wie der Lehrer ihres Kindes, ein reisender Kaufmann beurteilt die wirtschaftlichen Nöte nicht anders als der Arbeitslose. Der Intellektuelle und der Künstler halten vom eigenen Zustand dasselbe, was andere in dem ihren sehen: Knechtschaft, die böswillige Verschlechterung ihres Daseins. Alle ohne Unterschied finden für die glücklicheren Bedingungen, die ihnen fehlen, dasselbe Wort; haben es nicht vom Hörensagen, sondern sind jeder durch sein Schicksal die wirklichen Urheber des Wortes geworden. Sie sagen: Freiheit.
In ihren Briefen nehmen sie jeder seinen persönlichen Standpunkt ein, nur daß es überall derselbe ist. Ihre An-

lässe sind alltäglich und praktisch. Ein kaufmännischer Angestellter hat herausbekommen, daß sein Chef unsinnig verdienen und aus Steuergeldern obendrein die Zulage für seinen neuen Luxuswagen geschenkt bekommen kann – warum? Weil »unser Gehalt heute ein Viertel unter den Friedensgehältern liegt«. Die Arbeiterfrau kann mit dem Lehrer nicht sprechen, denn »während jeder Pause sitzt er über irgendeiner Sammlung oder Abrechnung«. Die Schuld daran gibt sie nicht ihm, sondern denen, die das Geld für ihre öffentlichen Feste einziehen, und in den überfüllten Klassen der Schule wird nichts mehr gelernt. Aber dasselbe schreibt ein Studienrat.
Überlege man, ob es jemals vorgekommen ist, daß ein Akademiker und eine Proletarierin die Schule mit den gleichen Blicken betrachten und »den ständigen Verfall des Schulwesens mit Sorgen verfolgen« – schreibt der Studienrat. Nennt übrigens in seiner Sprache genau die Ursachen wie sie in der ihren. Anstatt zu lernen, müssen die Kinder eine »mehr als schwache« Hitlerrede anhören. »Heilgeschrei als Erlösung von einem unbefriedigten Tätigkeitsdrang. Mädel und Jungen bis zum Alter von zehn Jahren sitzen starr und verängstigt, ebenso ängstlich von den Augen der Lehrer bewacht.« Er schreibt: »Verwilderung der Jugendlichen, die Eltern um ihr Schulgeld betrogen«: Ziel und Zweck sind immer die »billigen Erfolge bei den kleinen und großen Kindern«.
Der letzte Satz des Studienrates: »Wir wirken unermüdlich aufklärend, daß nur die Volksfront uns die so ersehnte Freiheit im Denken und Schaffen zu geben vermag.« In derselben Richtung wie der Akademiker wirkt die Arbeiterin, und das war nie da. Ein reisender Kaufmann ist dahintergekommen, daß die Fabriken zum Schein inserieren müssen, als ob sie Leute brauchten, während sie im Gegenteil ihre Leute entlassen. Er bestä-

tigt die Erfahrungen des Lehrers und der Mutter: auch in seiner Sphäre herrschen der Schein und der Schwindel. Nun sind aber »wir Reisende direkt vom Umsatz dieser Geschäftsleute abhängig«. Und da auch ihm schon klar geworden ist, daß hinter der unredlichen Wirtschaft ein noch viel fauleres Regime steckt, ist sein Schluß der bekannte.

»Oft denken wir zurück an die früheren Jahre. Aber wieder ein Weimar? Das ist verpönt. Der Kommunismus wird gefürchtet. Da wird jetzt viel gesprochen von der deutschen Volksfront, die den Kampf für Freiheit, Frieden und Wohlstand aufnimmt und in der alle Gegner des Faschismus zusammengeschlossen sind. Ich kann nur sagen, als ich das hörte, war mir, als spreche man mir aus dem Herzen.« So schreibt ein Reisender, und seinesgleichen pflegt das Land, worin sie umherkommen, nicht schlecht zu kennen, ungerechnet, daß er seinen Vorteil kennt. Seinen Vorteil begreift sogar der Künstler, die Künstler, die Kulturreden eines Herrn, den er nicht nennt, ihm machen sie nichts weis. Der hält sogar die berüchtigte Systemzeit für ein »verlorenes Paradies«. Er schreibt, wie üblich: »Der deutsche Künstler muß und wird ein begeisterter Vorkämpfer der deutschen Volksfront sein.«

Ein Intellektueller erinnert seinerseits an die bewußte Kulturrede desselben Herrn, spricht seinen Namen und verhöhnt ihn: der will die Freiheit gebracht haben! Im Flüsterton ist man frei. »Eine herrliche Pressefreiheit, wenn man immer das Gegenteil glauben kann. Das Gesetz? Allenfalls besteht das Gesetz noch für die Schwerverbrecher. Der politische Freiheitskämpfer steht außerhalb des Gesetzes. Das ist die wirkliche Freiheit. Wir haben in Deutschland eine wirkliche Freiheit – zu schweigen, zu dulden und zu sterben.« Woraus er indessen herleitet, daß »wir jetzt für die Freiheit zu sterben wissen«. Die gewohnte Beschwörung »jener entsetzlichen kriegerischen Entladung«, die jeder Deutsche mit Angst und Schrecken vorausfühlt – dann aber: »Sind wir nicht alle bereit, niederzuwerfen, was uns bisher hat trennen können?«

Ein anderer Intellektueller meint: »Auf die bange Frage, was auf das Dritte Reich folgen soll, wird uns im fünften Jahr dieser grauenvollen Diktatur der einzig mögliche Weg gewiesen: Zusammenschluß aller Friedensfreunde und Kulturträger, wie es im Aufruf zur Bildung einer deutschen Volksfront heißt. Wir danken X, der durch seine Kulturtat in letzter Stunde gezeigt hat, daß wir stark sind, wenn wir das große Ziel, die deutsche Freiheit, über alle Parteien und sozialen Interessen stellen.«

Zuviel der Ehre, Sie geben uns mehr, als uns gebührt. Wir sind länger da, als Sie wissen, und unsere Arbeit, unbekannter Freund, hat nicht erst im fünften Jahr begonnen. Aber Erfolg hätte sie nie gehabt, ohne euer eigenes Erleben und Erlernen. Eure Volksfront, allein aus euch selbst ist sie geboren.

Nichts wäre gewonnen, wenn ihr nur unter unserem Einfluß diese Sätze schriebet: »Wie in den Fabriken die Arbeiter schon alles Trennende beiseite lassen, müssen auch wir Männer und Frauen aus bürgerlichen Kreisen uns zu einer Freiheitsfront zusammenfinden, um gemeinsam mit der Arbeiterschaft die neue demokratische Republik zu erkämpfen.« Die nicht aussehen soll wie Weimar, wir verstehen uns. Einer euresgleichen wird völlig bewußt und deutlich, aber ihr wißt es alle: »Das Schicksal schmiedet uns zusammen – zum Kampf für ein Dasein in wirklicher, lebenswerter, fortschrittlicher Freiheit.« Da sind sie und begegnen einander: Schicksal, Kampf und die Freiheit, insofern sie einen großen Schritt vorwärts macht, um wirklich mitten im Leben und geradeso wertvoll wie das Leben selbst zu sein.

Das war sie früher nicht, sonst hättet ihr sie nicht leichten Herzens hingegeben. Sie war ungesichert und wurde euch widerwillig gegönnt, bis einige Abenteurer, mit Geldgebern dahinter, ihr kurzerhand das Ende bereiteten. Die »fortschrittliche« Freiheit ist nicht die von gestern, sie wird sozialistisch gesichert sein. Man weiß es, im Land ist man darüber eines Sinnes. Der Krieg und die Parteiherrschaft, beide sind gründlich verhaßt, gründlich durchschaut, und sie gehören zusammen. Parteiherrschaft ist geistiger Tod; von ihrem ersten Tage an, über mißbrauchte Wirtschaft, getöteten Geist, entrechtete Menschen hält sie die Richung auf die letzte Katastrophe.

Die Deutschen nach ihrer sittlichen Wandlung, und hier ist belegt, wie sich sich wandeln – die Deutschen verantworten endlich ihr Schicksal selbst. Sie nennen es ihre Volksfront. Die deutsche Volksfront wird geboren aus abertausend Bekehrungen, und die wurzeln tief. Die Lohnfrage und das Kreuz, die leibliche Not aller und ihre geistige Erleuchtung, die sie Freiheit nennen, das hat dieselbe Wurzel: sie wollen Menschen sein. Die Volksfront, ihr Wesen ist human. Kann aber irgend etwas die Tyrannen stürzen, wird es der neue, lebendige Humanismus sein. Frage man doch die Tyrannen, die sind im Bilde. Dieser Rosenberg, wie erschreckt ihn die gemeinsame Front der christlichen Kirchen. Dieser Führer Hitler, was beunruhigte ihn in Nürnberg, sein bolschewistisches Gespenst war es nie, aber allerdings gehen durch seine Reden und durch seine Nächte »die revolutionären Erscheinungen in der Form von Volksfronten«.

Damit hat er die deutsche Volksfront anerkannt. Sie wird, in einer anderen Bedeutung des Wortes, »anerkannt« werden von der Welt und ihren Regierungen: die deutschen Freiheitskämpfer werden der Welt und ihren Regierungen täglich stärkere Beweise erbringen, daß nichts anderes die Diktatur beseitigen und ihr nachfolgen kann, nur die Volksfront. Ihre Freunde draußen haben keine eigene Aufgabe, als den erbrachten Beweis bekannt und gültig zu machen durch ihr Wort.

KAMPF DER VOLKSFRONT

Der besondere Fall liegt vor, daß eine Volksfront entsteht und in das öffentliche Bewußtsein eintritt, ohne daß sie deshalb auch das anerkannte Recht auf ihr Dasein, geschweige den verbürgten Anspruch auf die Macht hätte. Man vergleiche. Die spanische Volksfront ist bewaffnet, sie führt Krieg, und während die Republik das Land verteidigt gegen Verräter und Eindringlinge, hat eine soziale Erneuerung schon begonnen. In Frankreich haben drei große Parteien ein Bündnis geschlossen, haben auf Grund ihres gemeinsamen Programmes in den Wahlen gesiegt – was dort genügt, um an die Regierung zu kommen. Achtzehn Monate im Amt, erreicht die Regierung der Volksfront vom Parlament nahezu zwei Drittel der Stimmen. Auch sie verteidigt, auf ihre Art, die Republik gegen Einmischung und Verrat.

Dagegen Deutschland. Die Volksverräter vergraben ihre Waffen nicht in geheimen Kellern; sie halten mit ihrer Rüstung das Land nieder und bedrohen die Welt. Die soziale Erneuerung besteht hauptsächlich in der Verarmung der Massen, aber als Ersatz für verlorenen Wohlstand, verlorenes Recht, verlorene Freiheit wird nicht die kleinste Hoffnung gewährt oder geduldet. Sondern alles, was dies Regime verbreitet, ist Angst und Schrecken. Durch den Schrecken erhält es sich; vor der Katastrophe, mit der es enden wird, hat man Angst. Aus solchen, sonst unbekannten Umständen, aus dem gemeinsamen Lebenswillen wird ein ganz neues Einverständnis dieses Volkes geboren. Es ist sicher, daß die Deutschen einander sehr lange nicht so gut wie heute verstanden haben. Das Unglück will, daß sie sich auf Kosten eines Feindes verstehen, und der hat die Macht.

Die deutsche Volksfront bildet sich unter den schwersten aller denkbaren Bedingungen. Sie ist unerlaubt, und kein gesetzliches Verfahren kann sie zum Siege führen wie die französische; auch nicht, wie die spanische, der freie Waffengang. Die deutsche Volksfront wächst im Schatten heran, beinahe stumm – genug, daß sie wächst. Sie hat außer dem Feind, der noch gewaltiger tut, als er ist, in ihrer eigenen Mitte viel Ungunst zu bekämpfen: ihre Vorgeschichte, die durchaus unglückliche Vergangenheit der deutschen Linken. Die deutsche Linke hat nie regiert noch gelernt zu regieren. Als das erste Mal in der Geschichte, am Anfang der Republik von Weimar, ein Teil der deutschen Linken den Versuch machte zu regieren, scheiterte er an seinem Zerwürfnis mit den anderen Teilen. Die deutsche Linke hat sich noch niemals als ein Ganzes gefühlt. Bevor sie der unzerstörbare Block wird, muß sie ein doppeltes Unglück überwinden: das äußere, das auf ihr lastet, und ihr inneres, ererbtes.

Hätte die deutsche Linke sich früher gezählt – sie fängt aber erst jetzt damit an, sich zu zählen –, dann wüßte sie, daß sie das Volk selbst ist. Unbeträchtliche Minderheiten bleiben draußen. Während seiner gesamten staatlichen Existenz ist Deutschland von Minderheiten regiert worden, aber die kleinste Minderheit beherrscht es jetzt. Hierfür spricht das Zeugnis von Kreisen, die nicht freiwillig im Gegensatz zum Regime stehen, und ihrer Verbundenheit mit der Linken werden sie sich kaum erst bewußt. Eine Gruppe von Pfarrern der Reichswehr hat in einer Bittschrift an Hitler (denn noch richten einige an ihn Bitten) – festgestellt haben diese Seelsorger der Armee, daß halb Deutschland gegen ihn ist. Sie beziehen dies nur auf seine Kirchenpolitik; es wäre wohl kein Gegenstand für eine Bittschrift mehr, wenn sie sagen wollten, daß die Verfolgung des freien Bekenntnisses eine

Einzelheit ist. Verfolgt wird die geistige Freiheit überhaupt; und auch das freie Bekenntnis kann nur wiederhergestellt werden mit der ganzen Freiheit.
Das wissen manche bisher nicht und vermeiden, es zu begreifen. Sie beschränken ihren Widerstand, der sich vorläufig in Bitten kleidet, auf ihre beruflichen Grenzen, hier die Kirche. Nun überblicken auch die anderen Berufe ihre Reihen – die nicht immer geschlossen und aus einem Stück sind; von einem Volk, das seiner selbst nie voll bewußt war, darf nicht sogleich das Höchste an sozialem Gewissen erwartet werden. Aber zusammengerechnet die revolutionären Arbeiter, revoltierenden Bauern, den Mittelstand, der seine Vernichtung vor Augen hat, die Frauen und ihren täglichen Kampf um das Kind und das Brot, die beide, Kind und Brot, von diesem Staat geraubt und mißbraucht werden: wieviel in Prozenten bleibt übrig für Hitler? Da aber sogar die Erwerbsstände schon erkennen, was das Recht und die Freiheit bedeuten – nicht weniger als das Leben selbst –, ist wenigstens dasselbe Maß von Einsicht anzunehmen bei denen, die ihr geistiger Beruf von jeher verpflichtet hätte, das Leben und sein Gesetz zu schützen. Sie finden denn auch zu ihrer Pflicht zurück, obwohl langsam.
Was für Hitler wirklich übrigbleibt, ist in Prozenten nicht auszudrücken. Die herrschende Schicht ergibt keine Masse, sie ergibt nur die Masse von Haß und Verachtung, die sie gegen sich angesammelt hat. Das Regime bezahlt allerdings große Mengen Deutscher, die sich lieber nicht klarmachen, wen sie bedienen. Ohne Bezahlung kein Anhang. Ohne die Erlaubnis, selbst für mittlere Funktionäre der herrschenden Partei, zu stehlen und zu erpressen, nicht einmal dieser Anhang. Das Regime hält sich Milizen, Truppen zur Verwendung gegen das Volk, die aber aus demselben Stoff wie das Volk sind. Das Re-

gime traut ihnen nicht. Es hat seine Bürgerkriegssoldaten noch nicht erprobt. Kommt es dazu, dann wird es zu spät sein. Ein Volk, das endlich gegen seinen inneren Feind einen festen Block stellt, hat sich im voraus alles einverleibt, auch die Sturmscharen des Feindes. Der Angriff eines Volkes auf ein Regime, das fallen sollte, ist in aller Welt immer erst dann erfolgt, wenn das Regime verlassen, vereinsamt und ohnedies verloren war. Ludwig der Sechzehnte hatte in der äußersten Stunde eine Handvoll Edelleute und die Schweizer Regimenter. Der letzte Zar hatte nicht einmal mehr seine Leibwache.

Der Kampf der deutschen Volksfront hat zwei Ziele, die eines das andere bedingen: den festen Block zu bilden und den Feind auszusperren, bis zu dem Punkt, wo er geistig und praktisch als vollendeter Fremdkörper wirkt. Am Ziel soll jeder in Deutschland wissen: das ist der Feind. Wir sind das nicht. Und die Welt soll überzeugt sein, daß sie mit der deutschen Volksfront rechnen muß anstatt mit Hitler. Demgemäß wird die illegale Arbeit im Lande das Regime bis auf die Knochen entblößen. Die nicht gehaltenen Versprechen: »Wo käme der kleinste Bauernhof hin, wenn nicht einer bestimmen würde.« Antwort der Volksfront: »Richtig. Freie Bauern und nicht wie jetzt die Schnüffelkommissionen.« Oder: »Als rechtmäßiger Besitzer fordern wir unsere Kolonien zurück.« Aber wer ist der rechtmäßige Besitzer der deutschen Latifundien? Volk ohne Raum – mit hunderttausenden Morgen Brachland! »Ich kann von mir wohl sagen, daß ich dem deutschen Volke nie etwas versprochen habe, was ich nicht auch zu halten in der Lage war.« Die verdiente Quittung heißt einfach: »Da bleibt einem die Spucke weg.«

In tragischer Sprache lautet sie: »Wir und unsere Vorfahren haben uns geschunden und geplagt, mühselig in guten und schlechten Zeiten der Erde die Produkte abgerungen – und dieses Stückchen Erde will man uns jetzt nehmen.« Auch das wird endlich die Sprache von Bauern, denen man es wirklich nimmt. Parteifunktionäre können es nicht sagen, aus ihrem Munde klänge es unerlebt, so nahe es der Wahrheit übrigens käme. Wozu denn Agitation von außen, das Schicksal selbst agitiert. »Niemand denkt daran, Deutschland anzugreifen.« Das muß man nicht einflüstern. Die Bemerkung ist jedem Deutschen zugänglich, da er arm und unfrei sein soll unter dem Vorwand, daß Deutschland Feinde habe. Die Kriegsvorbereitungen, die ihn den Hof kosten, welcher Bauer wird sie nicht »Wahnsinnspolitik« nennen und ihre Urheber suchen. Das kommt von selbst, man muß nicht nachhelfen mit ungeheurer Wucht wie vor 1933. Damals wurden in viertausend Reden falsche Ursachen – Versailles und Juden – jeder Beschwerde dieses Volkes untergeschoben, damit es nur die wahren nicht erkannte. Dazu gehörten allerdings viertausend Reden und ein Jahrmarktsrummel.

Die Volksfront kann nicht laut reden, nicht glänzen, nicht dreißigtausend abgezählte Kilometer über dem Land im Flugzeug reisen. Sie setzt sich in keinem Sinne über das Land hinweg, sie ist das Land. Wenn das, was Propaganda genannt wird, durchführbar wäre mitsamt Gelärme, Blendwerk und Umherjagen, die Volksfront hätte unrecht, Gebrauch davon zu machen: sie würde sich selbst verkennen. Sie muß leise reden, dafür spricht sie selbst, und keine bezahlten Betrüger haben das Wort. Sie verständigt sich im kleinen Kreise, Betrieb, Dorfschenke, beim Anstehen und im Arbeitszimmer. Es ist gewiß, daß hier jedes Flüstern tiefer eindringt als vor Massenversammlungen das verstärkte Gebrüll. Die Volksfront kann verzichten auf Suggestion und erzwungenen Glauben, da sie auch in ihren umhergereichten Briefen an das Volk immer nur dem Volk seinen genauen Ausdruck leiht. Ihr entscheidender Vorteil über den Feind ist die Wahrheit.

Alle diese Bauernbriefe, Kundgebungen der Arbeiterparteien, christlichen Sympathisierenden der Volksfront sind abgefaßt mit vollkommener Gewissenhaftigkeit. Kein Satz, der im Lande nicht vorher bekannt und lebendig erfahren wäre: nur der genaue Ausdruck fehlte. Bis eine Zentrale der Volksfront einen Aufruf an das Land richtet, sind zahllose Berichte gesammelt, und Stimmen dafür und dagegen sind abgewogen. Eine Zentrale liest: »Noch nie war das Sehnen nach Einheit bei unseren Parteifreunden so tief. Allen, mit denen wir in- und außerhalb des Betriebes in Verbindung stehen, ist klar, daß der Sturz Hitlers nur erreicht werden kann durch die geeinte Arbeiterklasse, mit einbezogen alle Schichten des werktätigen Volkes, die katholischen Arbeiter wie die anderen. Unsere Meinungsverschiedenheiten, was nach dem Sturze Hitlers für eine Staatsform errichtet werden soll –.« Sie werden nicht schwergenommen. Der Sieg einer Volksfront ergibt von selbst die demokratische Republik. Dies sagt man dem Volksfrontausschuß. Man versucht auch, es den Parteivorständen verständlich zu machen, die denken manchmal noch nicht so weit, oder sie denken anders.

Nun irrt jeder, der andere Kräfte an sich ziehen möchte als die für eine Volksfront brauchbaren. Mächtige Minderheiten sind an ihren Früchten hinlänglich bekannt. Hätten sie Lust, den einen Hitler zu stürzen, dann können sie doch nicht gegen ihre Natur, sie müssen an seine Stelle einen zweiten setzen, und das Regime von sogenannten Antikommunisten wird unter abgeänderten Namen das gleiche bleiben. Jede Leitung einer Arbeiterpartei wird mit Nutzen die unausweichliche Frage vor

Augen behalten: ein Staat des Volkes oder ein Staat gegen das Volk? Die Frage enthält schon die andere: Imperialismus oder soziale Erneuerung? Das eine schließt das andere aus – der Zweck des Hitlerschen Imperialismus liegt auf der Hand. Kolonien, »stärkster Staat Europas« und die Beseitigung einer vorgeschützten nationalen Minderwertigkeit durch Rüstungen – alles geht darauf aus, den Deutschen vorzuenthalten, was sie wirklich brauchen: die innere Kolonisation, die innere Befreiung und das Selbstbewußtsein eines Volkes, das an inneren Taten, nicht an auswärtigen Abenteuern seine Kraft ermißt.

Mit den Privilegierten irgendeiner Art und Klasse wird das nie zu machen sein. Die Volksfront in ihren schweren Anfängen muß vieles überwinden, bevor eine so einfache Tatsache überall durchdringt. Sie bedarf unbedingter Ehrlichkeit, um einzugestehen, daß nicht einmal die Lohnfrage für alle Antifaschisten denselben Sinn hat. Starke Unterschiede in der Lohnentwicklung bei verschiedenen Arbeiterschichten verhindern es. In Hunderten von Einzelfällen sind Lohnerhöhungen und bessere Arbeitsbedingungen erreicht worden, weil alle einig waren. Aber eine allgemeine Aktion »bei dem heutigen Stand der Arbeiterschaft« – solange einige mehr verdienen – würde von den Bessergestellten »nicht als gegen das System, sondern als gegen sie selbst gerichtet empfunden werden«. Dagegen halte man: »Noch nie war das Sehnen nach Einheit so groß.« Beides ist nachweisbar vorhanden, die Sehnsucht mitsamt ihren Hemmungen. Aber die Hemmungen sind bedingt, das System benutzt sie absichtlich; es spaltet, wo es kann, seine natürlichsten Gegner. Das Sehnen nach Einheit bleibt dennoch unberührt.

Der Kampf der Volksfront umfaßt die Abwägung jedes

Für und Wider, die Gerechtigkeit und Geduld hinsichtlich aller ihrer Freunde, der schon gewonnenen und derer, die es werden können. Katholiken haben gesagt und geschrieben, daß der wirkliche Schmied der Christusfront der Nationalsozialismus ist, »der Feind, der noch verderblicher ist als der Kommunismus«. Noch verderblicher, so weit ist man. Fehlt noch das Zugeständnis, daß der Kommunismus überhaupt kein Feind ist. Die Volksfront, der er angehört, versichert die Gläubigen nicht nur ihrer vollen Freiheit des Bekenntnisses und der Religionsübung. In der Volksfront wirken Intellektuelle, deren eigentlicher Antrieb ihr kultureller Traditionalismus ist. Gegen die Unwissenheit der herrschenden Zerstörer bekennen sie ihre geistige Herkunft, und die ist das Christentum, seine Moral, sein Humanismus. Es sind Mitglieder der Volksfront, die den Vergleich gezogen haben zwischen der Lage der deutschen Protestanten heute und im sechzehnten Jahrhundert, als sie für ihre Glaubensfreiheit zur Waffe griffen. Christen der deutschen Volksfront ermahnen einen fremden Kommunisten, sich klarzumachen, daß in derselben Zelle, in der er einmal saß, heute vielleicht ein Bekenntnispfarrer sitzt.

Der Antikommunismus ist, wie alle Welt weiß, ein Mittel zu dem Zweck, die Demokratien zu unterwühlen und die in Bildung begriffenen niederzuhalten. Der sogenannte Antikommunismus wird von Mächten, die gar nicht von Kommunismus, aber um so mehr vom Faschismus bedroht sind – nun, er wird nicht immer nur aus Gefälligkeit und Schwäche gegen einen Monomanen mitgemacht. Man paßt sich noch eher seinen Interessen an als seinem Wahn. Man hofft hier und dort, mit ihm zu verdienen; und den Angriff gegen den Bestand Europas, auf den er doch angewiesen ist, man meint trotz dem Augenschein, der Angriff wäre ihm abzukaufen. Man fängt an zu bemerken, daß er in seinem Land verhaßter ist, als ein internationaler Geschäftsfreund sein darf. Gleichviel, seinem inneren Gegner traut man entweder die Kraft, ihn zu stürzen, nicht zu – oder man befürchtet für nachher das Schlimmste.

Daraus folgt für die deutsche Volksfront die Aufgabe, sich bekannt zu machen. Sie hat eine auswärtige Politik so gut wie eine innere. Sie muß sich den Völkern und Regierungen bekannt machen als die Vertretung eines Deutschland, das ehrlich und realistisch ist. Das Regime ist weder das eine noch das andere. Es macht seinen Weg von einer Lüge zur nächsten, und mit Kommißstiefeln beschreitet es den Wolkensteg der Illusionen. Wer glaubt ihm im Grunde noch das geringste? Wer sieht ihm nicht an, daß es abstürzen wird? Seine »geopolitischen« Albernheiten gehören neben seine rassenmäßige »Weltanschauung«; dieses ebenso furchtbare wie armselige Regime wird den Erdball weder umgestalten, noch wird es ihn bekehren. Die Volksfront, das sind die Deutschen, die zur Wirklichkeit zurückgekehrt sind, wenn sie nicht überhaupt bei ihr verharrt hatten. Man darf ihnen glauben; was hätten sie für sich, wenn sie es nicht mit der Wahrheit hielten. Gelogen wird drüben ungeheurer, als irgendwer es nachahmen könnte.

Besonders verdient die deutsche Volksfront das internationale Vertrauen, weil sie zwischen Imperialismus und sozialer Erneuerung im voraus gewählt hat. Die Pflichten der sozialen Erneuerung sind groß und dringend genug, daß sie ein Volk und seine Regierung das ganze Jahrhundert hindurch beschäftigen können – gesetzt, das Volk hätte seine Selbstbestimmung, und die Regierung arbeitete. Die augenblickliche Regierung Deutschlands arbeitet nicht; das Bemühen um ein Volk ist ihr fremd, und daher die Arbeit. Sie abenteuert, und sie intrigiert.

Da es auf Erden nichts gibt, was nicht Gegenstand ihrer Intrige wäre, darf die deutsche Emigration sich auf die Beachtung seitens des Herrn Hitler nur wenig einbilden. Die deutsche Emigration hat allerdings die Länder, in denen sie wohnt, über Herrn Hitler aufgeklärt, mehr als ihm lieb ist. Was wüßte die Welt eigentlich ohne uns. Sie würde auch das Dasein einer deutschen Volksfront nicht kennen. Sehr begreiflich, daß die Reden des begabten Nichtarbeiters sich oftmals mit der Emigration befaßt hatten, bevor sie öffentlich Kenntnis nahmen von den »revolutionären Bewegungen, die man Volksfront nennt«.
So die Reihenfolge. Demgemäß verlangt er von fremden Regierungen zuerst Maßnahmen gegen die Emigrationspresse. Die Forderung von Maßnahmen gegen die deutsche Volksfront wird folgen, wo er Nachgiebigkeit gefunden hat. Indessen ist man seine Forderungen gewohnt und sollte gegen sie gewappnet sein. Die deutsche Emigration und die deutsche Volksfront, die allerdings untereinander verbunden sind, bewerte man vor allem nach ihrer Nützlichkeit für den Frieden. Die Presse der deutschen Emigration hat seit der ersten Stunde die Gefahr die Krieges so gezeigt, wie sie heute dasteht, den Faschismus so, wie die Völker ihn nachgerade kennenlernen. Die deutsche Volksfront ist von den Kräften, die den neuen Weltkrieg aufhalten und ihn vielleicht verhindern werden, eine der wichtigsten, sie sitzt dem Feinde tödlich im Fleisch.
Man wird die Emigration der deutschen Volksfront nicht verwechseln mit anderen Emigrationen, die zur Verfügung des Angreifers stehen. Das sind die schroffsten Gegensätze. Man wird der Emigration der deutschen Volksfront einige Verdienste zubilligen und sie behandeln, wie es gerecht – und wie es nicht unklug ist. Jemand sagte: »Man verhaftet Emigranten. Eine künftige Regierung verhaftet man nicht.«

ZIELE DER VOLKSFRONT

Das Ganze ist, einfach und ehrlich zu sein: nur wer Vertrauen verdient, hat die Aussicht durchzudringen in einer Welt, die der sinnlosen Verwickelungen und der dummen Lügen überaus satt ist. Sein und Nichtsein der deutschen Volksfront hängen davon ab, ob sie sich vorsetzt, was recht und was erreichbar ist. Frei von Täuschung und Selbsttäuschung, wird sie ihren Weg machen. Ihr Ziel verlangt den höchsten Sinn für die Wirklichkeit, da ihr Ziel nicht einfach die Macht ist, sondern die gerechte und nützliche Anwendung der Macht.

Es war leicht, den Deutschen, jedem ihrer Teile, alles auf einmal zu versprechen, wenn man im voraus wußte, daß nichts gehalten werden sollte, oder wenn man nicht einmal soviel wußte, sondern ins Leere redete. Bis 1933 wurde den Arbeitern der Sozialismus, den Bauern die Brechung der Zinsknechtschaft versprochen. Die Entschuldung der Höfe, Senkung der erdrückenden Steuerlasten, der Schutz gegen Vollstreckungen, nichts war zu teuer. Seither ist der Fall eingetreten, daß einem ganzen Volk, bis auf weiteres ungestraft, gesagt werden kann, es müsse hungern. Es müsse hungern für Ziele, die nicht seine, sondern ausschließlich die Ziele des Regimes sind.

Die Arbeiter bekommen jetzt zu hören, daß ihr gerechter Lohn erst nach der Eroberung der Weltherrschaft in Frage kommt. Da die Weltherrschaft eine Illusion ist, entrückt jede Kanone, die sie machen müssen, den gerechten Lohn in weitere Fernen. Für die eingebildeten Arbeiten der Aufrüstung bekommen sie nur gerade den Lohn, den sonst die Arbeitslosen als Unterstützung bezogen. Mehr sind eingebildete Arbeiten nicht wert. Allerdings haben sie den Vorteil, daß in der Kriegsindustrie die Arbeitslosen versteckt werden können. Trotz angestrengtester Tätigkeit sind sie in Wahrheit arbeitslos wie je: ihre Arbeit ist eingebildet, sie wird niemals Folgen haben, es wäre denn der Krieg und das Ende der Dinge.

Die Bauern sagen heute, daß der Vollstreckungsschutz sie alle bitter enttäuscht habe. Über die Brechung der Zinsknechtschaft sagen sie, daß sich nichts geändert habe, nur daß sie früher ihre Erzeugnisse zum richtigen Preis verkaufen konnten, wann und wo sie wollten. Ihre Höfe seien nicht entschuldet, entschuldet wurden nur die Großagrarier. »Statt der Senkung der Steuerlasten wurden im vorigen Jahr die Einheitswerte nicht unwesentlich heraufgesetzt. Die Bürgersteuer – von den Nationalsozialisten früher als ›Negersteuer‹ bezeichnet – wurde nicht nur beibehalten, sondern in vielen Gemeinden erhöht. Aus der Abschaffung der Schlachtsteuer wurde eine Erhöhung.« Jeder Deutsche, mit Ausnahme einiger Millionäre und der achthunderttausend Schmarotzer des Regimes, ist persönlich in der Lage, die Liste der nicht gehaltenen Versprechungen zu verlängern.

Das Schicksal eines Volkes ist das seiner Frauen und Kinder. In Nürnberg wurde denn auch behauptet: »Alles, was wir tun, tun wir letzten Endes für das Kind.« Was vorletzten »Endes« so aussieht, daß die Kinder angehalten sind, in Mülleimern nach Resten zu suchen, und daß immer mehr Schulen geschlossen werden. Eine sogenannte Reichsfrauenführerin behauptet, daß »achtlos eine Scheibe Brot, die nicht mehr ganz frisch ist, fortgeworfen« werde. Wär es an dem! Das Brot wird gegessen mitsamt der härtesten Kruste, obwohl es, so sagen die Frauen, »nicht von dem Getreide ist, wie der Bauer es erntet«; sondern es sei verfälscht. Die Frauen wissen sehr wohl, warum. Der »Vater aller deutschen Kinder«, wie er sich in den Schulbüchern nennen läßt, denke gar nicht

daran, seinen Kindern das Brot schmackhaft zu machen. Den Krieg wolle er ihnen schmackhaft machen.
Die Frauen meinen, daß die Naziführer ihnen ins Gesicht lügen. »So haben wir vier Jahre die Not gebannt und die stolzen Worte wahrgemacht, daß im heutigen Deutschland niemand unverschuldet zu hungern und zu frieren braucht.« Die Worte, noch dazu ihre Wiederholung nach den Erfahrungen der vier Jahre, klingen weniger stolz als schamlos. Möglich wäre immerhin, daß, wer sie noch immer zu sprechen wagt – diese Worte im heutigen Zustand Deutschlands –, sie wenigstens halbwegs glaubt. Vielleicht spricht ein Naziführer sie aus Angst vor der Erbitterung, die heransteigt, und dem nahen Volkssturm. Aber es wird ebensoviel Selbsttäuschung dabeisein. Es geht ihnen selbst gut auf Kosten des Volkes, das daher, ob es will oder nicht, zufrieden sein muß. Punktum, es ist zufrieden.
Besonders spricht aus jedem Naziführer die große Illusion. Es ist der leere Schein, worin das Regime mitsamt allen seinen geschworenen Verteidigern ausschließlich sein Wesen treibt. Es bildet sich ein, Deutschland eine niemals verlorene Ehre zurückgegeben zu haben: davon soll Deutschland jetzt leben. Das Regime bildet sich ein, es habe Deutschland glücklich gemacht, seitdem es gefürchtet wird – als ob nicht Deutschland selbst die größte, bestens begründete Furcht hätte. Man pflegt die Einbildung, ein Regime ohne sittliche Hemmungen wäre auch das stärkste Regime, und darum könnt ihm durchaus nichts geschehen. Nach dem eigenen Volk wird es die anderen Völker betrügen, so lange, bis ihm keine Macht mehr gegenübersteht, dies aber, »wenn es geht, ohne Krieg«, wie schon längst versichert wurde.
Das Regime verfügt über Deutschland, es hat eine tatsächliche Macht. Nur das Stück Macht, das es besitzt, ver-

deckt die grauenhafte Sinnlosigkeit seines Treibens und aller seiner Ansprüche. Man denke, eine Sekte, die kein Volk hätte, um es zu mißbrauchen, würde offen verkünden: Wir umkreisen Frankreich, nehmen ihm seine Kolonien und drücken es zu einer Provinz herab. Wir befestigen uns im Mittelmeer, schließen zur See die britische Reichsstraße und zerstückeln das britische Reich. Mitteleuropa ist deutsch, wie der Lauf seiner Flüsse und seine Gebirgszüge beweisen. Wir unterwerfen es und dringen nach der Sowjetunion vor, wegen der Ukraine, die wir nicht brauchen können. Was bleibt übrig? Amerika, das sich für einen Schmelztiegel der Rassen hält. Gefehlt. Unsere Rasse ist die erwählte, sie wird mit den anderen fertig werden. Wir bekommen auch Amerika.

Eine Sekte ohne greifbare Macht, die einen solchen Plan anmeldete, würde als ein Stammtisch von Verrückten angesehen werden. Nun ist aber, an der Ungeheuerlichkeit seines Programms gemessen, das deutsche Regime ein Stammtisch, und wörtlich nicht mehr als das. Deutschland ist eine Großmacht der Zivilisation in Zeiten, da es um sich selbst bemüht ist. Angesichts von Weltmächten, die es zerstören wollte, war es jedesmal nur der Beginn einer Macht, und der war falsch, wie die Ergebnisse zeigen. Falsch bis zur Blödsinnigkeit ist das heutige Programm, mit eingeschlossen den Satz: wenn es geht, ohne Krieg. Es geht weder mit noch ohne Krieg, führt aber zum Krieg – und dies nach der voraufgegangenen tödlichen Schwächung der eigenen Menschen, des einzigen Machtmittels. Die Deutschen körperlich schwächen, sie geistig verringern, sie wirtschaftlich in die Enge treiben, sie seelisch zerrütten; zwischendurch und hintendrein mit ihren Kräften, die täglich abnehmen, die Welt erobern: das ist die Absicht.

Das Stück vorhandener Macht erlaubt Vorbereitungen –

die in Wirklichkeit gar nichts vorbereiten. Schein bleibt Schein, und einer Illusion gibt man das Leben weder mit Gewalt noch mit Geld. Man versucht einer Welt, die unterworfen werden soll, ihre geistige Grundlage zu entziehen. Der Sinn für die Freiheit, den man umnebeln möchte, ist allerdings für Völker, die sich erhalten wollen gegen Angreifer, lebenswichtig wie sonst nichts. Lassen sich denn die Menschen, sei es mit List und Heuchelei, das Gefühl für ihre Erhaltung abkaufen? Die Demokratien bemerken im Gegenteil erst jetzt, wieviel sie zu verlieren haben. Die Deutschen ihrerseits wissen jetzt um die Freiheit, und wußten darum weniger, als sie noch Christen und Sozialisten sein durften, als die Lohnkämpfe, der gesetzmäßige Erwerb und das aufrichtige Denken erlaubt waren. Verfolgungen – wer ist in Fragen der menschlichen Natur unwissend genug, um seinen Erfolg von Verfolgungen zu erwarten? Der Stammtisch, mit dem Ansatz von Macht, den er nun einmal hat, und gebraucht ihn für Unfug.

Die Weltpropaganda des Regimes wird von denen selbst, die sie vernichten soll, mit zwanzig Millionen Pfund berechnet. Wenn aber jemand vernichtet wird, sind es immer nur die Deutschen, denn ihre Armut bezahlt die Illusion. Geld ist knapp für die Universitäten Deutschlands, aber es fließt reichlich für deutsche Schulen im Ausland, für reisende Theater und den fremdsprachigen Rundfunk. Man ergibt sich wilden Träumen von der geistigen Eindeutschung der Welt, indessen man Deutschland verkommen läßt. Der Traum wäre, daß endlich die Völker der Welt geistig wurzellos würden, verlernten ihre Überlieferung, ihre Kultur und glaubten an sich selbst nicht mehr, worauf sie eine leichte Beute wären. Die kulturelle Propaganda des Regimes, die auf die Abwürgung der gemeinsamen Gesittung der Völker ausgeht, ergänzt wird sie durch Gewalthandlungen und Spionage. Die Unzahl der politischen Agenten, mit denen ein einzelnes Land alle anderen überschwemmt, die Attentate, Verschwörungen und Bestechungen, die ihr Werk sind, das alles soll in geheimen Hintergründen bleiben; man ist dumm genug, sie für geheim zu halten. Vorn im Rampenlicht spielt ein herrliches Orchester den Hauptstädten der Welt die alte deutsche Musik vor, in der unfaßbaren Annahme des Regimes, sie könnten es für die Musik des Regimes halten und setzten auf seine Rechnung nicht die Attentate, sondern die Musik.

Die vorbereitenden Handlungen der großen Illusion sind selbst nichts anderes als eingebildet. Niemals ist dermaßen gegen die Wirklichkeit, in all und jedem gegen die bekannte Wirklichkeit gelebt worden. Nicht nur die Deutschen, die geopfert werden, auch das Regime, das sie aufopfert, erregt zum Schluß ein Bedauern, sofern es Bedauern verdient, wenn die menschlichen Verirrungen hinausgetrieben werden über die herkömmlichen Grenzen. Das Regime, das Deutschland mißbraucht, zieht das Menschentum tiefer herab – will es übrigens und sucht darin sein Heil. Besteht hartnäckig auf einer Ideologie der Entmenschung – die überall durchschaut wird als ein Kunstgriff, und das Regime ist selbst genötigt, sie fortwährend zu widerlegen durch seine Taten. Es hat als Verbündeten die Londoner City mit allen ihren Juden, und es verschwört sich mit einem bolschewistischen Marschall. Gleichwohl bleibt übrig von der Ideologie, daß nicht mehr wie einst »das Moralische sich von selbst versteht«, was schon Einschränkung genug war; sondern das Moralische ist schlechthin der Feind. Man besiege das Sittengesetz, schon herrscht man unumschränkt. Der Sternenhimmel über uns und das sittliche Gesetz in unserer Brust, den Spiegelfechtern hält nichts stand. In Wirklichkeit haben sie aus der sittlichen Welt nichts und niemanden entfernen können; daher werden sie auch aus der politischen Welt nichts und niemand für immer entfernen. Nur sich selbst. Sittlich sind sie schon jetzt nicht vorhanden. Die politische Niederlage wird angekündigt von der sittlichen.

Die Welt ist der sinnlosen Verwickelungen und der dummen Lügen überaus satt. Die Volksfronten sind vor allem ein Kampf um die einfache Tatsächlichkeit, in politischer Form sind sie ein moralisches Bekenntnis. Die Regierungen gehen meistens an der Lüge zugrunde, wie Carlyle sagt. Der Ausspruch, daß die Politik an manchen Orten eine Verschwörung gegen die Völker geworden ist, gehört Holbach. Der eine dachte das Seine beim Nahen der Französischen Revolution, der andere schrieb ihre Geschichte. Das Moralische wird immer höchst aktuell vor echten Umwälzungen. Man sucht es zu unterdrücken, wenn betrügerische »Revolutionen« vorgenommen werden. Das gründlichste Unternehmen der zweiten Art ist zweifellos der Nationalsozialismus, weshalb er denn weiter als seine Vorgänger in der Widermoral geht. Der Nationalsozialismus hat ein Volk, das den Gebrauch der Freiheit erst hätte erlernen sollen, um sein besseres Selbst gebracht, als er ihm die Freiheit und alle seine Rechte entzog. Was er ihm dafür anbot, war die große Illusion der Weltpolitik. Die Verschwörung gegen ein Volk bedingt, daß man es von seinen inneren Eroberungen ablenkt auf auswärtige, und die rasende Weltpolitik ist meistens nicht nur die Illusion der Unzulänglichen, sie ist auch die List von Dieben.

Wenn die Deutschen jetzt um ihre Volksfront bemüht sind, wissen sie wahrscheinlich, daß es mit dem Vorrang der äußeren Politik zu Ende sein muß. Gegenstand und

Ziel der Volksfront sind nicht fremde Gebiete, sondern Deutschland – wo es mehr zu erwerben gibt als irgend sonst. Zu erwerben gibt es den weiten Raum des Landes, wo hunderttausend Morgen brachliegen. Mehr Menschen sind anzusiedeln auf dem Boden der deutschen Latifundien als jemals in fernen Kolonien. Der gerechte Lohn der Arbeiter wird weder durch gewonnene noch verlorene Kriege gesichert; die Produktionsmittel, nicht gegen, sondern für das Volk verwendet, ergeben den Lohn. Die Wiederabrüstung gewährt mehr Aussicht auf Ernährung, Bekleidung, Wohnung als die dauernde Bereitschaft, Krieg zu führen – die schon der Krieg selbst ist, ein ewiger Krieg. Der ewige Krieg ist ein Traum, und kein schöner, um Moltke frei zu zitieren. Gebt die Illusion auf. Die Deutschen, die jetzt die Gesinnung einer Volksfront bekennen, entfernen sich von den wesenlosen Einbildungen.

Sie sehen, daß Deutschland ein geschlossener innerer Teil dieses Kontinentes ist, mit geringem Anschluß an die Meere und ohne den natürlichen Anspruch auf die Einverleibung anderer Teile des Kontinentes, die ihm übrigens nicht helfen könnten. Ein Land wie dieses hilft sich im Gegenteil, wenn es seine Umwelt, die Europa ist, anerkennt und über sich beruhigt. Die Unruhe des Erdteils, insofern sie eine deutsche Unruhe war, hat sich an allen, aber jedesmal zuerst an Deutschland gerächt. Deutschland trägt, längst vor denen, die es bedrohen möchte, und schwerer als sie, an seiner Strafe. Die Kraft, die es aufrichten kann, heißt Einfachheit, heißt Ehrlichkeit. Stellt im Lande die Machtverhältnisse her, die natürlich wären – anstatt der zwölfhundert Millionäre und Millionen Zwangsarbeiter. Aber das ist nicht alles. Ihr müßt eure Demokratie nicht nur wirtschaftlich sichern und militä-

risch verteidigen: sie wird fest sein, wenn eure Herzen fest sind.
Die Demokratie ist eine Frage der geistigen Geschultheit und des sittlichen Bewußtseins, woran das meiste zu tun, worüber viel zu sagen bleibt.

ANTWORT AN VIELE

Briefe kommen aus einigen Ländern. Ihre Absender sind Soldaten in Spanien, illegale deutsche Kämpfer oder emigrierte Freunde der Volksfront. Die Briefe gelten nur zum kleinsten Teil, dem, der sie hier beantwortet. Gemeint sind die Parteien der deutschen Opposition. Gemeint ist der Vorbereitende Ausschuß zur Bildung einer deutschen Volksfront, in dem wir alle uns einst gesammelt hatten. Die meisten Briefschreiber bitten mich, das Meine zu tun, damit die Einigkeit vollständig wird, anstatt sich aufzulösen.

Sie selbst tun das Ihre. Das erste Gebot des Antifaschisten ist sein Zusammengehen mit allen Kameraden, gleich welcher Partei, jeder ist gut, gleich, welchen Charakters, er sei nur redlich und fest. Die XI. Internationale Brigade hebt hervor: »An der Konferenz haben zweiundzwanzig Delegierte teilgenommen, davon dreizehn Kommunisten und neun Sozialdemokraten.« Aus einem anderen höchst bedrohten Gebiet meldet der Wortführer, ein Sozialdemokrat: »Zum Kampf gegen den Krieg und den Weltfaschismus ist es dringend notwendig, die Einheit der Arbeiterklasse und aller demokratischen Kräfte im internationalen Maßstab herzustellen. Ein erfolgreicher Kampf für den Frieden kann nur im engsten Einvernehmen geführt werden mit dem Lande, über das unser verruchtes System täglich haßerfüllte Lügen speit, mit der sozialistischen Sowjetunion«, sagt der Wortführer, ein Sozialdemokrat, »im Auftrag und entsprechend den Gefühlen aller sozialdemokratischen und kommunistischen Freunde wie auch vieler anderer Hitlergegner.« Er betont: »Dies bringen wir zum Ausdruck im Auftrag der höchsten gebietlichen früheren Funktionäre der SPD und KPD.«

Eines der demokratischen Länder erlaubt den deutschen Flüchtlingen, höchstens illegal zu arbeiten, aber das tun sie geschlossen. »Wir wissen aus eigener Erfahrung, daß sich die Genossen der KPD und der SPD unter den schwersten Bedingungen zusammenfanden.« Noch mehr und noch erhebender, aus Deutschland selbst, kommt folgender Bescheid:
»Unsere kommunistische Gruppe arbeitet in brüderlicher Einheit mit einer sozialdemokratischen Gruppe und einzelnen Intellektuellen demokratischer Gesinnung.«
Allerdings wird gleich darauf gefragt: »Warum könnt Ihr das nicht?«
Da haben wir die schwere Frage und den verdienten oder unverdienten Vorwurf. Warum könnt ihr das nicht? »Die Volksfrontbewegung im Lande bedarf einer politischen Hilfe.« – »Der Ausschuß müßte als richtunggebender Faktor für die politische Emigration auftreten.« – »Es kann doch nicht angehen...« Nein, ihr Freunde aus allen Ländern und aus dem unseren, es kann nicht angehen, daß der Volksfrontausschuß seine Pflicht versäumt. Er wird sie gewiß nicht versäumen, weder die Pflicht gegen euch noch gegen sich selbst. Beschwört nicht vorschnell Weimar und die einstige Schwäche der deutschen Demokratie. Wäre heute, in dieser Stunde, die Aufgabe gestellt, unseren Volksstaat zu errichten, ihr fändet uns bereit, wie ihr selbst es seid. Eure politische Vertretung gegenüber der Welt wäre sofort zur Stelle und wäre einig, daran will ich nicht zweifeln.
Nehmt, wenn ihr wollt, eine Erklärung, wenn auch eine unzulängliche. Im Lande seid ihr gläubiger als wir draußen. Ich selbst glaube wie ihr, daß Hitler und sein Regime reif für den Sturz sind. Man muß wollen und handeln. Draußen erscheint das fraglicher als im Inneren.

Ausnahmen gibt es, so viele ihr wollt, niemand hält sich für die einzige. Im ganzen aber macht die Berührung mit der äußeren Welt eher bedenklich: die äußere Welt, das gabt ihr zu, sieht das Ende der deutschen Gewaltherrschaft um so weniger nahen, je gefährlicher sie ihr selbst wird. Die Welt will den Krieg aufhalten und dabei Hitler schonen. Das macht keinen Eindruck auf deutsche Antifaschisten, die von Natur einfach sind oder sich zur einfachen Entschlossenheit erzogen haben. Aber es macht Eindruck, sobald man den geistigen Vorgängen des Auslandes nachgeht – und ihnen nachgibt.

Ein solcher Vorgang ist der neue Antikommunismus – oh, nicht der bekannte grobschlächtige »zur Rettung der europäischen Zivilisation«. Antikommunisten der jüngeren Art sind unter denen, die denken, obwohl sie leider nicht weit genug denken, nicht mutig genug denken. Es sind keineswegs nur Deutsche. Da gibt es »wachsame« französische Antifaschisten. Angefangen haben sie ungeheuer tüchtig. Allmählich und auf sinnreichen Umwegen, aus Gewissenhaftigkeit, könnte man sagen, sind sie endlich zu dem Bekenntnis gelangt: Antifaschist wäre man vor allem als Antikommunist. Das sind so Späße der Intelligenz: ein scharfer und geradezu französischer Denker hat sie ihnen mit Strenge vorgehalten. Ich sage nicht: Hütet euch vor den Intellektuellen; denn ihr braucht sie. Bemerkt nur, daß hartnäckig und daß nachgiebige überall dabei sind.

Was mich betrifft, bin ich mit euch, die ihr mir schreibt: Ohne die sozialistische Sowjetunion kein Friede und auch kein deutscher Volksstaat. Ganz dasselbe sage ich von dem Frankreich der Volksfront, unserem glänzenden Freund. Frankreich und das künftige Deutschland nach unserem Herzen sind bestimmt, einander zu helfen, im Bund mit der Sowjetunion. Europa wird zum erstenmal wahrhaft gesichert sein, wenn diese drei einander gefunden haben. Dafür wollen wir arbeiten. Empfangt meine Beteuerung und meinen Rat als die bescheidenste der Hilfeleistungen, die ihr mit Recht von uns verlangt.

NACH DEUTSCHLAND
GESPROCHEN

DIE ERNIEDRIGTE INTELLIGENZ

»Uns wird bekundet, daß damals Arulenus Rusticus dafür, daß er Petrus Thraseas, Herrennius Senecion aber dafür, daß er Priscus Helvedius gerühmt hatte, mit dem Tode büßen mußten. Uns wird bekundet, daß man nicht allein gegen die Autoren wütete, sondern gegen ihre Schriften, und zwar hatten die Triumvirn den Befehl bekommen, auf öffentlichem Markt, im Beisein allen Volkes zu verbrennen, was die ausgezeichnetsten Geister für alle Zeiten geschaffen hatten. Gewiß dachte man auf immer zu ersticken in diesen Flammen sowohl die Stimme des römischen Volkes als auch die Freiheit des Senates und das Gewissen der Menschheit. Schon waren vertrieben alle, die Weisheit lehrten, verbannt war jede freiheitliche Kunst – aus Furcht vor dem Ehrenhaften, das noch hätte auftreten können. Wir haben sicherlich an Geduld Erstaunliches geleistet, und mögen frühere Jahrhunderte eine übertriebene Freiheit gekannt haben, so sahen wir das Letzte von Knechtschaft – wir, denen nachgespürt wurde, damit wir nichts mehr sagen, nichts mehr hören sollten. Mit der Rede hätte man uns sogar das Gedächtnis geraubt, wäre es uns nur möglich gewesen, so gut zu vergessen, wie wir schweigen lernten.« *Tacitus, »Leben des Julius Agricola«*

Ein gewisser Hinkel ist der Erfinder des Wortes »Intellektbestie«, womit er alle Denkenden schlechthin, besonders aber die Schriftsteller meint. Nach seiner Ansicht ist Denken und Schreiben das sicherste Zeichen der tierischsten Gemeinheit. Nun trifft es sich, daß dieser Hinkel einer der Kommissare des deutschen Diktators ist, wie dieser überall welche hinsetzt. Den Genannten hat er zum Aufseher gemacht über die Theater, Akademien und allgemein über Anstalten, die als eigentlicher Nährboden der »Intellektbestie« gelten.

Offenbar hat er den Auftrag, sie zu zügeln, ihr nötigenfalls ein paar Zähne auszubrechen und aus der Bestie ein Haustier zu machen zum Gebrauch der Diktatur, die ihrerseits, die ganze Welt weiß es, die Sanftmut und Menschlichkeit selbst ist.

Hier erscheint wieder die Umkehrung der Werte, an die wir nachgerade gewöhnt sind. Die vom Blut der anderen triefen, nennen Bestien die Menschenklasse, deren unveräußerlicher Beruf es ist, ihre Schandtaten laut beim Namen zu nennen. Die Machthaber werden niemals ganz mit ihnen fertig werden. Das tut nichts, wenn es ihnen nur gelingt, den meisten Furcht einzujagen und eine gewisse Anzahl zu bestechen.

Ob die deutschen Intellektuellen sich die Bezeichnung »Bestie« gefallen lassen oder nicht, sie können nicht umhin, einige Tatsachen festzustellen. Alle, wie sie da sind, waren in der Nähe, als Bücher verbrannt wurden, klassische Werke, die sie für ewig unangreifbar gehalten hatten, und Arbeiten Lebender, denen sie in ihrer Mehrzahl eine manchmal aufrichtige Bewunderung bezeugt hatten. Dieselben Autoren, denen zu Ehren sie einst gerührte Reden gehalten hatten, jetzt verließen sie vor ihren Augen das Land. Andere folgten ihnen aus freien Stükken, und wieder andere konnten nicht umhin, sonst mußten sie die ärgsten Mißhandlungen befürchten.

Die deutschen Intellektuellen, soweit sie dablieben, haben notwendig erfahren, wie es ihren Kollegen ergangen ist, wenn sie bei den jetzt Maßgebenden unbeliebt waren, sich aber aus Armut oder Unverstand nicht in Sicherheit brachten. Sie haben Geschichten gehört, die heimlich verbreitet wurden, und haben sie selbst flüsternd weiterer-

zählt: grauenhafte Geschichten von Gelehrten, die sich vor fahrende Züge warfen, von der Einkerkerung einer alten Künstlerin und von hochverdienten Schriftstellern, die in der Gefangenschaft täglich geschlagen wurden. Aber diese Gefolterten und zum Selbstmord Getriebenen, alle die gewaltsam Umgekommenen und die noch Entronnenen, deren Kraft auf immer gebrochen ist, das waren bis vor kurzem die Gefährten ihrer Arbeit und ihrer Freuden. Sie begegneten ihnen alle Tage an denselben Orten, ein Lächeln auf den Lippen und mit ausgestreckter Hand. Wenn sie jetzt des Nachts kein Alpdrücken haben, dann sind sie offenbar recht widerstandsfähig gegen das Leiden anderer.
Es muß gesagt werden, daß sie an die Stelle der Verschwundenen getreten sind und daß ihre eigene Bedeutung in unverhoffter Weise zugenommen hat, weil andere auswanderten, verboten wurden und ins Elend kamen. Da es ihnen selbst entsprechend besser ging, kann es ihnen leichter gefallen sein, sich zu dem Geschehen positiv einzustellen. Für viele ist das richtig. Manche hat es im Gegenteil angewidert. Ihnen gebührt Anerkennung, wenn auch unter Fortlassung ihrer Namen. Sie würden Unannehmlichkeiten haben.
Als Bruno Walter in Deutschland nicht mehr dirigieren durfte, eilten Rivalen genug herbei, um statt seiner das Orchester zu leiten, unter ihnen leider auch der am höchsten bewunderte Komponist der letzten Generationen. Ein anderer, gleichfalls berühmter Kapellmeister indessen, der aufgefordert wurde, für Walter einzuspringen, hatte den Mut, zu telegrafieren: Ich bin nicht Richard Strauß.
Gelehrte, die in keiner Weise behaftet waren mit Internationalismus, Marxismus oder anderen Pestbeulen der »Intellektbestie«, nahmen ihren Abschied, verzichteten

auf jede öffentliche Wirksamkeit und auf die Genugtuungen einer Beamtenlaufbahn, zum Zeichen des Protestes gegen die willkürliche Absetzung ihrer Kollegen. Über ihren persönlichen Nutzen stellten sie die Ehre des freien Gedankens. Genauer gesagt, begriffen sie die eigene Persönlichkeit nur als Auswirkung des selbstherrlichen Geistes.

In demselben Fall befand sich seinerseits der Kardinal-Erzbischof von München, als er den Verlust seiner Freiheit vorzog, anstatt widerspruchslos hinzunehmen, daß die Unabhängigkeit der Religion angetastet wurde. Katholischer Glaube und Wissenschaft, beide fanden in dieser Zeit der Verfolgungen Männer, die aufrecht blieben, kraft ihres unbezwinglichen Gewissens.

Richter verschmähten es, sich herzugeben für die Tendenzprozesse, die in ihrer schwindelhaften Inszenierung so gern verwendet werden für die Propaganda des Systems. Mehrere der Juristen waren den politischen Tagesmeinungen durchaus nicht abgeneigt. Aber ihre Wesensbildung verdankten sie von jeher dem Recht, und in der sittlichen Welt erkannten sie als beständig und heilsam nur das Recht. Es verraten wollten sie nicht; so opferten sie sich.

Sogar in der Akademie der Künste haben sich Überzeugungen behauptet, und einige Mitglieder haben sich von ihr losgesagt infolge der geistfeindlichen Kundgebungen des Regimes. Von ihnen waren die weitaus meisten, was man deutschstämmig nennt; die wenigsten waren Juden. Bemerkenswert ist, daß diese letzteren nicht alle gegangen sind, als sie es in Ehren konnten. Mehrere sind durch ihre Schuld entfernt worden, nachdem sie der tückischen Aufforderung, sich für den neuen Staat zu erklären, entsprochen hatten.

Zur Ausfüllung der Lücken wurde eine Liste neuer Mitglieder veröffentlicht. Der Minister hatte sie allerdings ernannt; verschwiegen wurde nur, daß einige der bekanntesten sich geweigert hatten, der Berufung zu folgen. Nein, die Diktatur verfügt über kein hervorragendes Personal. Begreiflicherweise kann ihr das gleich sein, sie haßt ja die Intelligenz und tut, was sie kann, um ihr jeden Einfluß zu nehmen. Gleichwohl gibt sie sich als Gönnerin der Wissenschaften und Künste, vorausgesetzt, daß diese sich ihren Launen beugen.

Die Republik war sparsam, in Geldsachen hatte sie Verantwortungsgefühl, und große Mittel kamen nie in Frage, nicht einmal als Belohnung hervorragender Arbeiten. Plötzlich ist Hitler da, und das Geld wird zum Fenster hinausgeworfen, märchenhafte Preise sind zu vergeben an eine Literatur, die zwar ohne Klasse, aber gut gesinnt ist. So macht man es, wenn man der Kunst und dem Denken etwas unterschieben will, das Idee und Schöpfung vortäuschen soll. Die Erfahrung hat sie gelehrt, daß man vermittels Geld und Reklame sehr wohl zur Macht gelangen kann, da stellen diese Menschenbehandler sich denn vor, gradeso könnten sie auch den neuen Geist erzwingen, dem sie gleichen.

Wir anderen hatten uns unser Leben lang bemüht, menschliche Wahrheiten in Worte zu fassen und sie zu gestalten, bis sie lebten. Literatur, Kunst und Theater waren Formen des Lebens gewesen auch in dem Sinn, daß sie darstellten, was sich gehalten hatte nach strengen Kämpfen und einer unerbittlichen Auslese. Wir waren ohne Unterlaß der Kritik ausgesetzt gewesen. Wir brauchten oft fünfzehn oder zwanzig Jahre, bis wir für unsere Sache ein zahlreiches Publikum gewonnen hatten. Dafür waren aber einige Namen auch dauerhaft verankert im öffentlichen Bewußtsein, als Beispiele einer sittlichen Erziehung und geistiger Bemühungen, deren Spur nicht ganz vergehen sollte, wenn die Träger der Namen starben.

Die Hitlerleute räumten mit diesen sehr einfach auf, sie nannten sie Kulturbolschewisten. Ganz gleich, ob die Schriftsteller schon unter dem Kaiserreich bekannt geworden waren, jetzt hießen sie Novemberliteraten. Man tut, als glaubte man, erst die Republik hätte uns herausgestellt durch besondere Achtungsbeweise, während sie in Wirklichkeit nur das unbeeinflußte Urteil der Zeitgenossen bestätigte.

Der Rassenstaat hat die Freiheit abgeschafft auf geistigem Gebiet wie überall und vermißt sich, jeden wohlerworbenen Ruhm in Vergessenheit zu bringen, genau wie ein Filmunternehmer einen Star fallenläßt, weil er einen neuen billiger kriegt. Dies System und seine Zutreiber sind so verrückt oder so dumm, daß sie mit Gewalt Begabungen und Werke durchsetzen wollen an Stelle derer, die sie für hinfällig erklären.

Leistungen und Erfolge müssen nicht mehr schwer erkämpft werden, sie entstehen auf dem Verfügungswege; und da das Publikum sich darauf denn doch nicht einläßt, soll es schlankweg gezwungen werden. Der bewußte Hinkel drohte kürzlich den Bemittelten, die keine Theaterplätze kaufen wollten. Nun also! Ins Konzentrationslager mit den widerspenstigen Zuschauern!

Die weichen den Schauspielhäusern aus und lesen die Naziliteratur nicht, weil die Langeweile und Verlegenheit nicht auszuhalten sind, wenn immer nur anspruchsvolle, leere Halbheiten zutage kommen. Ein amtlich beglaubigter Dramenheld mag zehnmal jeden Abend beteuern, er sei echt deutsch und als echter Deutscher sichere er beim Wort Kultur seinen Revolver, er geht darum noch niemand etwas an, er rührt an nichts Menschliches. Er ist ein Markenfabrikat im Sinne der gewalttätigen, großsprecherischen Minderheit, der es geglückt ist, das Land zu erobern, aber nicht die Menschen. Die Intelligenz dieser Nation ist tief erniedrigt. Indessen noch in ihrer Erniedrigung bleibt sie stark genug, den Diktatoren das Geständnis ihrer Schwäche zu entreißen. Das Publikum haben sie nicht, die Menschen haben sie nicht.

Die erniedrigte Intelligenz führt eine Art von Gegenbeweis: sie entlarvt die Menschengattung, die sich gar nicht schnell genug zunutze machen kann, daß es keine Intelligenz mehr geben soll. Einer der Heldendramenschmierer, dessen Stück vor gähnend leeren Häusern gespielt wurde, ist der Propagandaminister. Während des vorigen, noch nicht rassisch gesäuberten Zeitalters widmete er sich der Abfassung eines schlechten erotischen Romans. Der andere, der sich gegen die Kultur mit dem Revolver schützt, hatte drei Kriegsjahre lang Irrsinn simuliert, damit er nicht an die Front mußte. Dieser Pflanze ist die Ehre zugefallen, das Staatstheater zu leiten, ebenso wie der Minister gerührt von den unerwarteten Höhen reden kann, zu denen das Leben ihn geführt habe. Weder dieser noch jener begreifen, daß es auch Ehren für Ehrlose gibt.

Seinen literarischen Nachwuchs bezieht das System hauptsächlich aus den Reihen der Alten, Halbvergessenen, die sich über die frühere große Presse zu beschweren hatten. Da sind arme Nichtskönner mit Augen gelb vom Ärger. So lange hatten sie ertragen müssen, daß auch wir noch da waren. Sie zitterten danach, ranzukommen, verzweifelt hofften sie auf ihre Stunde. Jetzt ist sie da. Sie sollen sie nur schnell genießen, lange wird sie kaum dauern. Damit aber unser Sinn für Komik nicht zu kurz kommt, bereichert sich die neue Literatur um den ulkigen Gesinnungsmenschen, der seit ewigen Zeiten in falscher Dämonie und gewollter Perversität gemacht hatte, um jetzt plötzlich der Verherrlicher des großen nationalsozialistischen Helden zu werden, eines Opfers der Kommunisten. Bei Lebzeiten war der Held ein Zuhälter; da ist denn zu bewundern, mit welcher doppelsinnigen Begeisterung der Romandichter sich grade bei dieser Einzelheit aufhält, so bedauernswert sie vom Standpunkt der Rassenreiniger sein mag.

Das sind die Prominenten. Da die alten Herren mitmachen, ist es nur natürlich, daß die meisten Jungen sich bereitwillig gleichschalten. Man lebt nur einmal. In Mode ist die Kraft und, in Ermangelung einer wirklichen Kraft, die hysterische Grausamkeit. Loben wir die Sieger! Den Besiegten soll unsere Verachtung gelten! Wir wollen nichts verstehen und keine Werturteile äußern. Hüten wir uns vor der Analyse, und machen wir uns von der Gesellschaft nur ja keinen erlebten Begriff! Die Sprache darf nicht mehr gepflegt werden, Pflege des Wortes führt zur Menschenkenntnis und zu der einzigen des Namens würdigen Literatur. Es wäre Marxismus, denn der Marxismus ist schon längst keine Theorie mehr: er ist tägliche Erfahrung, die Praxis des Beisammenlebens, ein menschenwürdiges Dasein. Marxismus ist das Übliche und alles, was sich von selbst versteht.

Das herrschende System hält sich für stark genug, gegen alles wirklich Wahre anzugehn. Lassen wir es dabei, wenn wir junge Gleichschalter und von dem Wunsch erfüllt sind, auf kürzestem Weg an die Krippe zu kommen. Uns genügt völlig die falsch heldische Walze und eine lächerliche Vorstellungswelt, die nicht menschlich, aber vorgeblich deutsch ist. Halten wir uns an unser Deutschtum, reden wir nicht davon, daß wir Proletarier oder geistige Arbeiter sind! Immer müssen wir, so oder so, wieder anlangen bei dem »Volk ohne Raum«, das nur

die eine Sorge kennt um Gebietserweiterungen; denn einzig an ihrem großen Land unterscheidet man die großen Nationen. Es versteht sich, daß andere Eroberungen mehr geistiger Art nicht den geringsten Anteil haben am Ruhm dieses Landes.
Weiter ist nichts dabei. Wir sind deutsch und nur deutsch. Darauf reite herum, dann wirst du als Schriftsteller begönnert und bist auf bestem Wege, ein Meister zu werden. Übrigens ist gegen dich nichts zu machen. Die Kritik versinkt in den Boden. Zur Zeit des »Kulturbolschewismus« konnte sie niemals anspruchsvoll genug sein. Jetzt ist sie von Amts wegen gewarnt, Werke zu verreißen, in denen das Regime seinen Ausdruck sieht. Sie muß sich hinterhältiger Kunstgriffe bedienen, wenn sie durchblicken lassen will, daß alles das der letzte Dreck ist.
Nein, das Regime verfügt über keine hervorragenden Kräfte, weder in der Literatur noch auf anderen Gebieten geistigen und sittlichen Wirkens. Es hat Brauchbare für sich, und massenhaft laufen ihm Schwache zu. Abgeschnitten von der wahren Literatur, die ausgewandert oder zum Schweigen gebracht ist, werden sie noch schwächer. Es berührt sie nicht mehr, Intellektbestien genannt zu werden; an zuviel Intellekt gehen sie ohnedies nicht zugrunde. Sollen sie aber Bestien sein, dann finden sie darin nichts Kränkendes. Bestien sind beliebt.
Manche Schriftsteller mittleren Alters besinnen sich wohl noch darauf, daß sie einst geistig beflissene Menschen waren. Davon ist ihnen etwas geblieben, sie hätten nicht übel Lust, die Versöhnung herbeizuführen zwischen der Intelligenz und der rohen Gewalt, deren Anhänger sie jetzt sind. Sie erreichen dies aber höchstens mit einem Haufen leerer Redensarten und absichtlicher Mißverständnisse. Einer von ihnen hatte lang und breit, aus-

drücklich für Frankreich, die Verteidigung des deutschen Nationalismus unternommen. Damit hat er hauptsächlich erreicht, daß seine französischen Leser diesen Deutschen seitdem für moralisch unzulänglich halten. Denn sie stellen fest, was aus dem gerühmten Nationalismus inzwischen geworden ist: der Terror; und was aus dem Autor: ein Parteigenosse Hitlers.

So einer findet, daß jede siegreiche Bewegung ihre Rechtfertigung schon mitbringt. Nun, wenn dann morgen die kommunistische Bewegung siegt, werden wir die Freude erleben, daß er sich dort anzubiedern versucht und mit Fußtritten weiterbefördert wird. Im Augenblick ist die Hitlerei dran, und der bewährte Kenner von Volksbewegungen hat von dieser keine Ahnung. Zu seinem Glück weiß er nichts mehr von all den beschämenden Umständen, infolge deren es schließlich geschehen konnte, daß eine schon in Verruf und in Auflösung geratene Partei doch noch zur Macht kam. Eine schauerliche Korruptionsaffäre war der Grund. Die mußte begraben werden, und zu Hilfe rief man diesen Hitler, der selbst nur, von Kopf bis Fuß, das Geschöpf internationaler Korruptionisten war.

All die blutige Schande, die für mein Land daraus gefolgt ist, war durchaus vermeidbar; nur mußte ernsthaft widerstanden werden, vor allem seitens der Intellektuellen, anstatt daß sie sich feige anpaßten und Verständnis heuchelten. Ich kann nichts anfangen mit verschwommenen Rechtfertigungen einer Bewegung, deren Unmenschlichkeit in die Augen springt. Ich weiß wohl, daß sie gewissen Richtungen der Zeit entspricht, und wahrscheinlich führt sie durch Blut und Schmutz dereinst in andere Zeiten, die es wieder wert sind, gelebt zu werden. Alles, was geschieht, kann zuletzt für null und nichtig gelten, einfach, weil das Leben weitergeht. Das heißt noch nicht, daß es gerechtfertigt ist vor der Vernunft und angesichts der Menschheit. Die gehäuften Leichen des Volkes, des echten deutschen Volkes, reden eine Sprache, klarer und überzeugender als die der Haarspalter und der Tanzderwische.

Selbst Literaten müssen wissen, daß alle Einrichtungen, die den meisten das Leben erträglicher gemacht haben, marxistisch sind und daß die Diktatur sie nur zum eigenen Vorteil unterschlagen hat, wie sie ja auch die Kassen stahl. Sie hat noch mehr gestohlen – sogar die kommunistischen Gesänge, deren Melodien die Leute Hitlers benutzen zur Feier ihrer blutgierigen, mit Unfruchtbarkeit geschlagenen Gottheit.

Auch Intellektuelle, die volkswirtschaftlich nur wenig beschlagen sind, hätten doch feststellen müssen, welch einen abscheulichen Hohn die Machtschieber mit dem proletarischen Maifest trieben. Zuerst wurden die Arbeitergewerkschaften gezwungen, sich zu beteiligen, aber genau am Tag nachher zerschlug man sie und verhaftete ihre Führer. Wie hier der Untergang politischer Gegner in Szene gesetzt wurde, das gehört zu den gemeinsten Handlungen, die das Gedächtnis der Menschen aufbewahren wird. Die Verüber brachten dasselbe sogar nochmals fertig, als sie gleich nach der Unterzeichnung des Konkordats mit dem Papst eine ihrer abscheulichsten Zwangsvorstellungen in Wirklichkeit umsetzten. Sie schritten zur Unfruchtbarmachung anderer Menschen.

So etwas verüben sie unfehlbar nach jeder öffentlichen Gelegenheit, bei der sie sich ungefähr zivilisiert aufgeführt haben. Das innere Gesetz, nach dem sie verfahren, ist eine unheimliche List, wie sie Irrsinnigen eignet. Die Herren des Tages gleichen für Literaturkundige aufs Haar den Verrückten aus der Novelle von Poe, die ihre geistig gesunden Wächter eingesperrt haben und nun endlich hausen können. Da hört man denn den einen seinen sauberen »Führer« mit Jesus Christus vergleichen, und ein anderer bemißt die Dauer des »Dritten Reiches« auf zwanzigtausend Jahre! Worte fallen wie diese: »Im Ausland gibt es Psychoanalyse, Marxismus, Paragraphen –.« Nicht aber im Irrenhaus. Dort ist man ohne geistige Aufsicht, asozial und an Gesetze nicht gebunden. Man redet und tut, was durch das leidende Gehirn zuckt. Weder Kritik noch die Zwangsjacke sind zu fürchten, die Wächter sitzen hinter Schloß und Riegel.

Literarisch Denkende teilen die Menschen in sittliche Typen, danach urteilen sie. Ich will glauben, daß hinter den kopflosen Rechtfertigungen, denen manche Gleichgeschaltete sich ergeben, geheimes Grauen steckt. Bei aller unbestimmten Sympathie mit der Rassenpartei hatte man sich immerhin nicht vorgestellt, was aus ihr noch werden würde, wenn sie erst richtig freie Hand bekäme. Jetzt fühlt man sich mit verwickelt in Verbrechen, die man denn doch nicht gewollt hatte. Um so heftiger gibt man sich; nur hinzusehn vermeidet man peinlich. Gegen die Verzweiflung schützt ein Panzer aus freiwilliger Unwissenheit.

Übrigens müssen die Gleichgeschalteten fühlen, daß sie völlig überflüssig sind. Das System braucht sie im Grunde nicht, um das Volk abzuschlachten, zu erniedrigen und zu verdummen. Sie bleiben beiseite; ihre Stimmen, die schon nachlassen, werden bald untergehn im Heulen des Sturms, der erst anfängt. Der wird Schluß machen mit den Ausschreitungen der falschen Intelligenz, die sich hat ducken lassen, bis sie niedrig war.

Es kommt nach dem Sturz Hitlers. In seiner Unfähigkeit hat dieser Mensch alles niedergerissen, nichts aufgebaut. Seine Sturmtruppen haben die Gewohnheit angenommen, gegen ihn aufzumucken. Eine nach der anderen muß er auflösen, eine nach der anderen verschwindet in Konzentrationslagern. Die Kräfte, auf die er sich stützte, laufen ihm davon, er hängt in der Luft, und ob er gebietet, wütet oder zappelt, Leere entsteht um ihn und die verschlossene Villa, der niemand zu nahe kommen darf. Jeder Beliebige kann ihn stürzen und erst recht die nicht Beliebigen, die nur seit 1914 in ihrer Entschlußfähigkeit wesentlich verändert scheinen.

Dann wird er also zusammenbrechen an dem Tage, da die jetzt unauffindbaren Waffen der aufgelösten SA in den Händen der Kommunisten wieder auftauchen werden. Diese für die Öffentlichkeit gar nicht vorhandene Partei ist in Wirklichkeit die zahlenmäßig stärkste Deutschlands geworden. In freien Wahlen bekämen die Nationalsozialisten vielleicht noch zwanzig Prozent der Stimmen, die Kommunisten aber sicher mehr als sechzig Prozent. Unter der Republik hatten sie nicht die geringste Aussicht gehabt, je zur Macht zu gelangen. Der politische Unverstand einiger reicher Leute glaubte durch Hitler und seine Bewegung die deutschen Arbeiter versklaven zu können wie arme waffenlose Neger. Damit haben sie das, was ohnehin kommen muß, um ein halbes Jahrhundert vorgerückt.

Der herannahende Kommunismus ist das Wirkliche, es bricht sich Bahn durch den Schwindel der Hitlerei. Dabei bleibt es, sollten auch die ersten Versuche scheitern oder ausarten. Denn der Kommunismus wird durch den Zwischenfall Hitler vielleicht nicht grade abgeklärt worden sein. Anzunehmen ist, daß die SA-Männer nach einem Wechsel in der Lehre und der Befehlsgewalt noch immer weder maßvoller noch logischer werden. In Deutschland wird das öffentliche Geschehen fast nie von der Logik bestimmt, sondern vom Gefühl. Davon hat sich nun reichlich viel angesammelt seit der unheilvollen Erziehung durch die Rassenpartei, und es sind nicht grade liebenswürdige Gefühle.

Wir können uns nur in Geduld fassen, wir Intellektuelle, die unser Land verließen um unserer Geistesfreiheit willen und damit wir selbst in Freiheit blieben. Ich hatte die Pflicht, einigen Stunden deutscher Zeitgeschichte ihren eigentlichen Sinn abzugewinnen, und dies zum Besten der Nation, der ich angehöre, wie auch anderer Nationen. Ich wahre meine persönliche Aufrichtigkeit und wache über ein paar Funken der Wahrheit, die in keinem Fall nur deutsch ist; sie ist Menschenbesitz.

Ich glaube wie je, daß literarische Bemühungen niemals ohne Wirkung bleiben, wie lange es auch dauern mag, bis die greifbare Welt ihnen zugänglich wird. Künftige Menschen können sich einem gerechten Handeln nur dann gewachsen zeigen, wenn wir verharrt haben in der Sprache der Wahrheit.

STUDENTEN!

Ich bin Ihnen nicht ganz unbekannt, meine Herren, denn der Führer Ihrer Hochschulen, Reichsminister Dr. Rust, hat als preußischer Kultusminister Februar 1933 zu Ihnen über mich gesprochen. Sie haben damals mit ihm darin übereingestimmt, daß meiner Laufbahn ein jähes Ende bereitet werden müßte: was auch alsbald geschah, wenigstens in dem Machtbereich Rustens und seiner Kumpane. Das war noch vor dem Reichstagsbrand, man hatte es eilig mit mir, darauf berufe ich mich heute. Wenn Sie Februar 1933 besonders wenig Gutes von mir hielten, müßten Sie August 1935 mit — sagen wir: mit Rührung meiner gedenken. Ich war das erste Opfer eines Irrsinnigen, der Ihnen heute als irrsinnig bekannt ist. Seine Kumpane sind mittlerweile von Ihnen durchschaut; Sie wissen auch Bescheid über einen Staat, der von lauter Minderwertigen beherrscht wird. Diese Minderwertigen sind ihres Selbstschutzes wegen die Feinde des Intellektes, während Sie, meine Herren, nun einmal Intellektuelle sind, ob Sie wollen oder nicht.

1933 meinten Sie antiintellektuell handeln zu dürfen. Es wird befürchtet, daß einige mehr getan haben, als sich jemals vergessen ließe. Von ihnen ist anzunehmen, daß sie nach wie vor der Überzeugung sind, um der Rasse willen wären Verfolgungen erlaubt, und wer national sei, habe das Recht zu töten. Die meisten derer, die in ihrem Leben keine unwiderrufliche Tat haben, sollen 1935 gründlich anders denken, über fast alles, und besonders über das Nationale. Ich weiß nicht, ob sie wirklich nach zwei Jahren von Grund auf verändert sein können. Ich war nicht national, vielleicht kostet es die Herren auch jetzt noch Überwindung, mich anzuhören. Dann wird gebeten, sich zu überwinden. Mir selbst fällt es nicht leicht, zu Ihnen zu sprechen, die vor kurzem so national waren.

Es soll unterstellt werden, daß Sie sich von nationalen Hochstaplern nicht mehr beschwindeln und hinreißen lassen. Sie haben Zusammenhänge begriffen zwischen der Gesunkenheit des Wortes national und dem Tiefstand derer, die Geschäfte damit machen. Die Nation, einst ein geistiger Begriff Schillers, ist erniedrigt zum Gebrauchsgegenstand Ihres Irrsinnigen und seiner Kumpane, lauter Minderwertige. Sie würden fehlgehen, wenn Sie dies für zufällig ansähen. Es ist ein Gesetz. Die Ideale, schlecht behütet, fallen in die Hände von Interessenten; und die letzte Garnitur der Interessenten sieht so aus wie Ihr Irrsinniger und seine Kumpane. Ich halte mich nicht lange dabei auf, zu versichern, daß die Heimatliebe bestehenbleibt. Was den Nationalismus betrifft, ist sein endgültiger Ausdruck das Dritte Reich. Genau wie dieses ist er niedrig, gemein und eine Sache des menschlichen Abhubs.

Versichert wird, daß Sie, meine Herren, das Dritte Reich je eher, je lieber verschwinden sähen. Ich frage: mit Ihrer Hilfe? Und rufe Ihnen zu: Nur mit Ihrer Hilfe! Wollen Sie bedenken, wessen das Dritte Reich sich erfrecht hat gegen den Intellekt. Es hat lügenhafte, abscheuliche Lehren benutzt, um ihn zu beleidigen, zu verdrängen. Es betätigt eine nichtswürdige Leidenschaft für die Austreibung des Wissens, die Stillegung der Erkenntnis, den Tod der Vernunft. Merken Sie wohl, daß alle seine Handlungen und das ganze Wesen dieses Reiches zuletzt gegen Sie selbst gehen! Hier sind Sie, die den Intellekt gewählt haben für Ihr ganzes Leben – dort aber ein Staat, der ihn haßt und sich erst sicher fühlen könnte nach seiner Niederkämpfung. Jeden ihrer anderen Feinde hassen

die Herren des Dritten Reiches auch deshalb, weil das wahrhafte Denken für den Feind und gegen das Reich entscheidet. Den Intellekt allein hassen sie ganz und gar um seiner selbst willen. Ihr seid die Hauptperson im Drama, Studenten!
Erfaßt es tief! Laßt euch von mir, den ihr übrigens verstehen mögt oder nicht, wenigstens das eine sagen und bis nah ans Herz bringen: Denken und Erkennen sind die einzige Art, das Leben zu verbringen, die zuletzt gelohnt hat. Darum verpflichtet sie auch. Ihr habt die Art gewählt, ihr seid verpflichtet, euch einzusetzen für eure Wahrhaftigkeit. Bekennt und handelt! Verständigt euch und seid einig! Menschen, die wahrhaftig sein wollen, heute trennt sie nichts, besonders keine Wirtschaftsdoktrin. Die künftigen Einrichtungen ergeben sich aus den heutigen Tatsachen. Das Dritte Reich war da, um desto sicherer sein Gegenteil heraufzuführen. Dies Reich ist gemacht aus schlechten Instinkten und verrotteten Interessen. Was verlangt wird, Studenten, ist echte Jugend, die für hochherzig gilt, und die Wahrhaftigkeit, die euer Beruf sein soll.

ES IST ZEIT

Hitler befindet sich mitten im Krieg – Deutschland nicht. Dieser Abstand ist zu wahren, dieser Gegensatz ist festzuhalten. Von allem, was in Spanien vorgeht, hat Deutschland nichts gewollt. Einige verbrecherische Abenteurer haben es heimlich miteinander ausgemacht, haben es angefangen unter Betrug und Ableugnen, aber nachgerade begehen sie Gewalthandlungen, die Deutschland in ihre Untaten mit hineinziehen sollen. Das kann nur zum Schein und nur zeitweilig gelingen. Die Abenteurer sind nicht Deutschland, niemals werden sie es sein. Sie führen ihren schändlichen Krieg allein, obwohl sie deutsche Söhne auf ihre Schlachtfelder treiben, und das sind Richtplätze. In Spanien wird deutsches Blut vergossen, ist aber kein anderes als das Blut, das von den Richtblöcken der Heimat fließt. Das eine wie das andere Blut wird den Abenteurern geopfert und soll ihre Macht verstärken. Deutschland weiß von dem Blut nichts, es will das Blut nicht, es schämt sich und schaudert vor den Schlachtfeldern wie vor den Richtblöcken. Dann aber ist es Zeit, in Deutschland die Grabesstille zu beenden. Redet, Deutsche! Erhebt euch!

Ihr kennt, Deutsche, die erste List eurer Beherrscher, hundert junge Soldaten, ohne Uniformen, ohne Waffen, auf einem Schiff, das sie zu einer Luftschutzübung bringen sollte, nichts weiter, ihre Offiziere logen. Ihre Offiziere, den Revolver in der Faust, bewachten sie Tag und Nacht, sie besetzten auch die Funkstation, damit im Lande nichts verlauten konnte von der Verschleppung deutscher Söhne. Die Gestapo war an Bord und verhaftete mehrere Heizer, die etwas gemerkt hatten. Die vierhundert hatten wohl gar nichts gemerkt, von dem ganzen unehrlichen Verfahren nichts? Sie hatten. Natürlich hatten sie. Aber Deutsche, im heutigen Zustand ihrer Heimat, tun auf alle Fälle, als ahnten sie nichts. So seid ihr alle. Die vierhundert begriffen durchaus, daß es nach Spanien ging. Mit Jubel hat es sie nicht erfüllt, sie sangen keine Heldenlieder. Sie sahen die Revolver der Offiziere, streiften einander mit bleichen Blicken und begriffen, daß sie verkauft und verraten waren. Wenn sie, anstatt zu schweigen, aufgestanden, in Aufstand getreten wären? Man hätte mehrere erschossen, nicht aber vierhundert – und der nächste Transport wäre nicht mehr gewagt worden. Kann man denn mit euch alles machen? Redet, Deutsche! Erhebt euch! Es ist Zeit.

Was euch geschieht, ist schimpflich, darüber seid ihr einer Meinung. Sogar Nationalsozialisten haben den Krieg ihrer Regierung in Spanien eine nächtliche Diebstahlaffäre genannt. Die Mütter der Soldaten aber sagen: »Wenn das eine gerechte Sache ist, warum darf mein Junge mir nicht schreiben?« Er darf nicht, er hat sogar schwören müssen. Der Eid gilt etwas, wenn arme Jungen ihn ablegen – in die Hände eidbrüchiger Führer, die alle Welt hinters Licht führen wollen und nachts einbrechen. Euer Gewissen, Deutsche, ruft euch zu, daß die spanische Generalsrevolte eine niederträchtige Machenschaft ist, unternommen von euren Machthabern nicht gegen ein fremdes, tapferes Volk allein: ihr selbst sollt noch tiefer unterworfen werden. Ihr werdet genötigt, kraft eurer Waffen, die ihr mit Entbehrungen bezahlt, nicht nur das freie Spanien niederzuschlagen, sondern eure eigene Knechtschaft zu verewigen. Grabesstille soll über jenem Land und über allen Ländern liegen: dann erst wird sie bei euch unwiderruflich. Endlich werden eure Beherrscher sich sicher fühlen, da ihr, bei all eurer Stummheit, ihnen bis jetzt noch Grund genug gebt, zu zittern. Ein abgestelltes Zittern, ein Volk ohne Ruhm, eine Grabesstille: das soll Deutschland sein.

Deutsche! Ihr wollt das nicht. Ihr wolltet niemals ohne Ruhm und Ehre sein; ihr bemerktet leider nicht, daß es am Tage jener Machtergreifung damit anfing. Heute seht ihr genau, daß ihr in Spanien entehrt werdet, und nie und nirgends wird für euch noch Ruhm sein. In Spanien sinkt ihr zu verachteten Landsknechten herab. Ihr ladet auf euch den Fluch der Völker. Für nichts tötet ihr, für nichts verwüstet ihr. Ein Volk, das euch kein Unrecht getan hat, verlöre durch euch die Freiheit und das Leben – für nichts. Das Nichts, dem ihr gehorcht, es sind eure Führer, diese Gestalten der Leere, diese Nullen der Macht. Können niemals siegen, weil sie zu schlecht sind, kennen den ehrlichen Kampf nicht, weil als Schwindler geboren, und schon ihre Geburt war ein Gaunertrick. Deutsche! Ihr seht genau, daß ihr mit ihnen ins Verderben rennt, wohin denn sonst, und daß ihr in Spanien große Schritte macht. Wenn ihr es nicht wüßtet. Wenn euch noch möglich wäre, für alle Fälle ahnungslos zu tun. Auch das ist überholt. Ihr wißt; und schweigt ihr, spricht euer Gewissen.

Ihr hört es fragen, wohin eure Freunde und Genossen sind, nicht nur die Ermordeten, auch die Verzweifelten. Kann man hungern und ein Volk sein? Kann man ein Volk von Staatsfeinden sein? Jeder, jeder wird in den Listen der Geheimen Staatspolizei geführt, in seinem Inneren ist er ein Empörer, nach außen stumm; und eng beisammen mit der Empörung wohnen Angeberei und Verrat, womöglich im gleichen Menschen. Das Regime, das sie ertragen, hat sie so zugerichtet. Das Regime hat aus Bauern, den Ernährern des Landes – was hat das witzige Regime aus ihnen gemacht! Wohlfahrtsempfänger. Es erniedrigt. Es zwingt, unehrlich zu werden. »Ich muß

Gerüste bauen, die mich nachts nicht schlafen lassen«, sagt ein Bauingenieur. Zweifel bestehen offenbar, daß in staatlichen Rüstungsbetrieben alles Hergestellte frei von bewußten Mängeln sein kann: man findet nötig, Sicherheitspolizei in das Werk zu legen. Die Brände sind zahlreich, besonders gern brennen Lager, die Heereszwecken dienen. Man nennt es Sabotage, man verhaftet, man greift durch. Aber mit diesem selben Volk, das sabotiert, das schon jetzt weniger zu essen hat als im vorigen Krieg, und kaum fünfundzwanzig Prozent der Jugend findet irgendeine Beschäftigung: mit einem Volk der Untergründigkeit, sittlichen Verworrenheit und Flucht vor dem eigenen Wissen – zieht man auf Abenteuer, fernab in der Welt.

Es ist der Wahnsinn, den nur moralisch Irre begehen. Die moralisch Ungesunden meinen die Macht über Menschen zu haben, wenn sie von ihnen alles haben, außer dem Gewissen. Sie haben ihre Arme und Beine, die können sie verschleppen und Maschinengewehre bedienen lassen. Sie haben ihre Eingeweide und beherrschen sie durch den Hunger; ihre Köpfe, und können diese nach Gefallen abschlagen oder mit Lügen vergiften. Sie haben die Gewissen nicht, das verschlägt den Machthabern in ihrer moralischen Ungesundheit nur wenig. Wird man einfach auch in Spanien jede Kompanie mit Gestapo durchsetzen, wie zu Haus die Betriebe. Die Tanks werden hinter den Sturmtruppen stehen und hinter den Tanks das heimatliche Schafott. Die moralisch Irren glauben im Ernst, daß so und ähnlich Krieg geführt werden kann, und der Sieg ist für sie das Ergebnis von hundert blutigen Filmaufnahmen. Die moralisch Irren bleiben unberührt von dem Unsichtbaren, das hinter den sichtbaren Vorführungen ihrer Macht wartet, schwerer als die Tanks, schärfer als das Beil. Ihr aber, Deutsche, seid berührt und ergriffen von eurem Gewissen: leugnet es nicht!

Im Spanischen Krieg kämpfen gegen euch die eigenen, betrogenen Mütter eurer Soldaten, eure Selbstachtung kämpft gegen euch. Ihr seid Millionen, die lieber die deutschen Rüstungen sabotieren wollen und eher die Niederlage herbeiwünschen, als daß Schurken durch eure Kraft triumphieren sollen. Überall auf Erden wird zu dieser Stunde einem Deutschen ins Gesicht gesagt: man würde sich schämen, auf die Straße zu gehen, wenn man Deutscher wäre. So steht es um euch. Die Offiziere eures gemieteten Franco sprechen laut von dem heiligen Krieg, der sein wird, wenn das ganze Spanien euch austreibt und niedermacht. So steht es um euch. Aber auf den fremden Schlachtfeldern begegnet ihr bekannten Gesichtern, ihr Soldaten des Dritten Reiches findet, euch gegenüber, die Deutschen der Internationalen Brigaden. Wohin eure Freunde und Genossen geraten sind? Dorthin, zum Feind. Sind alle auferstanden, die Ermordeten, die Verzweifelten; Hungernde, Staatsfeinde, Empörer, Begeisterte: alle zur Stelle. Hier sind wir, jetzt wagt uns in die Augen zu sehen.

Deutsche, macht ein Ende, erhebt euch, es ist Zeit. Wüßte niemand um euren wahren Zustand, ihr selbst ermeßt ihn. Der mittlere Zeitgenosse nimmt an, wie gewohnt, daß die innere Festigkeit einer Nation dem Umfang ihrer Rüstung entspricht. Ihr wißt es besser. Ihr seid versichert, daß eine sittlich zerrissene Nation niemals siegen wird. Bekennt es, rettet Deutschland! Wo das Gewissen nicht einverstanden ist, versagt jede Rüstung. Herren und Führer, an die ihr nicht mehr glaubt, vollführen gerade darum falsche Manöver: die ganze spanische Sache ist das kopflose Abenteuer derer, die gerichtet sind. Hineinzukommen nach Spanien war leicht. Hun-

derttausend Mann auf die Pyrenäen schicken, das könnte
gelingen, besonders da es eine Falle wäre, und einmal
drinnen, sind hunderttausend verloren. Sind abgeschnitten, sobald die beiden stärksten Seemächte es beschließen.
Deutsche! Verdienen die herrschenden Abenteurer, daß
ihr für sie in Fallen geht und noch verachtet werdet?
Geht den Weg der Ehre. Deutsche! Erhebt euch, sprecht
euer Machtwort. Es ist Zeit.

DEUTSCHE SOLDATEN!
EUCH SCHICKT EIN SCHURKE NACH
SPANIEN!

Arbeiter, Bauern, Soldaten Deutschlands! Die Verbrechen Hitlers haben ihren Gipfel erreicht: jetzt schickt er deutsche Soldaten nach Spanien!
Die »deutschen Volksgenossen« sind ihm gerade wert genug, im Dienste eines fremden Abenteurers, des Verräters Franco, sich abschlachten zu lassen.
Wofür sollen die deutschen Hilfstruppen des Volksfeindes Franco kämpfen? Für die Profitinteressen des deutschen Kapitals. Für die Unterwerfung eines freien Volkes.
Wofür noch? Um den Sturz Hitlers, eures Todfeindes, aufzuhalten, sollt ihr ihm Spanien erobern. Deutschland hat er in vier Jahren nicht erobern können. Sein Untergang ist unausbleiblich. Mit dem spanischen Abenteuer hofft er, sein Ende zu verzögern.
Gegen wen, deutsche Soldaten, deutsche Arbeiter und Bauern, gegen wen sollt ihr in Spanien kämpfen? Gegen eure eigene Sache, gegen die Euren, gegen eure Brüder und Freunde, gegen euch selbst. Nach jahrhundertelanger Herrschaft feudalistischer, klerikaler Reaktion hat das spanische Volk sich frei gemacht und will seine fruchtbare Erde den landlosen Bauern und Landarbeitern geben. Dasselbe wollt ihr in Deutschland. Hitler aber mutet euch zu, das spanische Volk niederzuschlagen und damit euch selbst.
Gegen wen werdet ihr nach Spanien verschickt? Gegen das spanische Volk, gegen die spanischen Demokraten und Republikaner, gegen die spanischen Bauern und Arbeiter, die menschenwürdig leben wollen. Gegen freie

Bürger, die ihre Blutsauger abgeschüttelt haben, ihr aber sollt sie unter das Joch zwingen. Nicht genug damit: In Gemeinschaft mit Marokkanern, die Hitlers Leibjournalisten nicht genug als schwarze Schmach vom Rhein beschimpfen konnten, sollt ihr gegen Deutsche kämpfen. Euch gegenüber, in der internationalen Kolonne, kämpfen neben französischen und italienischen Kameraden Deutsche, eure Genossen, eure Brüder, Blut von eurem Blut, Fleisch von eurem Fleisch, die nach Spanien gegangen sind, um dem spanischen Volke zu helfen. Die sollt ihr töten.

Euch wird von Hitler, einem verworfenen Schurken, um seinen Untergang zu verzögern, das Allergemeinste zugemutet. Gehorcht nicht! Deutsche Soldaten, deutsche Männer! Laßt euch nicht von dem Seelenverkäufer Hitler an den spanischen Abenteurer Franco verkaufen! Weigert euch, gegen das spanische Volk zu kämpfen! Werft dem Schurken eure Waffen vor die Füße. Besser noch: geht hin und kämpft, aber auf der richtigen Seite, bei den spanischen Republikanern, mit dem spanischen Volke, bei euren heldenhaften deutschen Kameraden!

Dem spanischen Freiheitskampf, der nicht mehr verlorengehen kann, muß der deutsche Freiheitskampf folgen. Bedenkt es. Handelt groß und gut. Ihr werdet es tun. Ihr werdet nicht die spanische Freiheit an die spanischen Henker verraten. Ihr werdet nicht den Sieg der deutschen Freiheit durch Mord am spanischen Volke verzögern. Ihr werdet euch für die spanische Freiheit entscheiden, denn sie hilft, die deutsche Freiheit zu verwirklichen und damit die Voraussetzung für Freiheit und Frieden der ganzen Welt zu schaffen.

DEUTSCHE MÜTTER!

Die spanischen Mütter haben an euch, Mütter der deutschen Soldaten, einen Aufruf gerichtet: es ist der Schrei bedrängter Herzen. Ihr dürft ihn nicht ohne Antwort lassen.
Hört, was die spanischen Mütter euch sagen. Es ist wahr. Für Frauen und für Mütter, ob spanisch oder deutsch, ist es die einzige lebendige Wahrheit. Sie sagen euch, daß ehrgeizige Männer eure Söhne entführen, damit sie auf unbekannten Schlachtfeldern ihr junges Blut vergießen – warum? Das begreift keine Mutter, es ist ausschließlich das Geschäft einiger ehrgeiziger Männer. Nichts hat dies Geschäft gemein mit dem Wohl eines Volkes, weder des deutschen noch des spanischen. Eure Söhne, deutsche Mütter, müssen herhalten, weil die Frauen und Männer Spaniens mit ihren ersten Angreifern fertig geworden sind, sie besiegt und größtenteils aufgerieben haben.
Bedenkt, was das heißt. Aufständische Generäle fallen mit einer Armee von Marokkanern in das Land, das sie geschworen hatten zu verteidigen. Der Streich mißlingt ihnen, sie stehen vor dem Zusammenbruch, da holen sie Hilfe aus Deutschland. Warum aus Deutschland? Weil die deutschen Machthaber von der Art sind, daß ihnen nichts daran liegt, ob eure Söhne leben oder sterben. Mit den deutschen Machthabern ist das Geschäft zu machen: sie verkaufen eure Söhne. Die Einzelheiten und die Vorwände sind gleichgültig. Achtet keinen Augenblick auf das Gerede von deutschen Interessen, deutscher Ehre. Das Interesse eurer Heimat verlangt zuallererst, daß eure Söhne leben. Die Ehre Deutschlands wäre, gerecht und menschlich zu sein gegen ein Volk, das dem euren niemals ein Unrecht zufügte und das seine Freiheit verteidigt.

Ihr sehr doch, deutsche Mütter, daß eure Söhne keinesfalls dazu geboren sind, die Freiheit fremder Völker zu vernichten: Ihr habt ihnen das Leben gegeben, damit sie selbst einstmals frei und glücklich sein sollen. Dann werden sie geachtet dastehen. Was tun sie jetzt, und wozu werden sie genötigt?

Deutsche Mütter, eure lieben Söhne töten die lieben Söhne anderer Mütter; und nicht nur die herangewachsenen, sogar die kleinen Kinder müssen sie mit schrecklichen Waffen zerstückeln, müssen Mädchen und Frauen den Leib aufreißen, alte Leute niedermachen, die Städte in Brand stecken, das Land verwüsten; aber das ist nicht alles. Eure Söhne dürfen sich nicht auf den offenen Kampf beschränken; sie werden angehalten zu morden. Hinter der Front fallen von ihrer Hand die politischen Gegner der aufständischen Generäle und der deutschen Machthaber. Was glaubt ihr, deutsche Mütter, daß eure Söhne erwartet, wenn sie aus all den sinnlosen Greueln lebend hervorgehen? Keine Ehre, wahrhaftig keine Ehre. Das Geschäft der Machthaber ist schändlich, und wer sich hergegeben hat, es auszuführen, wird Schande davontragen.

Erhebt euch, deutsche Mütter, sagt laut, daß ihr von allem, was vorgeht, nichts wollt, den Tod eurer Söhne nicht, und ihre Entehrung nicht. Sprecht aus, was ihr wißt: daß eure Söhne keineswegs freiwillig nach Spanien gegangen sind, sondern sie wurden verschleppt und werden mißbraucht. Freiwillig kämpfen andere Deutsche in Spanien, diese aber auf seiten der Freiheit, und eure Söhne schießen auf diese anderen Deutschen. Der eine tötet den anderen, und die beiden Deutschen sehen einander ins Auge. Waren aber von gleichen Müttern geboren und dazu bestimmt, in derselben Heimat glücklich zu sein. Sagt es laut, deutsche Mütter. Wenn ihr wollt, seid ihr stärker als der gewaltigste Machthaber. Seid ihr einig, steht ihr auf und vereint eure Stimmen, dann können eure Stimmen nicht übertönt werden, von keiner Macht, von keiner Schlacht.

Hört, was die spanischen Mütter euch zurufen: »Es ist an uns, die Verräter und Henker zu zwingen, damit der Massenmord junger Deutscher und Spanier aufhört, zum Wohle eures Vaterlandes und unserer Heimat.«

GUERNICA

Die Zerstörung der Stadt Guernica und des baskischen Landes ist keine Kriegshandlung, sie ist ein gemeines, niederträchtiges Verbrechen. Wir schämen uns der Deutschen, die es begangen haben. Wir leugnen, daß sie den Namen von Deutschen verdienen. Die Feiglinge, die aus der Luft herab die flüchtenden Frauen und Kinder ermordet haben, deutsche Soldaten sind sie nicht. Sie sind von der Art der verachtungswürdigen Knechte, die in den zahllosen Folterkellern des nationalsozialistischen Staates ihre verkommene Bestialität an deutschen Opfern tagtäglich üben. Jeder Menschlichkeit entfremdet durch das Regime, dem sie verfallen sind und blind gehorchen, tun sie einem fremden Volk, was sie jederzeit auch dem eigenen zufügen würden.

Aber Millionen ehrenwerter Deutscher sind erbittert, weil dieser Auswurf ihres Landes in Spanien alles, was deutsch heißt, entehrt und zum Abscheu macht. Millionen und nochmals Millionen Deutscher hassen aus dem Grunde der Seele die Machthaber im Lande, ihre ekelerregende Grausamkeit, die sie in Redensarten vom »totalen Krieg« kleiden, ihre niedrige Verlogenheit, wenn sie sich als »Retter der westlichen Zivilisation« aufspielen. Die Basken sind Katholiken. Die Brandbomben auf ihre Kinder retten wohl die westliche Zivilisation? Oder wird sie durch den Terror gegen die deutschen Katholiken gerettet? Durch ihre massenhaften Verfolgungen um ihres Glaubens willen und durch die Ermordung von Geistlichen?

Die Flammen von Guernica beleuchten auch Deutschland mit. Daß die Welt es doch sähe! Daß doch alle freiheitlich Denkenden auf seiten des deutschen Volkes wären, nun es begonnen hat, nach seiner Freiheit zu verlangen, und große Teile des Volkes schon im Kampf um sie stehen. Einzig und allein die deutsche Befreiung wird auch die Befreiung der Welt sein von der schändlichen Bedrohung mit dem »totalen Krieg«, von der Verhetzung der Völker durch verlogene »Weltanschauungen« und von Greueln wie in Guernica.

Wollt ihr den Frieden? Freie Völker der ganzen Welt, zwingt den Machthaber Deutschlands abzutreten! Ihr könnt es, denn Deutschland will den Frieden. Glaubt uns! Die Deutschen sind Freunde des Friedens und sehnen sich danach, der Welt befreundet zu sein. Vereinigt euch gegen den Kriegstreiber! Er hat sich die Herrschaft über Deutschland angemaßt, ist aber nicht deutsch. Wir sind es.

AN ALLE DEUTSCHEN

Von der Befreiung Deutschlands hängt alles ab, seine eigene Zukunft und die Entscheidung, ob die gesamte gesittete Menschheit in das furchtbarste Verhängnis treiben soll.

Das erste Gedenken gilt den deutschen Helden, die im Kampf für die Freiheit gefallen sind. Die einen haben den Kopf auf den Richtblock gelegt. Die anderen starben in Spanien. Unsere Legionäre kämpfen für die spanische Republik und gerade damit für Deutschland. Die Freiheit der Völker ist unteilbar.

»Viele herrliche Kameraden«, so sagt einer der Unseren, »sind in den letzten Kämpfen gefallen, unter anderem fast alle Politkommissare der Brigade, auch ein ehemaliger Abgeordneter des Deutschen Reichstages. So schwer und ernst die Lage ist, bei den Kameraden herrscht Zuversicht und beste Kampfesstimmung.«

Ein Legionär, der Generalstabsoffizier Ludwig Renn, rief zu Paris in eine Versammlung hinein: »Jetzt kämpf ich für Spanien. Wenn der Fall eintritt, werde ich für Frankreich kämpfen.«

Der deutsche Freiheitskampf hat begonnen; es führen ihn alle, die draußen ihr Leben wagen, aber ebenso alle, die im Lande der Gewalt widerstehen. Gedenken wir der deutschen Arbeiter, die auf neue Art gewerkschaftlich kämpfen gelernt haben. Gedenken wir der christlichen Gewissenskämpfer. Halten wir es nicht für unnütz, daß der schamlose Überfall auf Österreich in Deutschland keinen ehrlichen Beifall, sondern bei allen Verantwortungsbewußten nur Entrüstung erzeugt hat.

Für die Freiheit, gegen Hitler handeln nachgerade viele Kräfte. Nicht immer kennen sie einander, und den einzelnen Truppen entgeht bisher, daß sie zusammen eine Armee und mehr als eine Armee, daß sie das gesamte Volk sind. Indessen sind alle darin einig, daß sie den offenen Krieg verabscheuen und ihn aufhalten wollen. Der verstohlene, verlogene Krieg ist schon da. Das Regime wagt den offenen nicht, solange es das Volk fürchtet.

Das Regime kann dem deutschen Volk nur verhaßter werden. Mit Eroberungen nach Art der österreichischen siegt das Regime beim Volk nicht. Die Deutschen fühlen sich der Katastrophe um so näher gerückt. Wissen sie auch, warum? Erkennen sie, für wen sie in ihr Unheil gehen sollen? Ihr Tyrann in seinem Größenwahn hat längst vergessen, wenn er es jemals begriffen hatte, daß er noch nichts aus eigener Kraft getan hat, daß jede seiner Handlungen ihm von der größeren Macht, vom Kapital, erlaubt und vorgeschrieben worden ist.

Ebendies muß den Deutschen, die es nicht voll erfaßt haben, wiederholt und eingeprägt werden von allen, die an den Grenzen Deutschlands wohnen. Wessen Wort irgend Zugang findet, der spreche: Ihr sollt Landsknechte des internationalen Kapitalismus sein, das ist der Sinn der Herrschaft Hitlers und aller seiner Unternehmungen. Der internationale Kapitalismus will euch zuletzt gegen die Sowjetunion schicken. Das ist der Endzweck. Deswegen wird Hitler geduldet, daher die Beihilfe, die er findet. In allen Ländern hat er kapitalistische Verräter für sich. Gegen ihn sind die Völker.

Hier die Völker, drüben der Kapitalismus. Hier die spanische Republik, Österreich, die tschechoslowakische Republik, die französische Republik, die englische Demokratie, die Union der Sowjetrepubliken und die Vereinigten Staaten von Amerika, die ganz und gar antifaschistisch sind: hier die Völker der Welt. Mit euch – wenn ihr mit diesem Regime in den Krieg ginget, wer wäre mit euch? Eine Handvoll kapitalistischer Verräter sind die Verbündeten, die der Klassenkampf dem Angreifer zuführt in jedem der Staaten; mit ihnen kann er sie unterwühlen, solange noch nicht Krieg ist.

Im Krieg herrschen die Waffen. Die bewaffneten Völker sind gegen Hitler und wären gegen euch, der leidenschaftliche Wille der Völker wäre gegen euch, es sei denn, ihr befreit euch von dem schändlichen Regime. Hitler weiß, warum er seinen sogenannten Frieden erhält – muß aber, ob er will oder nicht, den Krieg herausfordern. Jedes seiner internationalen Verbrechen zieht das nächste nach sich, und die Schuld gebiert ihr eigenes Übermaß – bis zum Tag des Gerichts.

Deutsche! Laßt es dahin nicht kommen. Euer Freiheitskampf hat begonnen. Beschleunigt ihn, führt ihn gründlich, bis zum Sieg. Tausend Zeugnisse beweisen es: einzig nach der Freiheit verlangt es euch wahrhaft, nur in ihrem Namen verständigt ihr euch ehrlich. Habt den Mut, offen euer Herz zu bekennen. So viele Tapfere kämpfen schon jetzt, trotz Lebensgefahr und oft bis in den Tod. Gegen ganze Massen, die offen abfallen, vermag die Gewalt nichts mehr.

Trennt euch von der Gewalt, sie soll euch nicht weiter erniedrigen. Widersteht der Lüge, den aufgepeitschten Trieben, dem Irrsinn. Laßt die Gewalthaber allein, das vertragen sie nicht. Folgt keiner Verführung und diesem Führer nicht. Gehorcht niemandem als nur eurem Gewissen! Erinnert euch: ihr waret einst das Volk der Gewissenskämpfer!

ANKLAGE

Die Kinder des Dritten Reiches, sein Nachwuchs, die Zukunft seiner »Rasse«, werden nicht gesünder, sondern kränker. Wohlfahrtspflege und Schulärzte berichten mehrfach, daß ein Drittel aller untersuchten Kinder durch Unterernährung erschöpft sind. Nervöse Störungen bei Kindern sind nach diesen Feststellungen bedingt durch die wirtschaftliche Not der Eltern. Auch die Tuberkulose, die nicht mehr ab-, sondern wieder stark zunimmt, ist eine Elendskrankheit. Den Pflegeanstalten für Säuglinge fehlt es oft an Milch; dann erlassen sie Aufforderungen an die Frauen, ihre Milch herzugeben, den Liter zu drei Mark.

»Schluß mit dem maßlos übersteigerten Fürsorgegedanken wegen seiner die Volksgesundheit schwächenden Wirkung!« Zufolge diesem rassegemäßen Grundsatz läßt man gesunde Kinder krank werden. Kranke Menschen läßt man sterben, da sie die Rasse nur belasten. Wenn sie nach Essen stöhnen, wird die Pflegerin, die es ihnen reicht, entlassen. »Sie denken wohl, die sollen ewig leben?«

Vermehrung der Kranken und ihr frühes Verschwinden wird dem Zuwachs der Bevölkerung entgegenwirken; die Statistik könnte wohl sagen, in welchem Maße. Eine beträchtliche Abnahme der Geburten wird ferner erreicht durch die Sterilisierungen. Ihre bisherige Zahl liegt nicht tief unter der ersten Million. Ganze Familien von Minderwertigen – lies: Staatsfeinde – werden unfruchtbar gemacht. Sucht der letzte Sohn das Weite, dann wird die Polizei aufgeboten, um ihn einzufangen und an das Messer zu liefern.

Alles dies dient der Rasse. Denselben Zweck erfüllen die

Unglücksfälle. Sie werden, besonders in den rassegemäßen Kriegsindustrien, immer zahlreicher. Auch dort ist Schluß mit dem maßlos übersteigerten Fürsorgegedanken. Wer irgend verunglücken kann, den läßt man. Im Sinne der herrschenden Lehre sind die Arbeiter von schlechterer Rasse als die Volksgenossen, die nichts tun. Daher kommt es auf ihr Leben weniger an. Nun würden die Arbeiter zweifellos vergnüglicher aussehen, wenn sie leben könnten wie die Volksgenossen Krupp und Ley. Indessen sind Krupp und Ley weit entfernt, ihre Fettlebe mit Arbeitern zu teilen. Lieber sollen die Arbeiter »schlechtrassig« sein und verunglücken. Unglücksfälle nützen der Rasse und vermindern die Bevölkerung.

In derselben Richtung bewährt sich vorzüglich die Senkung der Löhne, die der Steigerung der Lebenskosten entspricht. Die Tarife sind abgeschafft: sie waren der Schutz der Arbeiter gegen Willkür und größte Not. Statt dessen muß jetzt jeder ein »Arbeitsbuch« haben, es enthält »Angaben zur Person«. Sieh da, was liest man in dem »Arbeitsbuch«? Der Mann ist ein »Staatsfeind«. Gemacht. Geht in Ordnung. »Ein solcher Mensch hat kein Anrecht darauf, in unserem nationalsozialistischen Volksstaat zu arbeiten.« Wieder einer weniger. Wieder Millionen weniger. Dreizehn Millionen mußten sich kürzlich, ihres Hungers wegen, an das »Winterhilfswerk« wenden. Das Winterhilfswerk, die »soziale Tat des Dritten Reichs«, erpreßt seine Mittel mit Schrecken und Gewalt von einem Volk, das nichts besitzt. Daher leistet es dann an Unterstützungen je Kopf und Tag – wieviel leistet es? 7,7 Pfennige. Das ist die »soziale Tat«.

Sie besteht in der Aushungerung, sie ist gewillt zur Versklavung und hat als Endeffekt das Sterben. Weiß man schon überall, daß in diesem Deutschland Mütterrevolten vorkommen? Mütter widersetzen sich in Scharen, wenn

ihre jungen Töchter verschickt werden zur unbezahlten Zwangsarbeit. Ihr Lohn ist, daß sie geschwängert heimkehren. Doch einmal etwas für die Rasse getan!
Soviel geschieht an anerkannten Volksgenossen, die eben nur, der herrschenden Lehre gemäß, soldatisch erzogen werden. Zwangsarbeit in Arbeitslagern, Soldatenschinderei vom ersten Tag der Wiederaufrüstung an, das sind die Daseinsbedingungen anerkannter Volksgenossen. Der Mittelstand zugrunde gewirtschaftet, damit die großen Haie allein verdienen, das ist normal, da es sich doch um die Rettung der westlichen Zivilisation vor dem Bolschewismus handelt. Den ärmsten Bauern soll jedem ein Zipfel Land fortgenommen werden, damit »gesiedelt« werden kann, ohne den Großgrundbesitz anzurühren: das ist normal, siehe oben. Das Organ der großen Bergwerkshaie bemerkt mit Recht: »Wir werden Ruinen zu erwarten haben«; womit die Haie sich leichthin abfinden, denn ihr Schade ist es nicht, es ist das von ihnen gewollte System.
Ist aber dies alles verzeichnet und ist dieser ganze Greuel normal und in der Ordnung – in der nationalsozialistischen Ordnung – befunden: dann kommen erst die »Staatsfeinde«, und ihr Schicksal im Dritten Reich läßt allerdings die bekannten Begriffe weit hinter sich. Eine Sammlung aller Dokumente liegt vor und wird bestehen bleiben als furchtbares Denkmal von dieser Zeiten Schande. Wer kennt die nackten Tatsachen? Am wenigsten wissen die Machthaber selbst, was sie getan haben – obwohl sie wissen, daß in ihren Konzentrationslagern Frauen und sogar Kinder als Geiseln festgehalten und gepeinigt werden. Vielleicht ist ihnen annähernd die Zahl von zehntausend Ermordeten bekannt; und ihre 225 000 Gefangenen haben 600 000 Jahre Freiheitsstrafen bekommen. Solche Ziffern werden den Machthabern schon

durch ihre astronomische Seltenheit manches Vergnügen bereiten.

Dennoch ist ihnen die Hauptsache, der wirkliche Sinn ihrer Taten, gewiß bisher entgangen. Der Sinn ist: die Ausrottung des deutschen Volkes. Der Kindermord, der Mord an den Kranken, der Mord an der Nachkommenschaft derer, die sie minderwertig nennen; dazu der Mord an den Kranken, der Mord an der Nachkommenschaft derer, die sie minderwertig nennen; dazu der sen und Rassen; der seelische Mord durch Verfolgung der Glaubensbekenntnisse und Gesinnungen; der Mord des Willens, des gesamten Volkswillens, frei und glücklich zu werden: wer ihn äußert, wird hingerichtet. Dies alles geht voraus, und dann erst kommt der Mord an den Staatsfeinden. Der ist nur sichtbarer, er hat Plakatstil. Aber wesentlich ist er nichts anderes, als was einem ganzen Volk geschieht. Einer der Machthaber hat geäußert: »Ich habe keine Gerechtigkeit zu üben, sondern zu vernichten und auszurotten.« Das sind aber nur Worte, er versteht sie selbst nicht. Die Anklage des deutschen Volkes soll ihn dereinst erkennen lassen, was er und seine Mitschuldigen getan haben – und was ihnen selbst bevorsteht.

DEUTSCHE ARBEITER!
IHR SEID DIE HOFFNUNG!

Euer Volk und die anderen betrogenen und mißhandelten Völker hätten keine Hoffnung, wenn ihr nicht klug, einig, ausdauernd und tapfer wärt.

Ihr habt euren gesunden Verstand, ihr wißt Bescheid, ohne daß man euch lange aufklären muß, über den Hitler und seine internationalen Freunde. Ihr habt begriffen, daß eine faschistische Verschwörung gegen die Völker im Gange ist, und die Regierung Englands fördert sie. In England herrscht eine ganz unpopuläre Gesellschaft: nicht einmal die bürgerlichen Schichten vertritt sie, sondern besorgt nur die Geschäfte der Allerreichsten und ihres faschistischen Anhangs. Der Günstling dieser Leute ist Hitler. Sie brauchen ihn und wollen, daß er an der Macht bleibt. Sie allein erlauben ihm alle seine Erfolge, und andernfalls hätte er gar keine.

Er hat aufrüsten dürfen, er hat das Rheinland besetzen dürfen. Frankreich wäre eingerückt, Hitler wartete angstvoll darauf, nur die englische Regierung hat den Einmarsch damals verhindert. Aber den Einmarsch in Österreich hat sie zugelassen. Sie hat sich gestellt, als glaubte sie, daß es die Befreiung deutscher Brüder wäre, wenn Hitler in Wien seine gewohnten Greuel verübt. Dann haben Englands Herren ihm Böhmen geschenkt – nicht allein die Sudetendeutschen, gleich die ganze Tschechoslowakei: auch das wieder unter demselben falschen Vorwand. Chamberlain und seine Gruppe wissen natürlich, daß Böhmen niemals zu Deutschland gehört hat, sowenig Österreich je vorher eine deutsche Provinz gewesen ist.

Ihr, deutsche Arbeiter, durchschaut alles. Der Friede von

München ist kein Friede. Beweis: allseits wird weiter gerüstet. Die Ansprüche Hitlers sind mit Österreich und Böhmen nicht befriedigt und sollen es auch nicht sein. Der französische Verbündete Englands ist schon selbst an der Reihe: Mussolini will erpressen, und hinter ihm droht Hitler. In der tschechischen Sache sind die Franzosen so lange von Chamberlain irregeführt worden, bis er sie in München hatte. Und heute? Daß nur Frankreich, solange das freieste Land, sich auflehnte gegen Chamberlain und Genossen, bevor es von ihrer Gnade und der ihres Hitler abhängt!

Der Vernichtungskrieg gegen die Sowjetunion ist das Ziel der gegenwärtig herrschenden Kreise Englands, das alte Ziel des Weltkapitalismus. Ihr wißt es und habt den falschen Friedensbeteuerungen nie getraut. Von Hitler sagt ihr: »Dem Kerl gelingt alles«, und wißt genau, warum und wie lange noch. »Krieg kommt aber doch«, sagt ihr. Und nennt ihr Hitler den Kriegsanstifter, dann überschätzt ihr ihn nicht. Ihr seid darüber belehrt: viel Größere ziehen die Drähte, an denen der Hampelmann die Glieder zuckt.

Die Judenpogrome – ihr schämt euch, daß gerade euer Land sie erleben mußte. Aber ihr seht deutlich voraus, daß Pogrome und alle Greuel überall bevorstehen, wo die Nazidiktatur mit Englands Hilfe eingeschleppt wird. Ihr erkennt, daß die deutschen Judenverfolgungen nur das erste abscheuliche Ergebnis von München sind. Dem bösartigen Feinde des Menschengeschlechts ist erlaubt worden, bei den Juden anzufangen. Schon liegt er auf der Lauer und wird die Christen anfallen. Seine Feinde, die Marxisten, reizen fortwährend seine Mordgier. Die Freiheit, sowenig von ihr noch auf der Welt ist, läßt ihn nicht ruhen. Er wird fahl vor Wut, sooft er uns erwähnt, die wir noch wahr und offen reden. Das Dasein der Sowjetunion macht ihn krank, es verbittert ihm alle seine billigen, unverdienten Erfolge. Auch die mutigen Worte Roosevelts lassen ihn erzittern; er muß antworten und kann es nur mit Verleumdungen gegen das amerikanische Volk und seine Demokratie.

Ihr seht dem wüsten Treiben zu – bis ihr einmal nicht mehr zusehen werdet. Ihr hört ihn eingestehen, daß er die Milliarden, die euer Brot und das Brot eurer Kinder gewesen wären, in seine Rüstungen gesteckt hat. Ihr sagt: »Er läßt doch keine Ruhe, bis der Krieg kommt, und dann ist auch sein Ende da.« Richtig, Kameraden, mit dem Krieg ist ganz sicher sein Ende da: mit jedem Krieg, und gegen die Sowjetunion müßte er den aussichtslosesten aller Kriege führen. Das ist der Krieg, den die Völker am meisten hassen. »Diesmal wissen wir, was wir zu tun haben. Lange wird es nicht dauern«, sagen die Frontkämpfer aus dem vorigen Krieg. Wer wird begeistert sein? Die Jungen, die kürzlich noch mit Bleisoldaten gespielt haben – auch sie werden merken, was hier gespielt wird.

Seeleute, deutsche Offiziere, die zur See gereist sind, sagen: »In Rußland haben sie besseres Essen auf den Schiffen, und ihre Armee ist stark.« Arbeiter haben gesagt: »Wenn es losgegangen wäre, Deutschland wäre vernichtet worden und damit auch Hitler.« Das ist eure Meinung, und nicht eure allein. Die Offiziere glauben an den Sturz Hitlers. Der ruinierte Mittelstand wünscht seinen Sturz herbei. Ihr Arbeiter aber seid die bevorzugte Klasse. Ihr als die einzigen tragt in euch eine neue Idee vom Staat: Ihr habt der öden Niedertracht euer Bewußtsein vom künftigen Menschentum entgegenzusetzen. Unerschütterlich harrt ihr aus. Eure hinfälligen Tyrannen fürchten euch und bezeugen selbst: Sozialisten sind alle Arbeiter. Kommunisten gibt es in Deutschland mehr als je.

Ihr seid klug, ihr laßt euch von den Scheinerfolgen des Regimes nicht täuschen. Ihr harrt zuversichtlich aus, weil ihr wißt, wie es kommen muß, was ihr heute zu tun habt und wann ihr die Zeit eurer Prüfungen aus eigener Kraft abschließen werdet. Nicht durch einen Krieg, wenn es nach euern Beschlüssen geht, denn ihr seid für den Frieden. Der Krieg ergäbe mit großer Sicherheit den Zusammenbruch der kapitalistischen Staaten, die es gewagt hätten, ihr sozialistisches Proletariat gegen die sozialistische Sowjetunion zu bewaffnen. Mit aller eurer Ausdauer werdet ihr doch euch nicht darauf verlassen, daß der Kapitalismus seinen entscheidenden Fehler begeht. Ihr werdet euch nicht auf die Hoffnung beschränken, daß die Rote Armee den Hitler zu Fall bringt, wenn ihr selbst es könnt. *Ihr könnt es, auch ohne Krieg*, davon seid ihr mit Recht überzeugt. Ihr könnt es, wenn eure Einheit hergestellt ist, ihr könnt es, wenn ihr das Bündnis mit allen Feinden Hitlers geschlossen habt.

Hitlers Macht scheint alle Tage größer zu werden. In noch nicht sechs Jahren durfte er die faschistische Pest über den Hauptteil des Kontinents ausbreiten. Seine Sklavenhalter-Diktatur umfaßt jetzt achtzig Millionen Menschen, die nicht alle deutsch sind. Nichts späche dagegen, daß noch viele Millionen Menschen verschiedener Herkunft ihr bald und in schnellster Folge unterworfen werden. Aber ihr seid da. Ihr deutschen Arbeiter kennt den Popanz: die Unwissenheit des Faulpelzes und seine Grausamkeit – nur Feiglinge sind grausam. Er ist ein Mensch, nicht bloß ohne Gewissen, sondern sogar ohne Besinnung. Zum Unterschied von euch, die ihr die Zukunft habt, kann er nicht warten. Schon bei Gelegenheit der Tschechoslowakei wäre er dumm in sein Verderben getappt, wenn der englische Drahtzieher ihn nicht aufgehalten hätte.

Sagt selbst, ob so einer das Übermaß der hohlen Erfolge
noch lange ertragen kann. Sie beängstigen ihn, wenn er
das Geschehene messen will an seiner Person. Was alle
sagen: »Es kann nicht gut enden« – seid versichert, daß
auch er es denkt. Dabei zwingt ihn seine angemaßte Rolle
zu immer neuen Unternehmungen, immer riesenhafteren
Verbrechen – ohne Atempause, wie ihr seht. Zeit hat er
keine, das fühlt er, muß aber den unwiderstehlichen
Welteroberer spielen und sich einreden, er wäre es.
Schwankend zwischen Größenwahn und bekanntem weinerlichen Selbstbedauern, stolpert er seinen Schreckensweg, der nicht gut enden soll. Er hat nur scheinbar diese
übertriebene Macht. Während er sie vermehrt, untergräbt er sie auch. Seine Verfolgungen treffen immer
mehr Menschen, da er immer mehr deutsche Brüder »befreit«, wie in seinem Jargon die Sklavenjagden heißen.
In Deutschland selbst wird es nachgerade keine einzige
Schicht mehr geben, die er sich nicht zum Feind gemacht
hat. So muß er fortfahren, er hat die Wahl nicht. Die
Pogrome, heute gegen Juden und gegen andere morgen,
sind sein Beruf. Er wäre auf Erden überflüssig, sein Lebenszweck ist das menschliche Unglück.
Ihr Arbeiter habt von der Bestimmung des Menschen den
richtigen Begriff. Euer Staat soll auf der Vernunft und
auf der Gerechtigkeit begründet sein. Darum ist alles,
was ihr an Macht besitzt, ein wirklicher Besitz anstatt nur
Schein und Bruch. Ihr seid euch bewußt, daß ihr die
Macht habt, Hitler aufzuhalten, ihm Hindernisse in den
Weg zu werfen, so lange, bis er steckenbleibt. Fürchtet
nichts, er hängt von euch ab, nicht ihr von ihm. Seine Befestigungen wachsen nicht von selbst aus dem Boden.
Ihm fallen keine Flugzeuge vom Himmel, außer ihr hättet sie gebaut. Man erfährt, daß hochwertige Stahle verschwinden. Blei, Zinn und Kupfer werden vergraben, al-

les Mögliche wird erdacht, um die Ausführung seiner schändlichen Pläne zu verhindern. Englands reaktionäre Herren wollen, daß der die Sowjetunion angreift. Er wird euch in den Krieg schicken, ob er will oder nicht. Ihr wollt den Krieg nicht. Wer ist der Stärkere? *Ihr* seid es, wenn ihr einig seid, und ihr müßt und ihr werdet einig sein.

Ihr wißt es und sagt: »Er wagt keinen Krieg, wenn die Arbeiter einheitlich und massenweise ihre Lohnforderungen anmelden.« Hier ist das große Wort gefallen. Mit Lohnforderungen, massenweise fortgesetzt, haltet ihr ihn, er kann sich nicht rühren. Kein Lohn, keine Arbeit, und woher nähme er euren gerechten Lohn? Er hat sogar das Gold der besetzten Länder schon vertan. Jetzt raubt er die Juden aus, demnächst die christlichen Kirchen. Die Gewerbetreibenden sind um ihre Sparkasseneinlagen längst bestohlen; die Krämer haben den Hausfrauen nur noch wenig zu verkaufen. Ein geldloser Machthaber hat für seine leere Macht nicht so sehr zu fürchten wie Lohnforderungen, wenn die Arbeiter sie massenweise anmelden – und ihnen den gehörigen Nachdruck geben, das äußerste Mittel ist, die Arbeit niederzulegen. Ihr seid erfahren genug. Ihr kennt eure Macht: ihr könnt es dahin bringen.

Euer Widerstand wird endlich fertig werden mit diesem Regime, das auf nichts steht, es wäre denn auf Lüge und Terror. Was ist das für ein Schwindelregime, das seine Befestigungsarbeiter aus allen Berufen mit Gewalt zusammentreiben muß, und dann kann es sie nur auf dem nackten Boden schlafen lassen. In Deutschland kannte man früher keine Armee, aus der die Soldaten desertieren. Das sind Errungenschaften dieses Regimes. In den Betrieben war es sonst nicht vorgekommen, daß die Werkmeister protestieren müssen, weil man ihnen die Fachleute wegnimmt. Alles das sind Vorzeichen des En-

des. Ein größenwahnsinniges Regime hat sich übernommen. Das folgende ist vorgekommen: Ein Beamter der Bergwerkspolizei kontrolliert die Reviere. Ein Kumpel sagt ihm dreist ins Gesicht: »Das ist hier schlimmer als Zuchthaus. Meinen Sohn lehr ich stehlen. Kommt er dafür ins Zuchthaus, dann hat er ein besseres Leben als wir.« Der Beamte hat sich gehütet, Meldung zu erstatten von der offenen Auflehnung.
Die Leute des Regimes sind nicht mehr sicher. Sie sehen die Vorzeichen, ihnen ahnt, daß die Widerstände endlich alles mit sich reißen. Sabotage an der Produktion, offene Auflehnung, das Weglaufen von der Arbeit und vom Dienst, dazu der Mangel an Fachleuten und die Lohnforderungen, massenweise vorgebracht, im Hintergrunde die äußerste Drohung mit der Arbeitsniederlegung. So steht es, und die Leute des Regimes sind darüber keineswegs im dunkeln, weder ein einfacher Beamter noch die »da oben«. Jemand sagt: »Damals in München hätte er auf einmal alle Berichte bekommen sollen über die wirkliche Stimmung im Lande.« Unnütz, er kennt sie. Sein Selbstvertrauen hat Risse, wie sein Regime: die weltpolitischen Erfolge können sie nicht verdecken. Er kennt *eure* Macht, Arbeiter, er befürchtet von euch das Schlimmste, und er befürchtet es nur von euch.
Er kann sich Greuel erlauben, er wird gehegt und gepflegt. Auf eine Million zerstörter Existenzen kommt es nicht an. Verlorene Völker zählen für nichts. Und die Entsittlichung Europas, seine vernichtete Kultur für weniger als nichts, wenn großkapitalistische Herren einen Knecht brauchen, damit er den Sozialismus niederknüppelt. Aber dem Knecht entfällt der Knüppel: es liegt an euch, deutsche Arbeiter, ihr könnt es machen. Ihr werdet Hitler dermaßen lahmlegen, daß endlich auch Chamberlain es merkt. Dann hat er an dem Knecht kein Interesse

mehr, dann läßt er ihn fallen, und der Knecht wird wieder, was er vor seinem schwindelhaften Aufstieg gewesen ist, ein Niemand. Dafür werdet ihr Arbeiter sorgen.
Worauf es ankommt? Die ganze Welt muß schlagend vorgeführt bekommen, daß Hitler die deutschen Arbeiter und das deutsche Volk nicht besitzt und damit alles verloren hat. Seinen sogenannten Frieden und auch schon den Krieg, den er nicht wagen kann. *Die Völker* blicken auf euch, ihr seid die stärkste Arbeiterklasse der Welt. Allen anderen Völkern wird der Mut wachsen, gegen den angeschwollenen Faschismus aufzustehen, sobald ihr das weithin sichtbare Zeichen gebt. Auf euch wird gewartet, das Weltproletariat wartet, die Völker warten. Ihr selbst dürft nichts erwarten, außer von eurer eigenen Tapferkeit und Kraft. Seit München ist es euch endgültig bewußt geworden. Die Völker sind verraten, ihr zuerst, von den kapitalistischen Staatsmännern kommt die Hilfe nie: sie liegt bereit in euren Händen, in eurer Brust. Einer von euch hat die Entscheidung ausgesprochen. Sie heißt: *Gemeinschaftlich handeln! Gemeinschaftlich wollen wir uns die Freiheit erobern, nur die Freiheit sichert den Frieden.*
Deutsche Arbeiter, eure Verantwortung ist ernst, sie hat den ganzen blutigen Ernst des Lebens. Ihr seid darauf vorbereitet, daß dieses Regime sich mit Gewalt an seine Macht klammern wird. Das tut es von Anfang an, es besteht nur durch die Gewalt, der Mord ist ihm geläufig. Aber gerade wenn er seinen Untergang nahe fühlt, wird das Regime seine Mordgier vollends austoben und wird erst ganz der scheußliche Blutsäufer sein. Darüber täuscht ihr euch nicht. Der Widerstand, den ihr leistet, hat einen Sinn nur, wenn er durchgesetzt wird, bis zum Erfolg und Sieg: die kosten Blut. Der wirkliche Kampf beginnt erst mit dem Entschluß, sogar das Blut zu opfern.

Der Sieg ist nie anders zu haben als um den Preis des Blutes. Ihr Arbeiter seid klug, ausdauernd – und tapfer. Ihr seid gewiß, daß Kampf und Blut sich lohnen werden. Die Sklavenhalter mögen die technische Gewalt der Hölle gegen euch loslassen – Technik bleibt ohnmächtig gegen den Willen des Menschen, ihr seht es im Spanien der Volksfront. Ein Volk, das nicht besiegt werden will, kann nicht besiegt werden: das spricht der General der spanischen Republik. In euren Gedanken ist Spanien immer gegenwärtig. Zweieinhalb Jahre des Ansturmes gegen eine Volksrepublik, alle technische Gewalt der Hölle gegen sie losgelassen – die spanische Volksrepublik aber steht aufrecht, ihren Heimatboden behauptet sie kriegsgewohnt, unbesiegbar verteidigt sie ihre Freiheit. Das ist das bewunderte große Beispiel, wer möchte dahinter zurückbleiben? Es gibt nur Ergebung und verewigte Knechtschaft – oder dies Beispiel, das euer Gewissen packt und euren Mut begeistert. Und die Euren waren in Spanien dabei.

Die deutschen Spanienkämpfer der Internationalen Brigaden sind eure Auslese. Euer Fleisch und Blut, das ihr hingebt für keine fremde Sache: eure ist es, eure. Der Kampf mit der Waffe, ihr vergeßt niemals, daß ihr ihn längst begonnen habt, auf fremden Boden, aber mit eurem eigenen Fleisch und Blut. Viel davon ist hingegeben, noch mehr blieb erhalten. Diese deutschen Spanienkämpfer: da habt ihr die erprobte Sturmtruppe, die erschreckt vor keiner SS, die kennt den Feind, sie ist ihm begegnet und mit ihm fertig geworden. Von euren Spanienkämpfern habt ihr gelernt, daß alle technischen Gewalten, sogar die Fliegerbomben, unwirksam bleiben – legen nur Trümmer hin, können Kinder und Nichtkämpfer schimpflich ermorden. Die Soldaten der Freiheit werden nicht getroffen. Ihr Wille nicht, und meistens nicht einmal ihr Leib. Werdet doch auch ihr im Entscheidungskampfe eure Flugzeuge haben. Ihr wißt am besten, wo ihr selbst sie euch holt.

Ihr werdet Waffen haben, sobald es sein muß. Mit euch, und nicht mit eurem Feind, ist Deutschland. Mit euch, und nicht mit eurem Feind, wird die Überzahl der deutschen Bürger und Bauern sein. Ihr werdet zusammen die siegreiche deutsche Volksfront bilden. Die Leute des Feindes werden in Mengen zu euch übergehen. Gegen Deutschland, das sie haßt, geben sie den Kampf verloren – noch schneller, als man heute meint. Ihr habt Deutschland – und habt alsbald den Beistand des großen, mächtigen Sowjetlandes. Beschließt ihr, daß die Stunde gekommen ist, dann habt ihr nur Verbündete, aber Hitler findet keinen. Denn kein kapitalistischer Machthaber darf wagen, seine Heere von uniformierten Proletariern gegen euch zu schicken – noch weniger gegen euch und die Rote Armee der Sowjetunion. Ihr werdet in eurem Kampf getragen sein von den Hoffnungen aller Völker.

Ihr, deutsche Arbeiter, seid die größte Macht. Euch ist es gegeben, das deutsche Volk und die Völker der Welt in Bewegung zu setzen, sobald ihr selbst beschließt, den Kampf um eure Freiheit blutig ernst zu nehmen. Seht, wieviel schon das Beispiel des heldenhaften Spaniens ausrichtet, damit der Wille, frei zu sein, bei den Völkern nicht untergeht. Ihr aber seid die stärkste Arbeiterklasse, das Schicksal des Weltproletariats wird von euch entschieden werden, wie allen anderen bewußt ist und zuerst euch selbst. Ihr kennt eure Verantwortung. Die echte Verantwortung ist eine soldatische Tugend, und die deutschen Arbeiter haben gelernt, wie Soldaten zu empfinden. Das bürgerliche Wohlleben ist nicht ihr Ziel, der gefahrlose Gelderwerb reizt keinen klassenbewußten Arbeiter. Euer Antrieb, ihr Arbeiter, ist die Zucht, die Red-

lichkeit und der Besitz der Macht. Ihr sollt die Macht erobern, das ist vorbestimmt, es kann nicht ausbleiben. Ihr sollt die Macht erobern und in ihrem Besitz bleiben. Ihr Vorkämpfer des Friedens und des menschlichen Rechts, einer neuen, wahrhaften und starken Demokratie!
Das alles wißt ihr, sobald ihr in euch geht. Daher steht bei euch fest, wie ihr handeln sollt. *Vor dem Sieg kommt der Kampf!*

EINHEIT!

Die Einheit der Arbeiterklasse ist notwendig, damit Hitler stürzt. Sie ist die erste Bedingung, wenn der Kampf mit voller Kraft beginnen soll, und ihn zu gewinnen wird nur möglich durch die Einheit der Arbeiterklasse. Nur die geeinte Arbeiterklasse ist eine Macht. Geeint sammelt die Arbeiterklasse alle Deutschen gegen die faschistische Diktatur. Die Befreiung Deutschlands wird einzig verbürgt durch die Einheit seiner Arbeiterklasse.
Der deutsche Volksstaat der Zukunft wird hervorgehen aus der geeinten Arbeiterklasse. Geeint wird sie das Vorbild sein, das allen Werktätigen aller Schichten und Berufe den Volksstaat als erreichbar zeigt und alle für ihn reif macht.
Die Sendung der geeinten Arbeiterklasse ist unvergleichlich. Ihr sind auferlegt das Gesetz der Geschichte und die Verantwortung vor ihr. Sozialisten und Kommunisten müssen durchdrungen sein von ihrer Sendung. Wen hat euer Volk, um es zu retten, wenn nicht euch! Der Weg, den Hitler beschritten hat, endet sichtlich beim Untergang – nicht nur seines Reiches, sondern Deutschlands.
Die Massen der Deutschen stehen vor den Untaten dieses Mörders der Nationen und ihrer Nation mit Abscheu, Furcht, mit Regungen der Empörung. Der feste Halt fehlt ihnen bis jetzt, und dem offenen Kampf für ihre Befreiung blicken sie noch nicht ins Auge. Die große deutsche Arbeiterklasse, die mächtigste des Westens, sobald sie geeint ist, wird der innere Halt des gesamten Volkes sein. Es wird zum Kampf den Mut und Entschluß finden, wenn es die Arbeiterklasse geeint sieht.
Das Ziel ist das einfachste, es ist einfach menschlich. Es heißt: Rettung für alle. Es heißt: den Massen und jedem

einzelnen das Leben erhalten, der Nation ihren Bestand, der Zivilisation dies große Land. Das sind nicht Fragen der Partei. Das Ziel verpflichtet alle Parteien, weil es alle Parteien angeht, näher, dringlicher, furchtbarer angeht als jeder Unterschied der Parteien. Wen kümmert ein Mehr oder Weniger der Doktrin, wer denkt im Lande an Rivalität und Taktik – zu der Stunde, wo es um das Leben geht!

Die herrschende Stunde befiehlt, von Doktrinen abzusehen, sie fordert Höheres als den taktischen Wettbewerb von Parteien, die an sich selbst vergessen müssen, und sollen nur eins noch im Sinn haben, das Volk. Die Einheitspartei, sie allein wird die Partei des Volkes sein. Dies ist der Zeitpunkt, wo getrennte Arbeiterparteien aufgehört haben, verständlich und erträglich zu sein. Ihre Trennung ist kein bloßer Fehler mehr, er wird zur Schuld. Man hüte sich vor der Schuld und vor der folgenden Rechenschaft.

Der Unterzeichner dieser Mahnung ist ein im tiefsten bescheidener Mensch und mehr als je bereit, sich unterzuordnen. Gehorsam scheint ihm von selbst geboten und daher leicht, wenn ein großes Volk unseres Dienstes bedarf. Dies Volk braucht Freunde, die nichts anderes kennen wollen als nur ihr Volk. Volkesdienst geht über Parteiendienst. Dem Volk uneigennützig dienstbar, wird eine Partei am erfolgreichsten sein. Auch der Schriftsteller außerhalb der Parteien, dessen Ruf und Einfluß von einem internationalen Publikum begründet wird, tut das Beste, was er kann, wenn er sein Können dem Volk darbringt: der Einheit des Volkes, der Befreiung des Volkes.

Ein Uneigennütziger außerhalb der Parteien, aber zum Dienst am Volk bereit, bittet die Arbeiterparteien: Verwirklicht die Einheit der Arbeiterklasse! Verwirklicht sie ungesäumt!

EINIG GEGEN HITLER!

Die *große deutsche Arbeiterklasse*, die mächtigste des Westens, sobald sie geeint ist, wird der innere Halt des gesamten Volkes sein. Es wird zum Kampf den Mut und Entschluß finden, wenn es die Arbeiterklasse geeint sieht.
Dies ist vom Freiheitssender in das Land hineingesprochen worden, nicht nur einmal, sondern oft. Es ist gehört worden und hat beigetragen, die deutschen Arbeiter tatbereit zu machen. Das Leben selbst nötigt sie zu handeln. Die Forderungen des Lebens sind stumm und unabweisbar. Damit Handlungen folgen, müssen zuerst die rechten Worte gefunden werden. Das tun auch die Arbeiter. Sie sagen und bekräftigen einstimmig mit ihren Freunden: *Hitler muß weg!*
Aus einem Flugblatt der revolutionären Vertrauensleute der Berliner Metall-Großbetriebe: »Hitler muß weg, damit wir wieder ehrliche Arbeit bekommen. Hitler muß weg, damit wir Lohnerhöhung und Achtstundentag wiedergewinnen und behalten. Hitler muß weg, damit wir wieder über uns selbst und in unserer, von ihm geschändeten Hauptstadt demokratisch mitbestimmen können. Hitler muß weg, damit wir den Krieg verhindern, Freiheit, Recht und Frieden in unserem Land wieder aufrichten.«
Arbeiter, die sich revolutionär nennen, verlangen hier Punkt für Punkt:
  1. Fruchtbare Arbeit anstatt Rüstungen.
  2. Ausreichenden Lohn, keine Überspannung der Kräfte.
  3. Die Ernährung, die man braucht.
  4. Persönliche Freiheit. Die Rechte des Bürgers.

5. *Kein Unrecht mehr an anderen Völkern. Die Wiederherstellung ihrer Staaten.*
6. *Frieden, gegründet auf Freiheit und Recht.*

Punkt 1 war in jedem früheren Staat erfüllt. 2 war seit Bismarck einigermaßen verwirklicht. 3 galt allgemein für selbstverständlich. 4 ist bis zu diesem Regime selten bezweifelt, niemals angetastet worden. 5 kam früher nicht in Betracht, da nationale Staaten nicht von der Landkarte verschwanden. 6 hätte einst den Beifall jedes konservativen Staatsmannes gehabt.

In Wahrheit sind dies lauter Forderungen, die der Erhaltung dienen: Erhaltung der Menschen, Völker, Staaten, Erhaltung der Wirtschaft, Erhaltung der Rechte, die mit uns geboren werden. *Ohne das Recht, die Freiheit und den Frieden können wir sowenig bestehen wie ohne Brot. Wie weit muß es nun gekommen sein, wenn diese allereinfachsten, allermildesten Forderungen neu und kühn erscheinen. Was muß geschehen sein, daß man sich selbst revolutionär nennt, um nur zu sagen: »Wir wollen leben. Wir wollen als Menschen leben.«*

Sechs Jahre hindurch ist von Hitler gewütet worden, es ist zerstört worden leiblich, sittlich, Raubbau wurde getrieben am Menschen, an der Wirtschaft, an der Nation. Dann kommt der Tag, wo nur der kühnste Mut das Unheil noch aufhält. Revolutionär ist jetzt, wer dem Chaos widersteht und Ordnung schafft.

So sieht die deutsche Revolution aus. Sie ist, politisch wie sozial, bestimmt von der gegebenen Notwendigkeit, aufzurichten, wiederherzustellen. Dem Gebot folgen alle, gleich welcher Partei und welchen Glaubens. Ein »gemeinsames Flugblatt SPD und KPD Berlin« erklärt:

»Sechs Jahre haben wir am eigenen Leibe erfahren, wie es mit unserem Lebensrecht bestellt ist. Noch nie gab es eine so schrankenlose Ausbeutung der Arbeiter wie jetzt,

nie wurden die Handwerker und Kleinhändler rücksichtsloser enteignet, nie gab es für das Volk so viel Unrecht und Unfreiheit wie unter der Herrschaft der faschistischen Rüstungskapitalisten.«
Hier fällt auf, daß ein proletarisches Flugblatt unter dem verübten Unrecht die Enteignung nennt – sonst kein Gegenstand proletarischer Beschwerden. Aber die deutsche Revolution ist gedrängt, vieles zu verteidigen, auch das Eigentum, soweit es uns hilft, zu arbeiten und uns durchzubringen. Eine Hand wäscht die andere. Sind die *Arbeiter* am Wohlergehen des *Mittelstandes* beteiligt, dann dieser an ihrem. Besonders die Lebensmittel- und Kolonialwarenhändler haben für die Arbeiter höhere Löhne gefordert. Die Einheit der Klassen vollzieht sich vermittels ganz verständlicher Zwecke. Die einen brauchen die Kaufkraft der anderen. Diese bedürfen der sozialen Verbindungen. Sie wollen keine abgesonderte Klasse sein, der wie voreinst ein reaktionärer Mittelstand verfeindet ist aus bloßem Mangel an Voraussicht.
Wer nicht hören wollte, fühlt jetzt. Dem Händler, der sich über die Winterhilfe aufregt, hält einer vor: »So reden Sie. Sie haben doch selbst dazu beigetragen, daß es so wurde.« Hierauf der Geschäftsmann: »Das ist es ja, was mich ärgert. Wer konnte denn wissen, daß die so mit uns umspringen würden!« Wer konnte wissen, ist zuviel gesagt. Man konnte, und war nur verstockt. Gerade den gediegenen Kaufleuten und Handwerksmeistern hätte der unsolide Revuezauber der Nazis höchst verdächtig vorkommen müssen. Die Clowns, Stars und rassischen Schönheiten haben sich inzwischen zu Schreckensgestalten herausgemacht, da sagt die weitläufige, aber schwache *Mittelklasse:* Das soll uns nicht nochmal passieren, und *sie verständigt sich mit den Arbeitern.*
Die Arbeiter sind in Deutschland die Stärksten. Die na-

türliche Anziehung der Kraft wirkt vor allem auf die Enttäuschten, Betrogenen; von dort beziehen sie den ersten Mut ihres Widerstandes. Die Steuerbelastung jedes Handwerkers beträgt heute nicht weniger als 25 Prozent seines Einkommens. Daher geht die Zahl der Handwerksbetriebe fortwährend zurück, in den vorigen zwei Jahren um 104 000, das macht täglich 142 zugrunde gegangene Meister. Den Machthabern genügt es nicht. Noch eine halbe Million »unrentabler Einmann-Betriebe« sollen stillgelegt werden, die selbständigen Handwerker sollen in die Fabriken gehen und Kriegsgerät machen, wie jeder andere Prolet. Außer der Gesinnung der Proleten, die von selbst kommt, verleiht man ihnen auch noch seine Lebensform. Das heißt die Einigkeit herstellen zwischen Teilen der Bevölkerung, die sonst geschieden waren. Jetzt kennen sie einander.

Die Versammlungen der Innungen sind stürmisch geworden. Ob Fleischermeister, Bäcker, Maler, Optiker, regelmäßig wird ihnen mit dem Konzentrationslager gedroht. Regelmäßig fallen Worte dieser Art: *»Wie lange soll der Schwindel noch dauern? Die braunen Bonzen richten uns noch alle zugrunde.«* Die Leipziger Schlosser haben die Wiedereinführung der Kassenkontrolle verlangt, was der herrschenden Partei nicht gefallen kann. Wozu gibt es Kassen, wenn sie nachgezählt werden. Die Berliner Bäcker haben den Referenten der großmächtigen Partei ins Gesicht gerufen: »Wir brauchen kein Führerprinzip.« Das ist Lästerung, damit vollzieht man den Abfall vom Heiligsten. Das Lager bleibt dennoch zumeist eine Drohung, so weit wären wir. Einmal erschrickt selbst der Terror, und vernehmlich wird das *schlechte Gewissen der Mächtigen*. Da stehen sie als Angeklagte vor Menschen, die sie arm gemacht haben, führen selbst das ausschweifende Leben, das jeder sieht.

Auf der letzten Zentraltagung der deutschen Papierwaren-Einzelhändler ist es geschehen, daß *freie Aussprache* verlangt und das politische Referat der Naziführung abgesetzt wurde – mit allen Stimmen, auch den 250 der nationalen Funktionäre, die zugegen waren. So weit wären wir. Das schlechte Gewissen übertönt das Lärmen der Partei. Der Zorn der Gequälten, die ihren geringen Besitz verlieren sollen, mißt sich nachgerade an dem Haß der Verfolgten, die in den Fabriken um ihr Leben kämpfen.

Der *Kampf der Arbeiter aber und ihre vollzogene Einigung* sind die Voraussetzung für alles andere. Sie erlassen nicht nur Aufrufe ohne Rücksicht auf Unterschiede der Partei – die sind hinfällig geworden durch die unerhörte Dringlichkeit des Kampfes. Sie handeln schon längst gemeinsam, der Verabredung bedarf es kaum. So erreichen sie die Wiederabschaffung von Überstunden und die Erhöhung der Stundenlöhne. Die Bergarbeiter sagen: »Für Franco haben sie Geld, für uns nicht.« Alle verlangsamen die Arbeit, um die Rüstungen aufzuhalten und den Krieg zu verhindern.

Das sind, ob man es wissen will oder nicht, Maßnahmen der *deutschen Opposition*. Sie ist da, ist organisiert, ist in beträchtlichem Umfang verabredet für dasselbe Ziel, das heißt: *Hitler weg!* Die deutsche Opposition nicht anzuerkennen wäre kindisch. Unausgesetzt und schon längst nicht mehr heimlich, sondern vor den Augen des Landes – und der Welt, wenn sie Augen hätte, beweist die *deutsche Opposition* ihr Dasein. Sie diktiert ihren Willen, und nicht mehr nur Hitler den seinen. Sie tut es, wo sie am stärksten ist, im Reich der Arbeit. Aber den Befehl über die Arbeit einmal in Frage gestellt, ist sogleich die herrschende Macht und ihre Politik erschüttert. Ihre Politik ist der Krieg oder wäre es, wenn sie könnte.

Sie schiebt ihn hinaus, unter Drohreden, die frecher und leerer werden.
Warte nur ab. Wahrhaftig, mit ruhigen Worten darf die Welt abwarten, ob eine Macht, die ihr erstaunlicherweise noch immer für unumschränkt gilt, ihren verlorenen Krieg endlich wagt. *Verloren* wäre er in jedem Fall, mit einem Volk, das nicht kämpfen will, nicht für diese Macht; es hat sie zum Bersten satt. Bleibt der Krieg aus und entledigt Deutschland sich Hitlers, *ohne* daß die ganze Erde dafür bluten und zahlen muß, dann wird der *deutschen Opposition* zuletzt wohl doch gedacht werden. Sie wird unter dem Druck des grauenhaften Regimentes beides erwiesen haben, *Mut* und *Geduld*. Ungeschwächt erträgt sie die Hinrichtungen. Sie erstarkt, wenn die Lager nicht mehr das Proletariat allein, sondern schon in gleichem Maße den Mittelstand aufnehmen. Der Hunger sogar und die unterernährten Leiber zeitigen den durchaus politischen Erfolg, daß mehr geruht und weniger produziert wird. Die Waffen können warten, und wer sie dann gebraucht, gegen seinen wirklichen Feind gebraucht, muß ausgeruht sein.
Die *Berliner Siemens-Werke*, eine der größten Rüstungsfabriken, sind der Schauplatz von Lohnbewegungen gewesen. Die trat gerade damals ein, weil der *Deutsche Freiheitssender* auf Kurzwelle 29,8 sie vorbereitet hatte. Neun Abende hintereinander hatte er die Siemensarbeiter belehrt über die besten Methoden des Kampfes und über den schändlichen Feind, die Riesengehälter, die Prunkbauten all dieser Klassenfürsten, die sich Werkführer nennen und wollen damit alle Klassengegensätze abgeschafft haben. Die nationalsozialistischen Arbeiter fielen aus den Wolken. Nach dem Grundsatz des Regimes währen die dicksten Lügen am längsten. Hier verendete eine und ist nicht wieder zu beleben.

Fälle wie dieser gehen voraus, dann schreitet man zur Politik schlechthin und versichert einem Mächtigen so deutlich, wie er es nur wünschen kann: »Von eurem Großdeutschland haben wir genug.« Großdeutschland ist nur das ihre, nicht unseres. Wir geben es billig. Wir sind für Freiheit, hier und überall. Die Staaten, die sie vernichtet haben, und alle ihre anderen Verwüstungen, wir stellen sie wieder her. Dafür sind wir Revolutionäre und rufen zu Tausenden, anstatt ihr betrügerisches Geschwätz anzuhören: »*Mehr Freiheit! Nieder mit Hitler!*« Die deutsche Opposition, die deutsche Revolution, man könnte erkennen, daß sie mutig, zielbewußt und daß sie von edler Art ist. An ihr haben teil der Wille zu leben und die Stimme des Gewissens, dies bei allen Ständen ohne Ausnahme. Da sind die Bauern. Da ist das Militär.

Der *Reichsnährstand*, das Wort klingt mächtig nach der Scholle und nach dem Schweiß des Angesichts. Falsch geraten. Wo Nazis einem Ding einen Namen geben, paßt keiner. Der Reichsnährstand ist eine Organisation von nicht weniger als 28 000 Nazibonzen, die haben noch keinen Pflug geführt, aber wo sie hintreten, wächst nichts mehr. Ihnen ist es gelungen, die deutsche Bauernschaft an den Bettelstab zu bringen. Die kleinen Bauern ernähren mit ihrer Wirtschaft nicht einmal mehr die eigene Familie; sie ernähren den Reichsnährstand. Der Reichsnährstand paßt auf, daß die Bauern ihr Vieh weder füttern noch schlachten. Sie haben »Marktverbot«, sie dürfen *nicht* frei verkaufen. Die Weinbauern dürfen zu Hause nicht keltern. Alle müssen abliefern, Fleisch, Wein, Butter, und sind ihnen für den Liter Milch 13 Pfennig versprochen, dann sollen sie noch froh sein, daß sie 11 kriegen. Wenn die Mütter der Säuglinge das Doppelte bezahlen können, werden die Säuglinge viel-

leicht am Leben bleiben. Der Reichsnährstand bleibt am Leben.
Die Maul- und Klauenseuche kam vom amtlichen Ersatzfutter, der Steuerstreik der Bauern von der amtlichen Korruption. Ihre Nebeneinnahmen beziehen die Reichsnährstands-Bonzen als Zwangsverwalter bei Erbhofbauern. Das kommt, weil die Erbhofbauern nicht nur ihre deutsch-stämmigen Ahnen bis Adam nachgewiesen haben, sondern sie erklärten auch: Brotgetreide oder Vieh, nur eins von beiden geht. Mit dem einen müssen wir das andere füttern. Vor Hitler hatten wir Futtermittel. Demgemäß bekommen sie keine Futtermittel, aber Zwangsverwalter. Was ein geborener Staat ist, weiß Mittel für alles.
Ein Staat, wie er jetzt und hier verstanden wird, holt die Bauern aus den Betten, damit sie *zwangsweise* seine Versammlungen beehren. Dieser Staat und ein referierender Gutsbesitzer fordern die versammelten Bauern auf, noch mehr als bisher zum Führer Adolf Hitler zu stehen – als ob es vernünftigerweise einen Staat etwas anginge, zu wem man steht. Zu ihm? Dann hat er zu dienen. Er hat zu tun, was er kann, und das ist nicht viel, damit man ihm seine Existenz verzeiht. Es handelt sich nicht um ihn, sondern um die Bürger; um jeden Bauern, aber um keinen Reichsnährstand. Es wird vorgesorgt werden müssen, daß der geborene Herr Staat sich das künftig merkt.
Die einfachen, uralten Verhältnisse der bäuerlichen Wirtschaft erlauben noch besser als Handel und Industrie, das schädliche Treiben dieses Staates zu durchschauen. Er hat es einzig auf sich selbst abgesehen, auf eine Handvoll von Schmarotzern, obwohl sie bisher 28 000 betragen. Mit seinen *Erbhofbauern*, mit seinen *Zwangsverwaltungen*, *Zwangsversammlungen*, erzwun-

genen Ablieferungen maßt er sich einen betrügerischen Sozialismus an. Obwohl dieser Staat nicht reiten kann, sitzt er auf zwei Gäulen, der eine zieht rechts, der andere links, und zuletzt taucht unfehlbar die *Gestapo* auf. Weder kollektive Bewirtschaftung noch die freie einzelne. Der Zwang, der Staat als Lügner und als Bandit. Keine Maßnahme, die nicht darauf ausginge, Unfruchtbare zu bereichern, die Arbeit vergeblich und überdies strafbar zu machen.

Weit über eine Million Hektar Anbaufläche sind der deutschen Landwirtschaft entzogen worden, und Festungsanlagen, Militärflugplätze, strategische Straßen sind dafür hingebaut. Das heißt dann »Volk ohne Raum«. 150 Jahre sind es, da hat die erste französische Republik ihren Bauern den Raum gegeben, sie zog die allzu großen Güter ein. Davon und dessentwegen besteht die dritte Republik. *Der Staat Hitler hat dem Volk den Raum unter den Füßen weggezogen. Daraufhin belästigt er die ganze Welt mit seinem »Volk ohne Raum«.*

Die Bauern wissen Bescheid, so gut wie die Arbeiter. Erfahrung bedarf der Propaganda nicht, die Verständigung der Bedrängten geschieht unhörbar. Ihr »Verständigungsdienst« fängt jede »Blitzkontrolle« ab. Dieser Staat hat es immer mit dem Blitz, Blitzkrieg, Blitzkontrolle. Es scheint nur, daß er überall abblitzen soll. Die Bauern hassen ihn wie die Arbeiter, wenn möglich mehr als die Arbeiter. Sie verteidigen das alte Stück Boden, das alte Schindeldach, die Kirche, die vor Alter im Boden versinkt. Bedenkt man die vielen Jahrhunderte hinter ihnen, sind sie recht aufgeweckt und helfen sich, ohne Scheu vor den äußersten Mitteln. Es ist nicht rätlich für einen Dorfschulzen, ein vierundzwanzigjähriger SS-Mann zu sein und über die Erlasse des Reichsnährstandes nicht mit sich reden zu lassen. Man kommt dann leicht ins Krankenhaus.

Wer die Bauern gegen eine nie gekannte »marxistische Luderwirtschaft« aufbringen möchte, erntet Hohn. Zur Debatte steht die wirklich vorhandene Wirtschaft, die weder marxistisch noch sonst was, nur verludert ist. In der Zwangsversammlung fällt die ungezwungene Frage, warum die sogenannten Bauernführer, lies Bonzen, bis 1200 Mark im Monat beziehen. Wie viele Bauern müssen wie lange rackern, damit das abfällt? Antwort des Bonzen: »Den Nationalsozialismus wird euch die Gestapo beibringen.« Sie aber haben ihnen kein Geld zu vergraben wie einst im Dreißigjährigen Krieg. Alles andere machen sie wie je in den gesetzlosen Zeiten: widerstehen, sich durchbringen trotz dem grausamen Feind.

Ein Unterschied: abergläubisch sind sie nicht mehr. Niemand spielt ihnen einen »jüdischen Schweinemord« vor. Ihre Schweine sterben aus. Kein Rätsel, wieso. Ein anderer Unterschied gegen früher: die Bauern schreiben jetzt. Sie benutzen aufgeweckt die Kopfbogen des nationalsozialistischen Gaudienstes, um im Abzugsverfahren mitzuteilen: »*Des Bauern Not ist des Volkes Tod.*« Hier ist alles beisammen: der Bauer als Verfasser von »Hetzschriften«, wie die aufgeregte Staatspolizei die einfachsten Wahrheiten gleich betitelt. Der Bauer auf seinem Acker allein und sichtbar bis an den Horizont, aber die »geheime« Staatspolizei sucht ihn umsonst. Er – hat die Geheime entdeckt. Schließlich: *der Bauer mit dem Volk.* Das ist das Neue, Wesentliche. Für den Bauern endet hiermit seine Einsamkeit.

Da er darbt, geht ihn der Hunger der andern an. Seit er sich geopfert weiß, zählt er die anderen Opfer. Wer verlassen und in der Hand des Feindes ist, ruft die Schicksalsgenossen an. Er hört auf, der abgeschlossene Stand zu sein, im Besitz der Nahrung, die alle anderen nur für seinen Preis bekamen. Die Bauern lernen jetzt den sozialen

Sinn ihres alten Marktrechts. Sie fordern den richtigen Preis für ihre Erzeugnisse, die Arbeiter für die ihren den gerechten Lohn. Das sagt dasselbe: wir wollen leben. Besitzlos oder nicht, wir haben begriffen, daß nicht allein das Brot uns allen nötig ist. Jeder kann nur bestehen, wenn alle anderen frei sind. *Mehr Freiheit! Nieder mit Hitler!* Der älteste Stand, die verkörperte Überlieferung, denkt genau das, was in »Rheinmetall« die Arbeiter wirklich ausgerufen haben. Das entscheidet.

Eine antifaschistische Gruppe schreibt: *»Es gibt etwas, das kein Hitler überwinden kann, das ist der starke Arm der Arbeiterklasse. Wie ein Magnet zieht sie alles, was sich nicht länger ducken und knechten, was sich nicht länger schänden und morden lassen will, in ihren Bann.«* Das ist in dem Grade wahr, daß nur die vollzogene Einigung der Arbeiter, ihre Abstimmungen ergeben achtzig Prozent für die meisten Kampfhandlungen, alles übrige nach sich zieht. Die Mittelklassen wären sonst nicht dermaßen aufgelockert, die Bauern nicht belehrt und entschlossen, sie alle haben vor den Arbeitern diese ungewöhnliche Achtung. Man wird beschämt von einem Mut, den man allein nicht aufbrächte, und man wird hingezogen.

Der gegenwärtige Zustand im ganzen ergibt, daß Deutschland, seine gesamten arbeitenden Massen *gegen* Hitler sind. Der Zustand ergibt nur dies, aber es ist viel, es ist die praktische Tatsache, die schon anfängt, in eine politische überzugehen. Die *Opposition* hat einen Zusammenhang, der moralisch ist, und er könnte *politisch* werden. Sie hat eine moralische Leitung, die politische könnte auftreten. Bleiben wir bei der Wahrheit und Wirklichkeit. Das alles wäre vergebens, auf lange hinaus führt es zu nichts, außer, die Massen der Nation stellen in ihren Plan der Einigkeit das nationale Heer.

Das nationale Heer besteht aus den Söhnen der Nation,

die Offiziere sind einbegriffen. *Die Frage auf Tod und Leben ist, ob Volk und Heer einig sein können, und gerade das sollte niemals in Frage stehen.* Dagegen spricht denn auch nur ein Vorurteil des gealterten Luther, daß ein Soldat wohl in das Reich der Seligen gelangen könne; aber er dürfe nicht mit den Aufständischen gegen den Fürsten gekämpft haben. Für den Fürsten, da kann er gebrandschatzt und getötet haben, wieviel er will. Was ein überlebtes Vorurteil ist, und wenn es früher nicht gestimmt hat, dann heute noch weniger. Wo wäre, zuerst einmal, der Fürst. Man sieht nur Gestalten, die selber Gesetzesbrecher sind, ganz ohne göttliches oder menschliches Recht, und wer sie niederschlüge, stellt die natürliche Ordnung her.

Allen Anzeichen zufolge weiß das nationale Heer um den Tatbestand. Es macht nicht den Eindruck, als habe es große Lust, der herrschenden Macht ihren Krieg zu gewinnen – gesetzt, er wäre zu gewinnen. Ihr Krieg ist nicht umsonst so lange verschoben worden. Wagt man ihn dennoch, müssen zuerst beide betrogen werden, das Volk und das Heer. Wenn der letzte Betrug noch gelänge, um so schlimmer für Heer und Volk, die zusammen Deutschland sind. Nun empfinden alle, natürlich auch das Heer, die äußerste Bedrohung des deutschen Bestandes durch *dieses* Regime. Alle Anzeichen beiseite. Man kennt ihrer genug, nur nicht die schwersten, die betreffen gerade die Offiziere. Aber sogar ohne jedes Zeugnis der Unlust im Heer stände fest, daß im Grunde und auf die Dauer nicht das verhaßte Regime ein nationales Heer hat. Die Nation hat es.

Damit ist von vornherein zu rechnen und darauf unbeirrt hinzuarbeiten. Die innere Wahrheit siegt nach allem Ermessen über den äußeren Schein, nenne man ihn Disziplin, nenne man ihn die unerhörte Überlegenheit der

Bewaffnung. Wäre wirklich gegen die modernen Waffen nichts anzufangen, dann hätte der schlechteste Machthaber sich allerdings für tausend Jahre versichert. Den Aberwitz glaubt nicht einmal er. Seine Waffen erledigen sich selbst. Keine internationale Krise, die nicht von *»Säuberungen« im deutschen Offizierskorps* begleitet wäre. Wie lange kann man säubern, und was bliebe zuletzt übrig, von den militärischen Fähigkeiten der Gesäuberten, von ihrem guten Willen, ihrer Disziplin? Nur wer gar kein Recht hat zu herrschen, herrscht seine Generale an: »Scheitel! Reinkommen!« Und nur Personen namens Scheitel erscheinen dann, schlotternd an allen Gliedern vor dem windigen Selbstherrscher. Mit denen, die schlottern, bleibt er es nicht. Die zu ihm reinkommen, sind das nationale Heer beileibe nicht.

Die Berufsmilitärs sollen ausdrücklich erfahren, was meistens ihr Gefühl ihnen bestätigt, daß die Nation sie zu den Ihren zählt. Eine Macht, die alle erniedrigt, verhaßt macht und in den Abgrund führt, Deutschland, sein Volk und Heer – die Macht soll mit dem Willen der Berufsmilitärs gestürzt werden. Ginge es auch anders, ihr guter Wille ist dennoch erwünscht im Hinblick auf später. Man sieht, wie vieles hier am Rande steht, nicht weniger als die oft berufene Frage: Was kommt nach Hitler? Fraglos ist eines: das Heer bleibt wirklich, nationale Offiziere haben nichts zu befürchten, nur zu *gewinnen*. Es wird nicht länger beschämend sein, die Waffen zu führen, wenn man sie nicht mehr gegen die nationalen Massen, nicht gegen wehrlos überfallene Völker, nicht gegen das eigene Gewissen führt. Der Posten, ihr Herren, ist sicherer, zu dienen als ein Soldat der Freiheit und des Friedens, die wahrhaftig ohne euch nicht auskommen werden.

Sicher und ehrenhaft dient jeder von uns dem Volk, das

unter großen Prüfungen lernt, sich selbst zu beherrschen. Beendet sind weder die Prüfungen noch die Lehre, werden es übrigens niemals sein. Ein Volk, wie jeder einzelne, erfüllt nur mit steter Wachsamkeit und Festigkeit das Gesetz des Menschen, das *Freiheit* heißt. Das hohe und ewige Zeichen der Freiheit ist in diesem Deutschland von allen erwählt worden, nicht, um zu vernichten, was wäre noch zu vernichten. Nicht, um anderen Rechte zu nehmen, welche hätten sie noch. Das berechtigte Eigentum der meisten ist in dem Grade fragwürdig geworden, daß Revolutionäre es ihnen zurückgeben wollen. Aufrichten, wiederherstellen, dafür ist man jetzt revolutionär. Deutschland, *alle, Arbeiter, Mittelstand, Bauern und Soldaten einig gegen Hitler, das gibt die beste Aussicht, jeden, der es verdient, zu erhalten, da es die einzige gibt, alle zu befreien.*

DIE GEBURTSTAGSREDE

Ein Mensch, der sich immerfort »Führer« betitelt, obwohl niemand von ihm geführt sein will, am wenigsten die deutsche Nation, denn die kennt ihn nachgerade: der Mensch hat wieder einmal zweieinhalb Stunden geredet. Seine eigne Geburtstagsrede, zweieinhalb Stunden, damit, glaubt er, sei etwas geschehen.
Gar nichts ist geschehen. Nach seiner Rede, wie vor seiner Rede, hat Großbritannien die allgemeine Wehrpflicht beschlossen. Nach wie vor besitzt Frankreich die älteste, geschulteste aller Armeen; die Sowjetunion stellt allein mehr Soldaten, mehr Flugzeuge als Deutschland mit seinen fragwürdigen Verbündeten; und die reichste Macht der Welt, die Vereinigten Staaten von Amerika, sind gewillt, gegen den Angreifer zu kämpfen.
Der Angreifer ist Deutschland, das Deutschland des falschen Führers Hitler, der es in Krieg und Verderben führt, während er zur Feier seines Geburtstages zweieinhalb Stunden vom Papier abliest und niemand ihm glaubt. Lügen hat er abgelesen. Sie sind ihm geläufig, er hätte sie nicht ablesen müssen, das geschriebene Konzept verrät seine Unsicherheit. Er hält sich schadlos an seinen eitlen Selbsttäuschungen, an seinem Hohn auf den ehrlichen Roosevelt. Er hat, wie in seinen lumpigen Anfängen, nur die Dreistigkeit eines Versammlungsredners, der die Zuhörer betrügen will. Das ist er geblieben. Aber die Zuhörer sind nicht dieselben geblieben, sie lassen sich nicht länger betrügen.
Vor der Rede war man überall versichert und sagte es: sie wird nichts bedeuten. Nun man sie kennt, hat sie wenigstens den einen Sinn: um den Redner muß es traurig stehen, umsonst entblößt er sich nicht. Er kann nicht

mehr verblüffen, nicht mehr erpressen, die unbestraften Überfälle sind ihm abgeschnitten. Er findet keine vereinzelten, hilflosen Opfer mehr. Er müßte gegen eine Koalition von Großmächten seinen Krieg entfesseln und müßte ihn an mindestens zwei Fronten führen. Das ist seine Lage. Er fängt an, sie zu begreifen.

Deutsche! Ihr habt früher als er begriffen, wohin er euch führt. Ihr seid gezwungen worden, seine belanglose, aber elende und schändliche Rede anzuhören. So weit reicht seine Macht, er darf euch in die Ohren brüllen. Indessen seid ihr auf seine Lautsprecher nicht angewiesen: ihr hört andere Stimmen, zuverlässige und vernünftige Stimmen. Ihr hört vor allem die Stimme eures Gewissens. Euer Wille zu leben unterrichtet euch am besten, euer Wille, frei und ehrenhaft zu leben. Eure Liebe für euer Land sagt euch von selbst, was wahr und was unwahr ist. Denkt daran, daß in seiner Rede von euch und Deutschland überhaupt keine Rede ist!

Auch über die Sowjetunion fällt kein Wort, nichts in zweieinhalb Stunden von der Rettung der Zivilisation vor dem Bolschewismus. Welcher Retter hat es da mit der Angst bekommen? Und die Schmeicheleien – für England, dem er den Flottenvertrag kündigt, von dem er die gutwillige Hergabe der Kolonien verlangt. Er findet es nötig, den polnischen Nichtangriffspakt zu kündigen, als ob er ihn sonst gehalten hätte. Der falsche Führer nennt sich und seine reichlich mitgenommenen Verbündeten die stärksten Mächte der Welt, Beweis: sie haben Albanien und Memel gekappt. Aber kein Kleinstaat fühlt sich von ihm bedroht, Beweis: aus Angst geben sie es ihm schriftlich.

Der falsche Führer Deutschlands erwärmt sich für sämtliche Länder der Erde; nur das eine, das er behüten sollte mehr als sich, läßt ihn kalt. Er hat es mit seinen Welteroberungen zu tun, seine Welterfolge stehen auf dem Spiel. Sein Name ist in der Welt genannt bis zum Erbrechen, er selbst immer vorneweg, und nur seine Macht – seine dick aufgetragene Macht, etwas anderes kennt er nicht, etwas anderes rührt ihn nicht. Euch, ihr Deutschen, verachtet er in dem Maß, daß ihr bei ihm in zweieinhalb Stunden gar nicht vorkommt. Sein Geburtstag ist, und er pflanzt sich vor euch hin mit seinem läppischen Größenwahn, mit seiner Angst, es könnte ihm fehlschlagen, mit seinem Lug und Trug. Ihr seid für ihn nicht da.

So einer will reden statt eurer und euch vertreten vor der Menschheit. So etwas faselt von Staaten, die »vom Volk regiert« werden, und meint damit wen? Seinen Staat – und euch. Lacht oder weint, Deutsche! Das hat dieser Mensch gesagt. Ebenso betrügerisch quatscht er von Plutokratien, als wäre sein Reich keine Plutokratie. Eine Kleptokratie ist es unter ihm geworden, eine Diebshöhle und Mördergrube.

Habt ihr Lust, seinen wütenden Wahnsinn noch lange über euch ergehen zu lassen, seine Taten, seine Reden? Ein Mensch, der nie etwas anderes verübt hat als die feige Gewalt gegen Schwächere, darf euch zwingen anzuhören, daß er niemals fremde Rechte verletzt hat? Das, nach seinen gemeinen Verbrechen gegen Österreich, die Tschechoslowakei und wen noch. Der Angreifer, auf den die Welt mit Fingern zeigt, fragt Roosevelt, warum es keine Angst vor dem Krieg geben soll. Die habe es immer gegeben.

Nein. Die entsetzliche, erbitterte, menschenunwürdige Angst, in der nur dieser Mensch die Völker der Erde und zuerst, Deutsche, euch erhält – die hat es nicht immer gegeben. Die war unbekannt in einer Welt, wo das Wort galt, wo Versprechungen gehalten wurden, Verträge noch Verträge waren. Euer Deutschland hatte einst seine

Ehre, damals kannte es die entehrende Angst nicht. Als in eurem Deutschland an die Vorsehung geglaubt wurde, ihr christlichen Deutschen, da nahm kein Lügner die Vorsehung in den Mund, als hätte sie gerade mit ihm gute Geschäfte gemacht. Er hat alle betrogen, auch »die Vorsehung persönlich«: das steht wahrhaftig in seiner Rede. Euch betrügt er nicht, betrügt keinen mehr, die Vorsehung aber kennt das Ende.

Er muß fort. Ihr wißt genau, daß es mit ihm genug ist. Genug und übergenug hat er euer Land dem Haß und der Verachtung ausgesetzt. Was ihm übrigbliebe, ist einzig und allein der Krieg — euer Untergang und der Untergang Deutschlands, wie jeder sieht, wie seine eigenen Heerführer sehen. Ertragt ihn nicht länger! Macht mit ihm Schluß, bevor die furchtbarste Niederlage nicht ihn allein beseitigt: euer Ende wäre sie, das Ende Deutschlands wäre sie.

Er hat gewagt — wenn ein verantwortungsloser Mensch wagen könnte, was er nicht besitzt, dann hat er gewagt zu sagen: »sein« Deutschland sei nicht zu vergleichen mit dem Deutschland von 1919. Vergleicht aber selbst, wenn er es nicht kann! 1919 konnte Deutschland haben, in allem Elend seiner Niederlage konnte es noch haben, was ihm heute verboten ist: die Freiheit. Es konnte bewahren und benutzen, was es, einzig und allein durch die Schuld eines falschen Führers, nicht mehr haben soll: den Frieden. Es konnte sich selbst haben. Bleibt dieser Mensch, ist Deutschland verloren.

Beseitigt den falschen Führer! Kämpft ihn nieder! Erhebt euch!

WEHRT EUCH!

Die menschliche Persönlichkeit wird stark beeinflußt von der herrschenden Stimmung und dem allgemeinen Zustand der zivilisierten Welt. Unsere Väter hielten den sittlichen Fortschritt der Menschheit auf absehbare Zeit für gesichert; niemals hätten sie sich dazu hergegeben, in solcher Unsicherheit zu leben wie wir.

Die Furcht wird nicht von selber ganze Geschlechter überwältigen. Ist die Furcht allgemein und allmächtig, dann kann sie nur künstlich hervorgebracht sein. Sie ist der Masse Mensch aufgedrängt worden von Betrügern, deren eigene Mittel nicht ausreichen, um zu herrschen. Nein! Die faschistischen Diktatoren haben niemals aus eigener Kraft geherrscht. Nur die Schwäche anderer hat ihnen die Macht eingeräumt und erhält sie an der Macht.

Sie selbst haben einfach nur die Furcht unterhalten; sie ist die eigentliche Grundlage ihres Regimes: die Furcht vor dem Bolschewismus, die Furcht vor dem Krieg, die Furcht, freie, verantwortliche Menschen zu sein, die Furcht der Menschen, ihren gesunden Menschenverstand zu gebrauchen.

Offenbar ist es leichter, einer Mystik zu gehorchen oder gleich mehreren Mystiken, wobei jede der anderen widerspricht; denn die Mystik der Rasse steht im Gegensatz zu der Mystik des Lebensraumes. Beiden gemein ist nur die Widervernunft. Alle beide wenden sich an die Furcht armer, im Weltall verlorener Wesen, die nichts mehr begreifen. Schreckenerfüllt erwarten sie eine Katastrophe, ihnen erscheint sie elementar, der menschliche Wille vermag dagegen nichts. Wohlgemerkt, auch die Diktatoren hüten sich, für den Krieg die Verantwortung

zu übernehmen. Sie reden von unausweichlichen Gesetzen. Sie haben die Völker in der Gewalt vermittels einer menschenfeindlichen Mystik und dank der Furcht vor dem Jahrtausend.
Das Verhängnis schwebt über unseren Köpfen, genau wie es die Menschen des Jahres tausend bedrohte. Auch sie erwarteten in Krämpfen von Furcht, mit herabgesetzter Lebenskraft, aber unter Ausschweifungen und Verbrechen das Ende der Welt, das übrigens nicht eintrat.
Was macht die Furcht aus dem Menschen? Was hat ein nationalsozialistisches Regime der Drohungen und der Furcht aus Deutschland gemacht?
Da sind zuerst die Toten des Regimes, schätzungsweise zwanzigtausend, die einzeln getötet worden sind, ohne daß jemals ein Aufstand zu unterdrücken gewesen wäre, und erst recht kein Bürgerkrieg. Die Selbstmorde sind noch viel zahlreicher, 125 000 in fünf Jahren, der höchste Prozentsatz unter allen Ländern. Dazu und zu den Hinrichtungen, Morden, Pogromen nehme man die Emigration, mehrere hunderttausend Wesen, meist von allem entblößt, und ihre Regierung entledigt sich ihrer nach anderen Ländern. Mit welchem Recht? Antwort ist nie erfolgt. Indessen geht es nicht um Emigranten und Tote; das Schicksal der Nation steht in Frage.
Ausnahmen sind die Nutznießer des Regimes und seine bewaffneten Banden, die allerdings zahlreich sind. Aus den Bürgern hat es Sträflinge gemacht. Sie arbeiten, marschieren und singen strafweise. Die jungen Mädchen in den Arbeitslagern bekommen Kinder und sehen sie Hungers sterben. Sieben Millionen Arbeitslose, die in den Kriegsindustrien versteckt sind, wären nicht mehr sieben, sondern zwanzig, an dem Tage, wo anstatt Rüstungen etwas Nützlicheres produziert werden sollte.
Die Wirtschaft des Staates dient den zwölfhundert Mil-

lionären, mit dem kleinen Eigentum wird aufgeräumt. Bauern, die von ihrer Scholle verjagt sind, kleine Kaufleute, die hinter der vorgeschriebenen Umsatzziffer zurückgeblieben sind, und die staatlich nicht anerkannten Intellektuellen; alle kommen in die Fabriken, wo nichts fabriziert wird, nichts außer Werkzeugen der Zerstörung. Unter dem Terror schuftet man und verzehrt in der Verzweiflung einen Nahrungsersatz. Man sabotiert. Die Aufseher mußten mit Maschinenpistolen bewaffnet werden. Macht nichts, dem Beton wird Zement zugesetzt und wer es gekonnt hat, ist stolz.
Die verdrängte Freiheit der Person rächt ihre Schmach, wie sie kann. Die Gewissensfreiheit ersteht ewig neu von jeder Bedrängnis. Als erste haben die Gläubigen sich widersetzt. Das individuelle Denken, Quell aller Erkenntnis und Erhebung, befindet sich unter den Verbrechen gegen den Staat ganz vorne; die Intellektuellen zögern und wagen sich nicht heraus. Der Unterdrücker nennt sie die Ausschußware der Nation. Jedenfalls hatten sie ihm Zeit gelassen, die Nation sittlich zu verwüsten.
Mit dem ganzen Aufgebot von Mystik hat der Unterdrücker nichts erreicht und geschaffen als das allgemeine Elend, das körperliche, das seelische. Nun tritt der Fall ein, daß er der Rassenlehre, die nicht mehr zu gebrauchen ist, den Rücken kehrt und dafür die Lehre vom Lebensraum annimmt. Was soll man sagen zu solchen auswechselbaren Mystiken, die nur unfehlbar bestimmt sind, jemanden unglücklich zu machen? Ist Deutschland unglücklich genug, dann geht man, ohne mit der Wimper zu zucken, zu was anderem über.
Sie haben ihren Zeitpunkt schlecht gewählt, sie werden Deutschland die Lehre vom Lebensraum nicht mehr aufschwatzen, nach ihrem Verrat an der Rassenlehre. Die Rassenlehre hatte dem Unterdrücker erlaubt, eine gesit-

tete Nation zu entehren und ins Elend zu bringen. Der Betrug wird sonnenklar, wenn vermittels des Lebensraumes die neue Barbarei durchaus verpflanzt werden soll nach anderen Ländern. Die Annexion der Tschechoslowakei hat dem deutschen Volke das Gewissen gerührt. Sie hat Abscheu erregt; das deutsche Volk hat auf einmal gefühlt, wie sehr es mitverantwortlich ist für das Unheil, das andere trifft. Die anderen wären nicht in Knechtschaft geraten, hätte es selbst nicht zugesehen, wie es knechtisch wurde.

Hier machen wir halt. Europa oder die ganze Erde der Furcht erlegen – das ist mehr, als wir annehmen wollen. Wehrt euch endlich! Die Reihe ist an Maßnahmen. Anzuraten und zu ergreifen wären zum Beispiel diese. *Erstens:* Das Weltkomitee gegen Krieg und Faschismus muß eine strenge Aufsicht führen über die Herkunft der Informationen, die danach angetan sind, Furcht zu verbreiten. Zweifle niemand: Informationen, die geeignet sind, Furcht zu erregen, sind dafür auch bestimmt und entstammen einer gemeinsamen Quelle.

Die höllenhaften Beschreibungen des Blitzkrieges – den es übrigens nicht gibt – gehören in die Rechnung des Betrügers. Lest ihr, daß der sogenannte Führer und Kriegsherr an das englisch-russische Bündnis nicht glaubt, dann zieht ohne weiteres den Schluß, daß er allerdings daran glaubt und nichts so sehr fürchtet wie dies Bündnis. Solche Informationen dürfen ihren Zweck nicht erreichen. Man muß auf die gutgesinnte Presse einwirken, damit sie nicht mehr gebracht werden, oder wenigstens möge man die offenbaren Lügen nicht ruhig hinnehmen. Unterrichten wir das Publikum der freien Länder von der abscheulichen Verschwörung, angezettelt von einem Angreifer, der im Grunde ohnmächtig ist und nur auf die allgemeine Furcht seine Sache stellt.

Zweitens: Es wäre zu erwägen, daß von seiten des Weltkomitees eine internationale, ständige Vertretung aufgestellt wird, mit dem Ziel, ein *Parlament der Nationen* zu bilden – da der Völkerbund schließlich immer nur eine Versammlung von Regierungen gewesen ist; sogar Hitlersche Gestalten saßen darin.
Einzig und allein ein freies, unabhängiges Parlament der Nationen wird den Völkern das Selbstvertrauen wiedergeben. Die Menschheit wird endlich ihre eigene Stimme vernehmen, die spricht nicht wie die Furcht. Die Menschheit setzt zum Schluß doch ihren Willen durch, und der heißt: leben.

AN DAS BEFREITE BERLIN

Berliner: Ihr Arbeiter von Berlin, Jugend Berlins und ihr Übriggebliebenen aus unserer Zeit, die ihr nicht alles und auch uns nicht ganz vergessen habt: Wir sprechen zu euch als Zugehörige, wir sind euch nicht entfremdet, trotz langer Abwesenheit. Über Länder und Meere sind wir euch verbunden.

Berlin war unsere Stadt, wie es eure war. Noch immer wären wir dort und bei euch, wenn wir nicht dem Haß und der Rache hätten weichen müssen. Wir wären heute alle ermordet. Unseresgleichen, die von den herrschenden Mördern gefaßt wurden, leben nicht mehr.

Wie viele aus euren, unseren Reihen sind gefallen – nicht erst in dem Krieg, der von jeher das Ziel und der Sinn der blutigen Tyrannei gewesen ist. Furchtbar blutig war sie gleich anfangs. Der Richtplatz, die Lager, die Folterkeller werden im Gedächtnis der Menschen lange zeugen von dem Unheil, das 1933 über Deutsche, eure Brüder, euch selbst und uns hereingebrochen ist. Die anderen Völker bekamen es nach uns zu fühlen. Wir sind die ersten.

Mancher hätte gewünscht, er wäre tot, mancher hat wirklich abgeschlossen, lieber, als sein Berlin sterben zu sehen. Glaubt nicht, Berliner, eure Leiden seien unbekannt, die Mitwelt achtete ihrer nicht, mit euch teilte sie niemand. So steht es nicht. Die Gegner im Krieg haben getan, was sie mußten, als sie Berlin zerstörten. Der verhängnisvolle Hitler hat es nicht anders gewollt. Der Schrecken, den er über die Welt brachte, war unerträglich. Aber er hatte sich Berlin als seine Hauptstadt angemaßt: so wurde es die Hauptstadt des weltweiten Schreckens.

Eure Kriegsgegner haben dennoch, ungenauer natürlich als wir, gefühlt, was an Berlin verlorenging. Jeder mußte sich erinnern. Berlin, seine Bevölkerung, gewöhnt an menschlichen Anstand, sein heller scharfer Geist: Berlin ist in Europa eine große Fackel der Vernunft gewesen, eine Lichtstadt war es bis in die Jahre der widerwärtigen Verfinsterung ganz Deutschlands. Die letzten, nichtswürdigen Gebieter des Landes sind auf ihrem Weg zur Macht am längsten aufgehalten worden von Berlin.

Als sie endlich, gegen euren Willen, die Macht erschlichen hatten, fanden sie, es sei »wieder eine Lust zu leben«: lügen im Dunkeln und im Dunkeln morden. Ihr habt es ertragen mit Zorn und Verachtung. Berliner, ihr habt reichlich euren Anteil beigebracht zu der ehrenvollen Menge der Märtyrer, die Deutschland einer Übermacht des Schreckens entgegensetzte. Die sechs Jahre, bis Krieg war, habt ihr wahrhaftig nicht nur Mitschuldige des öffentlichen Verbrechens unter euch gehabt, in verhältnismäßig hoher Zahl fielet ihr ihm zum Opfer.

Dann war Krieg, die letzten sechs Nazijahre war nur Krieg: da bekamen zuletzt alle Deutschen, die gleichgültigen, die schlechten, ihren abgezählten Lohn dafür, daß sie es so weit hatten kommen lassen, dafür, daß sie es gewollt hatten. Berlin, die tiefen Schichten Berlins, die Profitierer und die Verrückten weggelassen, haben es am wenigsten gewollt, haben das Unternehmen der Weltunterwerfung, Weltausplünderung mit entschiedenem Zweifel begleitet. Wir müßten Berlin nicht kennen!

Fremde, die sich ihres Lebens wehren und die Existenz ihrer Länder verteidigen mußten, gezwungen von den Heeren eines kriminellen Abenteurers, leider deutsche Heere: Fremde, die nunmehr Sieger sind, können nicht an alles denken. Auch ihnen ist Berlin, in anderen Zeiten, die bewundernswerte Stadt gewesen. Die ganze Welt hat gewußt von euch selbstbewußten Arbeitern. Euer freier Sinn und geistiges Bestreben, eure starken Organisationen, eure soziale Wehrhaftigkeit waren überall geachtet, waren ein Vorbild jedem Volk.

Musterhaft befunden wurde bei zahllosen Kennern das geistige Leben Berlins. Es beschränkte sich keineswegs auf die Tätigkeit der Denker und Künstler, enge Kreise allein haben das geistige Leben Berlins weder getragen noch dargestellt. Die Massen waren es, sie hatten teil, hatten Anrecht.

Die Intellektuellen, die noch da sind und zurückdenken, wissen sich in einer langen Laufbahn keine bessere Genugtuung als ihre einstige Verbindung mit den Massen Berlins. Stimmen, Briefe, Zulauf der Menschen und ihr Vertrauen; unser Auftreten in Warenhäusern, am Hermannsplatz oder Wedding; zuletzt noch eure Aufzüge, Demonstrationen und Straßenschlachten, damit das allzu gewisse Unheil dennoch ausbleibe!

Ausbleiben konnte es nicht. Ihr waret allein, Berliner von der guten Art, von der Seite, wo man las, dachte, wo man um der Selbstachtung willen auch die außerdeutsche Welt achtete und ihr gern befreundet gewesen wäre. Ihr waret allein, euch half keine Regierung, keine bewaffnete Macht. Wer es gesehen hat, dem klopft das Herz bei der Erinnerung an eure dichte Menge, in den spätesten Tagen der Freiheit, als ihr die berittene Schutztruppe der Republik Unter den Linden begleitetet. Euer Drängen, euer Beifall, eure Zurufe verlangten: Schlagt den Feind, der uns knechten will! Rettet uns!

Das ist nicht geschehen. In Wirklichkeit haben nicht wir selbst unseren Feind, den einzigen Feind Berlins, Deutschlands und der ganzen Welt besiegt: das mußten nachher andere für uns tun. Wir kämpften damals nicht entschlossen; wir beklagten im voraus unser Geschick. So aber kommt es. Das vergewaltigte Deutschland sollte ganz und gar den Sinn verlieren für das Maß von Unrecht, das man selbst hinnimmt, um es allen anderen aufzuerlegen.

Daher, nach Ausbruch der Katastrophe, die unsittlichste Kriegsführung, die jemals ein Land sich erlaubt, seinen Führern erlaubt hat. Die deutsche Kriegsführung ist unser aller Grauen, nun wir vor den Folgen stehen. War sie nicht schon vorher euer Grauen, Berliner? Wenn heimgekehrte Brüder und Söhne auch etwas flüsterten von den Taten draußen, den Missetaten ohne Beispiel, wir müßten euch schlecht kennen, ihr habt euch nicht gefreut, weder der ausgeschrienen Siege noch der verheimlichten Greuel. Die Wendung, die mit Stalingrad begann, euch kann sie nicht überrascht haben.

Hätte euch kein Gewissen geschlagen, dann waret ihr doch klug genug, um zu sagen: das geht nicht gut, das kann niemals gut ausgehen! Die Rote Armee, als sie eindrang, fand in ostpreußischen Häusern ganze Ladungen russischer Waren. Kriegsbeute, Siegeslorbeer, der jetzt nachhinkte. Sie fand Sklaven aller Nationen.

Wir hoffen, daß in den stehengebliebenen Wohnungen Berlins – und unter seinen Trümmern – dergleichen wenig zu finden sein wird. Habt ihr Sklavenmärkte gekannt? Wir können es nicht glauben. Wir haben ein altes, begründetes Vertrauen in unsere gesittete, verständige Stadt. Gerade darum sprechen wir zu euch.

Wenn aber – bemerkt dies wohl, es ist das Wesentliche, das ihr bemerken sollt –, wenn ein Teil der Deutschen, darunter verhältnismäßig wenige Berliner, wie wir hoffen, tief sinken und verkommen konnte, dann ist es das Werk des Individuums, das sich euren Führer genannt hat. Seine direkte Bemühung und berechnete Absicht ging auf die sittliche Verwilderung der Deutschen. Ein entmenschtes Gefolge müßte einer haben, wenn es ihm gelingen soll, Europa zu vernichten, Bevölkerung und Kultur.

Ihm ist es mißlungen – natürlich zuerst, weil er Stärkeren begegnete. Aber wir vermuten mehr. Sein Gefolge, das deutsche Volk, war nicht entmenscht genug für seinen Bedarf. Gehilfen hat er viele gehabt, einzelne und Mannschaften, für Massenmorde und Todesfabriken, für das Verbrennen von Städten, wo schon alle tot waren, von verschlossenen Kirchen, in denen sie noch lebten, für das Spießen von Kindern. Das alles rettet den Verbrecher nicht. Die wahre innere Zustimmung der Deutschen hat gefehlt. Daher konnten die Siege euch nicht begeistern, die Niederlagen nicht zerschmettern.

Ihr habt gefühlt, die meisten gedrückt und dumpf, aber einige mit heller Empörung: vorbestimmt, unausweichlich, sogar wünschenswert, so schwer es sein mag, ist das Ende mit Schrecken. Uns kann es nicht erschrecken, wir kennen den Schrecken bis an seine letzte Grenze, seit wir den Hitler haben. Uns trifft keine Erniedrigung mehr, er hat uns längst über die Maßen erniedrigt. Was jetzt kommt, wird furchtbar sein. Dennoch ist es die Befreiung, die einzige Befreiung, die wir nach allem Geschehenen verdienen.

Jetzt wäre es leicht, aber auch leichtherzig und fühllos, euch zu sagen: seid noch froh, die Sieger tun euch nichts, menschlicher sind sie auf jeden Fall als eure bisherigen Unterdrücker. Wir sagen davon nichts. Eine eroberte Hauptstadt bleibt immer die Beute und die Geisel des Siegers. Mag er gerecht denken, muß er doch hart sein. Ihm ist Berlin, das er besetzt hält, nicht die Lichtstadt, die wir kannten, die über Europa hinstrahlte.

Er darf nichts kennen als das Berlin der verruchten Pläne auf Knechtung und Vernichtung des Kontinents, des

Weltalls. Was er vor Augen gehabt hat, solange es für
ihn um alles ging, waren Wilhelmstraße und Bendler-
straße als Zentralen, von wo das abscheulichste Unternehmen gelenkt wurde. Eure Arbeitsstätten und Wohn-
viertel, ihr Berliner Arbeiter, betrachtet der Sieger kalt
und mit Mißtrauen; er kann nicht anders meinen, als daß
ihr und alle Deutschen sich hergegeben haben für das
Verbrechen eines Mörderordens gegen die Menschheit.
Der Sieger muß sich sichern gegen Verschwörungen und
Empörungen. Er erwartet Widerstand, da ihm nicht bekannt ist, ihr hättet den Nazis offen widerstanden. Als
wäret ihr alle Nazis gewesen, wird man euch Haß und
Rache zutrauen gegen einen Sieger, der euch von den Nazis befreit. Belehrt die Fremden, die über euch die Macht
haben werden! Noch fremder als Hitler und seinesgleichen können sie euch nicht sein. Sie teilen im Gegenteil
mit euch einen Besitz, den ihr im Grund nie verloren
habt: das Bewußtsein der Menschenwürde.
Den amerikanischen Soldaten ist bei schwerer Strafe verboten, mit Deutschen zu verkehren, auch nur ein unnöti-
ges Wort mit euch zu wechseln. Den Sowjetsoldaten
wird es nicht erst verboten. Seht, wohin es führt, wenn
ein Volk, sei es nur sein übelster Teil, sich belügen läßt,
es sei über allen Völkern. Es wird zuletzt allein, gemie-
den wird es sein. Schmerzlich genug, die Verachtung
zieht einen Pestkordon um dieses Volk. Antwortet darauf, wie ihr allein zu antworten vermögt: mit Würde.
Euer Verhalten muß bezeugen, was ihr waret, bevor die
würdeloseste Tyrannei über euch kam. Zeigt, daß ihr es
geblieben seid, das aufgeklärte, seiner Selbstachtung ge-
treue Volk von Berlin!
Szenen wie in Köln, wo eine betrunkene Menge scham-
loser Radaubrüder ihren gestohlenen Wein den Soldaten
der Siegerarmee anzubieten versuchte, wir möchten sie

von Berlin nicht erleben. Ihr seid uns zu wert, Berliner. Ihr werdet dem eingedrungenen Feind nicht zujubeln: das wird weder verlangt, noch würde euer Anstand es zulassen. Ihr werdet auch nicht gegen ihn demonstrieren, laut oder stumm, als wären die Sieger nichts als Feinde. Sie sind auch Befreier.

Betrachtet eure Befreier, Berliner. Sie haben es alle die Zeit nicht leichter gehabt als ihr; im Gegenteil, ihnen war von euren Gebietern, die schon glaubten, sie geböten über das ganze Europa, viel Schlimmeres zugedacht, als ihr jemals zu fürchten hattet. Nur mit äußerster Kraft konnten sie die Drohung – die ihr waret! – von sich abwenden.

Was das fertige Unglück betrifft, ist es merkwürdig ähnlich ausgefallen, bei ihnen und bei euch. Auch dort zertrümmerte Städte, hungernde, frierende Menschen, Krankheiten, und ganze Generationen so gut wie ausgetilgt. Wir vergessen keinen Augenblick, Berliner, zu wem wir sprechen. Wenn ihr, schrecklich, wie es auch jetzt geht, uns dennoch anhört, haben wir euch zu danken, euch zu rühmen. Bedenkt nur, eure Sieger, ihre Angehörigen zu Hause, mehrere ihrer Nationen sind durch ganz dasselbe Elend gegangen. Manches Volk steckt tief darin, wie ihr. Und der Toten sind überall die schauerlichen Legionen.

Wie heißt das? Ihr und sie tragen, ob Sieger oder Besiegte, viel von dem gleichen Schicksal: wie hätte man das sonst genannt? Wenn alles geschehene Unrecht zu streichen ginge? Brüderlichkeit würde es heißen. Das Wort hat recht, trotz allem. Vergeßt es nicht, vergeßt es nie wieder! Ein Fehler ohnegleichen war es immer, das eine Volk für das überlegene auszugeben, als wären nur ihm die Macht und das Glück bestimmt. Zuletzt ergibt sich eine ungeheure Gleichheit aller – im Leiden.

Eure Eroberer haben euch befreit von den Urhebern, den vorsätzlichen, durchaus bösen Veranstaltern eures Leidens: das rechnet ihnen an. Sie taten es nicht um euretwillen, euch meinten sie zu bestrafen für das angerichtete Elend der Welt, ihr eigenes Elend. Tatsächlich aber geben sie euch die Gelegenheit, die ihr allein nicht gefunden oder nicht ergriffen hattet: euch selbst zu befreien. Nur von einem Eroberer befreit sein heißt noch gar nichts. Ihr müßt es selbst tun. Andere haben eure Unterdrücker besiegt. An euch, zu verhüten, daß sie wiederkehren.

Ihr habt, kurz gesagt, eure Revolution zu machen. Jede moderne Nation, die groß wurde und Achtung errang, hat ihre Revolution gehabt – die eine vor hundert und mehr Jahren, die anderen kürzlich. Die deutsche Revolution ist versäumt: daher die beiden deutschen Kriege, die vergeblich geblieben sind, wie der dritte fehlschlagen würde. Ein Volk, das sein eigenes Land erobert und befreit hat, braucht keine fremden Kriege. Ein freies Volk will andere nicht knechten.

Die abgetretenen Lügner haben euch, mit oder ohne Erfolg, weisgemacht, ihre Machterschleichung, ihr Terror, ihre Schandgesetze, Betrügereien und Morde seien eine Revolution gewesen. Ihr könnt jetzt wissen, was es wirklich war: die gewaltsame Verhinderung eurer Revolution.

Sie hielten eure soziale Befreiung auf, dafür sind sie gemietet worden von den Ausbeutern in Deutschland und außerhalb. Zwölf Jahre lang durften sie prassen, stehlen, töten, ihre Unzucht mit der Macht treiben und sie ausbreiten, bis die Erde unter Blut und Trümmern versank – alles, weil einige Trustmagnaten sie gegen die Völker benutzten. Sonst hätten Hitler und Genossen nicht ihr erstes Schafott aufgestellt, nicht ihre erste Schlacht geliefert.

Berliner Arbeiter und ihr Intellektuellen, ihr waret meistens gewohnt, die öffentlichen Vorgänge auf das Wirtschaftliche zurückzuführen. Wenn die lügnerische Rassenlehre euch nicht dumm gemacht hat, dann wißt ihr, daß weniger blonde Bestien und Herrenmenschen euch gegen die Welt, gegen euer Land und Volk mißbraucht haben. Vielmehr waren es gewöhnliche Geldmacher, geschäftlich überall verfilzt, an Deutschland nicht, nur an ihrem Weltgeschäft interessiert.
Ihr Beauftragter Hitler war undeutsch wie sie. Womit verabschiedet sich der abgehauste Lump von euch zum Schluß, wie heißt sein Wort? Er werde nichts hinterlassen als Trümmer, Ratten und die Pest. Recht freundlich, der Führer, dem Deutschland sich einst »bedingungslos ergeben« hatte. Er hat es verdient, wie man sieht. Dankt ihm!
Vor allem bedankt euch bei seinen Geldgebern, die ihn und seinen entsetzlichen Unfug über euch gebracht haben! Ruht nicht, bis der letzte von ihnen verschwunden und unschädlich ist, wenigstens soweit sie in Deutschland sitzen. Den großen Generalstab abschaffen? Richtig, aber damit allein wären neue Katastrophen nicht abgewendet. Die Junker entmachten? Richtig, aber der Adel ist ohnedies im Untergang. Die Industriellen und Finanzleute sind der Feind, den ihr schlagen sollt. Das könnt nur ihr selbst. Versagt ihr, kann auch kein fremder Sieger helfen.
Ruht nicht, bis alle lebenswichtigen Unternehmungen übergegangen sind aus der Privathand in die öffentliche! Solange noch eine der großen Industrien individualistisch betrieben wird, drohen euch Rechtlosigkeit und Gewalt wie je. Der nächste Krieg wäre euch sicher, wie der vorige euch gewiß war. Was ihr endlich wagen müßt, oder alles wäre für immer verloren, das ist nicht nur die ver-

säumte Revolution; sie nachzuholen schuldet ihr einfach euch selbst, euren Kindern, eurer Ehre. Verlangt wird mehr als eine einmalige revolutionäre Handlung.
Eine revolutionäre Gesinnung, die standhaft bleibt, eine Revolution, die sich vererbt und verewigt: das wird verlangt. Hättet ihr Opfer zu bringen wie im Krieg, laßt dennoch nicht nach! Man sagt euch, die schwere Industrie solle künftig kontrolliert werden. Gewiß, kontrolliert. Fragt sich nur, wer der allein vertrauenswürdige Kontrolleur ist. Ihr selbst! Euer Staat, gesetzt, daß es wirklich eurer ist!
Kämpft unerbittlich für einen Staat, der dem Volk nicht nur verantwortlich, der verkörpert ist in ihm! Verantwortung bleibt ein hohles Wort für einen Staat, wo es Mächtige und Schwache, Überreiche und ganz Arme gibt. Ihr wißt es aus eurer Weimarer Republik. Sie hat nichts aufgehalten und konnte es nicht; was hättet ihr von einer Klassenrepublik das nächste Mal zu erwarten?
Duldet nicht noch einmal eine Weimarer Verfassung! Sie hat Handhaben enthalten für alles, was kam, einbegriffen der Hitler. Sie war voll der Stricke und Fallen, die Unterlegenheit der Arbeitenden war in ihr festgelegt auf listige Art, die Diktatur gegen das Volk wurde sogar offen in ihr bekannt. Sollte euch etwas wie eine Weimarer Verfassung neuerlich zugemutet werden, dann geschlossenen Widerstand! Die Revolution gegen jeden Feind eurer Freiheit, bis ans Ende und über das Ende!
Berliner, ihr nüchternen und entschlossenen Arbeiter, ihr Jungen die [ihr] hart beharrt auf euren Idealen, und ihr Köpfe, denen euer Wissen gebietet, das Recht durchzusetzen, ermüdet nie! Haltet aus – nicht nur bis zum Sieg. Er soll immer neu verteidigt werden, mit Wachsamkeit, mit festem Sinn. Was könnte euch schrecken. Ihr habt den Krieg bestanden. In euren Straßen, unter

euren Füßen liegen eure Toten, eingegraben, wo sie fielen. Ihr, die Freiheit vorübergehen lassen in der Stunde, da ihr sie empfangen könnt? Das wird nicht sein. Ihr werdet sie erobern und halten.

Begreift es ganz: nur ein revolutionäres Deutschland wird geachtet sein bei den Fremden, die es von seinen bisherigen Unterdrückern befreit haben. Vor allen künftigen müßt ihr selbst es bewahren. Die Energie der Freiheitsliebe allein macht wahrhaft selbstbewußt, sie macht gleichberechtigt allen Völkern der Welt. Wir kennen euch, Berliner, als die wachsamsten, klarsten Deutschen. Gebt wohl acht auf euer Land! Nicht im Krieg, erst in der deutschen Revolution geht es um Sein und Nichtsein. Ist dann das Leben gewonnen, werdet ihr die geliebte Hauptstadt des freien Deutschland sein!

WEGGEFÄHRTEN

HELD THÄLMANN

Die proletarische deutsche Jugend hat Helden und darf zu ihnen aufblicken. Helden, die auf dem Richtblock des Dritten Reiches sterben oder in den grauenvollen Kerkern des Dritten Reiches weiterleben – alles um ihrer Gesinnung willen und alles vermöge der Festigkeit ihres Charakters.

Der gefangene Ernst Thälmann ist sehr stark – viel stärker als seine Peiniger, die ihn verschwinden lassen möchten und es nicht wagen. Thälmann ist ein wirklicher Arbeiter mit Fäusten und einem gesunden Verstand. Der Feind, der ihn gefangenhält, stellt von allem das Gegenteil dar.

Held Thälmann hält durch, obwohl sie ihm, wie manchem anderen proletarischen Kämpfer, natürlich angeboten haben, er brauchte nur zu verraten – Verrat an seiner Sache und Klasse –, dann würden sie ihn in ihre Bande aufnehmen, und er hätte den Reichtum und die Macht. Nein! Er pfeift auf ihre lausige Macht und ihren geklauten Reichtum. Er begreift mit seinem gesunden Verstand: das Gefängnis macht ihn stärker von Tag zu Tag. Das Gefängnis überzeugt viele, die es nie geglaubt hätten, von der Gerechtigkeit seiner Sache.

Seinen Namen kennt die ganze Welt. Alle, die in der ganzen Welt zum Volk gehören, wünschen sich, Held Thälmann möchte vom siegreichen Volk aus seiner Zelle geholt werden, über den Gefängnishof, durch das Gefängnistor, hinaus in die Freiheit. Proletarische Jugend! Eure Helden und ihr selbst sollt einstmals frei sein.

EIN HELD DES GEWISSENS

Märtyrer und Helden gibt es immer nur in echten Freiheitskämpfen. Deutschland wird von denen, die es jetzt noch bedrücken und schänden, einstmals befreit sein. Diese Elenden haben niemals vermocht, tapfer zu sterben und ehrenhaft zu leben, sie lügen sich beides nur an. Aber der uneigennützige Mut ist bei den Gegnern Hitlers. Wenn er gestürzt sein wird, kann erst ermessen werden, was es gekostet hat, und auch, um wieviel der Kampf gegen das Schlechteste auf Erden uns Deutsche menschlich größer gemacht hat. Unser Ruhm ist, daß wir alle dabei sind. Die Helden und Opfer des Befreiungskampfes sind Arbeiter, Priester, Schriftsteller: jeder Beruf nach der ihm zukommenden Zahl. Freigesinnte Bürger und Bauern verstärken die blutenden Reihen der Kämpfer; auch Jugend, viel Jugend und Frauen in unabsehbaren Zügen. Alle haben sich in Kampf und Leiden gefunden. Was sie verbindet, ist der Entschluß, die Ihren und Deutschland glücklicher zu machen, wenigstens das vermeidbare Unglück aus der Welt zu entfernen. Das meidbare Unglück des Menschen sind Armut und Knechtschaft.

Das ist nun die Volksfront. Man muß wissen: die deutsche Volksfront ergibt sich von selbst aus gemeinsamem Kampf und gleichen Opfern. Die deutsche Volksfront entsteht durch Erlebnis anstatt durch Propaganda. Seht! Das gerade wird unsere Volksfront fest, dauerhaft und unwiderstehlich machen. Als Rudolf Claus von der herrschenden Schandbande ermordet worden war, haben alle, die zu uns gehören, die einmütige Antwort gegeben: Ihr Mörder seid gerichtet.

Niemals war diese Entgegnung mit einer solchen Einmütigkeit gefallen. Die Sozialdemokratische und Kommunistische Partei erließen ihren Protest gegen die Hinrichtung eines Unschuldigen gemeinsam. »Verurteilt« war von sogenannten Richtern einzig der »verbrecherische Wille«, was ihr Name für die anständige Gesinnung ist. Katholiken und Intellektuelle erkannten jeder an seinem Teil, daß hier eine Grenze, die letzte Schranke dessen, was noch menschlich ist, überschritten worden war. Ausländische Freunde unserer Volksfront erklärten, daß die internationale Meinung sich erheben müsse gegen diese ungeheuerlichste Tat des Hitlerstaates. Die Tat war aber so ungeheuerlich, weil hier nicht nur ein Leib vernichtet worden war, sondern an einem sittlichen Wesen hatte man sich vergreifen wollen, und viel mehr als dieser einzelne Mensch sollte von einem völlig vertierten Staat das innerste Recht des Menschen getroffen werden.

Bei Rudolf Claus kam das meiste zusammen, was einen Menschen zum sittlichen Beispiel macht. Er hatte gekämpft, eine Kugel hatte ihm den Arm gelähmt. Nun führen richtige Männer einen Krieg nicht für Redensarten und nicht gegen Feinde, die ihresgleichen sind; sie stehen Todesgefahren durch, damit es nachher in der Welt besser werden soll. Da die Besserung, wie man weiß, verhindert wurde, finden wir Claus in dem mitteldeutschen Aufstand 1920 wieder, und das war auch die einzig erlaubte, folgerichtige Haltung proletarischer Soldaten. Ein schlechtes, unredliches Gegenbeispiel gaben damals die Reichswehrspitzel, deren einer es auf seinem Wege weit gebracht hat. Claus kam in seiner Weise ebenso gut vorwärts wie Hitler. Er wurde verhaftet, viermal im ganzen, und endlich hingerichtet.

Unter der Republik amnestierten sie ihn zweimal; denn eine Demokratie, selbst eine sozial unzulängliche, erinnert sich äußersten Falles doch ihrer sittlichen Pflicht, besonders wenn ein Volkssturm nachhilft. Schamlos, von herausfordernder Schamlosigkeit wird eine Gesellschaft erst, nachdem es der dünnen Schicht der Ausbeuter gelungen ist, ausgemachte Verbrecher an die Spitze des Staates zu bringen. Jetzt gibt es kein Aufhalten mehr, und ein Angestellter der Roten Hilfe wird zu Tode gehetzt, nur damit die Armen mit Augen sehen, was es kostet, ihnen helfen zu wollen. Claus ist jedesmal aus dem Gefängnis unverzagt zurückgekehrt zu seinen gefahrvollen Aufgaben. Er hat ein ernstes Leben geführt, wortkarg, aber jede Stunde unter der Aufsicht seines Gewissens. Er war als menschlicher Typ der genaue Gegensatz zu den scham- und gewissenlosen Dieben des Dritten Reiches, die weder arbeiten noch über sich nachdenken. Reden und sich feiern ist ihre Art.

Welche Gründe machen aus Geschöpfen, die am Stehlen genug haben könnten, überdies Mörder? Erstens ihr Drang, sich aufzuspielen und furchtbar zu sein. Wenn einer ihrer sogenannten Richter ein sogenanntes Todesurteil verkündet, dann bibbert er vor ekelhaftem Selbstgefühl. Ein Häuptling der Schandbande ist bei den Hinrichtungen selbst dabei, ein anderer läßt sie filmen für sein Privatkino. In die Todeszelle, damit es darin noch düsterer wird, schicken sie dem Verurteilten die Frau, der Lager und Folter bestimmt sind, und die Kinder, die hungern sollen. Aber abgesehen von dem krankhaften Schmutz der Verbrecher, nötigt einfach ihre Selbsterhaltung sie, die menschliche Gattung Claus zu verfolgen – wenn es ginge, bis zur Vernichtung. Das gelingt ihnen nicht. Der sittliche Mensch ist unsterblich. Eure Erniedriger werden ihn in euch niemals töten. Im Gegenteil ist die Menschenart Claus die sicherste Bürgschaft für das Ende Hitlers. Dem einen wird heute noch mit dem Beil die Kehle durchgeschlagen; aber der Hals des anderen krächzt und röchelt im voraus, während er Irrsinn redet.

Ich will sagen, daß es verheißungs- und ehrenvoll für die Deutschen der Volksfront ist, gerade über einem gefallenen Helden des Gewissens sich die Hände zu reichen. Sie fühlen: dieser hat für uns alle ohne Unterschied gelebt und gelitten; uns alle macht ein Rudolf Claus menschlich größer und wert, zu siegen.

EDGAR ANDRÉ

In Hamburg vor dem Oberlandesgericht geht es um das Leben von Edgar André. Er ist ein Mann von vierzig Jahren, hat immer gekämpft, immer Verfolgung erlitten und wurde zu einem Helden der deutschen Freiheitsbewegung. Er ist in Aachen geboren, im Waisenhaus zu Brüssel aufgewachsen und ging auf deutscher Seite freiwillig in den Krieg. Wurde verwundet wie Rudolf Claus, den deutsche Richter, nur für seine Gesinnung, zum Tode verurteilten. Die deutschen Helden waren gewöhnlich im Krieg und glaubten, er würde zum Besten des deutschen Volkes geführt. Wenn sie auch nachher für ihr Volk weiterkämpften, kamen sie in die Lage von Claus, Fiete Schulze, Edgar André. Fiete Schulze wurde 1934 vor dasselbe Hamburger Gericht gestellt wie jetzt sein Freund André. Dieser hörte damals nicht, als der Richter ihn aufrief.
»Sind Sie taub?«
»Im Gefängnis ist mir das Trommelfell geplatzt.«
Es scheint, daß darauf ein peinliches Schweigen eintrat. Warum? Jeder deutsche politische Gefangene lernt zuerst einmal die »Vernehmungsbeamten« kennen. Unter dem Namen könnte man sich einen Untersuchungsrichter vorstellen. Es sind aber ganz gemeine Folterknechte. Daher erscheinen dann vor Gericht die Angeklagten und Zeugen mit verbundenen Köpfen, auf Krücken und taub.
André befindet sich seit drei Jahren in den Händen der »Vernehmungsbeamten«. In seinem Fall sind das Individuen, die ihn früher, noch zu Zeiten der Republik, haben ermorden wollen und einen anderen umbrachten. Sie saßen nur kurz, ihr Freund Hitler ließ sie frei, sobald er

zur Macht kam; jetzt haben sie Gelegenheit, an Edgar André nachzuholen, was sie durch ein Versehen versäumt haben. Die Aussagen der Belastungszeugen sind das Ergebnis von Prügeln.
Ein Mann, hinter dem die Nazis schon in Gestalt von Mördern her waren, und ihr Anführer hatte sie eigens beglückwünscht – den noch einmal vor Gericht zu stellen, und anstatt Mörder wollen die Nazis und ihr Oberhaupt jetzt die Richter spielen: dazu gehört etwas, das ist eine nationalsozialistische Spitzenleistung. Edgar André soll zweihundert Todesfälle innerhalb der herrschenden Partei veranlaßt haben, sonst nichts. Wird vor Gericht bezeugt, daß er gar nicht in Deutschland war, dann spricht das nicht für den Angeklagten, sondern gegen die Zeugen; bei dem Gericht werden sie dadurch zu Mittätern. Sind Richter und Staatsanwalt früher, vor Hitler, einmal anständige Menschen gewesen? Haben sie geistige Ehre gekannt? Genug, so sehen im Dritten Reich die Gerichte aus. Es ist unzweifelhaft bewiesen, daß André mit Rotfront seit ihrem Verbot nichts mehr zu tun gehabt hat, sondern er war in der internationalen Seemannsbewegung. Und das ist vielleicht schlimmer. Die gefährlichsten Feinde der Nazis sind die Internationalen, bekannt und tätig auch anderswo, sprechen und schreiben womöglich Französisch wie Edgar André, ein Hamburger Hafenarbeiter. Vor solchen muß man sich hüten.
Hütet euch nur, es wird nichts nützen. Ihr wagt es nicht, André zu töten. Ein belgisches Komitee hat ihn zu sprechen verlangt, da habt ihr in der Aufregung sogar seine Frau entlassen: die hattet ihr natürlich als Geisel gefangen. Macht so weiter, stellt eure Opfer und zukünftigen Besieger vor der Weltöffentlichkeit in das große, feierliche Licht, worin die Helden stehen: nicht eure, sondern die wahren!

Gedenken wir des Toten, der ein treuer, tapferer Mensch war. Es ist eine Ehre für Deutschland, Edgar André besessen zu haben und seinesgleichen zu besitzen. Sie werden weder aussterben noch abdanken; das vermögen die Mörder nicht, und der nationalsozialistische Mörderstaat ist ohnmächtig gegen die immer zunehmende Zahl seiner Feinde. Wie muß es um einen Staat bestellt sein, daß er nach vier Jahren immer noch mordet! Wie wenig muß er die ganze Zeit erreicht haben, wie verhaßt muß er sein, wie verfault, verzweifelt und feige, wenn er es immer noch nötig hat zu morden! Er will schrecklich sein, aber er gesteht, daß er schwach ist.

JOHANNES EGGERT

Johannes Eggert war Metallarbeiter. Er kämpfte im Krieg, nach dem Krieg kämpfte er für den Frieden. Wir sehen, daß er das beste deutsche Gesicht hatte. Bei den Nationalsozialisten kommt es nicht vor. Sie haben ihn hingerichtet, und dies aus vielen Gründen. Er hatte ein besseres Gesicht als sie. Er kämpfte wahrhaft. Er vertrat die gute Sache, die Sache seines Volkes und aller Menschen von Mut und Ehre. Vor allem war er ein Mann der künftig herrschenden Klasse, ein Proletarier, der gelernt hat, sich klar ausdrückt und zur rechten Stunde zuschlagen wird.

Das ist genau die Art, vor der das herrschende Gesindel der feigen Nichtskönner sich fürchtet. Sie haben Eggert hingerichtet – heimlich, wie sie alles machen: ihre Kriege, Diebstähle, Hinrichtungen. Ihre Handlung war, wie gewöhnlich, eine Lüge. Am gleichen Tage, beinahe zu derselben Stunde, als sie einen Front- und Friedenskämpfer köpften, logen sie fremden Frontkämpfern ihre Friedensliebe vor. Wann werden die ehrlichen Kämpfer aller Völker sich auflehnen gegen verlogene Henker!

Fordert das Aufhören der Hinrichtungen und Konzentrationslager, die Deutschland schänden und euch bedrohen, ihr Völker. Grausam und ehrlos, wie das System im Innern ist, würde es, sobald es kann, auch über euch das Unglück bringen.

GRUSS NACH SPANIEN

Der tapfere Hans Beimler ist gefallen in dem großen Freiheitskampf des Volkes von Europa. Der hat in Spanien begonnen und wird fortgesetzt werden überall, wo bis jetzt die Knechtschaft herrscht oder wo versucht werden sollte, sie zu errichten. Unterdrücker oder solche, die es werden wollen, sind gewarnt. Nie und nirgends werden sie einem einzelnen Abschnitt des Volkes von Europa gegenüberstehen: immer dem ganzen. Die Kämpfer werden hinströmen, wo gekämpft wird, die Waffen werden eintreffen. Die Wünsche aller wohlgeratenen Herzen sind unweigerlich bei den Eroberern der Freiheit. Die sittlichen Kräfte der Welt verbünden sich ihnen. Wir sind bei euch, ihr Kameraden.
Was ihr vollbringt und wir mit euch erleben, das ist der soziale Krieg. Vor das Glück der Freiheit, das ihr haben sollt, ist der soziale Krieg gesetzt. Er muß zu Ende geführt werden von dem Volke Europas für sein eigenes Glück. Mit nationalen Kriegen ist es um sein Glück betrogen worden. Nur der soziale Krieg ist eine eigene Sache. Von welcher Nation ihr auch seid, haltet zusammen bis zum Sieg und darüber hinaus. Alle vereint habt ihr eine so große Sendung, wie in den Jahrtausenden der Geschichte nur die größten Geschlechter hatten. Ihr Deutschen stellt die Ehre Deutschlands her als Soldaten der Internationalen Kolonne. Einer, dem an der Ehre Deutschlands das Höchste gelegen ist, begrüßt euch als euer Kamerad.

DER PREIS

Solange er schrieb, stand für Ossietzky allem voran die Bekämpfung des preußischen Militarismus. Sie war sein staatsbürgerliches Recht, solange Deutschland ein normaler Staat war. Kaum hatte ein Diktator die Macht ergriffen, sperrte er Ossietzky in eines seiner Konzentrationslager. Diese sind keineswegs nur Kommunisten vorbehalten, und keineswegs nur Juden. Katholiken in sehr großer Zahl sind unter den Opfern; Protestanten, Demokraten und Liberale kommen nicht weniger häufig vor. Die übergroße Mehrheit der Gefangenen besteht aus »deutschblütigen« Männern und Frauen. Der ganze antijüdisch-antibolschewistische Kreuzzug, von dem Hitler noch letzthin in Nürnberg das wüste Geschrei gemacht hat, ist unbegründet, denn er hat Feinde in allen Klassen, allen Bekenntnissen. Sie sind eins mit der Nation selbst, die, alles in allem, gegen sein Regime ist; sie will die Katastrophen nicht, in die er die Nation hineintreibt und die sie ihr Leben kosten können.

Begreiflich ist der Haß der gegenwärtigen Herren Deutschlands gegen Verteidiger des Friedens wie Ossietzky. Auf dem Weltfriedenskongreß in Brüssel, September 1936, war Hitlerdeutschland nicht vertreten, und das ist ein Eingeständnis. Das Daseinsrecht der Nazis ist gerade die Kriegsdrohung. Auch ihr Begriff vom Frieden ist eng verbunden mit ihrem Traum vom totalen Krieg. Berlin wird jederzeit seinen beliebten Vorwand, den »Bolschewismus«, loslassen gegen jede Regierung, die ein Hindernis bildet für die Absichten der Nazis auf Eroberung und Vorherrschaft. Um so mehr unterdrückt der Diktator im Innern die Freunde eines unverfälschten Friedens, und dieser kann nur der unteilbare Frieden der internationalen Volksfront sein.

Weniger begreiflich ist, wenn der Weltpazifismus sich vertragen möchte mit einer Herrschergestalt – ihr bloßes Dasein ist Kriegsdrohung. Es hat sich gezeigt, daß die Herrschergestalt nicht sanfter wird, wenn man nett zu ihr ist. Letztes Jahr hat Ossietzky den Friedensnobelpreis nicht bekommen, aus lauter Rücksicht auf Hitler. Die Welt hat keinen Gewinn davon gehabt, oder man hielte Wiederaufrüstung und Rheinlandbesetzung für Friedensbürgschaften. Wollte man auch diesmal wieder den Friedensnobelpreis einem Ossietzky vorenthalten, nur um bei einem Hitler nicht anzustoßen, man bekäme von diesem gewiß weitere Friedenspfänder, und diese sähen gewiß ebenso aus.

1935 haben die Freunde Ossietzkys bei dem Komitee in Oslo kein Glück gehabt: so versuchen sie es, um seinetwillen und für seine große Sache, 1936 nochmals. Inzwischen haben sie sogar zugenommen an Zahl und Gewicht. Unter denen, die vom Osloer Komitee den Preis für Ossietzky verlangen, sieht man siebzehn bekannte Persönlichkeiten der Schweiz, mehrere Mitglieder des internationalen Friedensbüros, zahlreiche Professoren und Politiker aus Amerika, England, Frankreich, Italien, der Tschechoslowakei, der Türkei, aus Belgien, Holland, Schweden und Norwegen. Mehr als sechshundert Abgeordnete der verschiedenen Parlamente haben sich für Ossietzky eingesetzt. Aktiv sind ferner daran beteiligt Minister im Amt und frühere Minister sowie hundert der größten Gelehrten und Künstler.

Das Eingreifen so vieler bekannter Männer hat schon eine Wirkung gehabt; sie hat Ossietzky, wenigstens vorerst, das Leben gerettet, er liegt im Krankenhaus. Als Nobelpreisträger würde er wahrscheinlich vollends befreit werden aus der Gewalt seiner Feinde, die auch die Feinde des Friedens sind. Alle, die auf die Erteilung des

Preises an Ossietzky dringen, erwarten, daß in Oslo das Komitee seine Pflicht tut, bevor es zu spät ist. Das nächste Mal würden sie nicht mehr drängen: sie würden anklagen.

DER DULDER

Ossietzky ist ein Opfer Hitlers, eins von zahllosen, und zweifellos wird es nachher eine Märtyrergeschichte dieses Reiches geben, vor ihr verblaßt das Reich. Ossietzky ist ein besonders ausgezeichnetes Opfer; ihm half das Bewußtsein einer beträchtlichen Leistung und die Gewißheit, daß er die Leistung beglaubigte, wenn er litt – beides half ihm, ein würdiger und starker Dulder zu sein. Das hätte alles nicht genügt, damit er die berühmte Figur wurde. Er mußte aus der Menge der Märtyrer herausgehoben werden durch Umstände und Gelegenheiten. Er mußte den gestellten Bedingungen entsprechen. Er mußte Glück haben.

Der Dulder braucht genausosehr den Wink des Glückes, wie alle anderen, auf irgendeinem Felde, ihn gebraucht haben, damit man auf sie aufmerksam wurde. Hier war nun ein Friedlicher, den seine Feinde mißhandelten, wie in gesitteten Zuständen kein Bandit mißhandelt worden ist. Mehr als das, dieser hatte alle seine Arbeit für den Frieden getan; er hatte die geheimen Vorbereitungen des Krieges bloßgestellt und eine vielfältige, edle Mühe aufgewendet, um den stumpfen Sinn seiner Zeitgenossen empfindlich zu machen schon gegen die ersten Anzeichen der Gewalt, die dann furchtbar überhandnehmen sollte.

Gerade an ihm rächten sich die Scheusale, als sie oben waren. Sie kühlten ihre Rache an genug anderen, sie hätten auf ihn verzichten können. Aber sie waren dumm genug, nicht zu bemerken, wie ungünstig sie sich ins Licht stellten, da sie den Friedlichsten von allen an sich rissen und ihn mißhandelten. Auf seine – und auf ihre eigenen Kosten bewiesen sie gleich in der ersten Stunde, wer sie waren, was von ihnen zu erwarten war. Nichts anderes als der Krieg: es war sichtbar, und die Welt hat es gesehen, lange vor der Rheinlandbesetzung, vor der Wiederaufrüstung, vor den Erpressungen, die sie später an der Friedensliebe der Völker verüben sollten, vor den Überfällen, Raubzügen, Attentaten.

Noch hatte ihre Propaganda für die Zermürbung der gesitteten Demokratien nicht eingesetzt, als der nationalsozialistische Ringverein sich schon damit befaßte, Ossietzky niederzuringen. Körperlich, das besorgt das Konzentrationslager. Geistig, das war eine sofort verlorene Sache. Einer, der geschrieben hat, und sein Name hat Klang, obwohl er selbst verstummen muß, was wäre gegen ihn zu machen. Sein Name ist der harthörigen Welt in die Ohren gerufen worden – unter Preisgabe vieler anderer, wie gerechterweise zu sagen ist. Aber es schien geboten, den sittlichen Widerstand gegen die Niedertracht, die Deutschland beherrscht, für fremde, gleichgültige Ohren zu vereinfachen und ihn zu vereinigen auf einen einzigen Namen. Dieser war der rechte.

Da habt ihr es, was eigentlich gemeint ist mit diesem Regime – ach, ihr hieltet es so gern für normal. Jedes Volk, nicht wahr, gibt sich die Staatsform, die es haben will. Nichteinmischung bleibt das Weiseste, ein bequemer Grundsatz des Völkerrechts. Jedes Land, es gehe in seinen Grenzen zu wie auch immer, man muß es nur gewähren lassen und hat mit ihm den Frieden. Das ist eure Ansicht von der Diktatur der Gewalt. Wir aber erwidern euch mit einem einzigen Namen, Ossietzky, nicht besonders schwer zu behalten, übrigens wird er euch eingeprägt werden. Ossietzky, so heißt der Friede, wenn noch nicht bei euch, dann jedenfalls bei denen, die ihn mißhandeln. In der gleichen Art wird nur zu bald mit euch selbst verfahren werden. Steinhaufen auf den Knien er-

steigen, Stockschläge über den Kopf, den Tag und die
Nacht im Bunker, einem aufgerichteten Sarg, stehen:
seht es als Vorzeichen an.
Dies und anderes mehr ist euch vorbehalten von seiten
eines normalen Regimes, mit dem ihr Verträge schließt,
ihr friedlichen Demokratien, und dem ihr weisen Nicht-
einmischer zublinzelt. Die nächsten vierzehn Tage seid
ihr noch in Sicherheit. Genießt sie, und wohl bekomme
es euch. Wirklich hat die Welt sich die Augen verschlossen, solange es entgegen ihrer inneren Auflehnung und
ihrem besseren Wissen irgend möglich war. Eines Tages
wollte es gar nicht mehr gehen. Die Regierungen ver-
harrten weiter in ihrer freiwilligen Blindheit, aber zu
viele andere hatten inzwischen erkannt, wenn auch nur
den ersten Zipfel der Gefahr. Jetzt wollten sie ihr zuvorkommen, eh daß sie in ganzer Größe dastand. Der Überfall auf Spanien war bisher nicht reif; im Mittelmeer
wurde nicht torpediert, wer hätte 1935 daran gedacht.
Der Bund der Angreifer bedrohte die Küsten noch nicht
alle, und hinter der letzten freien Grenze der friedlichen
Länder lauerte er damals nicht.
Dennoch hat sich damals der erste Widerstand gesammelt, und seine Losung war ein Name: Ossietzky. Der
Name war gehört und bewahrt worden, wer hätte es erwartet von dieser langsamen Welt. Bevor der Angreifer
zur Gewalt schritt, wurde ihm erwidert mit einem Namen, der eine Warnung war. Geht nicht zu weit, ihr seid
erkannt. Jeder Angreifer begeht nicht nur ein Verbrechen, er begeht Selbstmord. Das kann heute, nach vielen
vollzogenen Tatsachen ein Minister aussprechen. Als aber
in den freien Ländern Tausende unabhängiger Persönlichkeiten für Ossietzky auftraten, lagen zwingende Tatsachen nicht vor. Sie handelten nicht in der Not oder aus
Furcht: das Gewissen lieh ihnen die Ausdauer und starke

Stimme. Dies ist das Merkwürdige, das nicht vergessen werden kann. Ein Mann, dessen ganze Tätigkeit, mitsamt seinem Leiden, vom Gewissen bestimmt worden war, hat endlich an das Gewissen der Welt gerührt.
Der internationale Ansturm gegen das Gefängnis des Dulders hat ihn nicht befreit, so sieht der Sieg der Gerechtigkeit nicht aus. Die großen Kämpfe für die gerechte Sache enden zweifelhaft, man kennt es kaum anders. Dem Dulder ist nach wiederholtem Ansturm der Nobelpreis erkämpft worden. Er hat Glück, es gibt einen Friedenspreis, ausnahmsweise bekommt ihn ein Dulder für den Frieden. Das Geld allerdings ist seinen Verfolgern in die Hände gefallen, so gehört es sich, und sie behalten auch gleich den Preisträger. Es heißt, daß er nicht mehr gequält wird, und seine Krankheit soll gelinde verlaufen. Andererseits hat der Angreifer sich durch den Erfolg Ossietzkys keineswegs warnen lassen. Im Gegenteil hat er sich erst vollends herausgemacht und betreibt mit aller Macht sein Verbrechen, das ein Selbstmord ist.
Die Rolle Ossietzkys war gleichwohl bedeutend, wenig bedeutendere werden den Figuren zugewiesen im Spiel der Zeit. Als Zola dahinschied, nachdem er einen Unschuldigen gerettet hatte, wurde ihm nachgerühmt, einen Augenblick habe er das Gewissen der Mitwelt verkörpert. Die Tat besteht neben den Werken eines Schriftstellers, deren Folge und letztes Ergebnis sie auch ist. Ossietzky, der nicht mehr schreiben und sprechen konnte, ist in seinen Ketten dem hohen Glücksfall begegnet, daß einen Augenblick das Weltgewissen aufstand, und der Name, den es sprach, war seiner.

DIE STUNDE OSSIETZKYS

Als Carl von Ossietzky den Friedenspreis bekam, war ein wirkliches Wunder geschehen. Man bedenke, welch eine Zeit dies ist. Mit Gewalt und Terror schien alles, aber auch alles zu machen, während das Recht überall versagte und Menschlichkeit ein leeres Wort geworden war; es verpflichtete niemand. In derselben Zeit aber, vier Jahre lang, hat jemand für seine Überzeugung jede Verfolgung, jede Qual ertragen, und dies aus freien Stücken, mit vollem Bewußtsein. Einige andere haben sich genauso hochherzig verhalten. Nichts davon geht verloren, für später wird alles vermerkt. Schon haben hundert französische Gemeinden den deutschen Freiheitskämpfer Thälmann zu ihrem Ehrenbürger ernannt. Eine Kolonne Thälmann streitet für die Freiheit des spanischen Volkes. Die tapferen Deutschen fallen und siegen dort, im fremden Land, aber für ihre eigene Sache. Ihr wirklicher Gegner ist der Unterdrücker Deutschlands, ihr wirkliches Kriegsziel das freie Deutschland.

Die heutige Welt ist in menschlichen Dingen langsam. Durch die Luft fliegt man immer schneller. Zerstörte Städte, zerstückelte Kinder, das gelingt augenblicklich. Aber wenn es nötig wäre, mit Geist und Herz über die Länder zu fliegen, dann hinkt man. Menschen zu erretten, das glückt selten. Edgar André hat sterben müssen. Die sittliche Größe des spanischen Widerstandes, man erfaßt sie nur allmählich, und bis die Völker und Mächte hineilen und helfen endlich einem Volk, das leben will, gegen den widerwärtigen Lebensvernichter, bis dahin ist die letzte Stunde. Das Wunder Ossietzky ist, daß hier einmal die Verteidigung des Lebens und der menschlichen Ehre früh genug begonnen und mit Ausdauer

durchgeführt worden ist. Darüber vergehen Jahre. Wenige Personen fangen an, aber zuletzt haben sie bei Hunderten und Tausenden von Männern der Weltöffentlichkeit die klare Gewißheit hervorgerufen: Ossietzky muß aus dem Lager geholt, muß befreit werden.
Damit nicht genug, er soll den Friedenspreis bekommen. Nun ist er das Opfer. – Da sind in Oslo abgewogene, weise, ältere Herrschaften, die über das Wagnis entscheiden sollen. Wenn es irgend noch anginge, vor der Welt und ihrem eigenen Gewissen, sie hätten nein gesagt. Ihr Beschluß aber heißt: ja.
Die Spießgesellen in Deutschland haben hiermit erfahren: es ist genug. Man will sie nicht länger. Man ist überdrüssig ihres frechen und erbärmlichen Unwesens, ihres verlogenen antibolschewistischen Kreuzzuges, ihres Verrates an Europa. Die Rettung der westlichen Zivilisation im Munde führen und gleichzeitig ein Militärbündnis mit Gelben gegen den vorgeschrittenen sozialen Volksstaat. Im äußersten Westen dieses Kontinentes an der Zivilisation die schamlosesten Verbrechen begehen und dann noch das Wort verlangen, als hätten sie über Europa mitzureden. Sie haben das Wort nicht mehr, es ist ihnen abgeschnitten worden durch die Verleihung des Friedenspreises an Ossietzky. Sie sind gerichtet. Haben sie in ihrem Bereich einen edlen Menschen, dann üben sie vier Jahre lang seine Abtötung; einem großen Schriftsteller, dann bürgern sie ihn aus. Haben sie Soldaten, dann verkaufen sie diese deutschen Arbeiter und Bauern dem internationalen Raubkapital, damit sie ein freies Volk niederwerfen und ihr eigenes noch tiefer in Unglück und Schande bringen. Die Verräter sind erkannt: das war der Augenblick Ossietzkys. Sie sind gerichtet, das Urteil wird an ihnen vollstreckt werden: das wird die Stunde der deutschen Volksfront sein.

SEIN VERMÄCHTNIS

Ossietzky ist nicht als Besiegter gestorben. Auch der Nobelpreis hat es ihm bezeugt: die gesittete Welt, die Denkenden und die Völker teilen mit ihm die Idee des Friedens, sie hassen, wie er, die Gewalt. Noch überzeugender rechtfertigt ihn der heutige Zustand Deutschlands, vor dem er vergebens gewarnt hatte. Es herrscht die Gewalt, aber die Masse der Deutschen verachtet sie und fürchtet ihre Ausschreitungen. Vom Krieg und der Gewalt denken erst jetzt die meisten Deutschen, wie Ossietzky dachte.
Die Gewalthaber selbst wagen sich zum Krieg nicht offen zu bekennen. Sie betreiben ihn verstohlen und auf betrügerische Art; sie töten Menschen und stehlen Güter, wo es ihnen erlaubt ist. Aber sie leugnen, daß sie es tun, und hüten sich peinlich, weiter zu gehen, als erlaubt. Die Gewalt hat ihr gutes Gewissen verloren, der Krieg des Angreifers ist Schande geworden. Beide, Krieg und Gewalt, haben keinen Erfolg mehr und werden entscheidenden Erfolg nie wieder haben.
Die stärkere Macht ist der Friede, ist die Gesittung. Ossietzky, der es wußte, hat gestritten und gelitten für alle nach ihm, die es erleben sollen.

FÜR LION FEUCHTWANGER

Für Lion Feuchtwanger habe ich die aufrichtigste Bewunderung. Er erträgt in beispielhafter Haltung beides: seine Geltung in der Welt und den deutschen Haß. In Amerika schreibt man von einem Verfasser historischer Romane: »Fast erreicht er Feuchtwanger.« In Deutschland hat man ihm nicht nur die Nationalität aberkannt, sondern sogar den Doktortitel, der doch noch unentbehrlicher ist. Er arbeitet und befindet sich wohl. Goebbels oder sonst ein noch nicht aberkannter Doktor sagte am Anfang: Verweht und untergegangen werdet ihr sein schon übers Jahr. Natürlich drückte er sich schlechter aus, aber er meinte die emigrierten Schriftsteller. Da kommt er an den Falschen bei Feuchtwanger! Der ist seinerseits darauf vorbereitet, sie alle untertauchen zu sehen. Sie werden ihr letztes Radieschen verzehren in dem rettenden Flugzeug, das sie fortträgt nach Afrik–od–Ameriko. Feuchtwanger aber wird gute Sachen machen, immer bessere; er wird reich sein, immer reicher – und wer weiß, vielleicht erlebt er den Triumph und wird wieder Doktor. Ich bewundere ihn und beglückwünsche ihn zu seinem Ehrentag.

DER SECHZIGJÄHRIGE

Das war schon bis jetzt ein weiter Weg und soll noch weiter führen. Wir haben ihn in demselben Hause angefangen, noch eher war es dasselbe Zimmer. Große Strecken sind wir zusammen gegangen, während anderer waren wir getrennt. In letzter Zeit traf uns das verwandteste Schicksal: wir hatten es uns natürlich selbst bereitet, jeder für sich, in heimlicher Einmütigkeit. Damit wird uns bedeutet, daß wir niemals Grund gehabt haben, Abweichungen ganz ernst zu nehmen. Ausgegangen von der gleichen Heimat, zuletzt aber darüber belehrt, daß eine Zuflucht außerhalb der deutschen Grenzen das Anständigste, daher Mildeste ist, was könnte uns inzwischen begegnet sein, das nicht in Wahrheit brüderlich war.

Wir haben beide der Vernunft gelebt, dies große Wort, wenn wir es denn zu nennen wagen, in seiner ewigen Bedeutung gebraucht: als menschliches Gesetz, nicht als Kennwort für Parteien. Die Väter sagen allerdings Rationalismus, bis dann ihre Söhne, oder noch sie selbst, übergehen zum Irrationalen. Die Vernunft hingegen ist nicht ersetzbar durch ein Widerspiel, und kein Nachwuchs, der mit dem Vorigen aufräumt, ergreift über sie die Herrschaft. Das Wort sie sollen lassen stahn. Das Wort: das ist das genaue Wort. Es ist die sprachliche Strenge. Es ist die Selbsterziehung, die wir üben, wenn wir nach unseren Kräften der Wahrheit die Ehre geben und uns annähern ihrem vollkommenen Ausdruck.

Der Mann des Wortes glaubt, daß dieses auch die Vernunft ist, und außerhalb des Wortes gibt es eigentlich keine. Die menschlichen Dinge werden erst wirklich durch den Ausdruck, der sie deckt. Nur durch ihn werden sie vernünftig, während das Leben, vom Wort unbeaufsichtigt, selten anders handelt als Hals über Kopf und beschämend ungenau. Das Wort verleiht der Wirklichkeit den Körper, ja, es bekleidet sie mit einiger Dauer: sonst wäre sie beschränkt auf vergeßliche Schatten – niemand weiß, warum diese vorüberfliehen. Es ist zweifellos das Vernünftigste und enttäuscht verhältnismäßig wenig, am Wort zu arbeiten. Außerdem ist es etwas Festes, Tatsächliches, indessen die Wirklichkeit nicht hinauskommt über »Scherz und Anspielung«.

Diese beiden Worte beziehen sich im »Joseph« von Thomas Mann auf einen Vorgang, den jeder Uneingeweihte für echt und unmittelbar halten würde: die Versenkung des jungen Joseph durch seine Brüder in eine Grube. Die Geschichte wird genannt »ein Ansatz nur und Versuch der Erfüllung und eine Gegenwart, die nicht ganz ernst zu nehmen, sondern nur ein Scherz und eine Anspielung ist«. Die Grube, wie auch der hineingesenkte Bruder und überhaupt die Geschichte sollen keineswegs schon geworden, sondern noch sehr im Werden sein. Das sagt dort eine Persönlichkeit, die hinlänglich verdächtig ist, ein Engel zu sein und aus der Sphäre des Geistes zu kommen. Für ihn ist das wirkliche Geschehen nur »Scherz und Anspielung«. Worauf Anspielung? Auf etwas dahinter, Vergangenheiten, uralte Tiefen, worin alles Menschliche sich immer wiederholt und zuletzt verliert im Bodenlosen. Abraham sowohl wie der Knecht Eliezer, sie sind eigentlich nicht, die sie scheinen, mindestens sind sie gleichzeitig andere, viel ältere, halten sich auch nicht für eindeutig und an diese einmalige Erscheinung gebunden. Sogar der Turm zu Babel ist dieser und dennoch ein viel älterer. Das sind Geheimnisse – weil das Wort beim genauen Ausdruck der menschlichen Dinge auf Geheimnisse stößt. Vernünftige Geheimnisse, sie sind die von der Ehre des Geistes erlaubten. Beabsichtigt ist im »Joseph«

die Vermenschlichung des Mythos. Erreicht wird ebensowohl eine Mystik des Vernünftigen. Auch dadurch ist der »Joseph« ein so neues Buch. Man müsse immer wieder etwas Neues versuchen, meinte sein Verfasser, ob er nun wußte oder nicht, was er getan hatte.

Der Dichter des »Joseph« hat vieles gemacht. Das Leben ist lang, es hat Zeit für die volkstümliche Schlichtheit eines Romans aus dem Bürgerhause und auch für die Vermenschlichung des Heiligen, Uralten. Indessen wäre möglich, daß schon der Roman aus dem Bürgerhause eigentlich ehrwürdigere Dinge meint, als scheinbar erzählt werden. Man fasse nur die Todesfälle ins Auge, den Tod des Senators Buddenbrook, der alten Konsulin, endlich des Knaben, der aus dem Haus der Letzte ist. So sterben doch Personen in immer gültigen Sagen: dieselbe innere Feierlichkeit hat das, auch denselben ironischen Zweifel, den lange nachher der Engel äußert, ob nicht «Scherz und Anspielung« hier walten. Um seines »Verfalles« willen ist das Haus überhaupt der Gegenstand geworden; es sollte werden, sterben, auferstehn im Wort – wie auch Joseph, in Befolgung eines endlos wiederholten Ritus, in die Grube fährt, um demnächst wieder aufzustehen.

Buddenbrooks und Joseph, ich bemühe mich, die unsichtbare Brücke zwischen ihnen nachzuzeichnen, da ein Leben und ein Werk notwendig eine Einheit sind. »Man muß etwas sein, um etwas zu machen.« Nur daß man es anders macht mit sechzig als mit fünfundzwanzig. In der Jugend gab dieser Schriftsteller sich als reinen Realisten, hält sogar noch viel später seinen Jugendroman für den einzigen ganz realistischen unter den deutschen Romanen seiner Zeit. Indessen verrät er ein allzu ironisches Verhältnis zur Wirklichkeit – und mehr Gespanntheit auf den Tod, als daß er eindeutig lebensfest und -freudig ge-

staltet sein könnte. Der tüchtige Verfasser des »Götz« schrieb um dasselbe Alter den wenig lebenstüchtigen »Werther«. Das ist auch diesem jugendlichen Romancier zugestoßen, und zwar in ein und demselben Buch. Es bezeugt nicht mehr den Nihilismus des unruhigen Jünglings, aber vielleicht die Erinnerung an ihn.
Nennt ein Sechzigjähriger die Vorgänge der Wirklichkeit »Scherz und Anspielung« oder läßt auch nur eine verdächtige Person sie so nennen, dann ist das offenbar etwas anderes und hat angefangen, Weisheit zu heißen. Gleichviel – das zauberische Wort sucht weiter das Bodenlose. Dem widerspricht schwerlich, wenn um das vierzigste Lebensjahr, in dem naivsten Alter des Menschen, gehandelt wird, als stände man auf ganz festem Boden: alles soll jetzt seine Richtigkeit haben, und hier an Ort und Stelle, sonst nirgends, sollen das Recht und der Sieg sein. So verhielt sich auch dieser Vierzigjährige in damaliger Zeit, die gerade die erste Kriegszeit war, gegen die Welt und ihren Kampf. Er machte große, ergreifende Anstrengungen für Deutschland: er suchte es geistig zu retten, es ehrlichzusprechen und zu reinigen bis in das Sublime. Die »Betrachtungen eines Unpolitischen« wurden auch dankbar aufgenommen als Unterstützung von besonderer Seite, weil gerade Bedrängnis herrschte. Allerdings bestand damals noch eine deutsche Gesellschaft, die geistiger Bemühungen würdig war. Sie hielt im Einsturz aller Dinge aus, weil sie sagte: Dies ist das Land Luthers, Goethes, Nietzsches; es kann nicht verurteilt sein, nicht untergehen. Es hat der Welt zu viel gegeben und ist zu eng verbunden mit der Welt.
Der Vorgang wird so zu verstehen sein, daß ein national niemals begrenzter Geist den tiefen Anschluß an das Deutschland seiner Tage sucht, schon früh durch Vermittlung Nietzsches und Wagners, während des Mannes-

alters in seiner wahrhaft innigen Vereinigung mit Goethe. Im Ergebnis unterscheidet er nur noch wenig, was sein und was deutsch ist. Er erachtet sich selbst für einbeschlossen in eine machtvolle Überlieferung: so will er es. Das macht ihm seine Leistung und macht ihm Deutschland wert. Es wurde ihm zuerst noch gedankt.
Als er es 1933, zum fünfzigsten Todestage Wagners, nochmals unternahm, fand er keinen Dank, sondern erregte groß Ärgernis. Dies ist ein Zeitpunkt, sehr ungeeignet, um den Deutschen ihre Verbundenheit mit der Welt zu rühmen. Eure Gesittung, Schulung des Gefühls, Intellektualität, alles habt ihr für die Welt mit, ihr tauscht es aus mit ihr, eure Deutschesten gehören doch auch den sogenannten Fremden, manchmal früher ihnen als euch: seht Wagner. Das ist eine wenig zeitgemäße Art, das Deutsche zu feiern. Es wird im Augenblick gerade anders verstanden: kein natürlicher Zusammenhang mit allem übrigen, sondern gewaltsame Abschließung, gewalttätiger Eigensinn. Darum wird die Trennung vollzogen nicht nur von der äußeren Welt außerhalb der Grenzen, sondern ebensowohl von dem geistigen Universalen. Das aber sind besonders die deutschen Geister, sofern sie Höhe und Einheit haben, alle mehr als nur provinziellen Geister, die das Land hatte und noch hat oder haben könnte.
Man weiß, daß Heroisches jetzt nicht zergliedert und erkannt werden darf. Es muß grobschlächtig vergrößert, aufgetrieben, muß zweckvoll entstellt sein. Damit fängt man Dumme, wird selbst dumm und ergeht sich in einer beängstigenden Welt schuppiger Riesenmolche, wie der Mensch zu Beginn der Zeiten. Die Sendung des Dichters ist daher vorerst aufgehoben. »Ein Befreier war er wie jeder Dichter und Schriftsteller durch die Erregung des Gefühls und durch die analytische Erweiterung des Wis-

sens vom Menschen«, so deutet Thomas Mann sich seinen Goethe. Befreier sind indessen unbeliebt geworden und sind abgeschafft. »Man halte sich an das fortschreitende Leben«, so befiehlt Goethe. Das wird jetzt durchaus abgelehnt. Er stellt übrigens selbst fest: »Das Menschenpack fürchtet sich vor nichts mehr als vor dem Verstand: vor der Dummheit sollten sie sich fürchten, wenn sie begriffen, was fürchterlich ist: aber jener ist unbequem, und man muß ihn beiseite stellen; diese ist nur verderblich, und das kann man abwarten.« So Goethe.

Es ist der äußeren Stellung und Geltung eines Schriftstellers in Deutschland abträglich, wenn er noch 1932 diese Sätze angeführt hat und sie 1933 in »Leiden und Größe der Meister« wiederholt. Indessen würde er durch die Verleugnung seiner Vernunft den größeren Schaden genommen haben: Schaden an seiner Seele. Über die Lehre und den Roman der Seele steht etwas in dem Vorspiel »Höllenfahrt«, das die »Geschichten Jaakobs« einleitet und schon für sich allein das merkwürdigste Stück Prosa ist: der Urmensch oder die Seele sei zu allem Anfange der erkorene Streiter Gottes im Kampfe gegen das in die junge Schöpfung eindringende Böse gewesen. So ist es. Der Kampf gegen das Böse, er hat auch uns beide, in jedem Sinne, dahin gebracht, wo wir sind.

Lieber Bruder, es hat sich trotz allem, wie Du selbst am besten weißt, gelohnt. Zwar sind ihre Klassiker über die Köpfe der Deutschen wie Kraniche hingerauscht, was jemand schon in besseren Tagen bemerkt hat. Grade deshalb sind ihre und auch Deine Stellung und Geltung vollauf gesichert: beide spielen oberhalb der Landesgrenzen. Andererseits ist für unsereinen die wirklichste Form der Volksgemeinschaft: teilzuhaben an der Überlieferung, angeschlossen zu sein den uns voraufgegangenen Geistern, ihrer Anerkennung versichert. Der Erdenrest geschieht nebenbei und nur sehr vorläufig, weder Du noch ich überschätzen ein zeitweiliges Unheil, soweit es uns selbst betrifft. Mein eigener Sechzigster war Anlaß für mehrere der letzten Veranstaltungen, die eine schon ihrer Auflösung entgegensehende deutsche Gesellschaft sich noch erlaubte. Im festlichen Saal und vor einem beifällig bewegten Publikum umarmten wir uns damals, nachdem Du auf mich gesprochen hattest als Schriftsteller und als Bruder. Wir umarmen uns wieder zu Deinem Sechzigsten und können es auch jenseits der Feste und der Grenzen, solange wir leben, da wir Brüder sind: ja, können es noch nachher, da wir Schriftsteller sind.

BEGRÜSSUNG DES AUSGEBÜRGERTEN

Aber müssen wir ihn bei den Ausgebürgerten noch erst begrüßen? Den berühmtesten der deutschen Schriftsteller hielt niemand für ein Mitglied des Dritten Reiches. Das Ausland hatte den Ereignissen vorgegriffen, die Welt war seit langem der Meinung, er gehöre ihr und nicht dem Kleindeutschland Hitlers. Das Reich der deutschen Geister, von jeher hat es weiter gereicht als die Landesgrenzen – auch vorgeschobene Grenzen könnten sie niemals einholen. Wenn man denkt, ich sei in Weimar, bin ich schon in Jena: so ähnlich sprach Goethe, aber im Sinne hatte er Kontinente und sah ein Jahrhundert voraus.

Seien wir bescheiden. Thomas Mann, seit neuestem kein »Deutscher« mehr, hat mit Goethe wenigstens, allerwenigstens gemein, daß er sich müht und trägt die auferlegte Last. Wo ist er, der sich müht und trägt die Last, die wir getragen haben? Dieser Goethesche Satz ist hier nicht wörtlich wiedergegeben, er ist zurückübersetzt. In dem Manifest an die Europäer, verfaßt von Thomas Mann zu ihrer Warnung, war der Satz in allen ihren Mundarten zu lesen. Ein Deutscher, im Begriff ausgebürgert zu werden, macht gemeinsame Sache mit einem anderen Deutschen, Goethe, der jetzt auch nicht in Weimar säße, sondern Haus und Habe wären ihm fortgenommen, er teilte mit uns allen das Exil. Er würde französisch wie deutsch schreiben; Napoleon hat ihn schon damals aufgefordert, nach Paris zu kommen. Demgemäß erläßt nach hundert Jahren ein Deutscher seinen Aufruf an die Europäer in allen ihren Sprachen.

Vielleicht hat den letzten Anstoß, ihn auszubürgern, dieser Aufruf gegeben. Er sagt der europäischen Jugend genau das, was das Dritte Reich sie nicht hören lassen will: höchstes Gut des Menschen ist die Persönlichkeit. Denn sie will erarbeitet sein. Europa verfällt, weil die neuen Europäer ihre wesentliche Arbeit nicht mehr erfüllen wollen. Sie wissen nichts, das wäre schon schlimm genug; aber sie maßen sich Unwissenheit als ihren Vorzug an. Die Arbeit an der eigenen Vervollkommnung, die persönliche Verantwortung und Mühe, sie geben alles billig, wenn sie sich dafür einreihen dürfen in Gemeinschaften und »Führern« folgen. Das ist bequem und gewährt die wohlfeilste Abart der seelischen Berauschtheit: anstatt der dionysischen die kollektive. Man braucht sich nicht zu vervollkommnen, braucht weder das Wissen noch die Verantwortung, die beide in hohen, bewegten Stunden die Trunkenheit des Geistes ergäben. Dann hätte man durch langes, redliches Bemühen zuweilen den Gipfel gewonnen, wo alles Lebende eines ist mit dir. Nein, sondern sie treiben ihr eigensüchtiges Vergnügen, berauschen sich an der Unterordnung, marschieren Schritt und Tritt und singen dazu Leitartikel aus dem Propagandaministerium.

Merkwürdig genug, daß ein Drittes Reich und sein Propagandaministerium diese Sprache einem Deutschen so lange nachgesehen haben. Sie hatten natürlich die plattesten Beweggründe, immer nur solche, die den äußerlichen Aspekt – und das Auswärtige Amt – betreffen. Es sollte nicht offen in die Erscheinung treten, daß auch der letzte Schriftsteller von Weltruf ihr Herrschaftsgebiet geräumt hatte. An seinem Namen wollten sie sich unredlich bereichern. Bis sie anderen Völkern ihr Land geraubt hätten und mit dem Umfang des Reiches ihre Ehre vermehrt, die einzige Ehre, die sie begreifen, bis dahin versuchten sie einen Nobelpreisträger auszuspielen als den Ihren. Das hat ihnen nichts genützt, der Nobelpreisträ-

ger sorgte selbst dafür, daß es fehlschlug. Übrigens ist die Mitwelt vorzüglich unterrichtet über ein Reich, das keine größere Sorge kennt, als von sich reden zu machen. Es war nirgends unbekannt, was in den Buchhandlungen Deutschlands vor sich ging und daß die Schriften des Nobelpreisträgers, die jeder Buchladen Europas führt, in seinem Heimatlande nur insgeheim verkauft werden durften. Was ändert seine Ausbürgerung?
Sie stellt offen dar, daß der Geist Europas das Deutschland Hitlers verwirft und ausschließt. Das Umgekehrte ist Vorspiegelung und Mache. Nicht Hitler bürgert Thomas Mann aus, sondern Europa Herrn Hitler. Dieser Zeitgenosse überschätzt seine Macht in jedem Betracht, militärisch, ideologisch, aber besonders hinsichtlich der Persönlichkeiten, die nicht eines Tages »die Macht ergriffen« haben: sondern sie haben sich selbst und damit ihr Deutschland, ihr Europa, die Zukunft und das Reich erworben und verdient ihr ganzes ernstes Leben lang.

HENRI BARBUSSE

Er war der erste. Von den sehr namhaften französischen Schriftstellern war Barbusse der erste aktive Kommunist. Er war es in der einfachsten Art. Innere Kämpfe lagen hinter ihm, übrig blieb die unaufdringliche Überzeugung. Diese ist immer gegenwärtig und wäre jeden Augenblick bereit, bis zum Äußersten zu gehen. Es ist indes nicht die rechte Zeit für das Hervorkehren der Inbrunst. Mehr Nutzen bringt es, darzutun, wie vernünftig ein Kommunist ist, wie willig, zusammenzugehen mit allen anderen Antifaschisten, und einem praktischen Humanismus zugeneigt. Sogar eine nur angenommene Versöhnlichkeit wäre berechtigt.

Seine Versöhnlichkeit war echt; nicht diplomatische Rücksichten bestimmten sie, sondern seine große Intellektualität. Der große Intellektuelle beherrscht Wege, die andere nicht durchmachen und nicht begreifen: vom Artisten zum Denker, vom Bürgerlichen zum Arbeiter, vom Zweifel bis in das Land, wo man weiß. Auch den Weg von einem genußsüchtigen Pessimismus bis zur ernsten Freudigkeit können wir zurücklegen, und dieser war ihm gewiß bekannt. Wer nun soviel versteht, der will andere seinesgleichen – vielleicht noch aneifern oder bekehren, und auch das nur durch sein lebendiges Beispiel; drängen, schulmeistern, beherrschen will er keinen. Er ist sicher: auch sie werden kommen, vorausgesetzt, daß sie das Ende des Weges noch erleben und die Wahrheit mit Augen sehen.

Wie geduldig war mit uns allen ein so großer Führer der intellektuellen Linken! Er schrieb: »Die Kundgebung hat schon die Zustimmung der meisten Schriftsteller, denen ich sie vorgelegt habe; das ist aber nur eine erste Aus-

wahl. Mehrere sind mit der Fassung einverstanden und meinen nur, wie Sie, daß es vielleicht richtig wäre, gewisse Stellen abzuschwächen. Andere wieder machen den entgegengesetzten Einwand. In einigen Tagen, wenn alle Antworten eingegangen und verglichen sind, können wir, mit Ihrem Einverständnis, nochmals darüber sprechen, wie weit man in einem Aufruf an die Schriftsteller gehen darf und was man ihnen politisch vorlegen soll.«
Das ist meisterhaft, von seiten des Herzens wie des Verstandes. Man muß sich erinnern, daß er die Wahrheit in Händen hielt und ihr unweigerlich den äußersten Ausdruck gewährt hätte. Er achtete andere, er wartete auf sie, er geleitete sie.
Die französischen Schriftsteller sind geneigt, die Sozialdemokratie zu überschlagen und sich sogleich dem Kommunismus anzuschließen. Das kann Logik, es kann auch die Frucht auswärtiger Begebenheiten sein. Wahrscheinlich ist außerdem, daß sie die Furcht vor dem Kommunismus nicht erst gelernt haben – weder die Intellektuellen noch das übrige Frankreich. Es war noch kürzlich viel zu bürgerlich, als daß der Sozialismus ihm nahe gerückt worden wäre, besonders nicht als Schreckgespenst. Jetzt ist das anders, der Sozialismus verwirklicht sich in den Köpfen, aber wieder nicht als Schrecken. Darauf ließ sich anderswo ein Betrug gründen, nicht hier. Der Sozialismus wird in französischen Köpfen verwirklicht zu derselben Zeit, da die Sowjetunion sich als Demokratie enthüllt und einen neuen, realen Humanismus verkündet.
Frankreich hat zu der Gunst des Augenblickes auch das Glück, große Intellektuelle auf der Seite zu erblicken, wo die Wahrhaftigkeit besteht. Aber Glück und Unglück sind für die Zeiträume, mit denen Völker rechnen, nur nach Verdienst verteilt. Das Land, das selbst eine große Revolution gemacht hat, wird von der zeitgemäßen Be-

wegung eines anderen Landes nicht eingeschüchtert und nicht verdummt. Sie hatten Voltaire, sie hatten Victor Hugo. Gerade darum haben sie auch Anatole France. André Gide und Henri Barbusse.

DER MANN, DER ALLES GLAUBTE

Johannes R. Becher hat einen neuen Namen gefunden für den merkwürdigen Durchschnittsdeutschen 1900 bis 1933. Er nennt ihn den Mann, der alles glaubte, wogegen kaum etwas einzuwenden sein wird; denn tatsächlich, was hat er von Wilhelm bis Hitler sich alles aufbinden lassen – und von wem! Früher einmal die Gesetzlichkeit und Ordnung, während das ganze Kaiserreich doch auch schon nichts weiter gewesen ist als ein abenteuerlicher Gewaltstreich und bourgeoiser Schwindel, einfach die Fortsetzung des besiegten Louis Napoleon. Eines Tages wird der Fortsetzer selbst besiegt; der mittlere Deutsche oder »brave Mann« hat natürlich damals schon die falsche »Volksgemeinschaft« geschluckt, die er noch öfter schlucken wird. Im Auftrag der reichen Leute schlägt er dann die ehrlichen Revolutionäre nieder, glaubt indessen, es wäre für das »Vaterland«. Im Jahre 1923 ist es mit der Mark ganz aus; wer könnte wohl daran schuld haben, wo nicht die Juden. Der brave Mann glaubt es. Er wäre andererseits bereit, an die Kommunisten zu glauben, nur leider: »Die Kommunisten kamen nicht.« Da ist der brave Mann dann nicht weit entfernt vom »braunen Hemd«. Er muß am Ende etwas haben, seine Blöße zu bedecken, die seelische mehr als die leibliche. Um nur zu glauben, nimmt er auch mit Hitler vorlieb. Ja, wenn Hitler und die Seinen durchaus nicht gewollt hätten, der mittlere Deutsche oder brave Mann würde sie aus ihren Verstecken gezogen und an sie geglaubt haben trotz ihrem Sträuben. Zu seinem Glücke dachten sie nicht daran, sich zu sträuben. Immer finden sich die Richtigen, um aus der angeborenen, unheilbaren Gläubigkeit des Deutschen den richtigen Vorteil für sich zu holen. Sie verstehen sich mit dem Betrogenen, und er sich mit ihnen. Beide brauchen einander.

Diesen ziemlich trostlosen Eindruck bekommt man aus der Geschichte, die Becher trotzdem lustig erzählt. Nicht bitter; denn er selbst hat einen Glauben, den vernünftig begründeten Glauben, daß die Dummheit und die Leiden des hilflosen Mittelmenschen dennoch heilbar sind, auf dem Wege gründlicher wirtschaftlicher Veränderungen. Diese würden durch ihre eigene Vernünftigkeit auch die Vernunft der geistig Armen vermehren, und Betrüger wären nicht mehr unentbehrlich wie jetzt, da das Bedürfnis, jeden Unsinn zu glauben, bei dem »braven Mann« in der Abnahme wäre.

Hier tritt eine wichtige sittliche Tatsache hervor. Die sozialistische Gesinnung ermöglicht es, vom Menschen heiterer und freundlicher zu denken, als man sonst könnte angesichts seines Verhaltens. Es wird noch etwas aus ihm werden. Der Dichter Becher bekundet dem »braven Mann« wahrhaftig genug Nachsicht und Wohlwollen, da er seinen kläglichen Wandel in gute Verse bringt. Gut sind die Verse, weil leichtfüßig bei strenger Genauigkeit des Berichts.

Nun ergeben Sachlichkeit, Leichtigkeit, Humor mit Anwandlungen romantischer Laune – was ergibt das zusammen? Volkstümlichkeit – die lange gesuchte, eigentlich unerwartete; völlig vergeblich, in einem niedergehaltenen Volk ist niemand volkstümlich. Dies kann, wie sich zeigt, ein Ausgestoßener sein. Das Talent dieses Johannes R. Becher ist kaum wiederzuerkennen, soviel deutlicher und schöner hat das wahre und wohlüberlegte Gefühl für seine »Klasse« es gemacht. Die Klasse muß wohl das Volk sein, sonst schriebe er nicht volkstümlich.

In dem Buch vom »Mann, der alles glaubte« stehen als besondere Merkwürdigkeit einige der schönsten Sonette, die seit den klassischen Zeiten hervorgebracht wurden. Das ist viel: volkstümlich sein und humanistisch, ein Bildungs- und Erziehungsgesetz haben neben dem wirtschaftlichen. Wie, wenn es das erste Schimmern, noch hinter dem Horizont einer zweiten Renaissance wäre? Seien wir unbescheiden, damit wir vorwärts kommen!

JOHANNES R. BECHER – SEIN HOHESLIED

Diese Gedichte sind eines der bündigsten Zeugnisse, daß eine Dichtung, die das Leben beherrscht, heute möglich ist. Für die Dichtung kommt alles darauf an, weder zu vereinsamen noch sich unterzuordnen. Es ist müßig, für sich allein zu dichten, ohne Verbundenheit mit dem Glück und Unglück der Welt. Ihre schlechten Tatsachen für gut zu nehmen, damit man nur mit hingeht und geduldet wird, ist minderwertig. Dichtung, die den Namen verdient, beherrscht das Leben.

»Der Glücksucher und die sieben Lasten« ist wohl ein Hauptwerk, da der Verfasser es ein Hoheslied nennt, und das schreibt man nicht oft. Ein Gedicht wie dieses entsteht an dem entscheidenden Punkt: jemand hat alle auferlegten Lasten getragen, begriffen, gutgeheißen. Sagt darum nicht mehr »Nutzloses Träumen«, sondern weiß: »O wie beneidenswert sind wir, da nun die Welten sich scheiden.« – »Unüberwindlich, denn wir schufen die Freiheit, das Glück!« Wann erfährt er es? Zu derselben Zeit, als »aus den Menschen entstand eine Abart, gefährlich, der Pest gleich«. Da scheiden sich die Welten. Gegen den Krieg, die gemeine Machtgier und Entmenschung hat ein Volk sich erhoben. Mehrere Völker erheben sich, endlich werden es alle sein. Aber das neue Bewußtsein der Völker gibt Kraft ihm, der über sie auszusagen hat. Sein Lied wird hoch, wenn die Menschen groß werden.

Damit ein Talent sich vollenden kann, muß es Partei ergriffen haben – die richtige Partei, die des menschlichen Glückes. Das erleichtert die eigenen Lasten, da es fortan lohnt, sie getragen zu haben. Das macht die Gedichte stark, erstens, weil die Form erstarkt. Form und Kunst hängen durchaus vom Leben ab, und daß man entschlossen ist, es zu beherrschen. Talent vorausgesetzt, bekommen Gedichte die unverkennbare Gestalt der Dauer, wenn der Dichter zum Volk steht. Nur der Revolutionär hat die lebendige Überlieferung; war doch alles, was Menschen gedacht und getan haben, ihr Freiheitskampf. Ihr Freiheitskampf erleidet Rückschläge, wobei dann in den schlimmsten Fällen die erwähnte pestilenzialische Abart entsteht: die Abart, die heute Deutschland schändet. Was sieht man diese Alleshasser zuerst angreifen? Die Überlieferung, die geistige, gemüthafte Überlieferung des Volkes.

Die »Inschriften« auf einige große Persönlichkeiten, deutsche oder überdeutsche, auf Grünewald, Goethe, Rembrandt sind von J. R. Becher aufgesetzt worden, bevor er wissen konnte, daß besonders diese von den Feinden der vornehmen Gesittung verfolgt werden sollten. Das ist aber eingetroffen, und ein Revolutionär hat ihnen im voraus die edelsten Verse gewidmet, weil eins wie das andere dem unausweichlichen Gesetz entspricht. Die klassischen Werke sind Zeugen der vergangenen oder künftigen Freiheitskämpfe. Im Wege sind sie den Schurken, die ein Volk knechten: dies sogar dann, wenn die Schurken es anfangs sich gar nicht vermutend waren.

Dieser Dichter hat seine Form zu vollenden gelernt, während er Lasten trug, und hätte sprechen können wie Heine, wie Platen: »Ich hatte einst ein schönes Vaterland.« Hier zeigt sich, das gleiche Talent beiseite, ein bedeutungsvoller Abstand des neuen Emigranten von den alten. Der Revolutionär, der jetzt dichtet, hat auf sein schönes Vaterland durchaus nicht verzichtet, ist auch nicht satt von ihm. Er lebt in einem Lande, das er glücklich findet, das Freiheit und Glück hat für alle; was für ihn kein Grund ist, wehmütig und fremd zu bleiben. Vielmehr gibt es ihm Zuversicht, sein altes Heimatland wird bald dieselbe, wahre Heimat aller seiner Menschen sein. »Es gibt ein Land – oft hören wir es rufen –, / Da feierte das Volk längst Auferstehn./ Daß wir aus Deutschland solch ein Land nicht schufen,/ Bis heut noch nicht ... Verzeih ... Es wird geschehn.«

Das sagen die Deutschen in seinem Gesang vom unbekannten Soldaten, einem wunderbar klangvollen Sang, kein Wort, das nicht den Klang der Wahrheit hätte. Der unbekannte Soldat hat tot im Argonnerwald gelegen, er steht auf, kehrt heim und wird nochmals erschossen, weil er gefragt hat: »Worin besteht das Wohl, für das ich fiel?!« Furchtbar einfach, es wäre wirklich so, wenn er wiederkäme. Die Kraft der dichterischen Gesichte entspricht ihrer Redlichkeit. Die eine Seite der Wahrheit ist, daß die Kämpfer erschossen und nochmals erschossen werden. Die andere ist, daß sie dennoch leben, daß sie mächtig auf dem Weg sind und ihrem Freund in der Ferne einen herzlichen Gruß schicken. »Ja, die Genossen von einst, du würdest sie kaum mehr erkennen,/ Hart geprüft und bewährt wuchs uns ein neues Geschlecht/ Kämpfer und Helden heran.«

Er wird sie erkennen, verkünden kann er sie schon jetzt. Die Ferne ist nicht fern, sein Deutschland gehört ihm wie je. Man ist, anders als in den Zeiten der Hoffnungslosigkeit, über alle Grenzen verbunden. Man hat die Überlieferung und hat die Zukunft. Man hat die schöne Form, die nicht leer, sondern durchblutet ist. Vor dem Auge steht das befreite Land – mit der gleichen Wirklichkeit die Sowjetunion und Deutschland. »*Unser* Deutschland ersteht, so wie es vor uns erstand / Traumhaft am Bodensee.« Als von *unserem* Deutschland nur geträumt wurde, war es weniger nahe als jetzt, wo darum gekämpft wird. Und Dichter wie Becher gibt es gerade jetzt.

EMPFINDSAMKEIT UND MUT

Max Herrmann-Neiße wird am 23. Mai fünfzig Jahre alt. Er ist ein Dichter, »ein echter, der Lyrik treibt«, wie Fontane sagte, und dieser reimte: »Mit einer Köchin ist er beweibt.« Nein, das ist er ganz und gar nicht. Sondern seine Gattin ist der Liebreiz selbst, und ist noch mehr als das. Herrmann spricht zu ihr:

> Wie Blinde das Gewühl der Stadt bestehen,
> wenn eine linde Hand sie sicher leitet,
> kann ich Hilfloser heil durchs Leben gehen,
> weil du mir alle Wege hast bereitet.

Er fragt sie:

> Was schenk ich dir dafür? Die kleine Lüge
> des Lieds, das dich besingt – und denkt an alle!

Das reut ihn, es ist eine Untreue – wie Dichten gegen die Personen, die den Vorwand bieten, eine gewisse Untreue bleibt, man kann das nicht ändern. Es ist nötig, über sie hinaus- und hinwegzugehen, wenn man dichtet. Man gelangt zur Weltliebe anstatt des Gefühls für ein Wesen, und man verharrt nicht beim Anblick der schönen Frau: die Schönheit selbst schaut man an. Die Schönheit, das ist Wort, Klang, Tonfall. Dies indessen bestraft sich. Eine endgültige Feststellung Platens lautet:

> Wer die Schönheit angeschaut mit Augen,
> Ist dem Tode schon anheimgegeben.

Abschiedsworte, wie alles von Platen, der jung starb und in die reinste Schönheit ausklang, unglaubhaft und mythisch, wie das Lied des sterbenden Schwans. So wären die echten Dichter alle, wenn sie jung stürben und die Vorahnung davon hätten. Alle wären »Tristan«, wie Platen sein traumhaft schönes Gedicht nennt. Herrmann gesteht seinerseits:

> Das Lied, das mich umschwebt, stieg aus den Wunden
> der eignen Traurigkeit und hat nicht Kraft
> und schwebt schon nicht mehr, liegt, wie ich, gebunden
> als Schmerzensbruder meiner Lebenshaft.
> Und kennt von jedes Menschen Wanderschaft
> so wie von mir nur alle bösen Stunden.
> Und doch hab ich mein Fest in ihm gefunden!

Die letzte Zeile klingt merkwürdig nach Triumph, ja nach der Überwindung und dem Überdauern des »Schmerzes« sowie der »Haft«. Aber sind dies schöne Verse? Diese und die vorigen, an die Frau, sind sie schön im Sinne des Platenschen »Tristan«? Sie gehören zu den innigsten; Bekenntnis sind sie, strömen Dank aus, selbst für ein schmerzliches Geschick; und wohllautend, das ist unverkennbar, höchst wohllautend werden solche Verse dadurch, daß sie aus einer wohllautenden Seele kommen. Die Empfindsamkeit eines Menschen, der dies hervorbringt, ist in seltener Weise befähigt, zu feiern und zu trauern. Der Empfindsame ist sich dessen bewußt; sein Zustand gebietet eine gewisse Bewußtheit, wenn nicht Eitelkeit. Zur großen Empfindsamkeit gehört durchaus, daß man sich selbst für eine menschliche Ausnahme hält und sich ein ungewöhnliches Schicksal beimißt. Später übrigens ändert sich das, falls man's erlebt.
Der Wandel fällt zumeist in die Lebenszeit, die Dichter

Herrmann jetzt erreicht hat. Da geht, bald nach der ersten Hälfte der irdischen Jahre, für manchen etwas Unerwartetes vor sich. Er bemerkt, daß alles, rückblickend, so schlimm nicht war, auch nicht so großartig – eher war es normal. Die Organe haben, jetzt schon lange, ihren vorgeschriebenen Dienst getan, die Nerven hielten mehr oder weniger stand: die Schmerzen der Lebenshaft können daher so überwältigend nicht gewesen sein. Man hat das überschätzt, wie man jetzt findet, hat die Ungewöhnlichkeit des eigenen Schicksals übertrieben – was allerdings unvermeidlich damit zusammenhing, daß man ungewöhnliche Sachen zu machen hatte. Genug, fortan bedenkt der gealterte Empfindsame, daß er eigentlich seine Tage verbracht hat wie andere auch. Ja, es waren nicht seine Tage allein. Er hat eine Zeit verbracht, die allen Beteiligten dieselben Gelegenheiten gab und aus ihnen, ganz im Grunde, doch etwas Verwandtes machte. Heftige Veränderungen der Welt erweisen dies vollends. Katastrophen, Gewalt und öffentliche Schande belehren den Empfindsamen darüber, daß er leidet und sich empört im Namen aller anderen, daß er ihr Schicksal mit erfährt und nur ihr Instrument ist – der sehr feine Apparat, der ihre Regungen anzeigt.

Nun gibt es erregbare Naturen, die hierüber die Selbstkontrolle verlieren. Um nicht im allgemeinen zu bleiben: das sind Dichter, die sich einst wer weiß wie kostbar hielten, endlich aber ihre Bestätigung in dem ordinärsten Nationalsozialismus entdeckt haben. Eintretende Katastrophen erzwingen die Entscheidung und scheiden die scheinbar Gleichgesinnten. Herrmann-Neiße war ein Freund von Gottfried Benn, beide einmütig waren sie sehr eingenommen gegen die Fortpflanzung und für das »Unfruchtbare Glück«, wovon ein Herrmannsches Gedicht noch heute Zeugnis ablegt. Übrigens aber haben die

Wege sich gründlich getrennt. Menschenpack, Fleisch und natürliche Funktionen zu hassen war für Benn das Richtige; Herrmann machte es, ihm zu Gefallen, wohl einmal mit, schrieb aber schon damals gegen die »Lebensleugner«:

> Versagt ist ihnen, was die Straßen schenken:
> den Bettler an der Ecke segnet mehr
> als jene, welche stets die Stirnen senken
> und gehen wie die Büßenden einher.

Der Vers folgt noch: »Und ihre Herzen haben niemals warm«; was ja wohl die einfachste Erklärung sein wird, warum einer Nationalsozialist werden kann. Demgemäß zog Benn die Uniform an, Herrmann ging ins Exil. Ihn zwang nichts, außer daß er ein warmes Herz hatte. Aus dem Empfindsamen tritt in den guten Fällen ein Empörter und ein Rächer. Er ist der Weltfreund, der eingetretenen Katastrophe verdankt er, daß er es begreift und danach handelt. Er ist der Verehrer des Lebens, Liebhaber des Menschenglücks; der Auftrag gelangt an ihn: Entblöße die Menschenhasser, brandmarke die Verwüster der Freude, der wenigen Freude, die wir haben, des bißchen Güte, das auf Erden ist. Ein Gedicht aus der Verbannung über die »Zerstörte Welt«:

> Wieviel Freundschaft ist verdorben,
> seit Verrat sich wohl belohnt!
> Hat man gestern dich umworben,
> heut verleugnet dich die Welt.
> Die Begründer sind gestorben,
> und ihr letzter Erbe wohnt
> einsam im Nomadenzelt.
> Mädchen spielen jetzt Spione,

Mütter hetzen in den Mord,
und der Vater wird vom Sohne
ausgeliefert dem Schafott.
Güte gilt dem Gassenhohne
weniger als nichts. Verdorrt
ist in dir die Blume Gott.

Sind das schöne Verse? Andere folgen:

Hündisch alle Macht umworben,
jeder Grausame heißt Held.
Alles Leben ist verdorben,
seit sich der Verrat belohnt,
und zur Wüste wird die Welt.

Sind das schöne Verse? Ja, die Schönheit überdauert den jugendlichen Schmerz und die Todesweihe der frühen Jahre. Sie hat sich gefestigt und ist hier die Kraft eines Weltfreundes und Verehrers des Lebens. Seht, darum ist ein Dichter ausgewandert. Zum Zeichen, daß er empfindsam und ein tapferer Mann ist. »Arier« hin und her, daran hat es weder ihm noch seiner reizenden Frau gefehlt, deswegen hätten sie bleiben können. Gefehlt hat die Nachgiebigkeit, gemein, fühllos und niederträchtig zu werden. Darum allein ist ein Dichter ausgewandert in der ersten Stunde nach dem Reichstagsbrand. Er wäre es sonst auch gar nicht. Dichter ist er, weil in seiner Brust das menschliche Gewissen schlägt, und nur davon hat seine Sprache ihren endgültigen Wohllaut – hatte ihn schon vor den jetzt eingetretenen Prüfungen. »Fürchte dich nicht«, so beginnt sein schönstes Gedicht, ein wahres Geheimnis von Schönheit, wie es wohl einmal vorkommt. Es kommt aber vor, wenn jemand empfindsam und tapfer ist.

AN OSKAR MARIA GRAF, VERFASSER
DES ROMANS »DER ABGRUND«

Wenn ich Ihnen alles Gute sagen soll, das ich über Ihr Buch denke, weiß ich nicht, wo anfangen und wo aufhören. Ich habe lange daran gelesen, weil es sehr voll von erlebten Tatsachen ist und trotz dem Umfang des Bandes gar nichts überflüssiges enthält. Damit ist schon gesagt: der Roman, seine Personen, ihre Schicksale decken sich mit der berichteten Zeitgeschichte; sie laufen nicht nebenher; das Erfundene ist genauso wichtig wie die bekannten Ereignisse und Aktoren. Es ist manchmal merkwürdig, daß auf einen Auftritt Hindenburgs unmittelbar Ihr Mann aus dem Volk seine Szene hat, und es fällt nicht auf, der Leser macht keinen Unterschied. Das kann nur einer wagen, der seiner Sache sicher ist und weiß: was ich schreibe, ist das Eigentliche. Wie die Masse der Leute es erlebt hat, was sie beigetragen und verdorben haben, warum sie gestraft wurden und wie es an ihnen ausgegangen ist: daran erkennst du ein Land, Volk, Zeitalter. Die »Oberen«, mit denen viel hergemacht wird, sie benehmen sich nur übermütig, weil die Masse der Leute versagt. Bei diesen läßt der politische Lebenswille nach, ihr Sozialismus ist gerade mal ausgeleiert, ihr Machttrieb klapprig. Sofort sind die Wölfe da. Die Wölfe liegen immer in Bereitschaft, es sind die unvermeidlichen Zeitgenossen, die davon profitieren, daß ihr braver »Genosse« Hochegger alt geworden ist. Solche Hocheggers sind einstmals ansehnliche, robuste Volksmänner gewesen, damals bekam es nicht einmal dem Bismarck besonders gut, mit ihnen anzubinden. Als sie alt geworden sind, können Zwerge es sich herausnehmen. Schwindler können ihr Geschäft machen mit dem Zerreden alt gewordener Volksmänner, die ihrer eigenen Dialektik entfremdet sind durch den täglichen Gebrauch; und wirklich danach zu handeln, das können sie sich durchaus nicht mehr vorstellen. Daher dann die billigen Gewalttaten der anderen.

Von oben her, von den Erfolghabern aus bekommt das alles Wichs und Glanz, es heißt Niederwerfung des Marxismus oder sonstwie. Aber die windigen Sieger hätten es vor fünfzig Jahren versuchen sollen, als Bismarck es nicht konnte; und von jetzt in einer Weile werden wieder sie selbst dahin sein, und ihr falscher Sieg ist nie gewesen. Um den Vorgang mit Händen zu greifen, muß man Ihren Roman »Der Abgrund« lesen. Lieber Graf, Sie zerstören jeden angemaßten Nimbus der Erfolghaber und Niederwerfer, da Sie zeigen, wie leicht es war, wie laut die Stunde geschlagen hatte. Bei Ihnen kommen die gleichgültigen Volksfeinde fast nicht vor, aber um so mehr lebt das Volk. Wir sehen es aufgestört vom Herannahen des Unheils, bald kocht es vor Erbitterung, bald schwitzt es Angst. Werden die früher braven Genossen noch einmal Gebrauch machen von dem Apparat, den sie beherrschen sollen? Werden die beiden proletarischen Parteien sich einigen, geht es gut aus? Natürlich nicht, das wissen wir vorher, kochen aber mit Ihrem Volk vor Erbitterung und schwitzen mit ihm Angst. So und nicht anders erfaßt man die wirkliche, körperliche Geschichte, die Geschichte aus der Masse der Leute heraus. Das haben Sie machen können, weil Sie dazu gehören und als Schriftsteller die Kraft Ihres Volkes haben. Das gesunde Volksempfinden, mit dem andere großtun, ohne es überhaupt zu kennen, Sie haben es von selbst und geben es wieder, gewollt oder ungewollt. Sie sind einer der Glücksfälle der deutschen Opposition: zuerst durch das, was Sie sind, nach Herkunft, Körperbau und geistigem Wuchs; sodann aber durch ihr kräftiges Lebensalter. Sie werden länger in Blüte stehen, als der Verfall Ihres Volkes noch währen kann. Sie werden die Volksfeinde überdauern. Wie Sie jetzt den Abgrund »Deutschland« höchst bildhaft enthüllt haben, sollen Sie später ein Land und Volk zeigen außerhalb des Abgrundes, dem es entronnen sein wird, bis hinauf in das Licht.

DIE GRÖSSERE MACHT

Warum denke ich jetzt täglich an Ernst Barlach? Früher begegnete man ihm bei seinem Kunsthändler, der mein Verleger war. Ein Landmann kam nach Berlin, er trug Schaftstiefel, in seiner Haltung waren Ruhe und Kraft. Kein nervöses Gesicht; die Falten lagen, wie er selbst sie in Holz schnitt, einfach und klar. Er hat Bühnen- und Bildwerke geschaffen, alle ausgezeichnet durch eine höhere Schlichtheit; nur der geprüfte, umgetriebene Geist erlangt sie zuletzt. »Erdgebunden« war niemand weniger als dieser Künstler, der dennoch gelernt hatte, die stummen Wesen um ihn her redend zu machen und den Unbewußten ihre innigste Gestalt zu geben.

Das ist der Intellektuelle. In seiner echten Erscheinung ist er kein Fremder unter den gewöhnlichen Leuten. Er weiß über sie mehr, und was er ihnen darbietet, ist gewachsen. So wachsen sie selbst, so wächst auf dem Acker das Korn. Wirklich fremd, wirklich hergelaufen und wurzellos sind alle, die den redlichen Arbeiter am Wort und Bild von den gewöhnlichen Leuten trennen. Sie müssen ihre trüben Gründe haben, wenn sie ihn ausscheiden aus einem Volk, das er richtig sehen, tief empfinden, zuletzt auch denken lehrte. Seit 1933 ist erwiesen, wie die Feinde des Intellektuellen das zuwege bringen.

Seine physische Beseitigung ist nicht ihr einziges Mittel. Sie können ihn moralisch töten, wie Barlach. Seine Bildwerke sind vernichtet worden. Ernst Barlach hätte sie aus eigener Erfahrung aufklären können, wer vernichtet, wer zerstört. Da er weder ausstellen noch verkaufen durfte, verarmte er. Damit nicht genug, für sein letzte Geld bekam er den Bissen Brot nicht mehr. Die gewöhnlichen Leute in Deutschland haben ihn gefürchtet, weil seine Berührung gefährlich war; sie sind dahin gelangt, daß sie ihn haßten.

Aus Scham natürlich, aus Scham, daß sie einen der Ihren verleugnen und dem Tod anheimgeben mußten. Sie hatten sehr wohl um ihn gewußt, auf einer sehr hohen Ebene war er ganz der Ihre gewesen. Er war im Einverständnis mit ihrem Herzen gewesen. Bis er es war, hat er an sich gearbeitet, viel abgetan und viel erworben. Man wird groß, man wird zum wenigsten ein Beispiel für viele, durch edles Geblüt und einen volkstümlichen Sinn. Beides haben die Schöpfer, die schöpferischen Denker und Bildner. Sie überzeugen mit ihrem Können und Sein. Die anderen, die Feinde der Intellektuellen, überzeugen niemand, sie erzwingen alles nur durch Schrecken. Sie sind schlechtblütig, sie hassen zuerst die Intellektuellen, weil diese die Macht haben, ihr Volk auszudrücken und zu überzeugen. Das wird für die Dauer die größere Macht sein.

ZU LUDWIG RENNS FÜNFZIGSTEM GEBURTSTAG

Ludwig Renn ist ausgezeichnet als Schriftsteller und als Kämpfer. Er vermag beides, die Waffe und das Wort zu führen: das vereinigen wenige. Es ist schon viel, wenn wir begriffen haben, daß die Freiheit und das Recht die höchsten geistigen Werte sind; ohne sie wird alles Denken vergeblich und falsch. Aber völlig unbekannt war dem Westeuropa dieser Zeiten der Freiheits- und Gewissenskämpfer, der eine wirkliche Truppe in die Schlacht führt. In dem Spanischen Krieg ist er wieder aufgetreten, wir erblicken ihn unter den Zügen von Ludwig Renn.

Ein deutscher Offizier und Angehöriger der Kaste, die zu befehlen gewohnt ist, stellt seine Fähigkeiten in den Dienst eines Volkes, das kämpfen will – nicht für Privilegierte und Ausbeuter, sondern für die allgemeine Sache, die Freiheit und das Recht. Gerade hier muß einer gelernt haben, zu gehorchen und zu befehlen; er muß sich von der höheren Kaste fühlen, aber bei der Sache, die würdig des Sieges und der Macht ist. Die früheren preußischen Offiziere erachteten Armut und Entbehrungen für nichts, wenn ihre Kaste die Macht hatte. Ihr verspäteter Kamerad Renn hat in Spanien selbstlos um die Macht gekämpft; er meinte kein Vorrecht, obwohl er das vornehmste ausübte: einzustehen für das Lebensrecht aller.

Er hat seine Pflicht getan bis an das Ende, das keines sein möge, weder für ihn noch für die Sache. Wir werden ihm wiederbegegnen – er selbst rief in einer Pariser Versammlung: »An der Seite Frankreichs!« Besonders für den künftigen deutschen Befreiungskampf hoffen wir auf diese liebenswerte Gestalt eines Soldaten und Dichters.

ZUM GEDENKEN ERNST TOLLERS

Ernst Toller hat ein tapferes und tragisches Leben gehabt. Er hat immer gekämpft, als Frontsoldat, als Revolutionär und als dramatischer Dichter. Sein literarisches Werk glüht von den erlebten Schlachten des vorigen Krieges und von den Taten einer deutschen Befreiung, die er herbeirief.

Sein kurzes Dasein war ganz Aktion, es hatte die starke Spannung der Akte, die er schrieb. Ach, nur das Werk erträgt ein ständiges höchstes Aufgebot der Kräfte, und nicht das Leben. Nur seines Werkes war er sicher und seines Lebenskampfes nie. Er ist daraus aufgebrochen, er ließ ihn unentschieden.

Wir wollen handeln, soviel an uns liegt, daß die menschliche Befreiung erkämpft und vollendet werde wie das kühnste Werk.

MARTIN ANDERSEN NEXÖ.
ZU SEINEM SIEBZIGSTEN GEBURTSTAG

Man würde es nicht glauben, schon vierzig Jahre. War es nicht gestern, daß er im Insel-Verlag erschien, und daneben ich selbst? Darüber ist mehr als nur Jahrzehnte hingegangen. Der Leiter einer literarischen Anstalt wollte damals durchaus die Produktion der Zeit bei sich vereinigen, je mehr er für seine Person an Goethe hing und klassische Museen sammelte. Das ist ihm nachher abgewöhnt. Der Bildungsdeutsche, der ungezählte Namen trägt, hatte noch unlängst das Bewußtsein, oder wenigstens einen Schimmer davon, wie die großen Überlieferungen fortzusetzen sind. Mit Aufrichtigkeit. Mit geistiger Redlichkeit. Das wirklich Erlebte, vollkommen dargestellt, belehrt eine herrschende Klasse über ihre Opfer. Solange sie noch sehen, erkennen, mitfühlen will, besonders ihre Frauen, ist sie nicht verloren. Sie gehört dem tätigen Leben noch an.
Sagt man jetzt: Autoren wie Andersen Nexö machen Unbequemlichkeit, die nehmen wir nicht zur Kenntnis und daher erfolgt auch nichts – dann hat man sich das Urteil gesprochen. Aus der Welt der Bewegungen ist man entfernt. Die vorgetäuschte Dynamik bedeutet Angst, sie verrät Schwäche und Müdigkeit. Man läßt die rohesten Dummköpfe los und verkriecht sich, während sie wüten. Das verhindert nichts und hält nichts auf. Die große Literatur findet ihren Weg durch jedes Drahtverhau, und verlogene Ideologien sichern niemand gegen die Wahrheit. Das Leben eines Andersen Nexö ist doch gelebt worden. Er hat sich durchgebracht, was, mit Goethe zu reden, das Schwerste ist. Er hat seine Bücher bis hierher durchgebracht. Der Bildungsdeutsche, der sie las, ist vorläufig abgetan. Deutsche Seeleute, eine verdammt ent-

schlossene Art, führen in ihrem Gepäck solche Munition. Die Proletarier überzeugen sich: da ist einer wie wir, hat erreicht, was wir alle erwerben sollen, das klare Wissen um unseren Zustand, unsere Bestimmung. Humanismus hören wir es nennen. Es scheint, daß es mit uns Menschen zuletzt doch immer aufwärts ging.
Die überlieferten Kunstwerke des Wortes sind mit den heute gemachten darin einig, daß alles Menschliche schmerzlich und daß es heilig ist. Einem Andersen Nexö viel Glück wünschen heißt ihm bestätigen, daß er es hat und daß uns allen erlaubt ist. Wir müssen viel können und machtvoll wollen.

VOX HUMANA

UMGANG MIT MENSCHEN

Die Gewerkschaften sind am 2. Mai 1933 aufgelöst worden. Aber im Januar 1936 stehen sechshundert Gewerkschafter vor Gericht. Das Dritte Reich, wirksam und erfolgreich, wie es ist, schreitet drei Jahre nach einer Auflösung noch immer gegen die Folgen ein. Nicht, daß es die Löhne der Arbeiter erhöhte, so daß sie leben können. Sondern es schafft durch Verurteilungen einige beiseite und bringt die anderen zeitweilig zur Ruhe. Die Arbeiter in Wuppertal verdienen etwa fünfzehn Mark die Woche, das macht dreißig Pfennig mehr, als wenn Mann, Frau und Kind von der Wohlfahrt erhalten werden. Die Arbeiter bildeten daher illegale Gewerkschaften. Der Staat nannte dies eine staatsfeindliche Betätigung, und sogar die Kinder in den Schulen wurden darüber belehrt, daß sie »Staatsfeinden Vorschub leisten«, wenn sie nicht ihre Eltern der Geheimen Staatspolizei anzeigten. Hier tritt hervor: der Familiensinn des Dritten Reiches, seine ehrenhaften Methoden und der Wert, in dem bei ihm der arbeitende Mensch steht.
Weder die Kinder noch die Eltern ließen sich belehren, und es erschien die Mordkolonne. Sie tritt auf, sooft das Dritte Reich sich bedroht fühlt. Dieses »Kommando zur besonderen Verwendung« verhaftet erst einmal, wen es findet, gleichgültig, wer, nur eine gewisse Zahl muß voll werden. Von Hunderten werden zehn etwas mehr mißhandelt, so daß sie sterben. Jeder der Gefolterten ist außerdem bewogen worden, fünf Namen zu nennen, wieder gleichgültig, wen. Die Hauptsache, es ergab elfhundert Verhaftete. An den Toten wurden festgestellt: Würgespuren, Brandwunden, Löcher in den Füßen, der Durchmesser entsprechend dem glühenden Eisen, das hindurchgetrieben war; andere Körper waren zerfetzt

und im einzelnen nicht mehr zu begutachten. Einem solchen Schicksal knapp entronnen, stehen die sechshundert noch Verhandlungsfähigen jetzt vor dem »Volksgericht«. Denn das Volk, die Erwürgten, Verbrannten und Zerfetzten selbst, das Volk gibt auch noch den Namen dafür her, daß die Seinen, weil sie essen wollten, in das Lager oder auf den Block geschickt werden.
Dies Volk der Arbeiter kämpft für Brot, aber nicht weniger für Freiheit. Sie sagen es ihren erbärmlichen Richtern ins Gesicht, komme, was will. »Ihr seid wohl verrückt geworden!« hat ein Achtzehnjähriger ihnen zugerufen. »In vier Jahren sitzt ihr nicht mehr da oben, dann sitzen wir da!« Ein Alter sagte: »Den Klassenkampf gibt es!« So sprach Galilei sein »Und doch!« Der Prokurist einer großen Firma, früher Demokrat, begründete, warum er jetzt, jetzt, da es den Kopf kosten kann, Kommunist ist. Der Terror, den er sah, hat ihn veranlaßt, die Lehre zu überprüfen. Es sind Gewissenhafte, es sind Unerschrockene, ihre Bessergestellten haben sich den Armen angeschlossen, ihre Niederen erblicken sich schon »oben«. Es sind Menschen, die von der Schande der Zeiten nicht gedemütigt, sondern kühner gemacht sind. Es sind Deutsche: dies ist der seltene Augenblick, den Namen mit Liebe auszusprechen.
Sie werden siegen, wer weiß das nicht. Es besteht nicht einmal der leiseste Zweifel, wo Mut und Heldentum sich finden und auf welcher Seite die blasse Angst. Die Mordkolonne in all ihrer Scheusäligkeit ist ein Produkt der Angst, die ganze Gestapo ist es. Ja, das Dritte Reich selbst wäre niemals gekommen ohne die Angst vor dem Kommunismus; noch heute beruft es sich, um sein elendes Dasein zu begründen, auf diese Angst. Einen Wüterich aus Angst aber soll die Welt für den Retter ihrer Gesittung halten, und einem Staat, dessen grundsätzliche

Menschenbehandlung im Töten besteht, soll man innere Kraft und lange Dauer beimessen. Der weiland Zarismus war indessen weniger unterhöhlt, und er besaß Vergangenheit, wovon sich manchmal leben läßt. Die Machtmittel des Dritten Reiches sind zu neu, sind ohne Überlieferung im Lande. Dieses Reich lastet nicht von jeher auf dem Lande, es übt nicht unwissend ein altes Schwergewicht aus, das die dem Lande gemäßen, gerechten Einrichtungen vorläufig erdrückt; sondern das Dritte Reich ist eigens berufen worden, um die gerechten Einrichtungen noch eine Weile aufzuhalten. Das entscheidet: über die Frist, die ihm gegeben ist, und den Gebrauch, den es von ihr macht. Wer die fälligen Berichtigungen der Ordnung verhindert, bewirkt Stillstand und Verwirrung, womit immer nur eine Pause vergeht. Mehr vermag kein traditionsloser Staat, der im Lande nichts weiter einnimmt außer der Oberfläche. Die »Bewegung« ist beschränkt auf eine Pause. Alles Wesentliche ruht, es ist gewaltsam abgestellt. Anstatt des Wesentlichen geschehen Ablenkungen; Blendwerk und Verblüffungen werden geboten, auf einmal treten arische Rasse und deutsches Recht auf – das genügt nicht. Dem Haß, Eigennutz, der Gewalt gegen Schwächere und einer ungeahnten Entsittlichung eröffnet sich die Bahn – das alles genügt nicht. Dies Reich ist eingesetzt, zu töten: das war sein Erstes, wird sein Letztes sein. Es tötet nicht nur aus Menschenhaß, obwohl es allerdings die Menschen und von allen am meisten seine »Volksgenossen« bitter haßt. Es tötet, um sich als »Bewegung« auszuweisen. Um seines »Dynamismus« willen tötet es. Daher hat es sein drittes Jahr im Grunde hingebracht wie sein erstes, mit Massenverhaftungen, Lagern, Foltern, Block und Beil; und von seinem zweiten Jahr war der wichtigste Tag der 30. Juni.
Die zivilisierte Welt geriet damals noch in Erstaunen,

weil der Führer persönlich sich einsetzte. Man fand, daß er hätte beiseite bleiben können, wenn schon die große Schlachthandlung vor sich gehen sollte. Nein, er konnte durchaus nicht beiseite bleiben an dem wichtigsten Tage des Jahres und während der stärksten Kundgebung seines Systems. Überdies hatte er den Befehl bekommen von denselben Gewalten, die ihm sein Reich in die Hände gespielt hatten. In der Mordnacht traf er aus Essen ein. Essen – nie zu vergessen! Der Führer wird »die Augen schließen«, so drückt er sich gefühlvoll aus – nachdem er sie vielen, vielen anderen geschlossen hat. Essen–nie zu vergessen! Sein »Reich« wird untergehen in einen arischen »Raum«, Nirwana heißt er, und dort wächst kein Gras, nicht einmal das blutgedüngte wie hier. Aber Essen, daß es später nicht übrigbleibt! Sonst wiederholt sich die Geschichte des Führers, dem sie Geld gaben und den sie zum Töten bestellten: was ihn selbst in große Stimmung versetzte. Wie sollte es nicht, ein so kleiner Mann und darf ungestraft töten. Sein Staat und System sind daran zu erkennen, daß der persönliche Vollzug des 30. Juni den Mann an der Spitze erst vollendet hat und ihn seinen Auftraggebern erst ganz vertrauenswürdig macht. Nach dem großen Schlachtfest damals haben die menschlichen Schreibmaschinen des Dritten Reiches von antiker Tragödie gefaselt, scheinbar in deutscher Art das Land der Griechen mit der Seele suchend. Das war Angst, wie das meiste andere auch; sie verkrochen sich vor der grausigen Erleuchtung des Weges, den Drittes Reich und Führer nun unentrinnbar sollen bis ans Ende gehen, immer zwischen Haufen von Toten, im grausigen Licht jener Nacht. Eine ebenso schlüpfrige wie unheilvolle Nacht hat einen Mann mit seinen Toten, Fleisch von seinem Fleisch, für die Ewigkeit vereint: arme Normwidrige, deren Umgang mit Menschen zweitens der Mord war.

RETTUNG DER ZIVILISATION

Q. de Llano, der einmütig »General« genannt wird, obwohl niemand da ist, um ihm das Amt und den Titel zurückzugeben, die spanische Regierung würde ihn als einfachen Banditen erschießen – gleichviel, der General-Bandit sieht aus wie ein Studienrat. Das ist auch in der Ordnung, denn solche Generäle tun jetzt niemals, wozu sie angestellt sind – Ordre parieren –, sondern sie wissen alles besser und machen sich selbständig zufolge einer Hintertreppen-Ideologie. Das ergibt sich Greueln, die bis zur Parodie gehen, und bezieht den Mut dazu aus unerlebten Schlagworten wie »Judäo-Bolschewismus«. Verwilderte Schulmeister, ist ihr einziges Ziel, das Land und die Menschen zu verwildern, womit sie »die Ordnung herstellen«, immer die Ordnung, mit ihr halten es alle Verwilderten.

Der Typ tritt in zahllosen Beispielen auf, die deutschen Fälle hatten nur scheinbar den Vorrang. Spanische Gestalten tun inzwischen ihr Bestes, sie zu überbieten. Obiger Llano erteilt am Sender seinen Banditen nützliche Ratschläge, wie sie Marxisten-Frauen vergewaltigen sollen. Er beschreibt den Vorgang sarkastisch und bis in alle Einzelheiten. Sieht man dagegen ihn selbst und seine Brille, dann mißtraut man seiner praktischen Erfahrung im Vergewaltigen. Das lassen sie andere machen. Die Führer von heute sind Wüstlinge, wenn auch nur geistig und sittlich. Übrigens kommen unter ihnen Vegetarier, Abstinenzler und Heilige vor, wie wir am besten wissen.

Inhaber von Gewerkschaftskarten werden im Bereich der spanischen Generäle mit der Axt hingerichtet. Woher haben die spanischen Generäle das? Nie im Leben wurde dortzulande die Axt vom Henker benutzt. Es ist nationalsozialistisches Gedankengut. Sollten während künftiger Zustände des deutschen Bürgerkrieges – der wahrhaftig eine große Zukunft hat – Menschenmassen zermalmt werden durch Lokomotiven, die man in sie hineinjagt, dann übernehmen die Nationalsozialisten aus Spanien ein faschistisches Gedankengut. Wird es denn auf die wärmeren Gegenden beschränkt bleiben, daß die Frauen der Arbeiter öffentliche Nackttänze aufführen müssen? O nein, die orgiastischen Ordnungsmacher tauschen alles aus. Am 30. Juni fielen die Opfer links und rechts. Als die marokkanischen Truppen in Navalmoral eindrangen, ermordeten sie sämtliche Hausbesitzer, von denen die meisten für ihren Sieg gebetet hatten. Es ist »sozialistisch«, Hausbesitzer zu ermorden, und »antibolschewistisch« ist, auch die Mieter zu ermorden.

Der Spanische Krieg ist ein verlängerter 30. Juni, Franco ist Hitler, und Hitler wird Franco sein, sobald er sowenig mehr zu verlieren hat wie gegenwärtig der andere Führer. Jetzt kann er sich noch erlauben, fremde Banditen zu bewaffnen und seine Offiziere zu entsenden behufs Niederwerfung eines fremden Volkes. Der andere Führer tritt ihm dafür Teile des nationalen Territoriums ab. Wann wird er selbst soweit sein? Das ist eine Frage der Zeit und der Umstände: grundsätzliche Zweifel bestehen nicht. Nationalisten arbeiten mit ihresgleichen von hier, drüben und überall. Ihr Feind ist immer die Nation.

Die Madrider Anwaltskammer berichtet einige der faschistischen Untaten und schließt mit dem Aufruf an die Weltöffentlichkeit, die Aufständischen abzusperren, wie Wahnsinnige und Verwilderte aus der menschlichen Gemeinschaft entfernt werden. Wenn es so einfach läge! Diese Wahnsinnigen sind nur ein Gipfel, und sie treten nicht grundlos auf, wie man wohl weiß. Man weiß, daß nicht der Verstand eines einzelnen Q. de Llano – oder seiner deutschen Gegenstücke – wankt: es wankt der Verstand einer Welt. Die Welt des Kapitals, sie ist es, die jetzt den Verstand verliert. Von vollendet Wahnsinnigen erwartet sie ihre Rettung, die Rettung einer verfallenden Wirtschaftsordnung. Anstatt von ihr zu erhalten, was mit einiger Selbstbescheidung zu erhalten noch möglich wäre, liefert die Welt des Kapitals sich Hitlern und Francos aus.

Daher die ganze Anarchie dieser Tage, die Aufgabe des Rechts, Mißachtung alles Menschlichen, die Ehrlosigkeit der Machthaber, ihre Käuflichkeit und Mordgesinnung. Das Übermaß ihrer Lügen, was wäre es anderes als das Eingeständnis, daß keine Wahrheit ihnen dienen will und auf ihrem Boden nichts wächst. Es wachsen unter dem gewalttätigen Kapitalismus weder Wissenschaft noch Kunst. Er muß sie ausrotten. Er muß die Religionen verfolgen. Er ist dahin gelangt, mit Rassen zu flunkern, um seinen Bediensteten die Gegenstände ihrer Grausamkeit zuzuspielen. Tobsüchtig dahinfahrend, wüten der letzte Kapitalismus und sein faschistischer Knecht gegen das eingebildete Schrecknis des Bolschewismus. Der Bolschewismus, das soll der Feind der Zivilisation sein. Kapital und Faschismus retten die Zivilisation, und so sieht das aus. Die Zivilisation, das sind Recht, Ehre, Menschenwürde, das ist Wissen, das ist Können; das ist christliche Moral, die Freiheit der Gesinnung und eine Gesellschaft, geordnet, daß Menschen in ihr leben können.

Aus diesem überlieferten Bestand der Zivilisation macht der Kapitalismus letzter Fassung: die Sklaverei schlechthin, die körperliche Sklaverei der Massen und jedes einzelnen, ihre seelische und sittliche Versklavung, ihre bürgerliche und wirtschaftliche Entrechtung. Er ergreift das äußerste Mittel, sich selbst noch hinzufristen, nennt aber den Vorgang die Rettung der Zivilisation. Der Kapitalismus, letzte Fassung, setzt sich selbst der Zivilisation gleich, was eine alberne Unverschämtheit wäre; aber es ist natürlich ein Trick – Betrug und Selbstbetrug. Man kann nicht ohne Vorwand und Ausrede wüten gegen eine mitlebende Menschheit, die endlich eine bessere Ordnung will als diese absterbende. Es muß doch einen einzubekennenden Zweck haben, daß die Folter wiedereingeführt ist. Rettung der Zivilisation. In Schlesien werden gefangene Frauen einzeln in Käfige gesperrt, in Moron, Spanien, sind ihnen die Brüste abgeschnitten worden. Rettung der Zivilisation. Arbeiter bekommen Schilder mit Nummern umgehängt, damit keiner von ihnen mit einer fremden Abteilung sprechen kann. In einem Arbeiterviertel hat der Feind quer über die Straße die Inschrift angebracht: »Wir werden sterben, aber unsere Frauen werden Faschisten gebären.« Gleichgültig, in welchem Lande dies und jenes geschieht, es ist die Rettung der Zivilisation.

Die Stimme eines Führers: »Ich werde die Hälfte der Spanier ausrotten.« Die Stimme von anderen: »Soll Deutschland verrecken, wenn wir es nicht regieren dürfen.« Den vollen Sinn bekommt die Tollwut erst dadurch, daß sie erlaubt und wohlgelitten ist. In Nationen, wo das Kapital die Zivilisation noch nicht umbringen konnte, ist immer eine Minderheit für die faschistischen Methoden ihrer Rettung. Was bedeutet die Nichteinmischung der Demokratien in Spanien – und in Deutschland? Man hat kein gutes Gewissen mehr hinsichtlich der eigenen Haltbarkeit. Die Zivilisation könnte weiterleben, wenn der Zustand des Kapitalismus es erlaubt: sonst nicht. Daher die Lauheit, sogar in den gesünderen der kapitalistischen Länder, auf seiten des regierenden Kapitals. Daher auf

der Gegenseite die zunehmende Einsicht: nur noch die Revolution, sie allein kann entscheiden, die Tatsachen fordern sie, sie ist da, wir leben in ihr.
Die Zivilisation ist allerdings zu retten – durch die Revolution. Der Verfall, dem man beiwohnt, ist tiefer und furchtbarer, als man meint. Wäre es die bürgerliche Wirtschaft allein, die verfällt, ihr Fall könnte die westliche Zivilisation nicht mitreißen. Die bürgerliche Wirtschaft hat als Weltbeherrscherin erst unlängst den Feudalismus abgelöst. Dieser war einst ideologisch gesichert und hatte eine menschliche Begründung, die der Kapitalismus niemals besessen hat. Als der Feudalismus stürzte, hat sein Ende die Zivilisation nicht abgehalten, ihren ruhmreichen Jahrhunderten ein neues großes hinzuzufügen. Der Verfall ist diesmal furchtbar und tief, weil die Zivilisation selbst ihn verantworten muß; sie hat den Kapitalismus hervorgebracht und ihm erlaubt, sich auszuleben bis an sein Ende, das ihr eigenes sein könnte. Sie steht vor ihrem Mißgriff und Zerrbild, nun das Kapital rast und den rasenden Henker gegen sie abschickt. Die Zivilisation hatte zu ihrem Unglück vergessen, daß ihr einziger Wert und ganzes Dasein der Mensch ist: der Mensch, anstatt des Kapitals, Verkehrs und technischen Fortschritts.
Beseelung des Menschen, seine Größe durch den Glauben an seine unsterbliche Seele, das war in den religiösen Zeiten die Zivilisation. Die Zivilisation ist seit dem fünfzehnten Jahrhundert das Wissen und das Können der befreiten Persönlichkeit. Pflege des Menschen und der Menschengröße, nichts anderes war gemeint, als die Zivilisation noch feststand. Sie wankt, verarmt und wird unergiebig – nicht einfach, weil eine Epoche der Wirtschaft abläuft. Sondern der Wahnsinn des Kapitals kann nur stattfinden, weil der Mensch sich an Dinge gehängt,

aber das Wesen aller Dinge vergessen hat: das ist er selbst. Die Revolution, in der wir sind, hat ein Ziel, den neuen Humanismus.

Der neue Humanismus wird sozialistisch sein. Er wird natürlich zuerst darum sozialistisch sein, weil sein geschworener Feind das Kapital war, die gemeine Besitzgier, die den Menschen bis dorhin erniedrigte, wo man ihn heute antrifft. Eine neue Ordnung der Wirtschaft ist nötig, damit der Mensch die Besinnung wiederfindet und nicht, wie jetzt, vor der Furcht vergeht, sich ganz zu verlieren. Das ist die namenlose Furcht dieser Zeiten, namenlos bei allen Namen, die man ihr gibt. Was wollen wir? Über den Zusammenklang der Dinge, Tatsachen, Instrumente soll sich nochmals beherrschend erheben unsere Stimme: vox humana.

SPANISCHE LEHREN

Die Bilder der getöteten Kinder sind außerhalb Deutschlands und Italiens überall gezeigt worden. Wenn die Schule aus war, erschienen am Himmel die Flugzeuge, gerade dann, und gaben aus der Luft den kleinen Spaniern den Tod. Unter den Fliegern waren Deutsche, eine Zeitlang stellten die Deutschen gegen die spanischen Kinder die Hauptmacht. Die toten Kinder haben durchlöcherte Köpfe, diesem fehlt ein Auge, dem anderen die halbe Stirn. Den meisten steht der Mund offen, sie sprechen noch. »Wirklich?« fragen sie und antworten: »Wie schade um uns – und um euch.«
Das Propagandaministerium der spanischen Republik stellt Photos nebeneinander: die Schule mit den lebenden Kindern und dieselbe Schule voller Leichen. Zwischen den Lebenden und den Toten eine Fliegerbombe mit der Inschrift: Zusatzkörper. Den Körpern ist allerdings zugesetzt worden. Die Erklärung des Bildes sagt darüber: »Dies ist eine Haltung, die von tiefer Entartung zeugt und im Gegensatz steht zu der Obhut der Republik für die Kinder.«
Die langen Reihen der Bilder bringen nicht nur das zerstörte Madrid in allen Aspekten und den Tod der Menschen in jeder Gestalt. Sie geben die Entstehung und den Verlauf des Krieges. Die Generäle, die ihn anfangen, haben Gesichter: wer eidbrüchig ist und das Volk haßt, kann noch verworfenere nicht haben. Es erscheinen aber die klaren und stolzen Köpfe armer Bauern. Die Begeisterung nimmt Züge an derart, daß Männer mit Gewehren im nackten Arm einander an die Brust schließen, wie sie die Freiheit und den Sieg an die Brust geschlossen haben. Ein junger Kamerad von deutschem Typ verkündet

Leuten, die beglückt in sich versunken sind, den neuen Sinn für Pflicht, Einmütigkeit, soziales Gewissen. Schöne junge Frauen stehen ernst auf ihre Waffe gestützt.
Demokratien treiben bis jetzt nur wenig Propaganda. Was sie vom Menschen halten, ist nicht leicht auf den äußerst verkürzten, ganz einfachen Ausdruck zu bringen. Es muß um Sein und Nichtsein gehen, dann entsteht in der spanischen, von Intellektuellen geleiteten Demokratie ein Bild wie dieses. Ein enger Kahn, um den die Wellen plätschern. Hineingepfercht sind vorn der General, hinten der Nazi, dazwischen ein schlechter Christ, zuletzt die Mauren. Volk, da hast du deine geschworenen Feinde. Ihre stieren, leeren Augen verraten die Urheber so vieler Untaten. Mit Ehrenzeichen bedeckt, handeln sie ehrlos und erkennen es nicht. Ein Stück Erde, geformt wie die Iberische Halbinsel, hängt inmitten ihres Kahnes am Galgen. Sie kommen herbeigefahren aus den Ländern ihrer Helfershelfer. Sie bringen alles mit, um dieses Land zu schänden und umzubringen, was geht es sie an. Nur ihre lügnerische Inschrift ruft: Arriba España, Spanien kommt.
Das ist hergestellt groß, grell und einfach, es soll schreien von den Trümmern der zerschossenen Häuser herab, von den Stümpfen der abgehauenen Bäume, die der Reichtum der Felder waren. Es ist höchste Zeit geworden, einfach und übersichtlich zu sein. Intellektuelle, legt all eure Zweifel ab. Proletarier, seid ganz ihr selbst. Feind und Freund genau unterscheiden, das ist alles, daraus wird die gesicherte Idee und das unbesiegbare Volk. Demgemäß lernt Spanien alles, was es braucht, um zu leben, erst jetzt im Krieg und beim drohenden Tod. Es hat den Krieg erlernt, während es mitten darin war, und die Disziplin, als seine Selbsterhaltung sie ihm gebot. Dem spanischen Volk ist gelungen, was immer nur im höchsten und

strengsten Ernst gelingt: für sich zu werben. Propaganda, die standhält, ist vorgelebte Propaganda. In Zuständen wie den deutschen ist Propaganda die überlebensgroße Lüge. Dies Spanien wird sichtbar und vernehmlich über die ganze Erde hin, weil es im Geist und in der Wahrheit lebt.

Sie sagen Freiheit und handeln danach. Sie sagen Menschlichkeit und bewahren sie im Angesicht des grausamsten Feindes. Zu ihnen gehen faschistische Truppen über. Republikanische Überläufer gibt es nicht. Beim Feind wird gemeutert, die Verschwörungen häufen sich, die Erschießungen der eigenen Leute sind tägliche Übung bis in die Schlacht hinein; viele Tote wurden nach dem letzten Sieg der Republikaner von ihnen aufgefunden an Stellen, wohin ihre Geschosse niemals gefallen waren. Bei ihnen wird kein Gefangener getötet. Es ist günstig, zu ihnen zu kommen. Die uniformierten Arbeiter und Bauern von drüben finden hier ihre natürlichen Genossen wieder. Endlich begegnen sie natürlichen Gedanken, ihre Zwingherren haben sie ihnen niemals völlig austreiben können. Die einfache Vernunft nimmt sie sogleich in Besitz. Sie singen das Freiheitslied, als wären sie niemals Faschisten gewesen. Ohne weiteres bilden sie republikanische Bataillone und haben vergessen den gesamten Irrsinn, für den sie von ihren Unterdrückern so lange mißbraucht worden waren. Die italienischen Soldaten wissen kein Wort mehr von einem römischen Imperium, die deutschen wechseln auf einmal die Weltanschauung.

Wie das schnell geht. Dies ist eine spanische Lehre, tief und weitreichend wie nur die einfachsten menschlichen Wahrheiten. Hier ein Volk, das fest bleibt; und hart, stark, unbezwinglich ist es geworden durch den Dienst an sich selbst. Ein Volk, das ehrlich sich selbst dient, steht aber im Dienst der Menschheit, seine Gedanken sind ihre

Gedanken, seine Taten vollbringt es für sie. Wohingegen man drüben die menschliche Gesamtheit, vorgebliche Bewunderer einbegriffen, einfach anwidert. Der Faschismus enthüllt sich in Spanien als eine besonders abstoßende Form des Irrsinns. Dieser Radiogeneral, der sich brüstet, daß er aus der unbewaffneten Bevölkerung viele Tausende gemetzelt hat. Dann bricht sein Gebrüll ab, und er ist wahrscheinlich unter den Tisch gerollt. Diese Offiziere, die Selbstmord begehen, bevor sie gefangen werden, denn ihre Verbrechen sind unverzeihlich sogar in ihren eigenen Augen. Sie hätten aber nichts zu befürchten als nur Verachtung und die Schonung ihres traurigen Lebens. Indessen tat ein deutscher Emigrant nur zu recht daran, als er vor der Gefangennahme seinen letzten Schuß gegen sich selbst abgab; er wäre in die Hände des Irrsinns gefallen.

Spanien lehrt, daß für die Freiheit zu kämpfen größer und besser macht. Gegen die Freiheit sollte niemand Krieg führen. Mit zivilen Mitteln ist der Schwindel eine Weile, und manchmal eine lange, aufrechtzuerhalten. Sobald die autoritären Herrschaften zu den militärischen Mitteln greifen, wird augenscheinlich, daß sie arme Schlucker sind, die ihre Autorität wer weiß wo gestohlen haben, und niemand glaubt sie ihnen. Der Schlucker Franco ist die bedenklichste Entlarvung für jeden seinesgleichen, er wäre es, auch wenn sie seine Niederlagen nicht mit ihm teilten. Gewiß, die Italiener haben sich schlagen lassen, die deutschen Flugzeuge neuester Konstruktion verlieren jedes Gefecht, die deutschen Tanks heißen fahrende Särge. Aber das wäre noch das wenigste: Unterdrücker können die zuverlässigen Soldaten nicht haben. Für die Freiheit kämpft man mit der eigenen Vernunft; sie macht standhaft, da die Freiheit der hartnäckigste Gedanke des Menschengeschlechtes ist. Die notgedrungenen Soldaten der Unfreiheit werden immer und überall davonlaufen in ganzen Regimentern; sie werden nach vorn davonlaufen, wenn sie können.

Sie haben nur darauf gewartet, daß der Zwang aussetzt. Die faschistische Gesinnung endet mit dem Zwang, und diesem macht gerade die Schlacht ein Ende. Überzulaufen ist gefährlich, aber es ist ein Willensakt, der erste nach Jahren der totalen Erfassung, die im Grunde gar nichts erfaßt hat; sonst fielen der Drill und Dienst, die Entpersönlichung und trübe Zustimmung – sonst fiele dies alles von dem vergewaltigten Menschen nicht plötzlich ab. Das Regime selbst, es kann nicht anders, es hat sie vorbereitet, überzulaufen regimenterweise. Die Niederlage und Auflösung faschistischer Divisionen auf fremden Kriegsschauplätzen ist die unfehlbare Schlußnummer der faschistischen Abrichtung. Mehr als ein deutscher General hat nachgedacht, als er das Wort des spanischen Kommandanten Gallo las: »Spanien wird der Tod des Faschismus sein.« Deutsche Militärs sind nicht dümmer als andere, manches spricht dafür, daß sie der Rest der deutschen Intelligenz sind. Dann werden sie jetzt Rückschau halten und fragen, ob es gut war, diesem Regime das Dasein zu verlängern. Das Ende, gesetzt, man ginge bis an das Ende, wäre auch hier der Krieg im Land, der Abschied vom Volk und der Irrsinn. Derselbe Kahn, ein grelles Plakat, würde erblickt werden, vorn der General, hinten der Nazi, nicht viel mehr, und kein Kardinal dabei. Die Inschrift wäre: Weg damit!

Spanien lehrt. Es führt die wahren Tatsachen Europas vor. Zweitens nötigt es alle, zurückzublicken. Die spanische Republik kennt heute ihre Versäumnisse. Ein veralteter Staat muß zuerst sozial erneuert werden. Ohne den sozialen Umbau ist jeder politische nicht nur unzweckmäßig: er fordert die wirtschaftlich Übermächtigen nur heraus und beschleunigt die Katastrophe. Der Botschafter und Jurist Ossorio y Gallardo spricht: »Was in Spanien geschieht, ist kein spanisches Problem. Es ist vielmehr der Aufstieg der Arbeiter in aller Welt zur politischen und wirtschaftlichen Macht.« Er geht weiter: »Die uns mit dem kommunistischen Schreckgespenst kommen, halten noch immer bei 1917. Zwanzig Jahre sind vergangen. Rußland sieht ganz anders aus, man lese seine neue Verfassung. Von der Erfahrung und den Leiden Rußlands soll den Nutzen die Menschheit haben, und muß den Weg nicht mehr von vorn beschreiten.« Für seine Klassenfreunde sagt derselbe Intellektuelle: »Warum setz ich in den Endsieg der Republik diese feste Zuversicht? Ein Advokat wie ich, liberal und konservativ, hat von der neuen Gesellschaft nichts zu gewinnen. Ich bin auch zu alt und erfahren, um mich Gefühlen hinzugeben. Mein Glaube hat als wesentlichen Grund die sichtbare Tatsache der geschichtlichen Entwicklung. Niemals, trotz Rückschlägen und Aufenthalten, hat die Geschichte für die Dauer ein Zurück gekannt auf ihrem Weg der menschlichen Befreiung.«

Soviel für Intellektuelle, deren Ehre die Erkenntnis ist und die nur dann vorhanden sind, wenn Wahrheiten mit ihrer Hilfe verwirklicht werden. Dies betrifft schon die Zukunft. Von den spanischen Lehren heißt die dritte, schwerste: zugreifen und arbeiten für künftig, nicht warten, bis über Sein und Nichtsein entschieden ist. Das Beispiel schon geben, während noch die Fliegerbomben einschlagen, und Haus und Acker müssen erst gerettet werden. Der Aufbau der Finanzen hat begonnen, man denkt nicht: Krieg ist Krieg, und läßt sie verfallen. Jetzt, jetzt wird das Land unter Bauern verteilt, die Maschinen angeschafft, die kooperative Bewegung der Arbeiter in Gang gesetzt. Kaum daß eine Stadt, ein Dorf aus der tödlichen Gewalt der Faschisten erlöst sind, sofort setzt die Arbeit ein, nicht auf der Ebene, wo sie unterbrochen war, sondern auf einer höheren, sozial wie menschlich. Das verfehlt den Eindruck nicht, auf die Mitlebenden in der Ferne, die unmöglich untätige Zuschauer bleiben können, wo ein Volk und Staat den kühnsten Lebenswillen beweisen.

Es wäre immer noch großartig genug, Trümmer zu verteidigen nach der spanischen Art. Gleichzeitig bauen ist mehr. Die bebaute Fläche umfaßt im gegenwärtigen Gebiet der Republik mehr als zwei Millionen Hektar. Dies Kriegsjahr hat mehr gesät als die vorige Friedenszeit; es wird mehr ernten. Sonst kämen wohl schwerlich alle die Beistände von draußen, allein der Internationale Solidaritätsfonds hat die sechsundzwanzigste Sendung von Nahrungsmitteln nach Spanien gebracht. Sonst kämen die fremden Delegationen nicht, das Rassemblement populaire, die englischen Geistlichen und Abgeordneten, die Parlamentarier aus Prag. Die tschechoslowakischen Abgeordneten, Sozialisten, Liberale und Katholiken, waren angesichts des lebendigen Spanien erstaunt, daß irgend jemand glauben könne, es habe unrecht, nach seinem Willen zu leben. Dieses Spanien lehrt aber im Gegenteil die anderen Völker, nach ihrem Willen zu leben im Geist und in der Wahrheit. Der Minister Del Vayo stellt fest: »Eine Volksbewegung, ausgehend von den Vereinigten Staaten, hat mächtig geholfen, daß die öffentliche Meinung der ganzen Welt zu unseren Gunsten umschlug.«

Die Welt und ihre Völker sind zuletzt nicht mit denen, die sie arm und dumm machen, um sie für den eigenen Vorteil zu mißbrauchen. Das Herz der Welt schlägt für ein Volk, das ihr große Lehren erteilt in Wort und Tat, durch Leiden, Kampf und Arbeit.

GRUSS AN DEN II. INTERNATIONALEN KONGRESS DER SCHRIFTSTELLER

Wenn ich nicht mit Ihnen nach Spanien ging, so bitte ich Sie, dieses unfreiwillige Versäumnis nicht als ein Ausreißen zu betrachten. In keinem Augenblick habe ich unterlassen, die Größe Spaniens und seines bewunderungswürdigen Volkes zu unterstreichen. Indem ich die durch das republikanische Spanien verteidigte menschliche Freiheit preise und durch meine Anstrengungen versuche, all diejenigen, die meine Worte lesen, für unsere Sache zu gewinnen, habe ich nur ein einziges Bedauern: nicht mehr dreißig Jahre alt zu sein. Und ich versichere Sie, es ist das erstemal in meinem Leben, daß ich einige meiner Kollegen beneide. Es sind diejenigen unter ihnen, welche das Schicksal ausersehen hat, die Waffen der Freiheit zu tragen.

Möge man mir gestatten, den spanischen und internationalen Schriftstellern eine bewegte Huldigung darzubringen, welche sich glücklich schätzen durften, Spanien den besten Teil ihres Lebens zu geben, wenn sie nicht selbst ihr Leben geopfert haben.

Die menschliche Solidarität, das Vorrecht der starken und zuversichtlichen Völker, ruft unwiderstehlich wach, was in der Natur aller Völker an hochherzigen Andenken existiert. Die Völker fühlen sich geeint mit demjenigen unter ihnen, der ihnen im Kampfe um eine gerechtere Gesellschaft vorangeht, der für die Arbeiter kämpft, für die menschliche Freiheit und den Sieg der besten erworbenen Ideen über das dunkle und übelwollende Unbewußtsein. Die großen Erfahrungen, um der Vernunft zum Siege zu verhelfen und auf Grund aufrichtiger Konzeptionen wie auch eines kämpferischen Humanismus einen neuen Zustand herbeizuführen, haben von den

Völkern unausrottbar Besitz ergriffen. Was man auch immer sagen möge, weder die Sowjetunion noch das republikanische Spanien haben je unter den Völkern Gegner gehabt.

Sie sind die mutigen Zeugen der Brüderlichkeit, welche die Schriftsteller mit den Völkern verbinden. Sie sind nach Spanien gegangen. Sie haben mit eigenen Augen gesehen, wie ein Volk, das mitten im entscheidenden Kampfe um Freiheit und Gerechtigkeit steht, die Schriftsteller mit Achtung umgibt. Denn es gibt sich Rechenschaft darüber, daß die geistigen Wirklichkeiten unsere Grundlage bilden, dazu bestimmt, die wirkliche Welt umzuwandeln. Welcher unserer Kameraden war es, der in Madrid erklärte, daß die Rolle der für die Freiheit kämpfenden Schriftsteller nicht darin bestehe, Geschichte zu schreiben, sondern Geschichte zu machen? Das ist vollkommen richtig, denn Ludwig Renn, der also sprach, ist Divisionskommandant an einer Front der republikanischen Armee.

Es ist also Zeit, daß wir unserer Heimat die Bestätigung überbringen müssen, daß inmitten der Angst der ganzen Welt Madrid eine einzige Stadt ist, welche die Angst nicht kennt. Die Kultur, welche wir verteidigen gegen gemeine Interessen, die ihr fremd sind, ruht auf den Eroberungen des Geistes. Um sie zu verteidigen, mußte das Volk bei jedem Alarm sein Blut hergeben. Darum hängt das Volk an der Kultur. Mitten im Kriege ist das spanische Volk damit beschäftigt, die Zukunft aufzubauen, und kämpfend sät es und lernt es. Auch deshalb ist das Volk der Freund der Schriftsteller. Was gibt es von nun an Natürlicheres, als daß die Schriftsteller der Sache des Volkes mit Leib und Seele ergeben sind und daß sie ihr Blut in Spanien vergießen?

VERWIRKLICHTE IDEE

Die Sowjetunion ist seit hundertfünfzig Jahren die größte Verwirklichung einer Idee. Es kann keinen Zweifel geben, daß dieselbe Idee weiteren Verwirklichungen entgegengeht. Die Französische Revolution hat hundert Jahre gebraucht, bevor ihr wesentlicher Gehalt nicht in ganz Europa, sondern nur im Westen durchgesetzt war. Die proletarische Revolution wird dieselbe unaufhaltsame Werbekraft ausüben; aber ihre Folgen werden weiter reichen, und sie werden endgültig sein.

Schon jetzt kennt Europa keinen anderen Begriff der Demokratie mehr als den Begriff einer wirtschaftlich gesicherten Demokratie. Das beweist zwingend den Erfolg des Staates, der seit dem 7. November 1917 besteht. Die alte französische Demokratie will sich durch wirtschaftliche Maßnahmen sichern. Andere Demokratien, die erst erobert und den faschistischen Gewalten abgerungen werden sollen, haben alle dieselben wirtschaftlichen Grundgedanken, und diese sind von der Sowjetunion übernommen. Das heldenhafte Spanien kämpft für eine Freiheit, die vor allem als die Befreiung von der wirtschaftlichen Übermacht einer Minderheit verstanden wird. Die deutsche Volksfront, alle Parteien und Personen, die um sie bemüht sind, halten keine andere Freiheit für wirksam.

Die Aufteilung des Grundbesitzes, seine Kollektivierung, die Verstaatlichung der Industrie und Arbeiter und Bauern als die staatsbildenden Klassen: das alles ist noch weit entfernt, überall die herrschende Wirklichkeit zu sein; aber es beherrscht die Kämpfe. In dem größten Lande des Kontinentes hat der Sozialismus gesiegt und seine Lebenskraft bewährt. Damit ist virtuell über ihn entschie-

den. Je länger, je mehr wird er als das Selbstverständliche betrachtet. Im Grunde denkt Europa seine Zukunft, wenn es eine Zukunft haben soll, nicht anders als sozialistisch. Es denkt bis jetzt verschieden über die mehr oder weniger integrale Anwendung der wirtschaftlichen Doktrin. Fest steht für alle gleich das neue, praktische Wissen, daß Freiheit wie auch die Unfreiheit der Völker wirtschaftlich bedingt sind und daß nur eine einzige Demokratie unser Leben bis in den Grund gestalten kann: das ist die revolutionäre Demokratie.
Es ist zu unterscheiden zwischen Staaten, die ihre Ziele nach dem Menschen bestimmen, und Staaten, die den Menschen ihren Zielen unterordnen. Die ersten führen Kriege ohne jede Notwendigkeit für die größte Zahl ihrer Angehörigen. Die anderen wollen den Frieden, denn über jeden Vorteil, den ein Krieg dem Staat zu bringen bestimmt ist – und niemals bringt –, stellen sie das Leben ihrer Menschen, die Arbeit ihrer Menschen sowie die Früchte der Arbeit, der ökonomischen und kulturellen. Die Friedensliebe der Sowjetunion entspringt offenbar ihrer organischen Natur, da die Union für Menschen geschaffen ist und nicht für Hirngespinste, für eine Gesamtheit von Menschen, anstatt für ganz wenige, die sich der Gesamtheit bedienen. In Staaten, die von wenigen beherrscht werden, lehrt man die Massen eine nationale Überhebung, weil diese den Krieg und die Bereicherung der Herrschenden begünstigt. Die Union zeigt sich duldsam gegen Unterschiede der Rasse, Herkunft, Sprache; und höchstwahrscheinlich ist sie duldsam von Grund auf, wie sie friedliebend von Natur ist: beides, weil sie zum Nutzen der Gesamtheit, nicht aber gegen ihr Interesse besteht.
Glaubwürdig wird versichert, daß die Sowjetunion mehr Gedrucktes liest als irgendein anderes Land. Das ent-

spricht allerdings der Richtung eines Staates, der seine Menschen nicht wie Tiere höherzüchten will. Vielmehr gedenkt er sie zu einem besseren, gefestigten Menschentum hinanzuführen. Damit der Fortschritt, jeder Fortschritt, ob ökonomisch oder kulturell, Dauer erhält, müssen viele und endlich die meisten Menschen fähig werden, zu erkennen, Selbstkritik zu üben, ihresgleichen zu begreifen; sie müssen ein begründetes Urteil über das Gemeinwohl erwerben. Eine öffentliche Meinung muß frei und offen zur Geltung kommen, ohne daß es darum erlaubt oder auch nur erwünscht wäre, den Staat selbst anzugreifen. Ein Staat, der nicht mehr gegen, sondern für den Menschen und sein Glück besteht, braucht keinen Angriff und verdient ihn nicht. Das ist besonders für Schriftsteller, als Denker und als öffentliche Personen, kein Schade, sondern ein wahrer Segen.

Wir haben unser Leben lang so sehr gelitten unter Staaten, die gegen uns bestanden, gegen unsere Erkenntnis, gegen unser vernünftiges Wissen um das, was gerecht und menschlich wäre. Endlich unternimmt ein Staat, aus den Menschen gerade das zu machen, was wir schon immer wollten: vernünftige Wesen, die allesamt arbeiten für das Glück jedes einzelnen, und aus jedem einzelnen soll etwas Höheres und Besseres werden innerhalb einer Gesamtheit, die sich weiter vervollkommnet. Zu wissen, daß es einen solchen Staat gibt, macht glücklich. Die Hoffnung, daß ihr eigner Staat ihm dereinst nachfolgen könnte, bewahrt ungezählte Bewohner der Erde heute vor der Verzweiflung. Den Denkern erspart das Dasein der Sowjetunion und ihr Beispiel, vor der Wirklichkeit abzudanken. Wir bewegen uns nicht im Übersinnlichen; angewiesen sind wir auf die Beobachtung der Wirklichkeit und der menschlichen Tatsachen.

Nun lese ich an der Spitze einer Zeitschrift, die von mir

einen Roman bringt, die Rede des Staatschefs über die neue Verfassung der Sowjetunion. Ich vermute wohl, daß die vollkommene Demokratie und der realistische Humanismus in so kurzer Zeit nicht durchgeführt sein können. Generationen von Sowjetmenschen müssen durch die Schule der Demokratie und des Humanismus gehen, bevor sie allen Ansprüchen einer solchen Verfassung genügen. Aber die Hoffnung, daß es gelingt, wird überaus bestärkt, wenn ich die Worte Stalins lese, denn sie sind zuversichtlich, gütig und von klarer Geistigkeit. Es ist mir neu, daß das Haupt eines großen Staatswesens alle diese Eigenschaften besitzt und sie mit einer bedeutenden Tatkraft vereinigt. Ich hatte auch niemals an der Spitze einer literarischen Zeitschrift das Staatsoberhaupt selbst gefunden, niemals bei ihm das Recht und die Begabung festgestellt, durch Formung und Ausdruck ganz vorn zu stehen. Das ist eine unverkennbare Neuheit.
Ein fremder Berichterstatter, er lebt schon lange in Moskau, versichert mir gerade jetzt, daß die Zufriedenheit mit dem Regime fortwährend in der Zunahme begriffen ist. Worauf beruht die Zufriedenheit? Zweifellos auf der überraschend schnellen Verbesserung der Lebenshaltung. Sie kann natürlich schneller als anderswo gehoben werden in Ländern, wo sie früher mit oder ohne Absicht niedrig erhalten wurde, schneller als in den Ländern, die einen verhältnismäßigen Wohlstand und ein gehobenes Proletariat schon gekannt haben, bevor sie dann herabsanken. Außer der materiellen Befriedigung, die eine große Tatsache ist, gibt es für ein Volk die geistig-moralische. Sich im Aufstieg fühlen, Freude an sich selbst haben, der Bildung nachhängen, in den Theatern ein Bild des Lebens wiederfinden, das uns selbst bestätigt, anstatt uns zu ermutigen: auch das sind große Tatsachen, es muß tief befriedigen, an ihnen mitzuwirken, wie Schriftsteller es vermögen.

Die Zusammenarbeit der Intellektuellen mit dem Proletariat ist das allein Vernünftige, da das Proletariat fortan die staatsbildende Klasse und der Träger der Kultur ist. Wir beginnen mit der Zusammenarbeit sogar schon im Westen. Die Intellektuellen, die sich vor ihrer eigenen Proletarisierung fürchten, fangen an zu veralten. Wir wollen daran denken, das Proletariat zu intellektualisieren. Übrigens mögen die unverbindlichen, gefühlsmäßigen Sympathien für die Sowjetunion angenehm sein. Zuverlässiger ist die Vernunft, ist das Wissen, daß es in der Geschichte der Menschen auf die Dauer nur ein Vorwärts gibt.

HÖRT DAS LIED DER ZEIT

Hört das Lied der Zeit, hört alle seinen Schall und Schritt!
Die Jahrzehnte von 1918 bis 38 hinterlassen aufrührerische Erinnerungen. Zurück bleiben Brandgesänge, gemacht aus Feuer und Hammerschlag: die brennen jetzt zorniger als zuvor, und ihren Tonfall nehmt ihr heut erst richtig. Daran erkennt ihr, daß sie echt waren seit der ersten Stunde.
Das Volk hat dies Lied hervorgebracht aus eigener Brust. Die stärksten Dichter, die es hatte, atmeten mit ihm, da entstand ein Lied, in Gesellschaft zu singen. Überall, wo ihr euch bereit macht für euren Kampf, Freiheitskampf, Lebenskampf, erwacht in euch allen vereint dies Lied.
Die Moorsoldaten werden nicht mehr ins Moor gehen. Den Proleten befreit nur der Prolet. Arbeiter seid ihr alle. Die Worte sind von euch selbst, das ist eure Musik. Hört das Lied!
Lieder der Empörung sind gesungen worden, seit es Völker gibt. So viele Menschen hungern und schuften mußten, so viele haben sich im Lied empört. Schon die ägyptischen Bauknechte, die auf den Pyramiden verröchelten, stießen hustend ein Lied der Empörung aus. Was ist aber jetzt anders geworden?
Das Bewußtsein vom Recht der Massen. Die Zuversicht, daß nur sie allein auf dieser Erde fest stehen. Ihr gutes Gewissen, wenn die Masse nicht fragt, sondern befiehlt: Wessen Straße ist die Straße? Wessen Welt ist die Welt? Ihre Straße, ihre Welt.
Nie mehr die Autostraße, gebaut von einer erniedrigten Masse unter Antreibern mit Gummiknüppeln, nie mehr die Welt der Sklavenhalter mit Maschinengewehren. Das

ist aus. Dafür seid ihr nachgerade zu viele, zählt euch, erkennt euch als die Gesamtheit, und seid durchdrungen von eurer Solidarität. Arbeiter sind wir alle. Alle.
Das Lied der Zeit hat euren Tonfall. Genau der zornige Sturm und Schlag erfüllt das Lied wie euren Leib und Geist. Ihr sollt es wiedererkennen, wenn die Platten mit den Brandgesängen vom deutschen Freiheitssender euch in die Ohren gestürmt werden.
Macht Ehre dem Lied der Zeit! Seid auf eurer eigenen Höhe! Kämpft! Schlagt los!

FÜNF JAHRE

Die fünf Jahre sind allen sehr lang geworden. Der Krieg war dagegen kurz, die Inflation verstrich im Fluge. Schnell stellte sich heraus, daß man im Kriege stirbt und durch die Inflation verarmt. Darüber war man beruhigt. Das nationalsozialistische Regime hat vom ersten Tag an den erklärten Zweck gehabt, die Deutschen so klein zu kriegen, sie derart zu erniedrigen, daß nie mehr eine Erhebung käme. Das Regime kleidete seinen erklärten Zweck in einen Flitter von Worten, ihr wirklicher Sinn konnte nur langsam begriffen werden. In einem Buch, das jeder Untertan des Regimes gelesen haben muß, hätte man die Stelle beachten sollen, wo die Geisteskämpfer verhöhnt werden. Wer das aus der Feder bringt –.
Das Regime »gab der Nation die Ehre wieder«. Es »schützte die Rasse«. Es warf mit »Volksgenossen« um sich, und sie waren »erdgebunden«. Das Regime bekämpfte sowohl die Ausbeutung wie die Arbeitslosigkeit. Wer merkte da gleich, daß der Kampf des Regimes darauf gerichtet war, nur Millionäre und nur arme Leute zuwege zu bringen. Für die Tatsache der Zwangsarbeit kann man den Namen des Sozialismus einsetzen, wenn man der einzige ist, der reden darf. Es ist kein Kunststück, die Lohnempfänger billiger abzufinden als sonst die Wohlfahrtsempfänger, immer mit dem Sozialismus im Munde, solange Widerspruch nicht aufkommt.
Die Zeit vergeht, bis unter den aufgedrungenen Worten die nackten Tatsachen zu sprechen beginnen. Einem stummen Volk läßt sich eine gute Weile erzählen, es habe die Demokratie, sogar die einzige vollkommene, da es einmütig gehorcht. Freiheit ist leicht gesagt, wo nicht einmal Freizügigkeit besteht und Männer, Frauen, Kin-

der, alle »erdgebunden«, zwangsweise verschickt werden. Die totale Militarisierung einer Nation kann Freiheit genannt werden, einmal angenommen, diese Nation wäre für nichts anderes geschaffen. Das Regime versteht alles, die Freiheit, den Sozialismus, die Rasse, Ehre, das Recht und den Wohlstand, im Sinn eines Volkes, das freudig darauf verzichtet. Dann gehen, für eine ganze Weile, die Tatsachen in den Worten auf.

Die »Erbhöfe« sind eine Einrichtung der Sippenehre. Widersetzt der Bauer sich seinem Ruin, der im Zuge des Regimes beschlossen liegt, dann verliert er nicht zuerst den Hof, sondern die Sippenehre, worauf er allerdings enteignet wird. Das ist eine Begleiterscheinung. Verhungerte Massen sind kein Gewinn für die Volksgesundheit. Die Volksgesundheit ist dasselbe wie die Rasse, es gibt keine andere Rasse als ein gut ernährtes Volk. Wer aber mit der Erfindung der »Erbgesundheit« umspringt, muß die Verhungerten nicht ernähren, er sterilisiert sie. Er erklärt sämtliche Armen, die sein Werk sind, für minderwertig, und als Rasse bleibt übrig eine Schicht, die er mit Geld stopft.

Die Arbeiter sind eine »Gefolgschaft«. Sie haben nichts zu erben, weder Höfe noch gesunde Ernährung, besonders nicht die Produktionsmittel, die nun einmal in den Händen weniger »Werkführer« sind, und das Regime zielt darauf ab, daß es immer weniger werden. An Ehre – oh! an Ehre kommt die »Gefolgschaft« den »Werkführern« gleich. Entlassen, verhaftet, in zerschlagenem Zustand vor das »Volksgericht« gestellt – werden sie durchaus um der Ehre willen; sie haben entgegen der Ehre gehandelt, als sie den gerechten Lohn verlangten. Die schweren Verstöße gegen die Ehre sind offener Lohnkampf, Sabotage, staatsfeindliche Gesinnung und ihre illegale Verbreitung. Hier tritt der Henker auf.

Wenn die »Werkführer« dasselbe täten, würde der Henker ebenfalls auftreten; das gleiche Recht für alle ist ein Grundsatz der Demokratie, und nun erst der vollendeten. Der Zufall will, daß die »Werkführer« weder Schuppen anzünden noch aufrührerische Flugblätter umgehen lassen. Merkwürdig, ihre Frauen sollen zuweilen die Sendungen auf Welle 29,8 abhören, nennen das sogar »unseren Sender«. Sie werden bisher selten mit dem Beil gerichtet. Jüdische »Werkführer« enteignet man nach Wunsch: wer verginge sich nicht gegen die Devisenordnung, aber nicht jeder treibt die Ungesetzlichkeit weit genug, gleich Jude zu sein.
Laßt dicke Männer um mich sein, noch dickere, nie dick genug. Bereichert euch, und ist sonst nichts da, freßt die Schwächeren. Mittlere und kleine »Werkführer« verlieren jetzt gern ihren Betrieb, nachdem sie selbstverständlich vorher ihre Ehre eingebüßt haben. Betrieb und Ehre des Mageren verschwinden in den größten Bäuchen. Dies Regime, seines Heidentums ungeachtet, hält sich an ein Wort des Evangeliums: Wer da hat, dem wird gegeben. Wer aber nichts hat, dem wird auch noch genommen, was er hat. Dies Regime, so lang seine bisherige Zeit allen geworden ist, hat eine taschenspielerische Eilfertigkeit betätigt im Aufreiben der mittleren Existenzen wie der kleinen. Handwerker, Krämer, Kaufmann, Fabrikant, der ganze Mittelstand soll es sein. Herunter mit dem Gelehrten und eine geistige Maul- und Klauenseuche bei ihm eingeschleppt: die andere schleppen die Milchkontrolleure beim Bauern ein. Herunter mit dem Künstler, wo schon der Arbeiter steht. Dem einen bleibt mit seinen Händen nichts zu machen außer der Kunst, die auch der Führer machen kann. Der andere mißbraucht seine Hände für die Herstellung von Tanks, Flugzeugen, Giftgasen, Bomben.

Dem deutschen Volk ist »die Ehre wiedergegeben«, seitdem es rüsten darf, hungern darf und aufgelöst wird in eine totale Masse erniedrigter Menschen. Statt der Tatsachen, die sie am Leib spüren, sollen sie weiter glauben – den ganzen Bettel der angemaßten Worte, gesetzt, sie hätten einmal daran geglaubt: Ehre, Rasse und der lumpige Rest. Niemand glaubt, aber man ist in der Lage drin. Jetzt sind die Grenzen endgültig gesperrt, der Ehre wegen, versteht sich; und sie öffnen, die Grenzen öffnen, dies Regime kann es nicht, seine erkünstelte Wirtschaft bräche augenblicks nieder. Somit die Ehre hoch und auf Futtermittel verzichtet für das liebe Vieh. Die Menschen verweist man behufs Gewinnung ihres Futters zuletzt an den Müll.

Das ist bekanntlich das antibolschewistische Verfahren, da der Bolschewismus in schweren Fällen manche Gefahren heraufführt, das Brot, die Butter, den Frieden. Das antibolschewistische Verfahren wurde eingeschlagen, um die Zivilisation zu retten, richtiger: um das Regime und die Zivilisation voreinander zu retten – man setzt voraus, daß Absicht und Ergebnis sich decken. Das Ergebnis erlaubt keinen Zweifel: das Deutschland des Regimes liegt außerhalb der Zivilisation. Ein amerikanischer Botschafter hat Berlin den Rücken gewendet, weil er genug hatte; worauf er zu Haus eine Rede hielt. Ihr bemerkenswertester Satz ist dermaßen verleumderisch – der deutsche Botschafter in Washington hatte nicht Autos genug, um hinzueilen auf die Behörde mit seiner Beschwerde. Mr. Dodd ist ein zu freier Amerikaner. Hierzu die Stimme des Kardinals Pacelli, päpstlichen Staatssekretärs: Wenn das Regime sich hält, gibt es in Deutschland kein Christentum mehr.

Viel für einen Botschafter. Viel für einen Kirchenfürsten, der im Range gleich nach dem Papst kommt, und dieser sagt mit anderen Worten dasselbe. Wo bleiben die Autos des deutschen Vertreters beim Vatikan? Auf, zur Behörde mit der Beschwerde. Was Christentum ist, bestimmt der Führer. Pacelli kommt dem Christentum des Regimes so schnell nicht nach. Es geht wie mit den Demokratien, das Regime läßt ihre festgefahrene Demokratie weit hinter sich. Es geht wie mit der Freiheit: das Regime hat die wahre. Es geht wie mit dem Sozialismus. Die Sowjetunion hat seine Verwirklichung niemals ernst genommen; die Redner eines Regimes, das den Sozialismus ehrlich meint, bezeugen es der Union. Sozialistisch, frei, demokratisch, obendrein liberal, überdies ein Hort des Friedens, eine Insel des Glücks: jeden Namen führt das Regime. Es kann seine Menschen, die Wirtschaft, Gesittung, Vernunft seiner Menschen besser abwürgen im Schall der Namen. Sogar intellektuell, einst bei ihm die verrufenste Eigenschaft, ist das Regime geworden in den letzten fünfzig seiner ersten tausend Jahre. Es hält Selbstgespräche über Kant, es meldet seinen Anspruch auf die Kritik der reinen Vernunft an. Es muß sie wohl für böhmische Dörfer halten.

Bleibt die Frage, warum ein Regime, das naturgemäß gewachsen ist und allen Bedingungen der Nation gerecht wird, nachgerade nicht ein und aus weiß vor Widersprüchen und im Turm seiner eigenen Lügen die Puste verliert. Der tiefste Grund, wenn dies Regime zu ermessen wäre, ist seine Unproduktivität. Es war lebensfeindlich, bevor es antrat. Seither unterliegt es seinem Gesetz, zerstört immer, und was es schafft, ist Wüste. Aus dem Urwald behauptete es zu kommen, in der Wüste ist es angelangt. Sein einziger noch übriger Gewerbefleiß sind die Kriegsmittel. Nun hat es, um wirklich Krieg zu führen, die Menschen nicht mehr, zu schweigen von ihrer Tüchtigkeit, die abnimmt bei dem Regime, und ihrer Gesundheit, die unter ihm leidet: dieselben Deutschen, die das Kaiserreich für unerschütterlich hielten, das Regime hat sie gelehrt, an nichts so fest zu glauben wie an seine unausbleibliche Niederlage. Sie wissen, daß die einzige blühende Industrie nichts anderes hervorbringen kann als das Ende von allem.

Das Regime kennt seine Unproduktivität. Es gab noch keinen Nichtskönner und Verkrachten, der inmitten seiner erschwindelten Erfolge über seinen wirklichen Zustand im dunkeln war. Sein unheilbarer Neid quält und belehrt ihn. Sie geben sich nicht lange. Sie leben auf Abbruch: daher bereichern sie sich so fruchtbar. Wer müssen die Herren und Gebieter eines unglücklichen Volkes sein, wenn sie ihm zum Hohn sich einen Palast nach dem anderen bauen, öffentlich schwelgen, öffentlich die Überführten in neue Ämter einsetzen. Unfruchtbarkeit entsittlicht. Die Kriegsindustrie ist nicht produktiver, als gleich in die Kassen zu greifen. Das erspart Umwege.

Dasselbe Eingeständnis der Unproduktivität sind die Verfolgungen. Sie eröffneten die Vorstellung, sie werden gesteigert bis zum Finale, und das ist vorgeschrieben. Deutschland wird nicht entchristlicht werden, wie man sieht und begreift. »Wenn das Regime sich hält« – bedeutet keine glaubwürdige Voraussetzung, sondern die sehr ruhige Gewißheit, daß es nicht vorhält. Dieselbe ruhige Gewißheit, jeder Sozialist besitzt sie. Der Sozialismus wird nicht vergessen werden, die erforderliche Frist dauert kein Regime. Die Freiheit, sie ist heute dem Sinn des Volkes, allen seinen Klassen und Schichten gegenwärtiger als vor dem Antritt des Regimes. Dies Volk erwirbt von seiner Ehre den richtigen Begriff. Das Recht, es war vorzeiten eine Formel; die Entrechtung eines Volkes hat es lebendig in die Herzen gesenkt. Rechtliche Menschen mußten sterben, Foltern leiden, in Kerkern und im Exil für das Recht zeugen. Freiheit und Recht, soziale Rechte und die Gewissensfreiheit, alle sind auferstanden in Menschengestalt und reden aus dem Mund der Opfer, die dies Regime macht.

Fünf Jahre vollbrachten Namenlose die schwerste illegale Arbeit im Lande. Fünf Jahre arbeiteten andere im Exil. Das ergibt die Verbundenheit der Menschen, die ihnen früher versagt war: ein Erzeugnis des Regimes, sowenig es geahnt hatte, es könnte auch produktiv sein. Wie segensreich, Gefährten, unbekannte Freunde und ihrer täglich mehr zu haben! Gerade dieses Glück mußte das Regime den Menschen bereiten, es konnte nicht umhin. Dieselbe Verehrung bei denselben Menschen genießen hingerichtete Arbeiter und der eingekerkerte Pfarrer: für jedermann war das nicht vorauszusehen. Die heldenhaften Arbeiter, sie haben angesichts des Blockes ihren Glauben bekannt. Das Bekenntnis lebt und zeugt weiter. Die letzte Predigt Niemöllers wird oft gedruckt und gesprochen werden; mit den Abschiedsworten der Arbeiter ist sie die beste Prosa dieser Zeiten.

Er fragt: wie lange? und er lobt die Unterdrückungen, die uns stärken, zu lernen und zu lehren. Aber das ist schon der Kampf. Ihr fragt, wie lange habt ihr schon »die Botschaft« vernommen, und erwacht ist euer sittliches Bewußtsein... Über die Grenze kommen Gäste aus Deutschland, sie sagen: »Kein Jahr dauert es mehr.« Das ist »die innere Zuversicht«, wie sie im Katechismus steht. Es ist nicht die Rechnung auf den finanziellen Zusammenbruch des Regimes, seine politische und militärische Niederlage, die sämtlich zweiten Ranges sind. Über euch entscheidet euer Wissen, daß sie fort müssen.

Dem sittlichen Willen eines Volkes hält keine Schreckensherrschaft stand – und nur seinem sittlichen Willen nicht. Ihr seht Spanien und seht, daß zum Erstaunen der

Fachleute die Überraschungsstrategie dort versagt – gegen einen großen sittlichen Willen. Von seiten eines unsittlichen Willens angewendet, verfängt keine Überraschungsstrategie und überhaupt weder Macht noch List, wo ein Volk gelernt hat, zu fühlen und zu denken als sittliche Einheit. Das heißt: als Volksfront.

DER BUND FREIHEITLICHER
SOZIALISTEN

Die deutschen Gewaltherrscher fürchten eine »Seuche«, die im Lande um sich greife. Sie meinen die Freiheit.
Wäre die Freiheit noch immer, was sie früher den meisten Deutschen gewesen ist: ein unerlebtes Wort, ein Saalschmuck für festliche Veranstaltungen, dann hätte kein Tyrann sie zu fürchten. Die Freiheit wird zur Gefahr für den Unterdrücker, wenn die Macht der Tatsachen vielen Einzelpersonen beweist, daß die erduldete Knechtschaft sie heruntergebracht hat und in das äußerste Verderben treibt.
Der Beweis ist erbracht. Nach fünf Jahren der nationalsozialistischen Parteiherrschaft wissen ungezählte Bauern, Arbeiter, Mittelständler, jeder einzelne hat erfahren und weiß, daß er verloren ist, wenn das Regime noch lange dauert. Keine massenhafte Propaganda hat ihnen den Wert der Freiheit beigebracht; jeder einzelne lernt durch seinen eigenen Niedergang in Knechtschaft, wie sehr die Freiheit lebenswichtig ist.
Ob illegaler Lohnkampf oder Aufstände wegen der Getreideablieferung, der Entziehung der Kinder und der Lebensmittel, wegen der Verschleppung der Männer, der heimlichen Kriegshandlungen – jeder Raub und jede Willkür von seiten des Regimes bestärkt die Erkenntnis: *Wir müssen frei werden!* Da der Krieg gegen den größten Teil der Welt immer wahrscheinlicher, die Niederlage nirgends bezweifelt wird, findet jeder von selbst die Antwort: *Wir wollen frei sein!*
Es ehrt die Deutschen, daß bei ihnen der erste offene, unnachgiebige Widerstand im Namen der Gewissensfreiheit geleistet worden ist. Der Kampf um ihr Christentum ist natürlich keine Sache für sich. Wenn ihnen sonst

nichts fehlte, ließen sie am Ende darüber mit sich reden, ob in der Schule das Kreuz hängen soll. Sie erkennen durchaus, daß die Vergewaltigung ihres Glaubens zum übrigen gehört, und wenn ihr Pfarrer verhaftet wird, bedeutet es, daß sie selbst nicht Christen sein, keine Seele, kein achtungsgebietendes Menschentum mehr haben sollen.

Das erst wäre das Ende von allem. Wesen ohne sittliches Recht werden ohne weiteres zum erbärmlichen Werkzeug eines Staates, der sie verachtet, und nur auf ihre Kosten betreibt er seinen Vorteil. Die Einfachsten in Deutschland haben das heraus. Sie sehen, daß sie ärmer und unglücklicher werden, während man ihre Gewissen bedrängt. Sie sehen: die Gewissensfreiheit nimmt man gerade dem, der gar nichts besitzen und tief erniedrigt werden soll.

Die Zusammenhänge, die einfachen Gemütern nicht verborgen bleiben, geschulte Köpfe erkennen sie um so besser. Sie haben allerdings lange geschwiegen; geschulte Köpfe sind oft zweiflerisch, und ihr Wissen um die menschlichen Vorgänge rät ihnen, eher sich anzupassen als aufzumucken. Es ist herkömmlich bei ihnen, daß sie einem neuen Gewaltherrscher ihr geistiges Verständnis widmen und sogar öffentlich erläutern, er könne nur der Schurke sein, der er ist, und sei es mit Recht.

»Er ist gehalten, seine Gegner zu beseitigen, ob mit Tod, Verbannung, Konzentrationslager, und muß sie sich vom Leibe halten, bis sie ihm nicht mehr schaden können. Nicht nur die gegnerischen Schriften muß er durch Verbote entkräften: auch die Leser und Anhänger der Schriften muß er *für einige Zeit* bürgerlich entrechten.« Diese Sätze sind nicht im Deutschland Hitlers verfaßt worden, in diesem Fall hätte die Einschränkung »für einige Zeit« keinen Sinn. Sie gehören einem italienischen Schriftsteller des sechzehnten Jahrhunderts – Hochrenaissance und Blüte der Tyrannis.

Alles ist schon längst da, das Konzentrationslager und der Intellektuelle, der es gutheißt. »Was geschehen ist, ist geschehen. Gott, der machen konnte, daß es nicht so kam, kann jetzt nicht mehr ändern, daß es so gekommen ist.« Soweit der alte Bandello, der wohlverstanden nach Frankreich emigrierte, sobald er dort ein Amt als Bischof erhielt. Dasselbe tun jetzt deutsche Professoren; auch ihr Verhalten hinsichtlich der Zustände in dem verlassenen Lande ist meistens ähnlich. Wer einen Namen hat und ihn gegen das Regime gebrauchen könnte, findet seinen Namen meistens zu kostbar, er beteiligt sich nicht an Aktionen, deren Erfolg unverbürgt ist. Der Berühmteste, auf dessen Namen ein Whisky verkauft wird, mag nichts mehr hören von der kleinen, engherzigen Nation, die es fertiggebracht hat, einen Mann wie ihn aus seiner Heimat zu vertreiben.

Andersgeartet sind die akademischen Lehrer, die mit einigen Schriftstellern soeben den *»Bund freiheitlicher Sozialisten«* begründet haben. Ihre Meinung, als sie den Schritt taten, wird gewesen sein, erstens: es geschieht wohl immer, was Gott und das Verhängnis wollen; aber wenn die Ereignisse gewollt sind, endgültig müssen sie darum nicht sein. Eine endgültige Tatsache ist unser sittliches Bewußtsein, das wir in Jahrtausenden nicht umsonst erworben haben: wir sollen Ereignisse, die des Menschen unwürdig sind, bekämpfen, bis menschenwürdige eintreten.

Außerdem: wie ständen wir da, wenn die moralische Krise, die Faschismus heißt, bis zur Weltkatastrophe fortschritte, und das wäre die körperliche Vernichtung der Menschheit. Oder wenn der Krieg nur deshalb ausbliebe, weil die Menschen unseres Landes auch für Katastrophen zu weit heruntergewirtschaftet sind. Es wird nicht kommen: *alles spricht dafür, daß Deutschland für seine Freiheit kämpfen und sie erobern wird.* Wie vieles Deutschland erobern muß, damit es endlich die Freiheit hat, das wissen einige. An ihnen ist es, die Deutschen sittlich aufzurüsten.

Der Bund freiheitlicher Sozialisten will mit allen gutgearteten Deutschen die Menschenrechte durchsetzen und für immer sichern. Er will gegen die Übermacht der Wirtschaft und des Staates die menschliche Persönlichkeit verteidigen, die Freiheit des Glaubens und des Gedankens. Er weiß, daß nur der Sozialismus diese und jede Freiheit verbürgt. Die gestrige Freiheit ist nicht die von morgen, der kapitalistische Liberalismus existiert auf Erden nicht mehr. Lebensfähig und erlebenswert ist die schöpferische Entfaltung des Menschen, ist ein Staat und eine Gesellschaft im Dienst des menschlichen Glückes.

Der Staat, um den es geht, die Gesellschaft, die sich bilden soll, sind *sozialistisch* und sind *human.* Das Ziel ist kein geringeres als ein neu verstandener Humanismus; er gilt nicht, wie sonst, für Auserwählte; die Masse und jeder einzelne aus ihr ist mit dem vollen Wert des Menschen zu erfüllen, mit dem Bewußtsein des Rechtes und dem Willen, für es einzustehen. Einmal erreicht, wird die deutsche Demokratie sehr stark sein, getragen, wie sie ist, von einem humanistischen Gewissen, das nie abdankt.

MUT!

Die Schriftenreihe, die hiermit eröffnet wird, soll Bücher deutscher Emigranten enthalten; sie erscheint aber unter der Verantwortung eines internationalen Verbandes. Es ist der Schriftstellerverband für die Verteidigung der Kultur.

Die Kultur kann nur noch international verteidigt werden. Die Barbarei, wie das deutsche Regime sie in der Welt ausbreitet, hält nachgerade zuviel Raum besetzt. Eine vereinzelte, nationale Kultur kann ihr nicht mit Erfolg widerstehen. Daher unser Zusammenschluß.

Wir Schriftsteller machen nicht den einzigen Versuch; auch der unsere ist noch unvollkommen. Die gemeinsame Front gegen die barbarische Hitlerei wird mit mehr oder weniger Glück errichtet von den Parteien der Linken in allen Ländern. Die spanische Volksfront ist mit noch so ungeheuren Opfern die glücklichste: sie hat Waffen, sie kämpft offen und frei. Der Befreiungskampf der Deutschen vollzieht sich in einem heroischen Dunkel, bis auch für ihn dereinst Licht wird.

Die Demokratien selbst werden genötigt sein, einen Block zu bilden, gesetzt, sie wollten bestehenbleiben. Staat und Person, beide gehören heute einer Weltpartei der Freiheit an, oder sie haben künftig weder mitzureden noch den Verlauf der Geschichte zu entscheiden.

Hat man es bemerkt? Der Wert einer besonderen nationalen Zugehörigkeit verkümmert zusehends. Er erleidet eine Herabsetzung, seitdem alle Nationen gleich sind vor dem angemaßten Weltdiktator, der sie auflösen und verschlingen will.

Was hilft es dem britischen Seemann, ehemals der stolzeste Typ in der ganzen Menschheit, daß er ein Brite ist?

Sein Schiff wird versenkt, von unbefugten Piraten, ein britisches Schiff. Er beklagt sich und bekommt Unrecht von seiner eigenen Regierung. Was hätte er noch Schlimmeres zu gewärtigen, wenn hinter ihm keine mächtige Nation stände – wenn er ein Emigrant wäre.

Gestern waren sie vollberechtigte Bürger ihres Landes, aber an einem einzigen Tage, etwa der Tag von München, sinken die verschiedensten Menschenarten zu nichts herab. Es zählt gleichviel, ob sie in ihrem Lande ausharren oder fortgehen in eine Fremde, die nicht unwirtlicher sein kann als ihre Heimat.

Der feige Judenhaß, der antikommunistische Aberglaube sind auf dem Wege, einzudringen in nationale Gemeinschaften, die hoch darüber standen. Es scheint, daß die Nationen dieser Zeiten die schlechten Beispiele nicht mehr vertragen. Sie lassen bereitwillig jedem Staat das Regime, das seiner Bevölkerung zusagt. Sie haben den Grundsatz nicht gerade auf die spanische Republik angewendet, obwohl bei ihr das Volk ist; um so eher auf Hitler, und der hat die große Mehrheit der Deutschen gegen sich. Die Folge ist, daß den Demokratien selber die Freiheit, die sie erobert hatten und liebten wie das Brot, nicht mehr ganz zusagt.

Einmischungen bei dem Barbaren weisen die gesitteten Nationen von sich: alsbald steckt er sie an. Sie beileibe nicht, er aber mischt sich ein, schon sein Anblick schwächt das Selbstbewußtsein der Zivilisierten – während sie die Veränderungen, die mit ihnen vorgehen, für ihre eigene Sache halten. Seine ist es. So und nicht anders könnte er endlich der Herr werden. Niemals über einmütige Demokratien, nur über Diktaturen, die der seinen nachhinken, wird er der Herr.

Wir sind da, um zu warnen; – nicht, daß wir ein Vorrecht hätten. Die freien Länder haben Wissende, sie ha-

ben ehrlich Empörte. Der Widerstand gegen die Ansteckung geht durch alle Schichten und Parteien. Wie es recht ist, sind die Vordersten im Kampf die unabhängigen Persönlichkeiten, besonders die Schriftsteller, sofern sie über alles die Kultur stellen. Für die emigrierten Schriftsteller ist es eine hohe Ehre, hinzugezogen zu werden von den anderen, die ihr Land haben und ihr Volk anrufen – keine Grenze dazwischen. Andererseits bedürfen die Verteidiger der Kultur auch der Erfahrenen, die erlebt haben, wie sie vernichtet wird.
Wir begegnen keineswegs nur der Geringschätzung, die manche wohlbestallte Staatsbürger, in einer merkwürdigen Verkennung der Weltlage und ihrer eigenen, den Emigranten noch immer widmen möchten. Wir finden den befreundeten Anschluß und erwidern mit dem Dank, den wir geben können: unser Wort.
Unser Wort wird gewichtiger, als ein einzelner Sprecher sein kann, in dem Maße, wie jetzt die Schicksale hinausreichen über die Menschen.
Wir sprechen: Habt Mut! Widersteht dem Unheil, solange es bei euch nicht offen ausgebrochen ist. Wo wir zu Hause waren, ist auch ein Volk, und das muß inmitten des wütenden Unheils doch einmal seiner selbst bewußt werden. Wir wollen das Unsere getan haben, bekommt es dereinst zu seiner Befreiung den Mut.

DREI JAHRE DVZ

Schon drei Jahre DVZ. Wir arbeiten im Dienst einer Sache, die uns nicht erlaubt, unsere Zeit zu bemessen und unsere Mühe zu sparen. Eine Deutsche Volks-Zeitung versteht ihre Aufgabe richtig, wenn sie den demokratischen Volksstaat vorbereitet durch die Einigung aller Kräfte, die ihn ohne Vorbehalt wollen und erstreben. Das sind Sozialisten jeder Richtung und Partei. Es sind auch Bürgerliche, die erkannt haben, daß die von ihnen ersehnte Befreiung Deutschlands einen neuen, vervollkommneten Begriff der Freiheit bedingt. Freiheit auf Grund der sozialen Gerechtigkeit, nur diese vereinigten bürgerlichen und proletarischen Ziele verbürgen eine gesicherte Demokratie und den Bestand der Gesittung, der geistigen Ehre.
Für die Erhaltung Deutschlands und seine gute Zukunft sind Kommunisten heute fähig und bereit, mit Konservativen zusammen zu gehen. Die Zivilisation ist ein Block. Freiheit, richtig verstanden, muß jetzt für alle die gleiche sein. Wir meinen die Freiheit im Sinn der Menschenrechte, deren historische Erklärung dieses Jahr gefeiert wird; sie hat von Anfang an die Forderung der sozialen Gerechtigkeit mit umfaßt. Der Kampf ist alt – und ist dringlicher geworden als je vorher, ist heiß und rühmlich zugleich. Die Deutsche Volks-Zeitung bewährt sich in dem rühmlichen und heißen Kampf seit drei Jahren: sie sei beglückwünscht.

NACHWORT ZUM POGROM

Es geschah, daß König Herodes befahl, alle Kinder in
Bethlehem zu töten, da er gehört hatte, eines von ihnen
würde ihm dereinst gefährlich werden. Wenigstens den
Grund hatte er für seine Schreckenstat. Der deutsche Herodes fürchtete vieles, nur die Juden nicht, als er seinen
Knechten befahl, die jüdischen Kinder mitsamt ihren
Eltern zu vernichten.
Sein Amt ist die Vernichtung überhaupt, und Feiglinge
vernichten zuerst die Schwächsten. Die deutschen Juden
waren ihm ausgeliefert. Sie waren macht- und einflußlos,
hatten schrittweise hergegeben, was sie an Reichtümern
besaßen, endlich sogar ihre goldenen Uhren. Durften keinen Beruf ausüben, nichts erwerben und doch das Land
nicht verlassen. Was fängt man mit den Verlorenen noch
an, außer man plündert bei ihnen und metzelt sie, was
unbedingt Aufsehen erregt, und dieses Regime ist auf
Reklame gestellt. Es macht Reklame mit Untaten, die es
Taten nennt, mit einer wütenden Ohnmacht, die es Kraft
nennt. Ihm ist alles recht, mit seiner eigenen Schande
macht es Reklame.
Dies Regime und sein Herodes wollen die Welt in
Schrecken erhalten. Die Welt soll vor Augen haben, was
über Deutschland verhängt ist: ebendies droht auch der
übrigen Welt. Die Welt soll erstarren und den Widerstand vergessen. Der Widerstand gegen einen Angreifer
von totalitäter Ungehemmtheit würde eine Rache nach
sich ziehen, sie ist unausdenkbar. Man soll sie im voraus
kennenlernen, daher der Pogrom. Zuerst der Pogrom,
dann der Überfall auf die Tschechoslowakei. Vorgetäuscht wird eine Gewalt, die ein verantwortungsloser
Krater über die Welt ausspeit. Möge keiner von ihnen

wagen, ihr mit der Waffe zu begegnen: so die Absicht.

Die andere Absicht des Pogroms war lehrhaft, sie betraf die Erziehung der gesamten Mitwelt zur Unmenschlichkeit, vermittels der Gewöhnung an ihren Anblick. Entmenschung ist die einzige Lehre des Nationalsozialismus. Sein ganzer Inhalt und Bestand erschöpft sich in dem Satz, daß der Mensch kein Recht besitzt, weder auf seine Freiheit noch auf Würde, und selbst auf das Leben nur, solange der Führer es ihm schenkt.

Solch ein Unfug und Aberwitz will gelernt sein. Die Deutschen selbst haben ihn noch immer nicht heraus, weit entfernt. Die Völker sind keineswegs durchsättigt von den Heilslehren des Unmenschentums. Wie wären sie wohl hitlerisch abgehärtet beim Leiden von Mitmenschen. Sie müssen es werden. Gegen die sittliche Empörung der Menschen ließe sich die universale Gewaltherrschaft nicht durchführen. Eine lebendige Moral der Völker ist den Schreckensmännern abträglich. Die Moral des internationalen Publikums sollte schlagend widerlegt werden: hier liegt ein großer Zweck des Pogroms.

Die Schreckenstat geschah um der Einschüchterung willen. Der Anblick der triumphierenden Furchtlosigkeit war bestimmt, das Gewissen zu entwerten. Drittens aber bedeutete der Pogrom die Allmacht des einzelnen, der ihn befehlen konnte. Welcher einzelne ist das? Eine Unmöglichkeit, die Schande Deutschlands und des Jahrhunderts, fällt allerletztens auf einen zurück. Kein Volk, wär es mitten im moralischen Irresein, verantwortet sie.

Der Mensch ist abgesetzt. Seine gesamten Rechte sind bedingungslos abgetreten an den Führer. Menschen haben nicht zu denken; denken darf nur, wer die Macht hat. Wenn er ein Intellektueller wäre, er wäre der letzte. Er redet anstatt aller, die schweigen müssen. Er beschließt und verhängt, die andern zittern – in der irrigen Annahme, daß er nicht zittert. Er wäre das Wunder, an das geglaubt wird, ohne daß man es begreift. Nur wird er selber benutzt von den Geldmächten. Er wäre die Gottheit in Person, aus aller Welt strömen Schwachsinnige her und bezeugen es ihm. Im stillen weiß er so viel, daß ihm von Zeus das Beste fehlt. Danae und Leda wird er nicht befruchten, Europa raubt er beim besten Willen nicht.

Ein einzelner ohne Familie, unschöpferisch und unfruchtbar, schickt seine Knechte gegen Häuser, wo Kinder gezeugt worden sind. Das ist sein Pogrom. Die Synagogen verbrennt er noch lieber; der Gott, der die Welt erschaffen hat, ist ihm verhaßt in Kirchen und Synagogen. Wer auf Erden schafft, läßt seinen Neid nicht ruhen. Aus Deutschland hat er schöpferisch begabte Personen verjagt, wenn er sie nicht unterdrückte, man lese: entmannte. Die Juden hatten gerade hier viel beigetragen zu der deutschen Wissenschaft. Über ihr zahlenmäßiges Verhältnis hinaus hatten sie ihre Pflicht erfüllt. Grund genug, verfolgt zu werden von einem Gewalthaber, der als Ziel und Zweck einzig die leere Gewalt hat. Das ist sein Pogrom.

Sein Pogrom begnügt sich mit dem einen Land nicht, er wälzt sich über die deutschen Grenzen. Die Fremdherrschaft in Österreich, der Tschechoslowakei und wo immer gleicht haargenau dem deutschen Pogrom, mit Selbstmorden, Plünderungen, dem Massenverhaften nach jeder Eroberung, dem Hunger der Massen, der Massenflucht. Das Ergebnis ist ein Umherirren der Ausgestoßenen und die Verzweiflung ganzer Nationen, die keine mehr sein sollen. Angenommen, die deutschen Juden wären Fremde, obwohl die ersten vor zweitausend Jahren eingewandert sind, etwas früher als der Führer. Aber die nichtdeutschen Völker, die man überfällt, und die Deutschen, sie werden auch nicht anders behandelt. Sie sind dem Feinde der Menschheit verhaßt wie die Juden, und um so verhaßter, je mehr sie hervorbringen, je mehr sie Erfolg haben.

Da sind die Tschechen, ein besonders erfolgreiches Volk, es hat aus mehreren Nationalitäten einen Staat gebildet, ihn wohlwollend verwaltet und friedlich gepflegt, den Reichtum und die Bildung. Der Staat mußte gestürzt werden, er gab den Deutschen das Beispiel einer Demokratie, die sie nicht haben sollen. Der Neidische im Besitz der Macht stellt ein besonderes Muster dar. Er will nicht einfach erobern und die Welt besitzen. Er will sich rächen an allen, die etwas gekonnt haben, und er konnte nichts.

Was glaubt man, welchen Schlamm von Rachsucht so einer brütet – gegen Roosevelt, der Macht hat, und die Bürger sind frei; gegen die Sowjetunion, seinen zweiten, innersten Feind, Stalin? Die Gier nach Ländern ist es nicht allein, es ist die Wut, weil diese Länder und Menschen ergiebig bewirtschaftet worden sind zu derselben Zeit, als seine eigenen verarmten. Dann faselt man vom Lebensraum, obwohl dem wesentlich Unfruchtbaren natürlich keine weiten Räume helfen. Sein besonderer Feind ist jedesmal ein Mann, der wirklich Mann ist – und darum keine leere Macht ausübt, sondern er vermehrt die Lebenskraft und -freude seiner Menschen.

Das treibt den Gestörten in die Enge, während er mit Länderraub sein Reich erweitert. Es gibt ihm aberwitzige Verkehrtheiten ein wie den Pogrom, eine unnötige Herausforderung an die Menschheit, sofern sie gesund empfindet. Man sehe die trostlose Geistverlassenheit hinter Untaten wie diese. Wie falsch berechnet sie sind! Von allem, was die Absicht war, ist das genaue Gegenteil wirklich erfolgt. Der verwilderte Vorgang hat Abscheu erregt, anstatt einzuschüchtern. Anstelle der behaupteten Totalität wurde die anarchische Schwäche sichtbar. Die Lehre aber – da hatte man die nationalsozialistische Lehre angewendet vor Augen. Alsbald verlor sie ihre Anziehung, sogar bei ihren gefügigen Freunden drüben, in den Demokratien.

Abgesehen indessen von den Interessenten, die ihren Profit beim Sterben der andern finden, und den Perversen, denen es Vergnügen macht, besteht die Welt bekanntlich nicht aus grundsätzlichen Feinden des Lebens. Die Mehrheiten und Gesamtheiten, Völker und einzelne, werden niemals einzufangen sein mit der ausposaunten Abschaffung ihrer Freiheit, ihres Rechts. Ihre Erfahrung, Erziehung und eine Weisheit, die zu den Wurzeln der Gattung hinabreicht, versichert unseren Nächsten, daß die Freiheit und das Brot unser Leben erhalten und daß wir das Brot sowenig entbehren können wie das Recht. Der Mensch ist unverletzlich. Wer sich die Willkür über seinen Leib und sein Gewissen anmaßte, war noch jedesmal von kurzer Dauer. Um der Gattung willen beharren die Menschen bei ihrem alten Sittengesetz. Man macht mit ihnen das bessere Geschäft, wenn ihr Sittengesetz geachtet wird. Ein ganz schlechtes Geschäft ist der Pogrom.

Das alles nicht gewußt zu haben, bevor man den Pogrom befahl! Nur eingebildete Posten in die Rechnung gestellt, die Wirkung des Unmenschentums auf die Menschen so ganz und gar verkannt zu haben! Beispiellose Dummheit eines Regimes, das sich selbst entblößt und seinem Abgott die Maske fortreißt. Jetzt hat der Pogrom, zuerst er, dem Lande, wo er verübt werden konnte, einen sittlichen Ausschluß zugezogen: die Welt wird ihn nur zurücknehmen, wenn von diesem Regime die letzte Spur getilgt, sein Führer vergessen ist bis auf den Namen. Abbruch der diplomatischen und der Handelsbeziehungen, Boy-

kott – das ist die tausendfache, immer gleiche Antwort gewesen.
Die Antwort erfolgte in allen Zungen, von den Stimmen aller Klassen, sozialen Kräfte, politischen Richtungen. Staatsmänner fanden aus diesem Anlaß die Sprache von Volksmännern. Geistliche jedes Bekenntnisses und Ranges vereinigten sich mit Gewerkschaften, Frauen, Kaufleuten in derselben Empörung, demselben Abscheu. Die Massen konnten nicht heftiger erwidern als die gewissenhaftesten Gelehrten, da der Ausdruck des Gefühls begrenzt ist, und nur das Gefühl nicht. Man rief aus: »Wir Schriftsteller finden keine Worte« – was doch ihr Beruf ist. Nicht in die Barbarei zurück verlangten Neger.
Das Unterhaus verurteilt. Kardinal Verdier, in seinem Meeting mit Demokraten und Kommunisten: »Die verhängnisvolle Folge der Rassentheorie.« Präsident Hoover: »Rückfall in die Zeiten Torquemadas.« Ein Schwede: »Ebensoviel Feigheit wie Brutalität.« Ein Bulgare: »Die Tragödie eines Volkes.« Aber welches Volkes? Das deutsche, oder sein Machthaber, agiert mit seinen Juden allerdings tragisch. Nach dem Akt, worin die Juden untergehen, handelt die deutsche Tragödie weiter, dem Schrecken und Mitleid der Zuschauer sind mehr Akte vorbehalten. Das für später. Bis jetzt wurde um einen Teil des deutschen Volkes, um seine Juden getrauert. In Trauerkleidung sind die protestierenden Züge, fern und nah, vor die Häuser der deutschen Vertretungen gerückt. Derselbe Gedanke kam ihnen auf jedem Breitengrad, ob Kanada oder Kuba.
Es ist geschehen, daß Menschen stumm blieben und Hand an sich legten. Selbstmorde hervorragender Nichtjuden: sie hatten einen zu tiefen entsetzlichen Blick in die Abgründe des Unheils getan. Desgleichen hat im achtzehnten Jahrhundert das Erdbeben von Lissabon mehr ver-

wüstet als nur die eine Stadt. Man verzweifelte an der göttlichen Gerechtigkeit und beschloß, um so eher die menschliche herzustellen – eine der sittlichen Vorbedingungen der Französischen Revolution. Die großen Katastrophen sind immer schon eingetreten, bevor die Zeitgenossen aufstehen. »Die Seuche naht«, das ist heutzutage, dank dem deutschen Pogrom, die jähe Erkenntnis in Norwegen und überall. Nationalitäten, die müßigen Streitigkeiten nachhingen, Flamen und Wallonen sind zur Besinnung gelangt, als die Seuche nahte, aus Deutschland.

Wahrhaftig, das Regime, das sich in Deutschland noch immer hält, versteht es, Deutschland groß zu machen – wenn es Größe ist, über die Welt mehr Jammer zu bringen, als sie gekannt hatte, und mehr Verachtung dafür einzustecken, als der gleichgültige Durchschnitt dafür je übrig hat. Das geht so weit, daß ein Denker für viele, die ihre Sätze verantworten, diese hinschreibt: »Ich glaube daran, daß die Deutschen, mögen sie noch so gern wollen, doch von Grund auf unfähig zur Freiheit sind. Sollt ich dafür als Rassist gelten, glaube ich doch an moralisch minderwertige Rassen, selbst wenn sie Goethes und Wagners hervorbringen.«

Es ist falsch. Aber das haben wir davon. Abbruch, Boykott, die sittliche Ausgestoßenheit, die Menschheit gegen uns vereint: denn Deutsche sind wir alle, und Verbrechen, für die ein Gesindel unser Land und unseren Namen mißbraucht, verantworten alle Deutschen, die im Lande, die draußen. Vergebens, sich auszuschließen, das Gesindel von sich abzuschütteln und die Deutschen in Schutz zu nehmen gegen Wüstlinge der Macht, deren übelste bei ihnen nicht geboren sind.

Wir tragen alles mit. Ein totalitäres Regime, in den Händen einer Minderheit, enteignet das Volk von der Macht;

die Verantwortung nimmt es ihm damit nicht ab. Verantworten muß das Volk vor der Welt, daß es dieses Regime geduldet hat, bis in seine äußersten Ausschreitungen hinein, gesetzt, es wären schon die äußersten. Welche alleräußersten sie übertreffen sollen, ahnt man seit der Entblößung des Regimes. Aber Deutschland will es weiter dulden?

Nein. Deutschland wird seine Revolution haben. Fragt sich nur, wann. Das deutsche Schicksal entscheidet sich zufolge dem Zeitpunkt, wann die Deutschen eingreifen und sich befreien. Viel Zeit hat es damit nicht mehr, falls sie das glauben sollten. Erstens möchte den Regierenden gelingen, Deutschland dermaßen mit Schande zu bedekken, daß es sie nicht bald abwäscht. Als sie ihren Pogrom beschlossen, haben sie verstanden vorzutäuschen, das tue das Volk. »Gedungene Straßenbanditen« sah ein Engländer, aber wer beweist das. Das Volk konnte es nicht, es hat, des Schreckens gewöhnt, dabeigestanden und geschehen lassen. Die meisten mißbilligten, viele waren innerlich empört, einige Hundert haben tätlichen Widerstand geleistet und Mißhandlungen auf sich genommen um der mißhandelten Juden willen.

An den Massen war es, die bezahlten Banditen zu verjagen. Geboten war das Verlassen der Betriebe, das Schließen der Läden, die verschränkten Arme. Dies alles ist einmütig und erfolgreich einst angewendet worden, beim Kapp-Putsch, als die Deutschen ihn ehrenhaft besiegten. Damals haben sie ihren Ruf, als wären sie unfähig zur Freiheit, großartig widerlegt: noch heute bezeugt es der französische General, der in Deutschland zugegen war. Zusehen und abwarten ist unrühmlich und wird der Mitschuld ähnlich, je verworfener die Banditen. Weiß man das Schlimmste? Eine schlecht angebrachte Langmut kompromittiert im voraus die Revolution.

Und darauf rechnet das Regime. Mit voller Absicht gibt es seinen Pogrom für eine revolutionäre Handlung aus, die Gestalten, die am Werk waren, für Revolutionäre. Den Gestalten, die bei der Arbeit erblickt wurden, kam es wenig auf die Juden an. Sie sind eingedrungen, wo es erlaubt war, haben mißhandelt, wen sie durften, und gestohlen, was freistand. Erlaubt man nächstens denselben Gestalten, bei Christen zu plündern und christliche Kirchen anzuzünden, sie werden es sich nicht zweimal sagen lassen. Diese Stürmer und alten Kämpfer haben in ihrer Laufbahn mehr Volksgenossen als Artfremde aus den Betten geholt. Das Blut roch ihnen immer gut, und das Geld roch gar nicht.

Recht merkwürdige Vorfälle werden berichtet aus der Nacht des Pogroms. Als den SA-Bestien niemand entgegentrat, haben Offiziere des Heeres es versucht. Ihnen wurde nicht vorgehalten, auch sie seien Volksgenossen und Juda müsse verrecken. Zugerufen wurde ihnen, während man schon auf sie eindrang: »Eure Uniformen sind von unserm Geld bezahlt!« Was in mehrerer Hinsicht eine Neuheit darstellt. SA bezahlen nichts, sie klauen in gleichem Schritt und Tritt. Wenn sie aber gerade die Uniformen bezahlt haben wollen, dann melden sie nicht nur gegen die Offiziere des Heeres ihr Pfandrecht an. Uniformen werden von den meisten Deutschen getragen; die Brieftasche, die darin steckt, konnte bei einigen dick werden, dank ihrer Uniform.

Die wahre deutsche Revolution muß die Ehrlichmachung Deutschlands sein, oder sie wäre mißlungen. Die deutsche Revolution wird aus dem eigenen Beschluß der Deutschen kommen, sonst wäre sie verfälscht und verfehlt. Sie ist, wenn es die rechte ist, eine sittliche Erhebung, die reinste, die Deutschland verzeichnet, das Zeugnis seines Willens zur Freiheit, den niemand wieder bezweifeln soll. Unschlüssig dem Krieg entgegenschwanken und erst nach Niederlagen die Waffen umkehren, das würde nichts gelten bei den Völkern. Sie haben es satt, die deutschen Staatsumwälzungen mit ihrem Blut zu bezahlen. Die Deutschen werden den Feind der Menschheit, und ihren eigenen, schlagen, bevor andere nicht nur ihn, sondern sie selbst schlagen. Die Deutschen wissen, was sie sich schulden.

Die Zeit der wahren deutschen Revolution ist jetzt. Sie ist nicht im Krieg. Deutschland ist unvergleichlich mehr wert, als die Welt sehen kann. Unter dem Joch hat Deutschland den vollen Wert der Freiheit begriffen. Die Menschenwürde, die soziale Gerechtigkeit sind Forderungen seiner Sittlichkeit, nicht der Notdurft allein. Ein Regiment des Unmenschentums hat erreicht, daß dieses Deutschland zutiefst humanistisch gesonnen ist, wie nur in seinen besten Jahrhunderten. Das Christentum ist wieder die Angelegenheit der Gewissen und Herzen. Die Zivilisation hat ihren alten Ernst.

Die deutsche Revolution zeige Deutschland, wie es ist. Sie werde durchkämpft, weil Deutschland noch einmal, und für immer, sein will, was es zu sein verdient!

ACHTZEHNTER MÄRZ

Der einzige Versuch einer Revolution, den das Deutschland der neueren Zeiten gekannt hat, hinterläßt bis heute ein Andenken: das ist größer, als der Versuch war. Das Jahr 48 trägt eine Glorie, während der fünf Jahrzehnte des Kaiserreiches konnte ihr Schein nicht erlöschen.

Denn die Revolution war zuletzt nicht gescheitert, nur unterdrückt. Ihre großen Erfolge sind das Kaiserreich und der Sozialismus, scheinbare Gegensätze, aber sie ergänzen einander. Bismarck konnte sein Reich nur gründen, wenn er von der Demokratie das nationale Feuer nahm. Die Sozialisten konnten in demselben Reich ihre heroische Epoche nur haben, weil ihre Vorgänger auf der Barrikade jenes eine Mal wirklich gekämpft hatten.

Auf der Barrikade aber hatten alle gestanden, Arbeiter und Bürger mit Professoren und Studenten. Die Märzgefallenen sind aus keiner Klasse, sie gehören dem ganzen Volk. Im wirklichen Kampf für seine Freiheit, seine Zukunft hat das Volk sich aus einem Stück gefühlt, ein Fleisch und Blut, ein untrennbares Schicksal.

Das klare Bewußtsein des Erlebten hat nachher gelitten. Der unmittelbare Verlauf einer einmütigen Volkserhebung war unglücklich gewesen. Auch wurde seit der Reichsgründung immer fühlbarer, wie ein Teil des Bürgertums sich über das Volk erhob. Die Bourgeoisie, ein wirtschaftliches Produkt und nichts weiter, verlor je länger, je mehr die innere Verbundenheit, nicht nur mit den Besitzlosen, auch mit den Gebildeten.

Noch lange hat man Bildung und Besitz zusammen genannt. Aber der gebildete Bürger war wirtschaftlich schwach, wenn er nicht ganz arm war. Eine verhängnisvolle Selbsttäuschung hat ihn an die Seite des Bourgeois geführt, als könnte man ohne Reichtum und wirtschaftliche Macht seinesgleichen sein. Die Bourgeoisie hat in dem Umfang, wie sie begriffen wurde, niemals wirklich existiert.

Hätte ein gebildetes, selbstbewußtes Bürgertum seine eigenen sozialen und politischen Bedingungen unbeirrt im Auge behalten, niemals wäre es zu der verkehrten Scheidung der Klassen gekommen. Besitzlose Bürgerliche, die sich den Reichsten anschließen, lassen das Proletariat, ihren Nächsten, allein: zuerst im Kampf um den gerechten Lohn, aber endlich überall.

Die Gräber der Märzgefallenen werden nunmehr von den Proletariern allein bekränzt, in abweisender Haltung gegen dasselbe Bürgertum, dessen Angehörige in diesen Gräbern liegen. Über die geschichtlichen Erinnerungen der Bürger wachen sie selbst nicht mehr. Die bürgerlichen Rechte und Freiheiten zu verteidigen, überlassen sie einer Klasse, von der sie sich getrennt haben. Wo den vernünftigen Tatsachen entgegen gehandelt wird, da betreiben alle insgemein die Katastrophe.

Die deutsche Katastrophe, das notwendige Ergebnis der nationalen Zerrissenheit, eröffnet wurde sie vom Krieg, und hat sich kriegsmäßig fortgesetzt. Ihr vorläufig letzter Abschnitt ist die bewaffnete Herrschaft einer neu gebildeten Kaste, der alle Teile der Bevölkerung ihre Überläufer stellen, aber verwurzelt ist sie nirgends. Dieses Regime wird, so lange es dauern mag, mit einem Fuß im Kriege stehen und dauert gerade vermöge der unablässigen Drohung, ihn ganz zu entfesseln. Unheil in furchtbarer Menge ist schon bis jetzt heraufbeschworen.

Gleichwohl hat die Macht der Bosheit auch hier nicht verfehlt, was ihr jedesmal gelingt: die wirklichen Tatsachen zurechtzurücken, bis alle sie sehen, bis alle sich besinnen. Angesichts des drohenden Krieges, der wahrhaftig der letzte, im schrecklichsten Sinn der endgültige wäre, öffnen die meisten Deutschen ihre Brust der gleichen Wahrheit. Unabweisbare Lehren erteilt die Furcht.

Die bisherigen Bürgerlichen fürchten den Krieg und seine Folgen. Zum ersten Mal seit alter Zeit, neunzig Jahre mögen es sein, verstehen sie sich mit dem Proletariat im Wesentlichen, da es um das Leben geht, um das eigene und um das Leben der Nation.

Die Aufklärung ist beiderseits schon hierdurch gesichert, wird aber den Bürgerlichen ungemein erleichtert, seitdem auch sie nichts mehr besitzen. Das Regime hat sie ohne Umschweife und Einschränkung arm gemacht. Noch mehr, noch wirksamer, es hat der bürgerlichen Masse den berechtigten Erwerb genauso zielbewußt entzogen wie den Arbeitern ihren gerechten Lohn.

Dies Regime hat den Besitz selten gemacht, hat das Vermögen der Nation zusammengedrängt auf eine fortwährend abnehmende Zahl von Privilegierten. Ein Zustand ist hergestellt, der in allen Stücken die Übermacht der einstigen Feudalen zurückruft. Man ist einer der zwölfhundert Bourgeois, oder ist besitz- und rechtlos. Dazwischen liegt nichts. Wer, aus der Masse der Bürgerlichen, die nichts mehr haben und nichts mehr gelten, wäre heute noch aufgelegt zu der Selbsttäuschung, als nähme er den höheren Rang ein und gehörte einer eingebildeten Bourgeoisie an statt einfach dem Volk?

Hier beginnt im Leben der Nation ein sittlicher Umschwung. Wurde jetzt, unter dem Druck des Feindes, der im Lande steht und allen, allen an das Leben will, die Einheit des Volkes nicht endgültig gestellt, mit der Hoffnung wär es vorbei. 1848 ist der Versuch einer Revolution unternommen worden von einem Volk, das die Spal-

tung in Armut und Besitz noch vor sich hatte. Die Erfahrung liegt hinter ihm.
Das Vorrecht großen Besitzes gebiert immer wieder die Knechtung aller, zuletzt sogar die Gefahr für alle, vernichtet zu werden. Das wußte man nicht, und weiß es heute. Der Bürger, Bauer, Arbeiter, enteignet, arm, versklavt, werden mit unvergleichlich festerem Ziel die nächste Barrikade besteigen als einst die vorige. Bei ihnen werden die geistigen Arbeiter sein.
Die Arbeiter des Gedankens haben in Deutschland vieles versäumt. An dem Unheil, das ausbrechen konnte, tragen sie die sehr beträchtliche Mitschuld: viele von ihnen haben es herbeigerufen. Die Entschuldigung, daß sie das wirkliche Bild des Regimes nicht vorausgesehen hätten, fällt weg. Über den Wert und Unwert von Menschen, denen er in die Macht hilft, darf einer nicht fehlgehen, wenn sein Beruf die Wissenschaft vom Menschen ist. Wer von geistigen Werten lebt, darf die Freiheit und das Recht weder vergessen noch verraten.
Die Intellektuellen Deutschlands, »die unbrauchbare Ausschußware der Nation«, wie der Sklavenhalter als Dank für geleistete Dienste ihnen ins Gesicht schreit, haben dennoch gelitten und gelernt mit der Nation. In dem Freiheitskampf der Nation sollen auch sie das Glück haben, reinen Angesichts zu stehen und zu fallen.

DIE FRANZÖSISCHE REVOLUTION UND
DEUTSCHLAND

Die Franzosen waren, als sie zur Tat schritten, mit dem Geist der Revolution schon längst erfüllt, aber das waren auch die Völker, die damals noch nicht die Folgen herbeiführten. Die Franzosen von 1789 waren ein Volk, weder älter noch jünger als die übrigen Teile der europäischen Gesittung. Sie rühmten sich keiner einzigartigen Reife und anderseits keiner selbsterfundenen, neugeborenen Doktrin oder Mystik. Am wenigsten behaupteten sie, die Jüngsten, die unwiderstehlich Stürmischen zu sein. Sie verwirklichten dieselben Erkenntnisse, die überall vorherrschten, und handelten nach einer Gesinnung, die der höchsten geistigen Klasse aller Länder gemein war, sogar die tieferen Schichten folgten von ungefähr.

Die ersten waren die Franzosen nicht. Die amerikanische Unabhängigkeitserklärung verlangte schon längst für die Vereinigten Staaten die unabhängige Stellung, »auf die sie das Recht haben nach den Gesetzen der Natur und des Gottes der Natur«. Nach dem Vorgang Englands verkündete Amerika seit dem siebzehnten Jahrhundert als sonnenklar die Wahrheit, daß alle Menschen gleich geschaffen seien und daß sie von ihrem Schöpfer mit unleugbaren Rechten begabt seien: das Recht auf das Leben, die Freiheit und das Bestreben nach Glück. Wer seine Rechte so zuversichtlich behauptet, ist offenbar der weitesten Zustimmung gewiß.

Die gebildeten Franzosen konnten um so eher zustimmen, da gerade ihre Schriftsteller das Beste getan hatten für den Gott der Natur und die unleugbaren Menschenrechte. Der General Lafayette ging nach Amerika als der Abgesandte des französischen Geistes, dergestalt, daß der Erfolg der Vereinigten Staaten als ein Erfolg des französischen Geistes erschien. Indessen wurde geerntet, was Jahrhunderte gesät hatten. Es siegten Gedanken und Ansprüche, die wahrscheinlich aufgetreten sind mit der Menschheit selbst und nur mit ihr enden werden.

Die Vorkämpfer der Französischen Revolution und alle, die sie dann verwirklichten, waren durchaus bekannt mit ihren fernen geistigen Ursprüngen. Die Freiheit als das immer lebendige, immer handelnde Gesetz war ihnen vertraut, und nicht ihnen allein. Die persönliche Freiheit hat den ersten Platz in der vorgestellten Welt des Humanismus, und die zählte schon damals vierhundert Jahre. Die Renaissance ein Triumph der menschlichen Persönlichkeit; die langen Kämpfe um das freie religiöse Bekenntnis; die Aufklärung, die erreichte Milderung der Sitten, das alles ging voraus. Die Vorform der modernen Demokratie war erschienen mit demselben König, der auch das Edikt von Nantes erlassen hatte. Die deutschen Bauernkriege, die Hussitenkriege zogen sogar noch früher die soziale Folgerung aus dem Erwachen der Gewissen, das Reformation und Humanismus heißt.

Das achtzehnte Jahrhundert reicht die Hand den voraufgegangenen. Voltaire reicht Montaigne die Hand. Dieser beansprucht für sich die Freiheit sogar bis zu dem Grade, wo sie erschlafft, wie er selber zugibt. »Äußerst müßig, äußerst frei«, nennt Montaigne sich; sagt auch, daß er bis zur Stunde keinen Vorgesetzten gehabt habe und sei nur immer so weit und so schnell gegangen, wie es ihm beliebt habe. Hiergegen ist das Wesen und das Leben Voltaires heldenhaft. Das achtzehnte Jahrhundert und sein vorderster Geist haben die Überlieferung der persönlichen Freiheit nochmals mächtig aktiv gemacht: das ist ihr Ruhm.

Jetzt denken wir uns ein Geschlecht, das gebildet und genährt war mit der Philosophie des Candide, diesem ganz einzigen, ganz unbegreiflich vollendeten Hohenlied der Vernunft. Sie ist es, die hervorleuchtet aus den erzählten Schandtaten der Unvernunft, aus all der gedankenlosen Schlechtigkeit einer Welt – ach, sie könnte glücklich sein, wenn sie sich nur besinnen wollte. Dies Bild des Lebens, dies Wissen, wie ihm zu helfen wäre, erfüllte die Köpfe von 1789, nicht nur in Frankreich, sondern überall, da Europa ein und dieselbe geistige Überlieferung hat. Allerdings war das Europa von 1789, geistig begriffen, französisch, und nicht erst seit gestern. Die geistige Vormacht war Frankreich bald zweihundert Jahre lang. Nur darum konnte es endlich auch die politische werden.

Um internationale Erfolge davonzutragen, muß eine Nation, müssen ihre bewußt gewordenen Teile sittlich an sich gearbeitet haben, viel gedacht und nach dem menschlichen Wohl lebhaft verlangt haben. Den Menschen im Gegenteil nur Unheil wünschen, das führt zu nichts. Wer auf die Unterdrückung der Völker ausginge und ihnen das Denken verleiden wollte, mitsamt den optimistischen Lehren, die ihnen helfen, besser und froher zu werden: – aus eigener Anschauung wissen wir, daß diese Art zu scheitern bestimmt ist überall und immer.

Die Französische Revolution ist, wie jede andere, das Ergebnis sozialer Zustände und ihrer augenscheinlichen Hinfälligkeit. Den ganz großen Erfolg verdankt sie dennoch ihrer geistigen Vorgeschichte, dem Geist, den sie über die Welt hin strahlte. Jetzt wird viel bemerkt, daß die Lebensbedingungen des Volks vormals oft noch schlechter gewesen waren, ohne daß darum allein schon die Revolution ausgebrochen wäre. Sie erschien und war unaufhaltsam, als genügend viele die Erklärung der Menschenrechte für ein Gebot der geistigen Redlichkeit hielten. Den ganz großen Erfolg hat allein die geistige Redlichkeit.

Vielleicht, daß eine europäische Auslese die Konstitution von 1789 durchaus und innig miterlebt hat. Die Menschenrechte aber, die der Konstitution vorausgestellt wurden, gingen allen ein, wes Landes und Standes man war. Sie sind das Unbedingte, das nie Vergängliche. Sie waren auch das, was nicht vollauf gehalten werden konnte und voraussichtlich die meisten enttäuschen mußte. Darauf wurde die Nationalversammlung sogleich hingewiesen, wie begreiflich von ihren Mitgliedern, die im praktischen Leben standen: das waren die Bürgerlichen. Die Erklärung der Menschenrechte ist von Vertretern des Adels durchgesetzt worden, an demselben 4. August, der alle seine Vorrechte abschaffte.

Als nach dem Sturz Napoleons der alte Adel wieder an die Macht kam, hat er seine Vorrechte zurückgeholt, soviel davon noch erreichbar war. Er hatte aber einst seinen 4. August gehabt. Der Umgang mit den Philosophen, die Gewohnheit, nur sich selbst zu dienen, äußerst müßig, äußerst frei, wie Montaigne sich nannte, das alles hat jene Vornehmen vermocht, ihre andren Vorrechte aufzugeben, um dafür das Höchste und Letzte einzutauschen, den Genuß der geistigen Redlichkeit. Wer das nicht kann, eine Klasse, die nichts von ihren Vorrechten nachläßt, trotz besserem Wissen, eine herrschende Schicht, die sich verhärtet anstatt jeder hochherzigen Regung: – auch über sie sind wir durch eigene Anschauung unterrichtet, kennen das Personal und den Ablauf der Dinge.

Die Französische Revolution hat je länger, je mehr dem französischen Bürgertum die Macht verschafft. Aber machtlos war es auch vorher nicht gewesen, und alles in allem, der Vorgang hätte die Welt nicht bewegt, er hätte ihr nicht heiß gemacht. Sie wurde das universale Ereignis, weil der revolutionäre Gedanke der Herr wurde über ein abgestumpftes Herkommen. Die Freiheit wurde geliebt für ihre schönen Flügel und für ihr starkes Schwert. In jeder menschlichen Brust wohnten unausgesprochen die Menschenrechte, die Frankreich nunmehr offen erklärte: Die Erklärung der Menschenrechte, nicht die Kanonen, eroberte zuerst die fremden Staaten.

Zu dieser Zeit würde man es ausdrücken: Propaganda, innere Zermürbung des Gegners. Ja, aber was propagiert wird, muß die Wahrheit sein, damit es bei den Menschen dauert. Die Völker Europas und seine Denker bedurften keiner gewaltsamen Bearbeitung; jedes Wort aus Paris war heißes Leben, und was immer geschah, hieß ohne Zureden gut. Die Revolution hat in der Welt ihre gesamte Anhängerschaft behalten, sogar als sie blutig wurde, sogar als sie Krieg führte: sie, die doch gesprochen und beschlossen hatte, daß die französische Nation auf Eroberungskriege verzichte.

Sie wollte friedlich sein. Wer wollte es nicht sein, der die Wahrheit bringt und das Recht verwirklicht. Indessen gibt es nichts Zweites, was soviel Angst, Haß, Widerstand erregt und mit soviel Blut ersiegt werden muß wie die Wahrheit und das Recht. Die Schlachten Napoleons waren noch immer Siege der Freiheit, einer verhältnismäßigen Freiheit; von den Völkern wurde sie für voll genommen bis gegen sein Ende hin. 1793, im Jahr des Schreckens, haben die Denker Deutschlands, die zarten, die lyrischen sogar, zu der Revolution gehalten, während sie Blut vergoß. Sie werden empfunden haben die ganze menschliche Tragik, die von den Göttern gewollt ist, wenn es sie dürstet: auf seiten der Menschen stehen wollen, aber ihrer einige töten müssen; für das Leben sein und damit deshalb auch für den Tod.

Man sei nur vorbereitet auf das wahrhaft große Geschehen, und man erschrickt auch vor dem furchtbaren nicht. Die gesamte Literatur der Deutschen war vorbereitet gewesen auf die Revolution. Man ergibt sich nicht umsonst der Aufklärung, dem Kult der Vernunft, ist nicht umsonst humanistisch gesinnt und lebt in der Überlieferung eines Europa, das damals, geistig begriffen, französisch ist. Herder spricht: »Der Mensch ist der erste Freigelassene der Schöpfung: er steht aufrecht« – was sehr nach Protest gegen die staatliche Wirklichkeit klingt und an den ersten Satz des »Contrat social« erinnert. Dann aber bleibt man der Revolution verbunden; sie gehe ihren Weg, man folgt ihr.

Das ganze Geschlecht der deutschen Klassiker ist ihr gefolgt. Herder hatte weiter gesagt, der lange Gehorsam unter dem Despotismus gründe sich nicht auf die Übermacht des Despoten, sondern auf duldende Trägheit. »Denn dulden ist freilich leichter als mit Nachdruck verbessern.« Mit Nachdruck kann heißen: mit Strenge. Es kann heißen: stark genug, um Tragödien zu ertragen.

Kant, der den ewigen Frieden für vernünftig und erreichbar hielt, ist vor der Französischen Revolution nicht zurückgeschreckt, weil sie Blut vergoß. Hölderlin, der die Helden verehrte, nahm unter sie Jesus und den Konvent auf. Als es für die Revolution am ungewissesten stand, war er bereit, die Feder hinzuwerfen und kämpfen zu gehen.

Goethe hat Valmy gesehen und blieb immer stolz, daß er dabeigewesen war. Sein anderer Stolz war die Freundschaft Napoleons, und was wäre der Kaiser, wenn er nicht der Mann der Revolution wäre. Dafür ist er gefürchtet und geliebt worden, was er zeitweilig gern vergessen hätte, aber am Ende seiner Laufbahn bekannte er es. Übrigens hatte er die entscheidenden Errungenschaften der Revolution, die sozialen, aufrechterhalten. Sein persönliches Werk, an fortwirkender Kraft noch seinen Schlachten überlegen, ist sein bürgerliches Gesetzbuch, und es ist revolutionär durch Menschlichkeit und Vernunft. Goethe konnte nicht Jurist und nicht kaiserlich gesinnt sein, ohne daß er durchdrungen war vom Geist der Revolution.

Alle Umstände, alle wechselnden Eindrücke beiseite, ist Goethe selbst die Revolution, da er der höchste, letzte Gipfel des Humanismus ist. Wem anders als dem Humanismus verdankt sie, daß sie heranwuchs und durchdrang. »Man hörte vom Rechte der Menschen, das allen gemein ist«, sagt Goethe und meinte die Revolution. Aber er selbst, durch alles, was er darstellte und schuf, war für das Menschentum immer eingestanden.

Schiller spricht von der Revolution als von einem großen Rechtshandel, der von der reinen Vernunft abhängig gemacht sei anstatt vom Recht des Stärkeren. Da fand er sich in seiner Welt, das war die Welt seiner Dramen. Diese griff jetzt hinüber auf die bestehende Macht. Wilhelm von Humboldt, nachher Kultusminister in Preußen, wollte den Bürger im Staat durch so viele Bande wie möglich mit seinen Mitbürgern verbunden, aber sowenig wie möglich von der Regierung gefesselt. Anstelle der Befriedigung einzelner wünschte er den Menschen allen Freiheit, Ruhe und Glück.

Ach, sie haben die Sicherheit des Lebens und Erwerbes gesucht, solange sie auf Erden sind. Den neuen, zauberischen Klang hatte die Freiheit; sie allein schenkte der Französischen Revolution die fortzeugende Kraft. Über die Befreiung der menschlichen Person, die sie vollbrachte, wurden ihre meisten anderen Taten unterschätzt und nicht nachgeahmt. Nach der Niederlage von 1806 bekam Preußen einige politische Reformen, soziale kaum. Die Einziehung der Rittergüter, die Aufteilung des Nationalbesitzes unter zahlreiche Bauern, erwartet man bis heute vergebens.

Wie geht das zu? In einem Zeitalter der Umwälzungen wurde der günstige Augenblick versäumt von denselben Deutschen, deren Gebildete als Humanisten sehr hoch standen und deren Volksmassen ärmer waren als die französischen. Drei Ursachen fallen auf. Nur in Frankreich hatte das achtzehnte Jahrhundert den Humanismus ganz und gar aktiv gemacht. Das Bürgertum trug die Bewegung, weil es dort eine weitverzweigte Klasse, völlig durchgebildet und an der Macht schon beteiligt war. Das Dritte ist, daß Frankreich die zahlreichste Bevölkerung hatte.

Seither hat die russische Revolution noch einmal gezeigt, wieviel es bedeutet, die zahlreichste Bevölkerung zu haben. Kommt noch hinzu, daß die staatliche Einheit eines Reichs vorher durchgeführt wurde und besteht, dann mag die selbstbewußte Nation jede Neuheit wagen, denn sie ist ihr gewachsen. Sie darf nicht länger darauf beschränkt bleiben, die kühnen Neuheiten, die in der Luft liegen, die dem Bewußtsein der Welt angehören, nur zu denken und zu dichten, wie die Deutschen vor hundertfünfzig Jahren. Die Deutschen 1939 sind verpflichtet, geistige Redlichkeit in Taten zu beweisen.

Sie kennen heute einen Drang nach Freiheit: so tief, von so schmerzlicher Gewalt war er nie vorher. Sie haben nicht im achtzehnten, sondern erst im zwanzigsten Jahrhundert das Äußerste an Unterdrückung erfahren. Ihnen ist bewiesen, daß die politische Freiheit allein nicht standhält gegen die wirtschaftlich Übermächtigen, die sie fürchten und hassen. Von den drei Losungsworten der Französischen Revolution muß nicht nur das erste, die Freiheit, sondern auch das zweite, die Gleichheit, in Kraft treten, damit das dritte, die Brüderlichkeit, seinen Sinn erhält.

Das ist den Deutschen 1939 in tragischer Weise bekannt;

und gerade darum sind manche von ihnen der französischen Konstitution von 1793 zum Dank verpflichtet. Dort steht: »Das französische Volk gewährt ein Asyl den Fremden, die für die Sache der Freiheit aus ihren Ländern verbannt sind, und verweigert es den Tyrannen.« (»Il donne asile aux étrangers bannis de leur pays pour la cause de la liberté et il le refuse aux tyrans.«) Wir leben, persönlich und wörtlich genommen, von den hochherzigen Überzeugungen der Revolution und danken ihr.

Die Französische Revolution war sehr groß und an unendlichem Menschentum reich, auf das Bekenntnis der Menschenrechte verzichtete sie nicht, obwohl man ihr voraussagte, sie werde es nicht vollauf halten. Ihre Sache war die Befreiung des Individuums, zu ihrer Zeit die vorderste Sache. Dem Recht der Person wurden notwendig die kollektiven Rechte vorerst geopfert, das Koalitionsrecht der Arbeiter, ihr Recht zu streiken. Der Reichtum durfte nicht geschwächt werden, womit damals kein Vorrecht beabsichtigt war, sondern das Recht eines jeden. Auch der unbestechliche Robesspierre hat die Ungleichheit der Vermögen nur abgelehnt, den Reichtum sozialisieren wollte er nicht.

Die Deutschen sind neuestens belehrt, anschaulich und fühlbar belehrt, daß man mangels sozialer Gerechtigkeit sowohl unfrei als arm wird. Sie werden die Freiheit, die sie erkämpfen sollen, nur vollenden und sichern vermöge der sozialen Gerechtigkeit. Nach erlangter sozialer Gerechtigkeit werden die niedergehaltenen Kräfte frei werden, die Pflege der menschlichen Person kann wahrhaft beginnen.

Die alten Kämpfe gehen weiter. Die Kämpfer wechseln, ihre Erfahrung hat sich vermehrt: das Ziel ist, wie je, die Freiheit. Auch in uns handelt noch immer die Französische Revolution.

EINE GROSSE, HISTORISCHE SACHE

Die Thesen zu den Berichten von Molotow und Shdanow auf dem XVIII. Parteitag sind zu meiner Kenntnis gelangt und haben mich in mehreren Hinsichten lebhaft berührt. Man liest: »Von Grund auf hat sich die Arbeiterklasse verändert«, und: »Von Grund auf hat sich die Bauernschaft verändert.« Wodurch? Sie sind »befreit von jeglicher Ausbeutung«. Für westliche Ohren sind das ferne Klänge. Hier wird so viel nicht verlangt; ein Mindestmaß sozialer Gerechtigkeit wäre die großartigste Eroberung.

Nun sehe ich, daß die Sowjetunion noch nicht zufrieden ist, sondern »in ökonomischer Beziehung die entwickeltsten kapitalistischen Länder und die Vereinigten Staaten von Amerika einzuholen und zu überholen« gedenkt. Mich interessiert am meisten, wie. Betont und im Druck hervorgehoben wird die Antwort: »Den Konsum des Volkes um das Eineinhalb- bis Zweifache heben.« Das will man besonders erreichen – »durch die vermehrte Erzeugung von Massenbedarfsartikeln und Nahrungsmittelprodukten«. Sehr lehrreich, denn anderswo geschieht das Gegenteil. Alle Bedürfnisse des Volkes werden herabgesetzt, seine produktiven Kräfte hauptsächlich für den waffenstarrenden Staat verwendet. Über dem deutschen Vierjahrplan steht als ungeschriebener Leitsatz: »Schlecht essen, wenig Erholung, und lernen gar nicht.«

Der Fünfjahrplan der Sowjetunion nennt unter seinen Hauptaufgaben eine »bedeutende Hebung des kulturellen Niveaus der ganzen Masse der Werktätigen in Stadt und Land«. Hier ist die Rede von der »historischen Sache der Hebung des kulturellen und technischen Niveaus der Arbeiterklasse auf das Niveau von Ingenieuren und

Technikern«. Es liest sich märchenhaft für westliche Augen, die davon sogar feucht werden könnten. Man hielt es für ausgemacht, daß ein moderner Staat die Massen des Volkes verdummt und nichts so nötig hat wie einen niedrigen Stand ihrer geistigen Fähigkeiten und sittlichen Begriffe. Kulturell heben − das Volk! eine historische Sache, daß aus Arbeitern − Intellektuelle werden!

Ich habe, vor jeder anderen, diese Überzeugung: Ein Staat verdient unterzugehen, wenn die Kultur sein Feind ist − und wird untergehen. Um der Vorteile willen, die ein Staat der Kultur beimißt, verdient er zu leben − und wird leben.

GESTALTUNG UND LEHRE

Wir werden eine historische Gestalt immer auch auf unser Zeitalter beziehen. Sonst wäre sie allenfalls ein schönes Bildnis, das uns fesseln kann, aber fremd bleibt. Nein, die historische Gestalt wird, unter unseren Händen, ob wir es wollen oder nicht, zum angewendeten Beispiel unserer Erlebnisse werden, sie wird nicht nur bedeuten, sondern sein, was die weilende Epoche hervorbringt oder leider versäumt. Wir werden sie den Mitlebenden schmerzlich vorhalten: seht dies Beispiel. Da aber das Beispiel einst gegeben worden ist, die historische Gestalt leben und handeln konnte, sind wir berechtigt, Mut zu fassen und ihn anderen mitzuteilen.

Der historische Roman gehört in gewissen Fällen zum letzten, das einer machen lernt. Er hat ein Zeitalter, oder schon mehrere, miterlebt, die Wandelbarkeit der Menschen und Völker ist ihm nachgerade vertraut; er täuscht sich kaum noch über ihre Beauftragten, die für eine Gesamtheit dastehen und vielleicht groß heißen. Ihre Größe ist vor allem angewiesen auf die Nation, von der sie ausgehen und die ihr Mittel ist, wie sie selbst das Werkzeug der Nation sind.

Das ist der Fall Bismarck, wenn man ihn angesichts des heutigen Deutschland nochmals untersuchen wollte. Was ist seither aus Bismarck geworden? Einst hat er einen Staat begründet, der ganz im Gegensatz zu der deutschen Vergangenheit dauerhaft begrenzt sein sollte. »Saturiert« nannte er sein Reich und erzog seine Deutschen, soviel er nur konnte, für ein »Kleindeutschland«, hielt sie an, eine endgültige Volksfamilie zu bilden. Ihre tausendjährige Art war gewesen, in unbestimmte Weiten auszuschweifen, die ganze Welt für deutsch anzusehen, während man

bei sich zu Hause gar nichts bedeutet. Das dachte Bismarck den Deutschen abzugewöhnen. Sich beschränken und als eine vollendete Nation die älteren einholen: das war seine Lehre, wenn die Deutschen sie von Grund auf begriffen hätten.
Das haben die Deutschen nicht vermocht, wie jetzt zutage liegt. Er hat das deutsche Laster, ein »Volk ohne Raum« sein zu wollen, keineswegs ausgetrieben. Sein Kleindeutschland, eine wohlbedachte Schöpfung, sie halten es längst wieder für unzulänglich. Ihr Ziel ist nicht die gefestigte Volksfamilie, sondern, wie je, die internationale Ausschweifung, die fortwährende Störung Europas und ein Reich, das, unförmlich erweitert, mit der Auflösung enden muß. So sieht der historische Mißerfolg aus. Von dem Nachfolger, der heut an seiner Stelle steht, wird Bismarck begönnert als ein Anfänger ohne den ganz großen Erfolg. Er hatte aber alles getan, um »Erfolge« wie die seines mißbräuchlichen Nachfolgers für immer unmöglich zu machen. Das ist mißlungen, und der Name Bismarck trägt davon den Schaden. Er sieht nachgerade wie eine mittlere Figur aus – an ihm liegt es nicht. Die Nation, von der er ausgehen mußte, hat es dahin gebracht.
Der echte große Erfolg scheint untrennbar von tragischen Zwischenfällen. Sind der geistige Erneuerer und der Mann der Tat in derselben Person vereint, dann bleibt ein gewaltsamer Tod für sie immer zu befürchten. Lenin ist so gestorben, und auch Henri von Frankreich, der einzige König, der in den tiefen Schichten seines Volkes fortlebt, seit dreihundert Jahren. Anders als Bismarck hatte er ein Volk, das ihm unmittelbar verwandt und begabt war, ihn richtig zu verstehen – nicht sogleich und auch im Verlauf der Handlung nicht ausdrücklich, eher mit den stummen Herzen. Gleichwohl

traf dieser König es glücklich, er konnte den Grund legen für die gefestigte Volksfamilie und den demokratischen Volksstaat, zwei unverlierbare Angelegenheiten. Das Volk hat sie, was dann auch dazwischenkam, doch immer im Sinn behalten.

Alles, was das Volk bedrückte, hat auch er ausgestanden: die Armut, die Verfolgung und leibliche Gefahr, das ungeschützte Land, den Zwang des Gewissens. Um so besser war er berufen, die Armen satt, das Land und die Gewissen frei zu machen. Er wurde von den Mächtigen, die er enteignete, furchtbar gehaßt, während die Liebe des Volkes seine Dienste viel langsamer belohnte. So gehört es sich. Was lange nachhalten soll, dringt spät durch.

Er hat die Gemeinen erhöht, womit er die herrschende Klasse um ebensoviel erniedrigte. Er begab sich, wie er sagte, unter die Vormundschaft seiner Stände, wenn auch mit dem Schwert zur Seite. Er erkannte sein Recht darin, daß er sowohl Prinz als Volk war. Die Rechte des Volkes sind den Weg über die Majestät gegangen – die von ihrem ersten Vertreter als die Verherrlichung des Menschen selbst gemeint war.

Sein berühmtes Edikt von Nantes sollte nicht allein die Geister und Gewissen befreien: seine Folgen waren sozial. Er hat soziale Ideen betätigt, ihr Gelingen lag fern, erst heute erfaßt man sie wieder. Seine europäische Politik war auf die Einheit gleichberechtigter Nationen gerichtet, alle späteren Versuche gehen auf den seinen zurück. Die moderne Welt beginnt mit ihm, ein lebensgefährlicher Beginn, aber er unternahm ihn fröhlich trotz der Wahrscheinlichkeit, daß er fallen müsse.

Er behielt, bei all seiner begründeten Furcht vor dem Messer, die tief innere Freudigkeit, wie nur das Volk und die schöpferischen Naturen sie kennen: beide in dem Gefühl, daß schließlich nichts und niemand sie umbringt.

Seine unermüdliche Liebe zu den Frauen, wovon gemeinhin mehr die Rede ist als von seiner Liebe zum Volk, hat dieselbe Wurzel. Die ungewöhnliche Stärke seiner väterlichen Triebe zeigt an, wie sehr sein Herz für die Menschen schlug. Er besaß mit ihnen die triebhafte Verbindung, die allein den großen Plänen der Vernunft die Aussichten eröffnet und einer Persönlichkeit erst Dauer verspricht.

Durch ihn handelte ein Volk, hätte damals anders nicht zu handeln vermocht. Wer den Roman dieses Königs schreibt, wird aus vielen und eigentlich aus allen Seiten das Gesicht des Volkes hervorblicken lassen: das wechselvolle Gesicht eines hin und her geworfenen Volks. Das eine Mal erkennt das Volk in dem König seinen Mann und trägt ihn. Das andere Mal bleibt es hinter ihm zurück, oder er hinter sich selbst. Das moralische Gesetz des Romans wird sein, einen Menschen, der für außerordentlich viele einsteht, sogar in seinem Versagen, seinen Abschwörungen als den Vollstrecker des Zeitalters zu begleiten. Die Höhe seines Lebens ist weithin sichtbar herzustellen vermittels eines Aufstieges, der nicht nur von außen gesehen fragwürdig ist. Der Berufene wird selbst seiner Fragwürdigkeit bewußt. Er empfindet sie um so mehr bei seinem folgenden Abstieg von der Höhe; was nicht hindert, daß er erst dort die kühnste Fruchtbarkeit erweist. Der Verfall und das nahe Ende begünstigen merkwürdig einen neuen Anfang; die Vollendung des Unternommenen läge jenseits des Grabes.

Das Verhältnis des Königs Henri zu seinem Volke lehrt, wie ungewiß unser Sinnen und Trachten ist; einige Gewähr bekommt es nur durch unsere Redlichkeit und Festigkeit. Die unbeirrte Zuversicht, für sehr viele einzustehen, wäre das beste; aber gerade in diesem Betracht bleiben Zweifel nicht aus. Der Zweifel ist eigentlich der ständige Begleiter der Festigkeit: das macht ein großes Leben schwer erklärbar. Halten wir uns, zum Verständnis der Vorgänge, an die einfachsten Sätze. Ich habe sie für einen französischen Sender aufgeschrieben. Er gab sie weiter, hier sind die wichtigsten nochmals:

»Henri IV. ist der größte König, den Frankreich und Europa gehabt haben, denn von allen Königen ist er der vollständigste Mensch. Henri ist für die Majestät, was Lionardo und Michelangelo für die Kunst sind, Montaigne für das Wissen vom inneren Menschen. Sie sind als erste gekommen, haben die modernen Zeiten sogleich zusammengefaßt, sind niemandes Erben, und man übertrifft sie nicht.

Der Humanismus des Königs bedeutet, daß, nach dem lateinischen Wort, nichts Menschliches ihm zu gering war. Humanismus heißt, den Menschen kennen und von einer umfassenden Sympathie für das Leben erfüllt sein. Daher sein Bemühen, seine Franzosen völlig zu gestalten, zuerst aber, sie besser zu nähren.

Für leichtherzig habe ich ihn nicht gehalten. Die großen Freunde der Menschheit tragen auf dem Grunde der Seele viel Traurigkeit. König Henri konnte fröhlich sein, weil er schaffensfroh war und weil die schöpferischen Naturen äußerst am Leben hängen.

Auch die Frauen liebte er im Bewußtsein der immer gegenwärtigen Drohungen: seine Erinnerungen gingen zurück auf die Bartholomäusnacht. Hat er nicht frühzeitig vorausgefühlt, daß seine größte Liebe, für Gabrielle, mit einer Katastrophe enden würde, ebenso wie sein tatbereiter Humanismus ihn einem tragischen Tode weihte? Da ist einer, der den Verrat erfahren soll, und behält zum Schluß als seinen wirklichen Freund den Minister Sully, der an ihm über das eigene Maß herangewachsen war, verstand nur das Eigentliche nicht. Auf allen Bildern des

fertigen Mannes hat Henri dieselben großen, schmerzlichen Augen.«
Soviel über die Gestalt und die Lehren, die ihr vielleicht zu entnehmen sind. Kann nun ein Volk aus der Geschichte des anderen lernen, dann müssen wir gleichfalls nach den einfachsten Sätzen suchen. Die Deutschen haben in ihrem »Dritten Reich« die Erlaubnis nicht, die beiden Romane von der »Jugend« und der »Vollendung« des französischen Königs zu lesen, sonst sollten die Romane ihnen sagen: Gebt euch nicht voreilig hin! Hier hat einer lange dienen und sich vor seinem Volk bewähren müssen, bis es ihn anerkannte als seinesgleichen – gewiß hinausgeschoben über andere, aber bescheiden und stolz genug, um für sie arbeiten zu wollen, nur insofern auch für sich, was ein Merkmal der wahren Größe ist. Falsche Größen arbeiten für sich allein, sie opfern die Völker ihrem unanständigen Gelüst und leeren Wahn.
Das Volk von Frankreich hat während der Herrschaft seines Königs Henri einige Duldsamkeit der Meinungen in sich ausgebildet mitsamt dem Sinn für Gerechtigkeit und Freiheitsliebe. Die Anlagen brachte es wohl mit, seine spätere Geschichte ist von ihren Wirkungen voll. Die letzte Wirkung der Anlagen, die im Grunde jedes Volk hat, wäre, daß es wirklich die gesamte Macht selbst ausübt, nach der Beseitigung der vorigen Mächte. Andernfalls bleibt es auf Zufälle angewiesen und auf einen Herrscher, der fühlt wie das Volk des Glaubens ist, die Welt könne allein durch die Liebe gerettet werden.
Die ganze europäische Welt, nicht sein Frankreich allein, hat gegen das Ende des Königs Henri von ihm das Höchste erhofft. In Deutschland wurde für ihn gebetet, was aber nicht verhindert hat, daß ihn das Messer traf und daß der Dreißigjährige Krieg, den er aufgehalten hätte, ausbrach.

Das Auftreten eines guten Herrschers und sein Erfolg bleiben unverbürgt. Heute erscheint es als ein Wunder, daß einer vor dreihundert Jahren »die Gemeinen« erhöht haben soll, und sogar schon mit der Verstaatlichung des Außenhandels ging er um. Für alles zusammen traf ihn zuletzt das Messer. Demokratie und Sozialismus, das Sicherste wäre, die Völker verwirklichten sie selbst.

ANHANG

NACHBEMERKUNG

»Eine endgültige Tatsache ist unser sittliches Bewußtsein, das wir in Jahrtausenden nicht umsonst erworben haben: wir sollen Ereignisse, die des Menschen unwürdig sind, bekämpfen, bis menschenwürdige eintreten.« Dieses Bekenntnis Heinrich Manns, ausgesprochen in dem 1939 veröffentlichten Essayband »Mut«, markiert die zeitgeschichtliche Ausgangssituation und die politisch-moralische Position der Streit- und Bekenntnisschriften, mit denen der Autor des »Untertan« und des »Henri Quatre« in den antifaschistischen Kampf eingriff. Dem »Regiment des Unmenschentums«, das zahlreiche Schriftsteller in die Emigration getrieben hatte und die Kultur auf das äußerste bedrohte, setzte Heinrich Mann die Bereitschaft und die Entschlossenheit entgegen, die überlieferten humanistischen Werte zu verteidigen. Neben der Arbeit an dem Roman über die Jugend und die Vollendung des Königs Henri Quatre, dem Hauptwerk seines französischen Exils, entstanden annähernd 300 Aufsätze und Streitschriften, die sich unmißverständlich gegen die Ansprüche und den Terror eines antihumanen Machtmechanismus richteten.

Die vorliegende Auswahl faßt unter thematischen, aus der Gliederung ablesbaren Gesichtspunkten einen wesentlichen Teil dieser Arbeiten zusammen, die in einer Vielzahl von oft nur schwer zugänglichen Publikationsorganen und Sonderdrucken verstreut und daher bislang keineswegs vollständig erschlossen sind. Unser Band enthält Beiträge aus den essayistisch-publizistischen Sammlungen »Der Haß« (1933), »Es kommt der Tag» (1936) und »Mut« (1939) sowie Texte, die für Zeitschriften und Dokumentationen der antifaschistischen deutschen Emigration geschrieben wurden. Unter den deutschsprachigen Zeitschriften und Zeitungen, an denen Heinrich Mann im Exil mitarbeitete, sind insbesondere »Die neue Weltbühne« (Prag, Zürich, Paris) die »AIZ« (Prag), die »Internationale Literatur« (Moskau), die »Pariser Tageszeitung« sowie »Freies Deutschland« (Mexiko) hervorzuheben.

Nicht wenige der antifaschistischen Streitschriften Heinrich Manns waren darüber hinaus von vornherein als »Aufrufe in das Land hinein« konzipiert und für den illegalen Vertrieb bestimmt. In Briefen und Gesprächen bezeichnete der Autor diese Schriften wiederholt als »Dünndruck-Manifeste« und als »Sachen«, bei denen es »niemals genug« werden könne. Viele von ihnen sind ihrer Anlage und Form nach als Flug- oder Tarnschriften zu werten. So wurden auf Dünndruckpapier wiedergegebene Beiträge Heinrich Manns beispielsweise in Teebeuteln, Umschlägen für Fotozubehör, Cellophantüten mit Limonadenpulver, handelsüblichen Briefmarkenangeboten sowie in Form von Reiseprospekten illegal im faschistischen Deutschland verbreitet. Gestützt auf neu erschlossene Archivmaterialien, wird mit unserem Band erstmals eine zusammenhängende Auswahl dieser »Dünndruck-Manifeste« vorgelegt.

Sie lassen vor allem drei eng miteinander verflochtene Problemkreise erkennen: die streitbar humanistische Anklage gegen den Faschismus, vorgetragen in jenem »Geist des Angriffs«, den Bertolt Brecht als Wesenszug der essayistischen Bemühungen Heinrich Manns im Exil charakterisiert hat; das bewußt erneuerte Bekenntnis zur Verantwortung des »geistigen Arbeiters« in den politischen und sozialen Kämpfen des Zeitalters; schließlich, aufs engste damit verbunden, die Orientierung auf die geschichtliche Mission der Arbeiterklasse, künftig die staatsbildende Klasse und der Träger der Kultur zu sein.

Durchweg liegt den antifaschistischen Schriften Heinrich Manns das Bemühen zugrunde, Denkanstöße, Erkenntnisse und Tatbereitschaft auszulösen, um so Vernunft und Humanität als mobilisierende Kraft des gesellschaftlichen Fortschritts zu behaupten. Überall ist der Einsatz der ganzen Persönlichkeit spürbar, damit das Notwendige in der gebotenen Entschiedenheit und zugleich »unabänderlich genau« gesagt werden kann. Analytische Prägnanz, die hinter dem Detail das Wesentliche eines Vorgangs deutlich werden läßt, verbindet sich mit polemischer, teils mit satirischer Schärfe, die den unüberbrückbaren Gegensatz zwischen der Absage an die Humanität und dem Bekenntnis zu ihr veranschaulicht.

Die Wiedergabe der vorliegenden Texte folgt den jeweils nachweisbaren Erstveröffentlichungen. Über die Entstehungsdaten, Textvarianten und gegebenenfalls über die Verbreitung der einzelnen Beiträge informieren die nachfolgenden Anmerkungen. Orthographie und Interpunktion, letztere unter Berücksichtigung der Diktion Heinrich Manns, wurden den heute geltenden Regeln angeglichen.

Werner Herden

ANMERKUNGEN

Knechtung des Geistes

Der Aufsatz AUFGABEN DER EMIGRATION wurde im Herbst 1933 geschrieben und in der Nr. 50/1933 der »Neuen Weltbühne« veröffentlicht. Er gehört zu einer größeren Arbeit über die Exilproblematik, die unter dem Titel »Schule der Emigration« 1934 in der vom Pariser Verlag Europäischer Merkur herausgegebenen Broschüre »Der Sinn dieser Emigration« erschien. Indem Heinrich Mann namentlich den Auftrag der Emigration betonte, »Stimme ihres stumm gewordenen Volkes« zu sein, orientierte er im Unterschied zu Tendenzen der Resignation und des Verzichts von vornherein auf einen bewußten und aktiven Widerstand gegen die faschistische Barbarei.

Der Beitrag IHR ORDINÄRER ANTISEMITISMUS ist dem Essayband »Der Haß« entnommen, mit dem Heinrich Mann 1933 seine Auseinandersetzung mit der faschistischen Diktatur, insbesondere mit ihrer Geist- und Kulturfeindlichkeit einleitete. Der Band, der den Untertitel »Deutsche Zeitgeschichte« und die Widmung »Meinem Vaterland« trägt, erschien zunächst – im Herbst 1933 – in französischer Sprache, und zwar im Pariser Verlag Gallimard. Die deutschsprachige Ausgabe folgte noch im gleichen Jahr im Amsterdamer Querido-Verlag.

WIE MAN EINEN PROZESS GEWINNT. Stellungnahme Heinrich Manns zum Reichstagsbrandprozeß, veröffentlicht in der »Neuen Weltbühne« vom 26. Oktober 1933.

Der Aufsatz DENKEN NACH VORSCHRIFT, publiziert am 8. März 1934 in der »Neuen Weltbühne«, schließt sich inhaltlich und konzeptionell an die Auseinandersetzung mit dem faschistischen Regime an, die Heinrich Mann mit dem vorangegangenen Essayband »Der Haß« aufgenommen hatte.

WAS DAHINTERSTECKT. Der nach der Niederschlagung des Wiener Februaraufstandes 1934 geschriebene Artikel erschien am 29. März 1934 in der – seit März 1934 von Hermann Budzislawski geleiteten – »Neuen Weltbühne«.

BETRUG AN DER JUGEND. Erstveröffentlichung unter dem Titel »Hereingefallene Jugend« am 3. Mai 1934 in der »Neuen Weltbühne«; hier wiedergegeben nach dem Essayband »Es kommt der Tag«, Zürich 1936.

DAS GESICHT DES DRITTEN REICHES. Vorwort zu dem 1934 im Simplicius-Verlag Prag erschienenen Sammelband »Das III. Reich in der Karikatur«. Einzelne Übermittlungs- bzw. Übertragungsfehler innerhalb des Textes, der gleichzeitig in englischer, deutscher und französischer Sprache veröffentlicht wurde, wurden auf der Grundlage des vorliegenden, von Heinrich Mann durchgesehenen Manuskripts korrigiert.

DER PIMPF. Veröffentlicht im »Pariser Tageblatt« vom 29. April 1935 und in dem Essayband »Es kommt der Tag«.

SPATEN FASST AN! Stellungnahme zum sogenannten Reichsparteitag 1935 der NSDAP, Erstveröffentlichung am 26. September 1935 in der »Neuen Weltbühne« unter dem Titel »Die Spaten von Nürnberg«; hier wiedergegeben nach dem Band »Es kommt der Tag«.

Der Artikel KASTENDEUTSCHLAND, publiziert im »Pariser Tageblatt« vom 3. Oktober 1935 und in dem Band »Es kommt der Tag«, nimmt gleichfalls auf den Nürnberger Parteitag der NSDAP vom Sommer 1935 Bezug.

REDE VOR DEM VÖLKERBUND. Am 29. November 1935 sprach Heinrich Mann als Vertreter der antifaschistischen deutschen Emigration vor dem Gremium des Völkerbundes in Genf. Der Text der in französischer Sprache vorgetragenen Rede wird hier nach der vom Autor besorgten und in der »Neuen Weltbühne« (Nr. 51/1935) publizierten Übertragung ins Deutsche wiedergegeben. In seinem Briefwechsel mit Arnold Zweig geht Heinrich Mann am 26. Dezember 1935 auf diese Rede ein: »Woher kommt es, daß das Exil so arbeitsreich ist? In Berlin, mit allem Trara, behielt ich, glaube ich, mehr freie Zeit. Außer vielfältigen Manuskripten war mir in der Zwischenzeit eine längere Reise beschieden: Paris (Comité-Sitzungen), Genf (Auftreten vor dem Völkerbund, damit die Emigranten eine Vertretung und Papiere bekommen).«

MASSENBETRUG. Beitrag aus dem Essayband »Es kommt der Tag«.

DIE REDE. Die vorliegenden Anmerkungen Heinrich Manns zu der Rede, mit der Hitler im Januar 1937 anläßlich des vierten Jahrestages der faschistischen Machtübernahme auftrat, wurden in der »Neuen Weltbühne« vom 4. Februar 1937 sowie in den Essayband »Mut« (Paris 1939) veröffentlicht. Bertolt Brecht bezeichnete in Notizen vom 3. März 1939 diesen Beitrag als »ein erstaunliches Werk« und als einen »der einleuchtendsten Aufsätze des Buches ›Mut‹« (vgl. Bertolt Brecht, Gesammelte Werke, Bd. 8, Schriften 2, Frankfurt am Main 1967, S. 471 ff.).

ALLES HIN. Veröffentlicht in der »Neuen Weltbühne« vom 17. November 1938. »Die Neue Weltbühne«, die in den Jahren von 1933 bis 1939 insgesamt 81 Beiträge Heinrich Manns publizierte, erschien bis zum 2. Juni 1938 in Prag und danach bis zu ihrem Verbot durch die französische Regierung Ende August 1939 in Paris. Im Frühjahr 1938 hatte sich Heinrich Mann, wie unter anderem aus seinem Briefwechsel mit Johannes R. Becher ersichtlich ist, darum bemüht, die Übersiedlung der Zeitschrift nach Paris zu vermitteln.

DER EIGENEN KRAFT BEWUSST SEIN! In der Erstveröffentlichung durch die in Paris herausgegebene »Deutsche Volks-Zeitung« vom 30. Oktober 1938 lautete der letzte Absatz: »Die Nerven behalten! Sich der eigenen Kraft und Überlegenheit bewußt werden!« Der hier wiedergegebene Text entspricht der in den Sammelband »Mut« aufgenommenen Fassung.

Erbe und Auftrag

Der Aufruf DIE DEUTSCHE FREIHEITSBIBLIOTHEK erschien am 14. April 1934 im »Gegen-Angriff«. Dem Initiativkomitee zur Schaffung der Deutschen Freiheitsbibliothek gehörten neben Heinrich Mann u. a. Lion Feuchtwanger, André Gide, Romain Rolland und H. G. Wells an. Die Freiheitsbibliothek setzte sich zum Ziel, »alle im Dritten Reich verbotenen, verbrannten, zensurierten oder totgeschwiegenen Werke und die Bücher zum Studium des Hitlerfaschismus zu sammeln«. Unter der Präsidentschaft Heinrich Manns wurd sie am 10. Mai 1934, dem ersten Jahrestag der faschistischen Bücherverbrennung, in Paris eröffnet.

AN DEN KONGRESS DER SOWJETSCHRIFTSTELLER. Grußschreiben Heinrich Manns an den I. Unionskongreß der
Sowjetschriftsteller (»Internationale Literatur«, Moskau
1934, Nr. 4, S. 167 f.). In seinem Essayband »Ein Zeitalter
wird besichtigt« nennt Heinrich Mann den Kongreß, der
vom 17. August bis zum 1. September 1934 in Moskau
stattfand, die »anschaulichste aller Kundgebungen« der
Sowjetunion bis zum Ausbruch des zweiten Weltkrieges.

NATION UND FREIHEIT. Rede Heinrich Manns anläßlich des
175. Geburtstages Friedrich Schillers, veröffentlicht in
der Zeitschrift »Das Neue Tage-Buch«, Paris-Amster-
dam, Nr. 45/1934, S. 1074–1076. Heinrich Mann hielt
diese Rede, deren französische Fassung am 30. Oktober
1934 in der »Dépêche de Toulouse« erschien, am 19. Oktober 1934 im Prager PEN-Club. Während seines Aufenthaltes in Prag kam es am 26. Oktober 1934 zu einer
durch F. C. Weiskopf und Oskar Maria Graf vorbereiteten Unterredung mit Johannes R. Becher, in deren
Verlauf Heinrich Mann seine Bereitschaft erklärte, an gemeinsamen antifaschistischen Aktionen sozialistischer
und bürgerlich-humanistischer Kräfte zur Verteidigung
der Kultur mitzuwirken.

VERFALL EINER GEISTIGEN WELT. Erstveröffentlichung in
der »Neuen Weltbühne« vom 6. Dezember 1934; hier
wiedergegeben nach der von Heinrich Mann geringfügig
korrigierten Fassung in dem Essayband »Es kommt der
Tag«. Die Korrekturen berücksichtigen den zeitlichen
Abstand beider Veröffentlichungen und bringen einige
wenige stilistische Veränderungen (z. B. »vom *niedrigen*
Haß« anstatt, »vom *blinden* Haß«).

Die Aufsätze AUFBAU EINER GEISTIGEN WELT, GEHEIME

SCHULEN und DIE MACHT DES WORTES erschienen am 3. Januar, 24. Januar bzw. 7. März 1935 in der »Neuen Weltbühne« und wurden von Heinrich Mann – mit geringfügigen Korrekturen – gleichfalls in den Band »Es kommt der Tag« aufgenommen.

EIN JAHR DEUTSCHE FREIHEITSBIBLIOTHEK. Die kurzgefaßte Bilanz der von der Deutschen Freiheitsbibliothek geleisteten Arbeit wurde am 20. Mai 1935 von der in Prag erscheinenden Zeitschrift »Die Wahrheit« veröffentlicht.

Den Beitrag DAS GROSSE BEISPIEL, abgedruckt in der »Neuen Weltbühne« vom 30. Mai 1935, schrieb Heinrich Mann anläßlich des 50. Todestages von Victor Hugo. Die Darstellung schließt an die Arbeiten an, die Heinrich Mann bereits in den Essaybänden »Sieben Jahre. Chronik der Gedanken und Vorgänge« (1929) und »Geist und Tat« (1931) dem Wirken Hugos gewidmet hatte.

DIE VERTEIDIGUNG DER KULTUR. Rede auf dem Internationalen Schriftstellerkongreß zur Verteidigung der Kultur vom 21. bis 25. Juni 1935 in Paris. Das Manuskript der Rede wurde von Heinrich Mann zusammen mit einem Vorspann (die ersten beiden Absätze des vorliegenden Textes) der »Neuen Weltbühne« zur Veröffentlichung (Nr. 28/1935) übergeben. Die beiden Deutschen, die der Internationalen Schriftstellervereinigung zur Verteidigung der Kultur angehörten, waren Thomas und Heinrich Mann. Weitere antifaschistische Schriftstellerkongresse organisierte die Vereinigung im Juli 1937 (in Valencia, Madrid und Barcelona, mit einer Abschlußkundgebung in Paris) sowie im Juli 1938 wiederum in Paris.

WIR SIND DA, für das »Pariser Tageblatt« geschriebener und hier am 30. Juni 1935 veröffentlichter Beitrag über den Internationalen Schriftstellerkongreß zur Verteidigung der Kultur.

Der Aufsatz GESANDTE DEUTSCHLANDS erschien am 24. Juli 1935 im »Pariser Tageblatt«. Der unerkannt gebliebene »Abgesandte Deutschlands« auf dem Pariser Kongreß zur Verteidigung der Kultur war Jan Petersen, der Autor des Romans »Unsere Straße«, der als Vertreter der illegal im faschistischen Deutschland wirkenden Schriftsteller auf dem Pariser Kongreß mit einer schwarzen Gesichtsmaske auftrat.

NUR DAS PROLETARIAT VERTEIDIGT KULTUR UND MENSCHLICHKEIT. Brief Heinrich Manns an die Prager »Rote Fahne«, hier wiedergegeben nach der »Deutschen Zentral-Zeitung« (Moskau) vom 10. August 1935. Dem Brief, der auch im »Pariser Tageblatt« und im »Gegen-Angriff« veröffentlicht wurde, liegen folgende Vorgänge zugrunde: Gemäß dem faschistischen Ausbürgerungsgesetz vom 14. Juli 1933 hatte die Hitlerregierung Heinrich Mann am 25. August 1933 gemeinsam mit Wilhelm Pieck, Friedrich Heckert, Rudolf Breitscheid, Lion Feuchtwanger, Ernst Toller, Kurt Tucholsky u. a. die deutsche Staatsbürgerschaft aberkannt. Nachdem Heinrich Mann während seines Prager Aufenthaltes im Herbst 1934 die staatsbürgerlichen Rechte der Tschechoslowakischen Republik in Aussicht gestellt worden waren, richtete er ein entsprechendes Einbürgerungsgesuch an die Kreisstadt Reichenberg. Dieses Gesuch nahm die von Henlein geführte »Sudetendeutsche Heimatfront« zum Anlaß massiver Angriffe auf den Schriftsteller. Daraufhin erklärten andere tschechoslowakische Gemeinden demonstrativ ihre Bereitschaft, Heinrich Mann das Heimatrecht zu erteilen. Offiziell geschah dies schließlich am 21. August 1935 durch den ostböhmischen Ort Proseč im Kreis Litomyšl, der ein Jahr später auch Thomas Mann das Heimatrecht zuerkannte. Mit dem vorliegenden Brief, der in seiner inhaltlichen Aussage weit über den unmittelbaren Ausgangspunkt hinausreicht, dankte Heinrich Mann für die erhaltenen Beweise der Solidarität.

Der Artikel ANTWORT AN HAMSUN, eine Polemik mit der profaschistischen Haltung des norwegischen Schriftstellers, erschien am 5. Dezember 1935 im »Pariser Tageblatt«.

In dem Aufsatz EIN DENKWÜRDIGER SOMMER präzisierte Heinrich Mann wesentliche Ergebnisse des Internationalen Schriftstellerkongresses zur Verteidigung der Kultur, der im Juni 1935 in Paris zusammengetreten war. Die Erstveröffentlichung dieses Beitrages erfolgte in der Moskauer Literaturzeitschrift »Internationale Literatur« (Nr. 1/1936), deren deutsche Ausgabe seit dem Frühjahr 1933 von Johannes R. Becher geleitet wurde.

SEIN DENKMAL. Die vorliegende Betrachtung wurde anläßlich des 80. Todestages Heinrich Heines geschrieben und am 17. Februar 1936 von der in Moskau herausgegebenen »Deutschen Zentral-Zeitung« veröffentlicht.

Der Aufsatz DIE BÜCHERVERBRENNUNG, entstanden anläßlich des dritten Jahrestages der faschistischen Bücherverbrennung vom 10. Mai 1933, liegt in verschiedenen Fassungen vor. Er wird hier nach dem Abdruck in der »Neuen Weltbühne« vom 18. Juni 1936 wiedergegeben.

IM EXIL. Der in der »Neuen Weltbühne« vom 5. August 1937 veröffentlichte Beitrag bezieht sich auf die Ausstellung »Das deutsche Buch in Paris«, die vom Schutzverband Deutscher Schriftsteller (SDS) gestaltet und am 25. Juni 1937 in Paris eröffnet worden war. Nach Mitteilungen des SDS-Organs »Der deutsche Schriftsteller« sprach Heinrich Mann am 19. Juli 1937 in dieser Ausstellung zu Problemen der antifaschistischen Literatur. Seine Rede in der Ausstellung und der vorliegende Text vom 5. August 1937 sind vermutlich weithin identisch.

Der Beitrag DAS GEISTIGE ERBE weist erneut auf den engen und wechselseitigen Zusammenhang zwischen der antifaschistischen Sammlungsbewegung und der Verteidigung des geistig-kulturellen Erbes hin. Er wurde am 2. September 1937 in der »Neuen Weltbühne« publiziert und 1939 von Heinrich Mann in den Band »Mut« aufgenommen.

KULTUR. Der Text wird hier nach der Erstveröffentlichung in der »Deutschen Volks-Zeitung« vom 26. Juni 1938 wiedergegeben. In dem Band »Mut« steht der Aufsatz unter der Überschrift »Volkskulturtag in Reichenberg«. Dem Volkskulturtag in Reichenberg, der am 25. Juni 1938 stattfand und an dem u. a. auch Klement Gottwald und Alexander Fadejew teilnahmen, widmete Heinrich Mann ferner ein persönliches Grußschreiben, das die »Volks-Illustrierte« am 22. Juni 1938 veröffentlichte und in dem es heißt: »Seht alle her, wie eine große und liebenswerte Tat hier geschieht! Der Schauplatz ist Reichenberg-Liberec, der Veranstalter der Arbeiter-Sport- und Kulturverband in der Tschechoslowakischen Republik, eine deutsche Vereinigung, und sie arbeitet mit den tschechischen Verbänden der gleichen Richtung zusammen. Für eine freie deutsche Volkskultur, für die brüderliche kulturelle Zusammenarbeit des deutschen und tschechischen Volkes: niemand könnte bessere Losungen herausgeben.«

Der Aufsatz ÜBER GOETHE – gleichfalls in den Essayband »Mut« aufgenommen – erschien am 13. November 1938 in der »Deutschen Volks-Zeitung« mit dem Untertitel: »Ein Wort an die deutschen Studenten«. Wie aus einem redaktionellen Vorspann hervorgeht, nahm die Diskussion der hier aufgeworfenen Fragen unter anderem auf einen Artikel der faschistischen Zeitschrift »Die Bewegung« über das Literaturstudium an den deutschen Hochschulen Bezug.

Sammlung der Kräfte

EINE GROSSE NEUHEIT. Veröffentlicht in der »Neuen Weltbühne« vom 5. September 1935 sowie in der von der Deutschen Freiheitsbibliothek herausgegebenen Broschüre »Eine Aufgabe. Die Schaffung der deutschen Volksfront« (Basel 1936). Diese Broschüre enthält auch den Wortlaut des im Text erläuterten Volksfront-Appells, den 60 000 Pariser Werktätige am 23. Juni 1935 auf einer Massenkundgebung in Montreuil an die Vertreter aller antifaschistischen Parteien und Organisationen Deutschlands richteten.

ES KOMMT DER TAG. Die beiden vorliegenden Textfassungen in der »Neuen Weltbühne« (NR. 5/1936) und in dem Essayband »Es kommt der Tag« weichen wie folgt voneinander ab. Im siebenten Abschnitt der »Weltbühnen«-Fassung heißt es: »Man soll wissen, daß nur noch

Degenerierte es fertigbringen, ein modernes Volk seiner Freiheit zu berauben...« Für die Veröffentlichung in dem genannten Essayband ergänzte Heinrich Mann diesen Passus in folgender Weise: »*Gewiß, das alles gehört in die Geschichte des Kapitalismus, letzter Teil. Aber* man soll wissen, daß nur noch Degenerierte *im Auftrag des Kapitals* es fertigbringen, ein modernes Volk seiner Freiheit zu berauben...« – Das Zitat aus dem Bericht Wilhelm Piecks über die Brüsseler Reichskonferenz der KPD (der Bericht erschien am 14. Dezember 1935 in der Baseler »Rundschau über Politik, Wirtschaft und Arbeiterbewegung«) ist hier nach der mit dem Original übereinstimmenden »Weltbühnen«-Fassung wiedergegeben, da die Textfassung im Essayband das Zitat entgegen dem Original auf den betreffenden Satz insgesamt ausdehnt. – Im Zusammenhang mit dem am 17. Dezember 1935 erfolgten faschistischen Justizmord an Rudolf Claus wandte sich Heinrich Mann ferner mit folgender Adresse an die Öffentlichkeit: »Die Hinrichtung des kriegsverletzten Rudolf Claus hat überall empört, sie kostet das Dritte Reich ungezählte Anhänger im Innern, und von der Nachsicht der Welt verliert es mehr durch diese Untat als durch viele früheren. Die deutschen Sozialdemokraten und Kommunisten aber protestierten gemeinsam. Es ist ihr erster gemeinsamer Schritt. Durch ihn vollzieht sich tatsächlich die Einheitsfront der Sozialisten, und mit ihr beginnt die Volksfront der Deutschen für die Befreiung unseres Landes. Diese Bewegung wird unwiderstehlich sein. Möchten alle Deutschen, die den Namen verdienen, schon jetzt ihr beitreten durch ihre Unterschrift.« Dieser Appell, dem sich u. a. auch Johannes R. Becher und Bertolt Brecht anschlossen, wurde im »Gegen-Angriff«, in der »Neuen Weltbühne«, der »AIZ« sowie in der Broschüre »Eine Aufgabe. Die Schaffung der deutschen Volksfront« (Basel 1936) veröffentlicht.

Die Aufsätze DER WERT DES FRIEDENS und SEID EINIG! erschienen am 30. Januar bzw. am 29. März 1936 in der in Prag herausgegebenen »AIZ« (»Arbeiter-Illustrierte-Zeitung«). Der Beitrag »Seid einig!« bezieht sich auf die Konferenz deutscher Antifaschisten am 2. Februar 1936 im Pariser Hotel Lutetia, auf der 118 Vertreter der verschiedensten antifaschistischen Gruppierungen unter dem Vorsitz Heinrich Manns über gemeinsame Aktionen gegen das Hitlerregime beraten und eine »Kundgebung an das deutsche Volk« verabschiedet hatten.

DEUTSCHLAND – EIN VOLKSSTAAT. Beitrag für den Essayband »Es kommt der Tag«.

DAS FRIEDENSTREFFEN. Rede Heinrich Manns vor dem Weltkomitee gegen Krieg und Faschismus, veröffentlicht in der »Neuen Weltbühne« vom 2. Juli 1936. Der geplante Weltfriedenskongreß fand nicht, wie ursprünglich vorgesehen, in England, sondern vom 3. bis 6. September 1936 in Brüssel statt. Zu den insgesamt 4 000 Teilnehmern des Kongresses gehörten u. a. auch Dolores Ibarruri, Egon Erwin Kisch, Heinrich Mann und Alexei Tolstoi.

DER WEG DER DEUTSCHEN ARBEITER. Veröffentlicht im Heft 11/1936 der Zeitschrift »Internationale Literatur«. Die hier erstmals seit 1936 wieder im vollständigen Wortlaut vorgelegte Arbeit entstand in der Phase der Bemühungen um eine deutsche Volksfront gegen Krieg und Faschismus und gehört zusammen mit den Volksfrontaufsätzen zu den wichtigsten politischen Manifestationen Heinrich Manns aus der Zeit des antifaschistischen

Exils. Eine gekürzte Fassung des Textes (mit insgesamt 25 Kürzungen) wurde in den Band »Publizistische Schriften« (Moskau 1951) sowie in den Band 3 der »Essays« (Berlin 1962) aufgenommen.

DIE WIDERSTÄNDE. Veröffentlicht in der »Neuen Weltbühne« vom 19. November 1936 sowie in dem Essayband »Mut«.

WAS WILL DIE DEUTSCHE VOLKSFRONT? Eröffnungsrede Heinrich Manns auf der Tagung des Ausschusses zur Vorbereitung der deutschen Volksfront am 10. und 11. April 1937 in Paris, publiziert in der »Pariser Tageszeitung« vom 12. April 1937 sowie in einer Sondernummer der »Mitteilungen der Deutschen Freiheitsbibliothek« (Paris 1937). In beiden Veröffentlichungen ist dem Text die Anrede »Liebe Freunde« vorangestellt; die »Pariser Tageszeitung« gibt darüber hinaus folgenden Schlußsatz wieder: »In diesem Sinne begrüße ich alle anwesenden Freunde, die der Einladung des Ausschusses zur Vorbereitung der deutschen Volksfront Folge geleistet haben und erkläre unsere Konferenz für eröffnet.«

KAMERADEN! Rede Heinrich Manns auf der Solidaritätskundgebung des Überparteilichen Deutschen Hilfsausschusses am 14. April 1937 in der Pariser Mutualité. Der vorliegende Text wurde sowohl in der 1937 in Paris erschienenen Broschüre »Hilfe für die Opfer des Faschismus« (mit der Überschrift »Werte Kameraden!«) als auch in dem Essayband »Mut« veröffentlicht.

Mit den Aufsätzen DIE DEUTSCHE VOLKSFRONT, GEBURT DER VOLKSFRONT, KAMPF DER VOLKSFRONT und ZIELE DER VOLKSFRONT, die am 29. April, am 4. November, am 2.

Dezember und am 30. Dezember 1937 in der »Neuen Weltbühne« erschienen und in dieser Folge auch in den Essayband »Mut« aufgenommen wurden, griff Heinrich Mann – seit dem Frühjahr 1936 Vorsitzender des Ausschusses zur Vorbereitung der deutschen Volksfront – in die Auseinandersetzungen um die Notwendigkeit und die Aufgaben der deutschen Volksfront ein.

ANTWORT AN VIELE. Erwiderung Heinrich Manns auf Briefe deutscher Antifaschisten und Volksfrontgruppen vom Frühjahr und Sommer 1938, in denen der Volksfrontausschuß zu verstärkter Aktivität im Kampf gegen die faschistische Diktatur aufgefordert worden war. Eine Auswahl dieser Briefe erschien zusammen mit der Antwort Heinrich Manns am 10. Juli 1938 in der »Deutschen Volks-Zeitung« sowie in einer gesonderten Broschüre – im Umfang von 26 Seiten – beim Verlag der »Deutschen Volks-Zeitung« (Paris 1938).

Nach Deutschland gesprochen

DIE ERNIEDRIGTE INTELLIGENZ. Der zunächst in der Zeitschrift »Das Neue Tage-Buch« (Nr. 12/1933) sowie in dem Essayband »Der Haß« veröffentlichte Text wurde 1935 mit Zustimmung Heinrich Manns in die illegal im faschistischen Deutschland verbreitete Tarnschrift »Deutsch für Deutsche« aufgenommen. Diese Tarnschrift, vom Schutzverband Deutscher Schriftsteller anläßlich des Pariser Schriftstellerkongresses zur Verteidigung der Kultur herausgegeben, war in ihrer äußeren Form als ein Exemplar der Miniatur-Bibliothek (Nr. 481–483) des Leipziger Verlages für Kunst und Wissenschaft kaschiert. Sie enthielt eine Anthologie antifaschistischer deutscher Literatur und umfaßte u. a. Beiträge von Becher, Brecht, Bredel, Feuchtwanger, O. M. Graf, Herrmann-Neiße, Kisch, Rudolf Leonhard, Heinrich und Thomas Mann, Marchwitza, Scharrer, Seghers, Toller, Uhse, Weiskopf, Friedrich Wolf und Hedda Zinner. Als eine Parallelausgabe dazu erschien mit dem gleichen Inhalt die Tarnschrift »Deutsche Mythologie« (Miniatur-Bibliothek Nr. 326–330).

STUDENTEN! Wiedergegeben nach dem Essayband »Es kommt der Tag«. In der Rede des faschistischen Kultusministers Rust vom Februar 1933, auf die sich der Text eingangs bezieht, waren rigorose Maßnahmen gegen die Sektion Dichtkunst der Preußischen Akademie der Künste und namentlich gegen Heinrich Mann angekündigt worden. Rust drohte u. a. mit der Auflösung der Akademie, falls Heinrich Mann und Käthe Kollwitz nicht sofort jede Möglichkeit einer weiteren Mitarbeit in der Akademie entzogen würde.

Der Aufruf ES IST ZEIT, geschrieben nach der faschistischen Intervention in Spanien, ist hier nach der in dem Essayband »Mut« publizierten Fassung wiedergegeben.

DEUTSCHE SOLDATEN! EUCH SCHICKT EIN SCHURKE NACH SPANIEN! Text einer illegal verbreiteten, bislang unbekannt gebliebenen Flugschrift. – Gemeinsam mit Rudolf Breitscheid, Franz Dahlem u. a. unterzeichnete Heinrich Mann ferner das Flugblatt »Hitler führt Krieg«, das gleichfalls zur faschistischen Intervention in Spanien Stellung nimmt und in dem es heißt: »Deutsches Volk! An dich ergeht der Ruf zur Solidarität. Hört die Sender von Madrid und Barcelona. Tut alles, was in euren Kräften steht, um die Kriegsproduktion und die Waffen, und

Truppentransporte nach Spanien zu hemmen, um dem Verbrechen in den Arm zu fallen.« – Quelle: Institut für Marxismus-Leninismus beim ZK der SED, Zentrales Parteiarchiv, DF IX/16 (nachfolgend IML – ZPA).

DEUTSCHE MÜTTER! Der vorliegende Aufruf wurde u. a. in der »Volks-Illustrierten« (Nr. 5/1937) und in dem Band »Mut« veröffentlicht.

GUERNICA. Über die illegale Verbreitung dieses Aufrufes, der im Mai 1937 in der »Pariser Tageszeitung« und in der Baseler »Rundschau über Politik, Wirtschaft und Arbeiterbewegung« erschien, heißt es in dem Schreiben Walter Ulbrichts vom 25. Mai 1937 an Heinrich Mann: »Wir haben veranlaßt, daß Ihre Erklärung zu Guernica sowohl durch die ›Deutsche Information‹ wie durch die Telegrafenagentur der Runag verbreitet und mehrmals über verschiedene Radiosender nach Deutschland gegeben wird.« In dem Band »Mut« ist der Aufruf mit dem Untertitel »Eine Schändung des deutschen Namens« wiedergegeben.

Der Aufruf AN ALLE DEUTSCHEN entstand zunächst als Beitrag für die in Paris erscheinende »Deutsche Volks-Zeitung« und wurde hier – noch unter dem Titel »Erster Mai« – am 1. Mai 1938 veröffentlicht. Auf eine entsprechende Bitte Wilhelm Piecks schrieb Heinrich Mann unter dem Datum vom 1. Mai 1938 an den Mitarbeiter der »Deutschen Volks-Zeitung« Paul Merker: »Wie Sie wissen, hat Wilhelm Pieck mich gebeten, einen Aufruf für Deutschland zu verfassen. Daher frage ich an, ob meine Arbeit zum 1. Mai in der ›DVZ‹ für den Zweck geeignet befunden wird: er stände zur Verfügung. Er würde auf 4 kleinen Dünndruckseiten das Dringlich-Aktuelle wohl enthalten.« Daraufhin wurde der vorliegende Text (gestrichen wurde lediglich der erste Satz, der im Manuskript lautet: »Der Weltfeiertag muß mehr als je dem Gedenken an Deutschland geweiht sein«), als Reiseprospekt getarnt, mit der Anrede »An alle Deutschen« illegal im faschistischen Deutschland in Umlauf gebracht. Das Deckblatt des vorgetäuschten Prospektes wirbt für den Besuch des Wintersportplatzes und Höhenluftkurortes Todtnauberg im Schwarzwald. In den Essayband »Mut« nahm Heinrich Mann den Text der Tarnschrift unter dem Titel »Ihr alle!« auf.

ANKLAGE. Der vorliegende Text, zunächst unter dem Titel »Ein Volk klagt an« am 14. Oktober 1936 in der »Volks-Illustrierten« veröffentlicht und 1939 in den Band »Mut« aufgenommen, wurde im faschistischen Deutschland innerhalb der Tarnschrift »Agfa« illegal verbreitet. Diese Tarnschrift – die Druckbogen befanden sich in einem handelsüblichen Umschlag für Fotozubehör im Format 9 x 12 cm – enthielt insgesamt sieben Beiträge aus dem Band »Mut« (»Anklage«, »Christenverfolgung«, »Über Goethe«, »Das Heer und das Volk«, »Die deutsche Opposition«, »Die Widerstände«, »Der eigenen Kraft bewußt sein«), die auch über den Deutschen Freiheitssender auf Welle 29,8 verlesen wurden.

DEUTSCHE ARBEITER! IHR SEID DIE HOFFNUNG! Text eines Aufrufes, den Heinrich Mann nach dem Münchener Abkommen vom September 1938 für den Deutschen Freiheitssender 29,8 verfaßte und der namens des Komitees des Freiheitssenders von Lion Feuchtwanger, Rudolf Leonhard und Gustav Regler mitunterzeichnet wurde. Der Aufruf wurde ferner als illegale Schrift mit dem Tarntitel »100 Briefmarken« (timbres – stamps) verbreitet, in einem Umschlag hinter einer von außen sichtbaren Auswahl von Briefmarken verborgen. Zugunsten der Druck- und Herstellungskosten verzichtete Heinrich Mann ausdrücklich auf ein Honorar. Die Tarnschrift schloß mit dem Hinweis: »Dieser Aufruf wurde dem deutschen Volke zuerst durch den Deutschen Freiheitssender 29,8 mitgeteilt. Hört den Deutschen Freiheitssender jeden Abend von 10 bis 11 Uhr auf Welle 29,8.« – Quelle: IML – ZPA, DF IX/16.

Den Aufruf EINHEIT! schrieb Heinrich Mann im April 1939. Voraufgegangen war eine vom 3. April 1939 datierte Anregung Paul Merkers, einen Aufruf zur Einheit der deutschen Arbeiterklasse zu verfassen. Die Erstveröffentlichung des Aufrufes, der auch über den Deutschen Freiheitssender 29,8 sowie als Flugschrift verbreitet wurde, erfolgte am 23. April 1939 in der in Paris erscheinenden »Deutschen Volks-Zeitung«.

EINIG GEGEN HITLER! Durch den Aktionsausschuß deutscher Oppositioneller illegal im faschistischen Deutschland verbreitete Tarnschrift. Auf Dünndruckpapier und im Kleinformat wiedergegeben, verbarg sich der Text in einem handelsüblichen Beutel Limonadenpulver mit der Aufschrift: Cola Citron. Der erste Absatz des vorliegenden Textes ist ein Ausschnitt aus dem am 23. April 1939 in der »Deutschen Volks-Zeitung« veröffentlichten Aufruf »Einheit!«, mit dem Heinrich Mann an die Arbeiterparteien appelliert hatte, unverzüglich die Einheit der deutschen Arbeiterklasse zu verwirklichen. Quelle: Institut für Marxismus-Leninismus beim ZK der SED, Bibliothek.

DIE GEBURTSTAGSREDE. Polemische Antwort Heinrich

Manns auf die sogenannte »Führerrede« vom 20. April 1939. Der Text ist hier nach einem Flugblatt wiedergegeben, das mit der Anrede »An das deutsche Volk!« und dem Untertitel »Die Geburtstagsrede« vom Aktionsausschuß deutscher Oppositioneller hergestellt und verbreitet wurde. Des weiteren fand der Text über antifaschistische Sender Verbreitung. Im Zusammenhang damit vermerkte Heinrich Mann am 25. Mai 1939 in einem Brief an seinen Bruder Thomas: »Es kann bei diesen Sachen niemals genug werden. Eine Antwort auf die Geburtstagsrede des Minderwertigen habe ich auf Platten gesprochen. Meine Dünndruck-Manifeste zähle ich nicht mehr. Mein Ziel ist bei allem das Deine: die deutsche Erhebung muß dem Krieg zuvorkommen.« – Quelle: IML – ZPA, DF IX/16.

WEHRT EUCH! Rede Heinrich Manns auf der vom Weltkomitee gegen Krieg und Faschismus einberufenen Internationalen Konferenz für die Verteidigung der Demokratie, des Friedens und der menschlichen Person am 13. Mai 1939 in Paris. Heinrich Mann trat auf der Konferenz, an der 600 Persönlichkeiten aus 36 Ländern teilnahmen, als Vertreter des Aktionsausschusses deutscher Oppositioneller auf. Die hier wiedergegebene deutsche Fassung seiner in französischer Sprache gehaltenen Rede wurde als Tarnschrift (in Form eines Reiseprospekts mit dem Titel »Wagons-Lits/Cook, Weltorganisation für Reisen«) illegal in Deutschland verbreitet. – Quelle: IML – ZPA, DF IX/16.

AN DAS BEFREITE BERLIN. Wiedergegeben nach der Erstveröffentlichung in der Zeitschrift »Freies Deutschland«, Mexiko, Sondernummer vom 9. Mai 1945, S. 4–7. Der Aufruf an die Berliner Bevölkerung entstand auf Anregung des Lateinamerikanischen Komitees der Freien Deutschen, dessen Ehrenvorsitz Heinrich Mann im März 1943 übernommen hatte. Der Generalsekretär des Komitees, Paul Merker, schrieb unter dem Datum vom 22. Februar 1945 an Heinrich Mann: »Wir leben in der Hoffnung, daß die Einnahme Berlins recht bald erfolgen wird. Den Begrüßungsartikel an das befreite Berlin für das ›Freie Deutschland‹ sind nur Sie, lieber Heinrich Mann, berufen zu schreiben. Würden Sie sich dieser Mühe unterziehen? Ich wäre Ihnen zum besonderen Dank verpflichtet, wenn Sie den Artikel schon bald senden könnten, damit er noch vor Eintritt des großen Ereignisses in unsere Hände gelangt.« Heinrich Mann antwortete zustimmend und übersandte das Manuskript des Aufrufes am 16. März 1945 von seinem kalifornischen Exil in Los Angeles nach Mexiko (zu einem Zeitpunkt also, da die näheren Einzelheiten der Befreiung Berlins noch nicht zu übersehen waren). Im Begleitschreiben fügte er hinzu: »Titel und Unterschrift fehlen. Man könnte sagen: Das Comité Freies Deutschland an das befreite Berlin. Gezeichnet wäre wieder das Comité, worauf in alphabetischer Ordnung die Namen der Mitglieder folgen.« Die Veröffentlichung des Aufrufes am 9. Mai 1945 erfolgte dann unter der Überschrift »An das Volk von Berlin!« Unter den 66 Unterzeichnern des Aufrufes befanden sich neben Heinrich Mann u. a. Alexander Abusch, Erich Arendt, Ludwig Renn, Anna Seghers, Kurt Stern und Bodo Uhse. Nach Angaben der »Heinrich-Mann-Bibliographie« (Berlin und Weimar 1967) wurde der Text auch als Flugblatt verbreitet. Eine gekürzte Fassung des Aufrufes veröffentlichte »Die Weltbühne« am 11. Mai 1948 unter dem Titel »Ein Wort an Berlin«. Die vollständige Fassung wird hier unter dem von Heinrich Mann vorgeschlagenen Titel »An das befreite Berlin« gedruckt.

Weggefährten

HELD THÄLMANN. Beitrag für den Sammelband »Dem Kämpfer für Frieden und Freiheit Ernst Thälmann«, Moskau 1936.

Die Aufsätze EIN HELD DES GEWISSENS und EDGAR ANDRÉ erschienen am 1. Mai bzw. am 22. Juli 1936 in der »AIZ«. Der letzte Absatz des Artikels über Edgar André (»Gedenken wir des Toten..«) wurde von Heinrich Mann erst nachträglich eingefügt, als er diesen Beitrag 1939 in den Essayband »Mut« aufnahm. Rudolf Claus war am 17. Dezember 1935, Edgar André am 4. November 1936 durch das faschistische Regime ermordet worden.

JOHANNES EGGERT. Beitrag für den Essayband »Mut«. Johannes Eggert wurde am 15. Februar 1937, des versuchten Wiederaufbaus der Kommunistischen Partei Deutschlands beschuldigt, in Berlin-Plötzensee hingerichtet. Der vorliegende Beitrag Heinrich Manns stützt sich auf einen Gedenkartikel, den Michael Niederkirchner am 21. Februar 1937 in der »Deutschen Volks-Zeitung« veröffentlicht hatte.

GRUSS NACH SPANIEN. Geschrieben zum Gedenken Hans Beimlers, der als politischer Kommissar des Thälmann-Bataillons am 1. Dezember 1936 in den Kämpfen um Madrid gefallen war; Erstveröffentlichung in der »Pariser Tageszeitung« vom 9. Dezember 1936, später in den Essayband »Mut« aufgenommen.

Die Aufsätze DER PREIS, DER DULDER (beide dem Band »Mut« entnommen), DIE STUNDE OSSIETZKYS (veröffentlicht in der »Volks-Illustrierten« vom 23. Dezember 1936) und SEIN VERMÄCHTNIS (veröffentlicht in der »Deutschen Volks-Zeitung« vom 15. Mai 1938) sind dem Wirken Carl von Ossietzkys gewidmet. Seit dem Februar 1933 in faschistischer Haft, erhielt Ossietzky für seinen jahrzehntelangen Einsatz im Dienste des Friedens und der Völkerverständigung am 23. November 1936 den Friedensnobelpreis. Diese Auszeichnung des hervorragenden Publizisten, in zahlreichen Stellungnahmen von der internationalen antifaschistischen Öffentlichkeit gefordert, bedeutete für das Hitlerregime eine eindeutige moralische Niederlage. Ossietzky, der nach den Worten Heinrich Manns in diesem Augenblick das Gewissen der Mitwelt verkörperte, starb eineinhalb Jahre später – am 4. Mai 1938 – an den Folgen seiner Haftzeit im Konzentrationslager.

Der Glückwunsch FÜR LION FEUCHTWANGER, geschrieben zu dessen 50. Geburtstag, erschien im Juli 1934 in der Zeitschrift »Die Sammlung«. Eine Analyse der literarischen Leistung Feuchtwangers gab Heinrich Mann 1949 – zum 65. Geburtstag des Freundes und Weggefährten – in dem Aufsatz »Der Roman, Typ Feuchtwanger« (vgl. Heinrich Mann, Essays, Band 3, Berlin 1962, S. 497 bis 508).

Die Thomas Mann gewidmeten Beiträge DER SECHZIGJÄHRIGE und BEGRÜSSUNG DES AUSGEBÜRGERTEN erschienen im Juni 1935 in der Zeitschrift »Die Sammlung« bzw. in der »Neuen Weltbühne« vom 10. Dezember 1936; die »Begrüßung des Ausgebürgerten« nahm Heinrich Mann auch in den Essayband »Mut« auf. Die Ausbürgerung Thomas Manns durch das faschistische Regime war am 2. Dezember 1936 mit der Begründung erfolgt, der

Schriftsteller habe sich auf die Seite des staatsfeindlichen Emigrantentums gestellt und die schwersten Beleidigungen gegen das Dritte Reich erhoben.

HENRI BARBUSSE. Faksimile-Druck des handschriftlichen Originals in der »Internationalen Literatur« Nr. 9/1936. Barbusse, der die letzten Jahre seines Lebens konsequent in den Dienst des antifaschistischen Kampfes gestellt hatte, starb am 30. August 1935, wenige Wochen nach dem Pariser Schriftstellerkongreß zur Verteidigung der Kultur. Seinem Gedenken widmete Heinrich Mann den vorliegenden Beitrag. Auf den hier zitierten Brief geht Heinrich Mann auch in seinem Buch »Ein Zeitalter wird besichtigt« ein: »Ich bewahre seinen Brief vom 9. Januar 1935: er bemüht sich, Rolland, Margueritte und einige andere über ein geplantes Manifest zu einigen. So schwer machten alle, und auch ich, ihm die Arbeit, bei dem Nichts an Zeit, das wir – und er – noch hatten.« – »Mir hat er«, so fährt Heinrich Mann fort, »die Auszeichnung erwiesen, mich einzustellen in die Mannschaft seiner Volksaufklärer...« (»Ein Zeitalter wird besichtigt«, Berlin 1947, S. 375.)

DER MANN, DER ALLES GLAUBTE, für das »Pariser Tageblatt« (Jg. 1935, Nr. 684) geschriebene Rezension zu Johannes R. Bechers gleichnamigem Gedichtband, der 1935 in Paris erschienen war.

JOHANNES R. BECHER – SEIN HOHESLIED. Rezension des Becherschen Gedichtbandes »Der Glücksucher und die sieben Lasten«, veröffentlicht im Oktober 1938 in der in Moskau von Bertolt Brecht, Willi Bredel und Lion Feuchtwanger herausgegebenen Literaturzeitschrift »Das Wort«. Johannes R. Becher hatte am 9. März 1938 seinen

Gedichtband »Der Glücksucher und die sieben Lasten«
Heinrich Mann übersandt. In dem Begleitschreiben Bechers heißt es u. a.: »Ich habe die Freude, Ihnen das erste
Exemplar meines neuen Buches schicken zu dürfen. Damit soll nicht nur meine literarische Verehrung, sondern
auch mein menschliches Gefühl Ihnen gegenüber ausgedrückt sein... Wenn mir die hohe Ehre zuteil würde,
daß Sie dieses Buch einer Besprechung für wert halten,
so wäre das allerdings ein mächtiger Ansporn zur Weiterarbeit...« Heinrich Manns Antwortbrief vom 20. März
1938 beginnt mit den Worten: »Lieber Herr Becher, Ihre
Gedichte verdienen die höchste Achtung und Bewunderung. Sie machen reine Poesie aus den realen Tatsachen
der Zeit.« Wenige Wochen danach schrieb Heinrich
Mann die vorliegende Rezension, die im Herbst
1938 auch in russischer und französischer Übersetzung
erschien. Im Unterschied zu verschiedenen geringfügig
gekürzten und veränderten Nachdrucken (darunter in
Band 3 der »Essays«) ist der Text hier nach der handschriftlichen Fassung Heinrich Manns wiedergegeben.
Der in der Rezension erwähnte »Gesang vom unbekannten Soldaten« trägt bei Becher die Überschrift »Wiederkehr des unbekannten Soldaten«. Die von Heinrich Mann
daraus zitierten Zeilen »Es gibt ein Land – oft hören wir
es rufen –...« wurden von Becher für spätere Ausgaben
neu gefaßt (vgl. dazu Johannes R. Becher, Gesammelte
Werke, Band 7, Berlin 1967, S. 308 und 589).

Der Aufsatz EMPFINDSAMKEIT UND MUT, geschrieben
zum 50. Geburtstag Max Herrmann-Neißes am 23. Mai
1936, erschien in der Nr. 32/1936 der »Neuen Weltbühne«.

Die Beiträge AN OSKAR MARIA GRAF, VERFASSER DES RO-

MANS ›DER ABGRUND‹ und DIE GRÖSSERE MACHT wurden am 22. November 1936 bzw. am 6./7. November 1938 in der »Pariser Tageszeitung« veröffentlicht.

ZU LUDWIG RENNS FÜNFZIGSTEM GEBURTSTAG. Veröffentlicht in der Nr. 5/1939 der »Internationalen Literatur«. Bei der im Text erwähnten Pariser Versammlung handelt es sich um die Solidaritätskundgebung für das vom Hitlerregime okkupierte Österreich am 4. April 1938 im Théâtre de la Renaissance, auf der Louis Aragon, Heinrich Mann und Ludwig Renn als Referenten auftraten.

ZUM GEDENKEN ERNST TOLLERS. Der vorliegende Beitrag wurde auf der vom Schutzverband Deutscher Schriftsteller gemeinsam mit der Internationalen Schriftstellervereinigung zur Verteidigung der Kultur am 5. Juni 1939 in Paris veranstalteten Gedenkfeier für Ernst Toller verlesen und am 11. Juni 1939 von der »DVZ« wiedergegeben.

MARTIN ANDERSEN NEXÖ. In der »Pariser Tageszeitung« vom 25./26. Juni 1939 veröffentlichter Glückwunsch zum 70. Geburtstag Martin Andersen Nexös.

Vox humana

UMGANG MIT MENSCHEN. Beitrag für den Essayband »Es kommt der Tag«. Der Text nimmt Bezug auf den sogenannten Wuppertaler Gewerkschaftsprozeß, in dem Anfang 1936 insgesamt 628 kommunistische, sozialdemokratische, christliche und parteilose Arbeiter des versuchten Wiederaufbaus der freien Gewerkschaften angeklagt wurden. Die angeführten Beispiele für die aufrechte und standhafte Haltung der Angeklagten vor dem faschistischen »Volksgericht« (auf die Heinrich Mann auch in dem Essay »Der Weg der deutschen Arbeiter« verweist) sind illegalen Berichten über den Prozeß bzw. einem Artikel Franz Dahlems entnommen, der unter dem Titel »Die Lehren von Siemens« sowohl in den »Mitteilungen der Deutschen Freiheitsbibliothek« (Nr. 10/1936) als auch in der »Neuen Weltbühne« (Nr. 3/1936) erschienen war.

Die Aufsätze RETTUNG DER ZIVILISATION und SPANISCHE LEHREN erschienen am 22. Oktober 1936 bzw. am 8. April 1937 in der »Neuen Weltbühne«. Beide Arbeiten wurden von Heinrich Mann 1939 in den Band »Mut« aufgenommen.

GRUSS AN DEN II. INTERNATIONALEN KONGRESS DER SCHRIFTSTELLER, wiedergegeben nach der Veröffentlichung in dem Band »Publizistische Schriften« (Moskau 1951). Der II. Internationale Kongreß der Schriftsteller, einberufen von der Internationalen Schriftstellervereinigung zur Verteidigung der Kultur, trat im Juli 1937 in den spanischen Städten Valencia, Madrid und Barcelona zusammen. Eine Abschlußkundgebung des von der Solidarität mit dem spanischen Freiheitskampf getragenen Kongresses fand in Paris statt.

Den Beitrag VERWIRKLICHTE IDEE schrieb Heinrich Mann zum 20. Jahrestag der Großen Sozialistischen Oktoberrevolution; Erstveröffentlichung in der Nr. 11/1937 der »Internationalen Literatur«.

HÖRT DAS LIED DER ZEIT. Vorwort Heinrich Manns zu der ersten – von Ernst Busch besorgten – Ausgabe der

»Discos de las Brigadas Internacionales« (Schallplatten der Internationalen Brigaden), Barcelona 1938.

Die Aufsätze FÜNF JAHRE, DER BUND FREIHEITLICHER SOZIALISTEN und MUT! sind dem 1939 in Paris erschienenen Essayband »Mut« entnommen, mit dem Heinrich Mann auf der Grundlage neuer geschichtlich-sozialer Einsichten die Auseinandersetzung mit der faschistischen Barbarei weiterführte. Ein Nachdruck des Aufsatzes »Mut!«, der das Vorwort zu dem gleichnamigen Band bildet, erfolgte unter dem Titel »Unser Wort« am 19. Februar 1939 in der »Deutschen Volks-Zeitung«.

DREI JAHRE DVZ. Wiedergegeben nach dem Faksimile des Handschreibens von Heinrich Mann, das die »DVZ« gemeinsam mit dem Grußschreiben Lion Feuchtwangers und Wilhelm Piecks auf der Titelseite ihrer Ausgabe vom 19. März 1939 publizierte.

Das NACHWORT ZUM POGROM entstand auf Anregung Paul Merkers als Beitrag zu der Dokumentation »Das Pogrom« (Zürich u. Paris 1939), in der Berichte, Stellungnahmen und Proteste zu den faschistischen Judenpogromen vom Frühjahr bis zum November 1938 zusammengefaßt wurden. Ein Vorabdruck des Beitrages von Heinrich Mann erfolgte unter dem hier beibehaltenen Titel »Nachwort zum Pogrom« in der »Neuen Weltbühne« vom 18. Mai 1939; in den genannten Dokumentationsband wurde der Beitrag als Vorwort (S. III–XV) aufgenommen. Die beiden Textfassungen weichen nur geringfügig voneinander ab.

ACHTZEHNTER MÄRZ. Beitrag für »Die Neue Weltbühne« vom 19. März 1939.

DIE FRANZÖSISCHE REVOLUTION UND DEUTSCHLAND. Von Johannes R. Becher angeregter Beitrag zum 150. Jahrestag der Französischen Revolution von 1789. Im Namen der in Moskau erscheinenden »Internationalen Literatur« schrieb Becher am 3. April 1939 an Heinrich Mann: »Ich möchte Sie schon heute im Auftrage aller engeren Freunde auffordern, uns zu der Juli-Nummer einen Leitartikel über die Französische Revolution zu schreiben... Unsere Ansicht ist es, daß Sie, der langjährige deutsche Vermittler dieser großen freiheitlichen historischen Tradition, unzweifelhaft der einzige der deutschen Literatur sind, der das Jubiläum dieses Ereignisses am würdigsten zu feiern imstande wäre.« Heinrich Mann antwortete zustimmend. Sein Beitrag – bisher in keine der vorliegenden Essay-Sammlungen aufgenommen – erschien in der Nr. 8/1939 der »Internationalen Literatur«. Zum gleichen Thema – die Französische Revolution und Deutschland – sprach der Schriftsteller am 12. Juni 1939 auf der vom Deutschen Kulturkartell in Paris veranstalteten Feier zum 150. Jahrestag der Französischen Revolution.

EINE GROSSE, HISTORISCHE SACHE. Veröffentlicht in der Zeitschrift »Internationale Literatur«, Moskau 1939, Nr. 4. Der XVIII. Parteitag der KPdSU, zu dessen Thesen sich Heinrich Mann in der vorliegenden Stellungnahme äußert, tagte im März 1939 in Moskau.

Der Aufsatz GESTALTUNG UND LEHRE erschien in der Nr. 6/ 1939 der »Internationalen Literatur«, nachdem die Zeitschrift den im Jg. 1937 begonnenen Abdruck des Romans »Die Vollendung des Königs Henri Quatre« abgeschlossen hatte. Die erste Buchausgabe des Romans kam 1938 im Staatsverlag der nationalen Minderheiten der UdSSR in Kiew sowie im Amsterdamer Querido-Verlag heraus.

PESONENREGISTER

Abusch, Alexander 547
Andersen Nexö, Martin 445, 446, 552
André, Edgar 226, 238, 398-400, 410, 548
Aragon, Louis 552
Arendt, Erich 547
Arulenus Rusticus 307

Bandello, Matteo 484, 485
Banse, Ewald 114
Barbusse, Henri 132, 150, 156, 207, 424-426, 550
Barlach, Ernst 87, 441, 442
Becher, Johannes R. 427, 428, 430-432, 531, 532, 535, 538, 542, 550, 551, 555
Beethoven, Ludwig van 223
Beimler, Hans 402, 548
Beneš, Eduard 74
Benn, Gottfried 435, 436
Bismarck, Otto von 192, 215, 216, 358, 438, 439, 501, 516, 517
Blomberg, Werner von 79
Bossuet, Jacques-Bénigne 166
Braganza, Dom Pedro de, Kaiser von Brasilien 130
Brecht, Bertolt 526, 530, 538, 542, 550
Bredel, Willi 542, 550
Breitscheid, Rudolf 534, 542
Budzislawski, Hermann 529

Bürkel (Gauleiter) 259
Busch, Ernst 554

Carlyle, Thomas 297
Catilina, Lucius Sergius 120
Chamberlain, Arthur Neville 344, 345, 350
Chaplin, Charlie 54
Cicero, Marcus Tullius 119
Claudius, Matthias 89
Claus, Rudolf 187, 188, 226, 394-398, 538, 548
Clémenceau, Georges 136
Columbus, Christoph 225
Cortetz, Hernando 107

Dahlem, Franz 542, 553
Dante Alighieri 128
Delacroix, Eugène 126
Deutsch, Julius 40
Dimitroff, Georgij 28, 196
Dodd, William Edward 478
Dreyfus, Alfred 121, 409

Eden, Sir Anthony 257
Eggert, Johannes 401, 548
Einstein, Albert 23, 116, 141, 142
Estrées, Gabrielle d', Marquise von Monceaux (Gabrielle) 520

556

Fadejew, Alexander 536
Feuchtwanger, Lion 413, 531, 534, 542, 549, 550, 554
Fichte, Johann Gottlieb 15
Flaubert, Gustave 137
Fontane, Theodor 161, 433
Forster, Edward Morgan 132
France, Anatole 159, 426
Franco, Franzisco 79, 257, 267, 328, 330, 331, 352, 361, 454-456, 460, 462, 463
Frank, Hans 60
Friedrich II., der Große 107, 169, 170
Fries, Jakob Friedrich 50, 51

Galilei, Galileo 200, 450
Gallardo, Ossorio y 464
Gallo (Luigi Longo) 463
George, Stefan 31
Gide, André 132, 426, 531
Goebbels, Joseph 29, 33-35, 182, 313, 413
Goethe, Johann Wolfgang von 18, 22, 157, 171, 173, 175-178, 223, 417-419, 421, 431, 445, 497, 510, 511, 537
Gogol, Nikolai 121
Göring, Hermann 29, 60, 79
Gorki, Maxim 132
Gottwald, Klement 536
Graf, Oskar Maria 438-440, 532, 542, 552
Grünewald, Matthias 431

Hamsun, Knut 146-148, 535
Hauptmann, Gerhard 33, 147
Heckert, Friedrich 534
Hegel, Georg Wilhelm Friedrich 164, 165
Heine, Heinrich 50, 152, 161, 162, 431, 535
Heinrich IV., König von Frankreich (Henri) 151, 517-522, 525
Helmholtz, Hermann von 175
Henlein, Konrad 534
Herder, Johann Gottfried 156, 168, 176, 510
Hermann der Cherusker (Arminius) 52
Herodes Antipas 491
Herrennius Senecion 307
Herrmann-Neiße, Max 433-437, 542, 551
Hindenburg, Paul von 438
Hinkel, Hans 307, 308, 311-313
Hitler, Adolf 23, 35, 36, 41-43, 49, 51, 55, 56, 61, 63, 64, 70-74, 76, 78-83, 85, 87-89, 107, 108, 110, 112, 116, 119, 157, 182, 183, 185, 207, 208, 210-213, 217, 218, 220, 224, 235, 238-240, 244, 246, 256-262, 268, 279, 282-284, 286, 290, 301, 302, 307, 311, 316, 318, 319, 324, 330, 331, 336-339, 344-351, 353, 355, 357, 358, 361-365, 367, 369-374, 378, 380, 381, 383-385,

387-389, 395, 396, 398, 399,
403, 404, 421, 423, 427, 452,
454-456, 479, 484, 488, 491-
493, 530, 542, 545
Holbach, Paul Thiry d' 297
Hölderlin, Friedrich 171, 176,
510
Hoover, Herbert Clark 496
Hugenberg, Alfred 79
Hugo, Victor 126-131, 157,
160, 426, 533
Humboldt, Wilhelm von 170,
511
Hutten, Ulrich von 173
Huxley, Aldous Leonard 132

Ibarruri, Dolores 539

Jahn, Friedrich Ludwig 50,
110

Kant, Immanuel 169, 171, 479,
510
Kapp, Wolfgang 498
Karl der Große 192
Kirchner, Ernst Ludwig 87
Kisch, Egon Erwin 539, 542
Kollwitz, Käthe 542
Körner, Christian Gottfried
166
Krupp von Bohlen und Hal-
bach, Gustav 341
Lafayette, Marie-Joseph de
Motier, Marquis de 505

Lagerlöf, Selma 132
Leibniz, Gottfried Wilhelm
166
Lenin, Wladimir Iljitsch (eigt.
Uljanow) 136, 517
Leonardo da Vinci 520
Leonard, Rudolf 542, 544
Lessing, Gotthold Ephraim
167, 169
Lewis, Sinclair 132
Ley, Robert 234, 236, 341
Llano, Q. de 453, 455
Louis-Philippe, König von
Frankreich (Bürgerkönig)
129
Lubbe, Marinus van der 27,
28
Ludwig XVI., König von
Frankreich 284
Luther, Martin 368, 417

Mann, Thomas 23, 34, 35,
141, 142, 147, 414-423, 533,
535, 542, 546, 549, 550
Marc Aurel 165
Marchwitza 542
Margueritte, Victor 550
Marx, Karl 121, 122, 128,
161, 164
Masaryk, Thomas Garrigue
136
Menjou, Adolphe 54
Merker, Paul 543, 545, 547,
554
Meyrink, Gustav 50

558

Michelangelo (eigt. Michelagniolo Buonarroti) 520
Molotow, Wjatscheslaw Michailowitsch 514
Moltke, Helmuth Graf von 298
Montaigne, Michel Eyquem de 506, 508, 520
Mussolini, Benito 54, 87, 88, 345

Napoleon I., Kaiser von Frankreich 80, 170, 175, 177, 216, 421, 508-510
Napoleon III., Kaiser von Frankreich 129, 130, 427
Niederkirchner, Michael 548
Niemöller, Martin 481
Nietzsche, Friedrich 178, 237, 417
Nikolaus II., Zar von Rußland 284
Novalis (eigt. Friedrich Leopold, Frhr. von Hardenberg) 167, 170

Ossietzky, Carl von 146, 148, 212, 403-412, 548, 549

Pacelli, Eugenio Maria Giuseppe (später Papst Pius XII.) 478, 479
Pallenberg, Max 77
Papen, Franz von 79

Petersen, Jan 142, 534
Petrus Thraseas 307
Phipps, Sir Eric (brit. Botschafter) 76, 81
Pieck, Wilhelm 191, 534, 538, 543, 554
Pius XI., Papst 317
Pizarro, Francisco 107
Platen, August von 431, 433, 434
Poe, Edgar Allan 317
Priscus Helvedius 307

Rabelais, François 164
Regler, Gustav 544
Reinhardt, Max 22
Remarque, Erich Maria 34
Rembrandt (eigt. R. Harmensz van Rijn) 431
Renan, Joseph-Ernest 127
Renn, Ludwig 337, 443, 467, 547, 552
Ribbentrop, Joachim von 141
Robespierre, Maximilien de 513
Rodin, Auguste 126
Rolland, Romain 132, 238, 531, 550
Roosevelt, Franklin Delano 141, 346, 371, 373, 494
Rosenberg, Alfred 141, 279
Röver (Reichsstatthalter) 259
Rühs 50, 51
Rust, Bernhard 321
Sauerbruch, Ferdinand 21, 259
Schacht, Hjalmar 79, 182

Scharrer 542
Scheitel, General 369
Schiller, Friedrich 96-99, 102, 124, 166, 171, 322, 511, 532
Schmitt, Carl 114
Schulze, Fiete 229, 398
Seghers, Anna 542, 547
Shaw, George Bernard 132
Shdanow, Andrej Alexandrowitsch 514
Sinclair, Upton Beall 132
Spinoza, Baruch 165
Stalin, Josef Wissarionowitsch (eigt. Dschugaschwili) 205, 471, 494
Stein, Heinrich Friedrich Karl Frhr. vom und zum 170
Stern, Kurt 547
Strauß, Richard 32, 33, 309
Streicher, Julius 60
Sully, Maximilien von Béthume, Herzog von 520

Tacitus, Publius Cornelius 307
Thälmann, Ernst 212, 393, 410, 548
Toller, Ernst 444, 534, 542, 552
Tolstoi, Alexei Nikolajewitsch Graf 539
Tolstoi, Leo Nikolajewitsch Graf 121
Torgler, Ernst 28

Torquemada, Thomas de 496
Tucholsky, Kurt 534

Uhse, Bodo 542, 547
Ulbricht, Walter 543

Valle Inclán, Roman del 132
Vayo, Alvarez del 269, 465
Verdier, Kardinal 496
Viktoria, Königin von England 130
Vogt (Reichsgerichtsrat) 27
Voltaire (eigt. Françoise-Marie Arouet) 104, 169, 170, 426, 506

Wackenroder, Wilhelm Heinrich 167
Wagner, Richard 126, 417, 418, 497
Walter, Bruno 309
Weiskopf, F. C. 532, 542
Wells, H. G. 531
Wilhelm II., Kaiser 57, 119, 210, 427
Wolf, Friedrich 542

Zinner, Hedda 542
Zola, Emile 122, 161, 409
Zweig, Arnold 530

INHALT

Knechtung des Geistes

Aufgaben der Emigration 9
Ihr ordinärer Antisemitismus 18
Wie man einen Prozeß gewinnt 25
Denken nach Vorschrift 30
Was dahintersteckt 40
Betrug an der Jugend 46
Das Gesicht des Dritten Reiches 50
Der Pimpf 55
Spaten faßt an! 58
Kastendeutschland 63
Rede vor dem Völkerbund 66
Massenbetrug 70
Die Rede 76
»Alles hin« 84
Der eigenen Kraft bewußt sein! 89

Erbe und Auftrag

Die Deutsche Freiheitsbibliothek 93
An den Kongreß der Sowjetschriftsteller 94
Nation und Freiheit 96
Verfall einer geistigen Welt 104
Aufbau einer geistigen Welt 109
Geheime Schulen 114
Die Macht des Wortes 119
Ein Jahr Deutsche Freiheitsbibliothek 125
Das große Beispiel 126
Die Verteidigung der Kultur 132

Wir sind da 138
Gesandte Deutschlands 141
Nur das Proletariat verteidigt Kultur und
  Menschlichkeit 144
Antwort an Hamsun 146
Ein denkwürdiger Sommer 149
Sein Denkmal 152
Die Bücherverbrennung 153
Im Exil 159
Das geistige Erbe 164
Kultur 172
Über Goethe 175

Sammlung der Kräfte

Eine große Neuheit 181
Es kommt der Tag 187
Der Wert des Friedens 196
Seid einig! 199
Deutschland – ein Volksstaat 203
Das Friedenstreffen 207
Der Weg der deutschen Arbeiter 214
Die Widerstände 249
Was will die deutsche Volksfront? 256
Kameraden! 262
Die deutsche Volksfront 264
Geburt der Volksfront 270
Kampf der Volksfront 281
Ziele der Volksfront 291
Antwort an viele 300

Nach Deutschland gesprochen

Die erniedrigte Intelligenz 307
Studenten! 321
Es ist Zeit 324
Deutsche Soldaten!
 Euch schickt ein Schurke nach Spanien 330
Deutsche Mütter! 332
Guernica 335
An alle Deutschen 337
Anklage 340
Deutsche Arbeiter! Ihr seid die Hoffnung! 344
Einheit! 355
Einig gegen Hitler! 357
Die Geburtstagsrede 371
Wehrt euch! 375
An das freie Berlin 380

Weggefährten

Held Thälmann 303
Ein Held des Gewissens 394
Edgar André 398
Johannes Eggert 401
Gruß nach Spanien 402
Der Preis 403
Der Dulder 406
Die Stunde Ossietzkys 410
Sein Vermächtnis 412
Für Lion Feuchtwanger 413
Der Sechzigjährige 414
Begrüßung des Ausgebürgerten 421
Henri Barbusse 424
Der Mann, der alles glaubte 427

Johannes R. Becher – sein Hoheslied 430
Empfindsamkeit und Mut 433
An Oskar Maria Graf,
    Verfasser des Romans »Der Abgrund« 438
Die größere Macht 441
Zu Ludwig Renns fünfzigstem Geburtstag 443
Zum Gedenken Ernst Tollers 444
Martin Andersen Nexö.
    Zu seinem siebzigsten Geburtstag 445

Vox humana

Umgang mit Menschen 449
Rettung der Zivilisation 453
Spanische Lehren 459
Gruß an den II. Internationalen Kongreß
    der Schriftsteller 466
Verwirklichte Idee 468
Hört das Lied der Zeit 473
Fünf Jahre 475
Der Bund der freiheitlichen Sozialisten 483
Mut! 487
Drei Jahre DVZ 490
Nachwort zum Pogrom 491
Achtzehnter März 501
Die Französische Revolution und Deutschland 505
Eine große, historische Sache 514
Gestaltung und Lehre 516

Anhang

Nachbemerkung 525
Anmerkungen 528
Personenregister 556